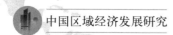

中央财经大学中央高校基本科研业务费专
Supported by the Fundamental Research Fund for the Central

国家社科基金项目成果
国家发改委招标及委托项目成果
河北经贸大学京津冀一体化发展协同创新中心招标项目成果

京津冀协同与首都城市群发展研究

Research on Synergetic Development of
the Metropolitan City Agglomeration in Beijing, Tianjin and Hebei

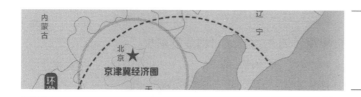

戴宏伟 等著

中国财经出版传媒集团

经济科学出版社
Economic Science Press

图书在版编目（CIP）数据

京津冀协同与首都城市群发展研究/戴宏伟等著. —
北京：经济科学出版社，2021. 10
（中国区域经济发展研究）
ISBN 978 - 7 - 5218 - 2979 - 2

Ⅰ. ①京… Ⅱ. ①戴… Ⅲ. ①区域经济发展 – 协调发
展 – 研究 – 华北地区②城市群 – 协调发展 – 研究 – 华北地
区 Ⅳ. ①F127. 2②F299. 272

中国版本图书馆 CIP 数据核字（2021）第 213887 号

责任编辑：于　源　陈　晨
责任校对：隗立娜
责任印制：范　艳

京津冀协同与首都城市群发展研究

戴宏伟　等著

经济科学出版社出版、发行　新华书店经销
社址：北京市海淀区阜成路甲 28 号　邮编：100142
总编部电话：010 – 88191217　发行部电话：010 – 88191522
网址：www. esp. com. cn
电子邮箱：esp@ esp. com. cn
天猫网店：经济科学出版社旗舰店
网址：http://jjkxcbs. tmall. com
北京季蜂印刷有限公司印装
710 × 1000　16 开　27 印张　490000 字
2021 年 10 月第 1 版　2021 年 10 月第 1 次印刷
ISBN 978 – 7 – 5218 – 2979 – 2　定价：98. 00 元
（图书出现印装问题，本社负责调换。电话：010 – 88191510）
（版权所有　侵权必究　打击盗版　举报热线：010 – 88191661
QQ：2242791300　营销中心电话：010 – 88191537
电子邮箱：dbts@ esp. com. cn）

前　言

　　本书是我主持的国家社科基金项目"基于京津冀协同的首都城市群发展研究"的结项成果，也是国家发改委地区经济司招标项目"非首都功能疏解与雄安新区对接机制研究"、国家发改委高技术司委托项目"雄安新区创新发展的思路与对策研究"、河北经贸大学京津冀一体化发展协同创新中心招标项目"世界大都市圈协同发展模式与京津冀协同发展的路径研究"的成果。

　　21世纪以来，与各国区域及城市发展规律相印证，城市群正成为我国区域经济发展的主要驱动力，区域经济发展格局也逐渐从城市间的竞争向城市群的竞争演变。京津冀城市群作为北方最大的城市群，在我国区域经济发展格局中具有极其重要的意义。

　　首都城市群是一个别具特色的城市群，它既具有一般城市群的普遍性，也具有自身的特殊性。一般来说，首都城市群是以一国首都城市为核心，由若干个空间距离相近、经济联系密切、功能互补、等级有序的周边城市共同构成的城市群，如东京、首尔、伦敦、巴黎城市群等。

　　我国首都城市群位于京津冀区域，主要包括北京、天津两个直辖市与河北省的张家口、秦皇岛、唐山、廊坊、保定、沧州、承德、石家庄等市。因此，我国首都城市群的发展既涉及城市间的功能定位、产业分工及合理布局问题，更涉及京津冀区域间的协作问题。与其他国家的首都城市群相比，我国首都城市群在过去相当长的时间内，既存在中心城市功能定位过多、对周边地区带动乏力的问题，也存在城市间关系不合理、缺乏协同发展的问题，还存在京津冀区域协作深度不够、对首都城市群发展支撑力度不强的问题，这些问题的存在，极大地限制了首都城市群的合理分工与协调发展。

　　2014年京津冀协同发展战略提出后，党中央、国务院明确要求京津冀以疏解北京非首都功能为重点，调整区域经济结构和空间结构，形成优势互补、互利共赢的协同发展新格局。作为我国主要城市群之一，京津冀内各城市均处于产业转型升级的关键阶段，其产业发展及分工、协作状况会直接影响京津冀协同发展的进度和深度。

京津冀协同发展的核心任务是有序疏解北京非首都功能，促进天津与河北产生升级与经济发展，进而实现京津冀协同发展。因此，京津冀协同与北京作为首都城市的功能定位转型密切相关，与首都城市群的协调发展密切相关。本书将非首都功能疏解与京津冀产业转移、雄安区建设结合起来进行研究，聚焦北京产业过度集聚的原因及非首都功能疏解的重点领域，探讨北京疏解产业的重点、路径及存在的问题，分别从京津冀的协作发展程度、产业集聚与转移状况、首都城市群协调发展等方面展开研究，并提出相关对策建议。

本书的内容分为三个部分，分别包括京津冀经济协作与发展（上篇）、京津冀产业集聚与转移（中篇）、首都城市群协同发展与突破（下篇）。具体内容如下：

上篇"京津冀经济协作与发展"包括第二章、第三章、第四章。

第二章为京津冀经济联系强度及空间集聚分析。研究结果发现，京津冀地区产业结构总体上仍不合理，第二产业比重尤其是重化工行业比重仍然过高，且城镇化质量水平整体不高。京津冀地区产业、人口空间集聚特性明显，时空格局演变具有一致性。

第三章为由协作到协同：京津冀发展的合成控制分析，采用合成控制法和省级面板数据，对2001年后京津冀协同发展状况进行了政策评估。结果显示京津冀协同发展政策对北京市和天津市有着正向的增长效应，且这种政策效应在统计上是显著的；该政策的实施没有拉高河北的人均国内生产总值（GDP）甚至在短期内略有下降，尽管其政策效应并不十分显著。

第四章为公共支出的空间溢出效应对京津冀城市效率的影响。研究发现，考虑到空间溢出效应后，京津冀公共支出的增长效应依然得到验证，其增加不仅有助于提高本城市效率，并且对周边城市效率也具有明显的促进作用。

中篇"京津冀产业集聚与转移"包括第五章、第六章、第七章。

第五章为专业化还是多样化：京津冀产业集聚效应分析。研究发现，京津冀地区的产业集聚演变过程体现了区域产业结构升级的趋势。第二产业尤其是制造业的集聚程度降低，金融业、科学研究和信息传输等第三产业的集聚程度不断提高。京津冀地区的产业集聚特征体现了明显的地域差异，北京、天津等中心城市的产业集聚程度较高，而中小城市的产业集聚特征并不明显。中心城市的辐射带动作用并不突出，城市间的协同尚未真正体现。

第六章为京津冀生产性服务业的集聚分析。研究发现，京津冀地区在过去

15 年间生产性服务业整体的集聚水平不高，且细分行业中除信息行业和科技行业外均未出现明显的集聚现象。因此进一步提高生产性服务业集聚水平对于经济发展仍主要起到推动的作用。

第七章为京津冀制造业产业转移效率分析。该章采用贸易识别法对京津冀产业转移的效果进行定量分析，对京津冀制造业产业转移最活跃的 10 个产业进行评价，发现京津冀产业转移总体上尚处于初级阶段，产业转移的效率不高，且不同的产业间产业转移效率差异较大，京津冀整体上以向"区外"转移制造业为主。

下篇"首都城市群协同发展与突破"包括第八章、第九章、第十章、第十一章、第十二章。

第八章为基于协同发展的首都城市群实证及比较分析。研究发现首都城市群产业结构方面的发展速度最快，城镇化方面的发展速度次之，在首都城市群城镇体系方面的发展速度最慢。东京城市群产业结构明显优于京津冀城市群，东京城市群的城镇化水平明显高于京津冀城市群，同时东京都的城镇化水平也明显高于北京市。

第九章为基于产业转移的首都城市群人口迁移影响因素分析。研究结果反映京津冀人口和产业系统具有高度耦合性，产值占比、结构偏离度与人口系统的耦合值很高，尤其第二产值比和就业比对人口结构的作用最大。在产业转移带动人口迁移实施效果方面，重工业产业整体较轻工业更好。

第十章为基于就业弹性的非首都功能疏解重点产业分析。研究发现，京津冀第三产业尤其是批发零售业、租赁商务服务业、住宿餐饮业、金融业、教育等对综合就业系数或间接就业系数较高的产业具有显著的人口迁移效应；固定资产投资、产值、平均工资和能源消费较高的产业具有较显著的人口迁移效应。

第十一章为基于 C-P 扩展模型的环京津后发区分析。研究发现，资源禀赋不足对于环京津后发区形成的影响最明显，行政边界壁垒对于环京津后发区形成的影响力居于资源禀赋之后，政策限制对于环京津后发区的影响并不明显。

第十二章为突破与展望、雄安新区创新发展研究，是基于创新驱动的雄安新区发展路径分析。该章总结归纳了美国硅谷、日本筑波、以色列海法以及我国深圳特区、浦东新区等的创新发展经验，探讨雄安新区创新驱动发展的总体思路与发展重点，提出了雄安建设创新驱动发展引领区的政策建议。

第十三章为研究结论与对策建议，主要是对各章的结论进行归纳和提炼。

本书是课题组研究团队合作完成的成果。其中课题论证立项书由我撰写申报，研究报告及全书由我进行统纂并部分撰写，获得立项后与团队成员分别逐一确定研究框架、研究思路及研究重点，拟定了各章的具体提纲、主要内容及研究指标等，最后对研究报告及全书进行统稿修改。团队成员具体参与各章写作的情况如下：第一章马丽亚、戴宏伟，第二章回莹，第三章楚伊晨，第四章张斯琴，第五章张显进，第六章廉晓宇，第七章吴佶峰，第八章宋晓东，第九章贺晓晓，第十章陈璐，第十一章王晨曦，第十二章唐正霞、随志宽、张白平、廉晓宇、吴佶峰、张显进、戴宏伟、陈永国，第十三章戴宏伟。

本书的出版及课题研究成果的完成，要感谢国家社科基金项目的资助，感谢国家发改委地区经济司招标项目的资助和高技术司对委托项目相关成果的采纳，感谢河北经贸大学京津冀一体化发展协同创新中心招标项目的资助，感谢国家社科基金课题结项过程中匿名评审专家提出的修改意见及建议，感谢中央财经大学中央高校基本科研业务费专项资金对本书出版的资助，感谢经济科学出版社编辑的辛苦工作，尤其要感谢研究团队的共同努力与孜孜不倦的潜心研究。

在党中央的统筹领导及京津冀的共同努力下，京津冀协同的进展正日新月异。由于研究数据、研究角度及水平所限，本书可能会存在一些不足之处，请各方面的专家同仁批评指正。

戴宏伟

2021 年 8 月

目　录

上篇　京津冀经济协作与发展

中篇　京津冀产业集聚与转移

下篇　首都城市群协同发展与突破

第一章 绪 论

第一节 研究框架及主要内容

一、研究背景及意义

城市群是指以中心城市为核心，向周围辐射并与周边中小城市按功能分工形成的城市集合；它是以区域网络化组织为纽带，由若干个密集分布的不同等级的城市及其腹地通过空间相互作用而形成的城市－区域系统。首都城市群则是以一国首都城市为核心，由若干个空间距离较近、经济联系密切、功能互补、等级有序的周边城市共同构成的城市群，如东京、首尔、伦敦、巴黎城市群等。

我国首都城市群位于京津冀区域，主要包括北京、天津两个直辖市与河北省的张家口、秦皇岛、唐山、廊坊、保定、沧州、承德、石家庄等市。因此，我国首都城市群的发展既涉及城市间的功能定位、产业分工及合理布局问题，更涉及京津冀区域间的协作问题。与其他国家的首都城市群相比，长期以来，我国首都城市群既存在中心城市功能定位过多、对周边地区带动乏力的问题，也存在城市间关系不合理、缺乏协同发展的问题（包括京津双核城市之间、中心城市与周边中等城市之间、中等城市之间的关系等均存在这一问题），还存在京津冀区域协作深度不够、对首都城市群发展支撑力度不强的问题。与长三角城市群、珠三角城市群相比，京津冀无论在城市群的发育还是在区域协作程度、协调发展等方面还存在着一定的差距，区域竞合关系仍不合理。这些问题的存在，极大限制了首都城市群的合理分工与协调发展。

2014年2月26日，习近平总书记在北京主持召开座谈会，专题听取京津冀协同发展工作汇报，强调实现京津冀协同发展，是面向未来打造新的首都经济圈、推进区域发展体制机制创新的需要，是探索完善城市群布局和形态、为优化开发区域发展提供示范和样板的需要，是探索生态文明建设有效路径、促进人口经济资源环境相协调的需要，是实现京津冀优势互补、促进环渤海经济区发展、带动北方腹地发展的需要，是一个重大国家战略，要坚持优势互补、互利共赢、扎实推进，加快走出一条科学持续的协同发展路子来。①

京津冀协同发展的核心任务是有序疏解北京非首都功能，促进天津与河北经济升级，进而实现京津冀协同发展。因此，京津冀协同与北京作为首都城市的定位、转型密切相关，与首都城市群的协调发展密切相关，我们有必要基于东京、首尔、伦敦、巴黎等首都城市群的发展模式及经验教训，对首都城市群的定位、中心城市与周边中等城市的内在联系，以及京津冀产业分工状况、产业集聚与非均衡布局的原因、产业转移路径等进行系统分析，并重点研究、解决制约首都城市群发展的京津冀区域协同中存在的问题，将首都城市群的发展与京津冀区域协作结合起来进行系统研究、重点突破，以期为推动首都城市群发展、京津冀区域协作提供决策参考。

二、研究重点与目标

京津冀城市群是我国三大城市群之一。现阶段，京津冀协作及疏解北京非首都功能进程进一步加快，但京津冀协同发展仍存在一些障碍，主要表现为：

一是城市之间经济发展不均衡，整体经济发展水平与珠三角、长三角两大城市群差距明显。一直以来，无论是 GDP 总量还是人均水平，京津冀与其他两大城市群相比都存在明显差距。

二是北京、天津等中心城市对周边地区经济发展的带动不足，中、小城市发展水平较低。上海、广州以及深圳周边都分布着数量众多的中、小城市，城市群发展比较成熟；而在京津冀地区，虽然北京和天津发展水平较高，但其他大、中、小型城市发展水平相对较低，中心城市的带动作用没有充分发挥出来。

三是近年来京津冀区域经济增长有放缓趋势。2018 年全年，京津冀三地经济增速分别为 6.6%、3.6%、6.6%。北京、河北增速与全国平均增速持平，天津 GDP 增速低于全国 3 个百分点，经济增长放缓趋势明显。②

此外，京津冀地区还存在着北京城市发展在城市内部和城市之间有双重过度

---

① 习近平在京主持召开座谈会 专题听取京津冀协同发展工作汇报［EB/OL］. http：//gov. cn/xin-wen/2014 － 02/27/content_2625086. htm.

② 2018 年京津冀三地地区生产总值达 8.5 万亿元［EB/OL］. http：//district. ce. cn/zg/201904/04/t20190404_31801546. shtml.

集聚①、城市间人口与经济集聚能力差距较大②、产业空间结构尚待进一步优化③等问题。因此,京津冀地区实现真正意义上的协同发展还面临不少挑战。

2017 年 4 月 1 日,中共中央、国务院决定设立雄安新区。雄安新区设立后,也面临着在产业发展中如何定位,如何集聚创新要素实现创新发展,如何处理好雄安新区与北京、天津、河北的关系等问题。习近平总书记指出,雄安新区的定位首先是疏解北京非首都功能集中承载地,重点是承接北京非首都功能疏解和人口转移。党的十九大报告中也明确提出,以疏解北京非首都功能为"牛鼻子"推动京津冀协同发展,高起点规划、高标准建设雄安新区。具体来说,一方面,北京原有的一些传统行业占据了北京大量资源,使北京"城市病"日益恶化,因此将这些产业外迁势在必行;另一方面,雄安新区的主要任务之一也是非首都功能的集中承载地,主要承接北京疏解的高端科研、教育机构,吸纳和集聚高端人才及高端技术,实现产业与城市共融发展。因此,将非首都功能疏解与雄安新区建设、京津冀产业转移结合起来进行研究,不但具有重要的现实意义,也是非首都功能疏解与雄安新区建设的题中应有之义。

基于北京非首都功能疏解的京津冀地区产业转移是实现京津冀优势互补,推动京津冀协同发展的需要;也是促进京津冀发展模式转型,打造我国北方经济发展重要增长极的需要。京津冀地区作为我国北方经济规模最大、最具活力的地区,担负着率先实现经济转型的重要使命。作为中心城市的京津尤其是北京,需要淘汰、转移不再具有优势的产业,大力发展高端新兴产业,探索城市创新驱动发展新模式;而河北省作为京津冀地区最薄弱的一环,也缺乏特大城市作为区域经济增长极。要改变京津冀地区发展失衡的局面、实现京津冀的优势互补和协调发展,就必须通过产业转移走出一条科学持续的协同发展路子。

本书基于非首都功能疏解与雄安新区的大背景,根据区域产业转移规律与我们的前期研究,将非首都功能疏解与京津冀产业转移、雄安新区建设结合起来进行研究,探究北京产业过度集聚的原因及非首都功能疏解的重点领域,探讨北京疏解产业的重点与路径及存在的问题,分析雄安新区在集中承接北京产业转移方面具备的条件和优势,解析天津、河北尤其是雄安新区如何有效精准承接北京非首都功能疏解,并提出相应的对策建议。

---

① 张可云,邓仲良,蔡之兵. 京津冀协同发展下北京的城市发展战略 [J]. 江淮论坛,2016 (4):46-51.

② 李国平,罗心然. 京津冀地区人口与经济协调发展关系研究 [J]. 地理科学进展,2017,36 (1):25-33.

③ 李国平. 京津冀产业协同发展的战略定位及空间格局 [J]. 前线,2017 (12):92-95.

　　本书的研究目标是：立足于京津冀协同发展，着眼于非首都功能疏解，结合雄安新区的 4 个定位及其体制机制创新，分别从京津冀的协作发展程度、产业集聚与转移状况、首都城市群协调发展、雄安科技集聚与创新驱动机制等几方面展开研究，并提出相关对策建议；同时，在研究中也注重探讨京津冀区域协作发展的规律及其普适性，供我国其他人口和经济密集区优化发展模式参考，并力求发现新的研究结论和创新。

三、结构安排及内容

（一）研究框架及思路

　　按照上述研究目标与思路，本课题从三个部分展开研究，分别为：京津冀经济协作与发展（上篇）、京津冀产业集聚与转移（中篇）、首都城市群协同发展与突破（下篇）。之所以按照这样的篇章结构展开研究的原因及思路如下：

　　首先，京津冀经济协作与发展是国家三大区域战略之一，也是本书研究的立足点。基于京津冀协同发展的大背景，进而深入探讨首都城市群的布局及发展，是本书研究的主要目标。

　　其次，京津冀经济协作与发展离不开产业集聚与产业转移问题。京津冀的协同发展，归根结底是京津冀产业由过去的过度集聚向扩散与转移过渡的过程。因此，对于京津冀产业集聚的表现、原因进行分析，对其产业转移的过程、路径进行探讨，既是京津冀协同发展的需要，也是首都城市群合理分工、产业协作的需要。

　　最后，首都城市群的协同发展问题是京津冀协同发展的关键。京津冀协同发展的范围包括北京市、天津市与河北省，由于其涵盖了 218000 平方公里的地域范围，约 1.1 亿的人口，且分属于 3 个不同的省级行政区域，加之三省市产业重叠度较高等问题，给京津冀的协作发展带来了极大的困难。这既是为什么长期以来京津冀协作缓慢的主要原因，也是国家把京津冀协同发展升级为国家战略的根本动因。因此我们认为京津冀的协同发展不是一蹴而就的，应分阶段、分区域、分步骤实施和推动。而无论是从地理位置、辐射范围还是经济总量来看，包括北京、天津、石家庄、保定、唐山、廊坊、秦皇岛、张家口、承德、沧州在内的"2 + 8"的首都城市群既是京津冀协同发展的核心区域，也是几经变更的"首都经济圈规划""京津冀协同发展规划"的最初规划范围。所以，我们把首都城市群的范围划定在北京、天津加河北省的 8 个地级市上，而京津冀协同发展则包括了北京、天津及整个河北省。

（二）主要内容

1. 京津冀经济协作与发展研究

我国首都城市群的发展离不开京津冀区域协作。首都城市群位于京津冀，各城市的功能、分工协作、产业布局离不开京津冀各方的共同支持，首都城市群的雾霾、水资源与环境等问题的解决，也迫切需要城市群周边地区全方位的协同协作。

就京津冀城市群产业分工与协作而言，北京由多功能向单功能首都城市发展模式转变过程中，京津冀区域必须进行合理规划、协同发展、密切合作，北京作为科技创新和孵化中心、天津作为经济中心共同参与区域的经济分工与协作，河北周边城市尤其是雄安新区作为卫星城市、合理承担和疏解的城市功能。

具体来说，上篇包括第二章、第三章、第四章，共三章。

第二章为京津冀经济联系强度及空间集聚分析。该章主要剖析了京津冀产业结构演化情况及其空间分布、京津冀城镇化现状及演化、京津冀城市间的经济联系和交通网络分布、京津冀城市群的产业和人口的空间集聚等。

第三章为由协作到协同：京津冀协作发展的合成控制分析。该章采用合成控制法和1990~2014年的省级面板数据，对2001年后京津冀协同发展状况进行了政策评估。结果发现京津冀协同发展政策对北京市和天津市有着正向的增长效应，使得北京市和天津市人均GDP的年均增长率分别提高了3.14%和3.45%，且这种政策效应在统计上是显著的；该政策的实施降低了河北的人均GDP，但这种负向的政策效应并不十分显著。

第四章为公共支出的空间溢出效应对京津冀城市效率的影响。该章运用空间计量经济学相关研究方法，度量了京津冀公共支出及其空间溢出对城市间经济效率的影响程度。研究发现，考虑到空间溢出效应后，京津冀公共支出的增长效应依然得到验证，其增加不仅有助于提高本城市效率，并且对周边城市效率也具有明显的促进作用。此外，城市效率的增长还存在"时空惯性"，一个城市的效率水平既与本城市历史效率有关，又会受到周边邻近城市效率的溢出性影响。

2. 京津冀产业集聚与转移

中篇对京津冀产业集聚与产业转移两方面进行分析。一方面，产业集聚在京津冀区域发展中起着重要的作用，但存在区域间产业集聚失衡、北京存在过度集聚等问题，在当前非首都功能疏解的环境下，要充分认识到疏解的必要性以及集聚与疏解的辩证关系，找出京津冀产业集聚失衡尤其是北京过度集聚背后的原因，因此我们对于京津冀产业集聚效应、生产性服务业集聚及其影响进行探讨。另一方面，无论是从北京发展的需要来看还是从党中央对北京的"四个中心"定位来看，京津冀产业转移都需要进一步加快，不符合北京"四个中心"定位的非首都功能需要向外疏解，相关产业也需要向其他地区转移。从这样的背景出发，分析京津冀地区的制造业产业转移的效率，既能够对以往京津冀地区产业转移的效果进行判断，又可以发现以往产业转移中出现的一些问题，这些发现对进一步推进京津冀产业转移有一定的现实意义。

具体来说，中篇包括第五章、第六章、第七章，共三章。

第五章为专业化还是多样化：京津冀产业集聚效应分析。该章在沃克·汉隆（Walker Hanlon）和安东尼奥·米西奥（Antonio Miscio，2017）[①] 构建模型的基础上做了进一步改进，将铁路和公路营运里程的增长率纳入模型，并基于2003~2017年京津冀城市群的就业面板数据对京津冀地区的产业集聚效应进行研究，在分析中将其分解成专业化和多样化两种效应，并分别从产业和城市两个角度，对京津冀产业集聚特征进行分析。既分析京津冀整体的产业集聚效应，又有针对性地分析每一相关产业的集聚效应。

第六章京津冀生产性服务业集聚分析。该章在行业层面使用绝对集中度指数、空间基尼系数对京津冀生产性服务业集聚进行测度；在地区层面使用区位商、多样化指数和专业化指数进行测度。并采用 C－D 生产函数拓展模型就生产性服务业集聚对京津冀城市发展的影响做了实证分析。

第七章为京津冀制造业产业转移效率分析。该章参考郑鑫（2012）在其博士论文中所采取的方法，采用贸易识别法对京津冀产业转移的效果进行定量分析，并从产业维度、地区维度、时间维度3个角度，从区际贸易程度、产业集中度、产业结构变化以及产业延续程度[②]4个方面对京津冀制造业产业转移最活跃的10个产业进行评价，发现京津冀产业转移总体上尚处于初级阶段，产业转移的效率不高，且不同产业间的产业转移效率差异较大。

3. 首都城市群协同发展与突破

下篇以首都城市群的发展模式为切入点，将各国的首都城市群发展模式分成两类，即单功能首都城市群发展模式与多功能首都城市群发展模式。[③] 我们认为，京津冀协同当前的发展模式是对单功能首都城市群发展模式与多功能首都城市群发展模式的融合，也是在多功能首都城市群发展模式的基础上向单功能首都城市

[①]　W. Walker Hanlon, Antonio Miscio, 2017. Agglomeration：A long-run panel data approach ［J］. Journal of Urban Economics, Volume 99, May 2017, pp. 1 - 14.

[②]　区际贸易程度、产业集中度、产业结构变化以及产业延续程度等指标含义参照郑鑫2012年的博士论文《产业转移识别与效率研究》的说法，笔者做了进一步推敲和筛选。

[③]　戴宏伟，宋晓东. 首都城市发展模式的比较分析及启示 ［J］. 城市发展研究，2013（6）：87 - 93.

群发展模式的逐步过渡，在过渡的过程中兼有两种首都城市群发展模式的特征。本书以首都城市群发展模式的比较为切入点，结合我国首都城市群的特点及城市定位，探讨京津冀协同支撑、城市群协调发展的路径与机制并提出对策建议。

具体来说，下篇包括第八章、第九章、第十章、第十一章、第十二章，共五章。

第八章为基于协同发展的首都城市群实证及比较分析。该章通过构建评价指标体系，对首都城市群发展情况进行测评，并对比分析我国首都城市群与日本东京城市群的发展状况，以得出一些有益的启示。

第九章为基于产业转移的首都城市群人口迁移影响因素分析。该章根据产业转移和人口迁移理论，分别从产业结构和人口结构耦合关联综合分析、人口迁移因素模型构建、各行业产业就业增长弹性测算3个层面研究首都城市群产业结构带动人口迁移机制。并从静态截面分析、动态时序分析和弹性具体分析3个维度进行分析，探讨产业转移带动人口迁移的可行性并提出政策建议。

第十章为基于就业弹性的非首都功能疏解重点产业分析。该章采用就业弹性系数、投入产出法和面板数据模型，分析北京市各产业劳动力吸纳能力，探究产业转移能够在多大程度上影响人口迁出，筛选部分重点产业，为正在实施的非首都功能疏解提供一定参考。

第十一章为基于C－P扩展模型的环京津后发区分析。该章采用C－P（中心－外围）拓展模型，通过定量分析探讨环京津后发区形成的原因，探究制约因素并提出对策建议，以实现京津冀和谐、协同发展。

第十二章为突破与展望：雄安新区创新发展研究。该章总结归纳了美国硅谷、日本筑波、以色列海法以及我国深圳特区、浦东新区等的创新发展经验，探讨雄安新区创新驱动发展的总体思路与发展重点，提出了雄安新区建设创新驱动发展引领区的政策建议。

四、研究方法

本书的研究方法包括：首先，对国外首都城市群及京津冀城市群进行深入调查，结合国家统计年鉴等获取相关资料和数据。其次，在各章的分析中针对不同问题采用不同的研究方法，具体来说，第二章采用经典引力模型计算京津冀经济联系强度，使用标准差椭圆（SDE）方法分析京津冀地区产业和人口空间集聚程度；第三章采用合成控制法分析京津冀协作状况及其影响；第四章采用城市面板数据对京津冀公共支出的空间溢出效应进行分析；第五章采用专业化指数和就业面板数据对京津冀产业集聚的效应进行分析；第六章基于空间基尼系数等对京津冀生产性服务业集聚进行测度，基于C-D生产函数的拓展模型对京津冀地区生产性服务业集聚水平对城市经济发展的影响进行实证分析；第七章采用贸易地位系数法分析京津冀产业转移的现状，并从区际贸易程度、产业集中度、产业结构变化以及产业延续程度4个方面对京津冀制造业产业转移的效率进行分析；第八章构建了首都城市群的评价体系，采用主成分分析法对首都城市群发展状况进行分析，并与东京城市群进行对比；第九章基于灰色关联分析并构建人口迁移影响因素模型，构建行业就业增长弹性系数，分析京津冀产业转移对人口迁移的带动作用；第十章通过就业弹性分析法、投入产出分析法，构建产业转移对就业人口的面板数据模型，对北京市产业转移对就业人口的影响进行分析；第十一章采用C-P扩展模型和面板回归模型，对环京津后发区的成因进行分析；第十二章通过案例分析法和集成分析，对雄安新区创新驱动发展进行分析并提出对策建议。

　　从创新的角度来说，本书基于京津冀协同发展的视角，探讨北京作为首都城市功能定位转型后对周边城市的影响及城市群的发展路径，进一步探究我国首都城市群的定位、中心城市与周边中等城市间的经济联系强度和协作关系；基于京津冀区域协同发展的特点，分析京津冀城市群分工、集聚、转移及协同发展的变化，探析非首都功能疏解与产业转移对人口迁移的影响；并通过比较国外首都城市群发展模式，探讨我国首都城市群的发展模式；分析环京津后发区形成的原因；最后，本书立足城市群理论与区域协调发展理论，深入分析制约京津冀各城市协同发展的因素及原因，并基于各方面的分析提出相应的对策建议。

第二节　相关研究综述

一、关于城市群研究的综述

　　自"十一五"规划以来，城市群在我国经济发展战略中的重要地位日益凸显。"十一五"规划纲要提出要把城市群作为推进城镇化的主体形态，逐步形成高效协调可持续的城镇化空间格局，并针对已形成城市群发展格局、具备及不具备城市群发展条件的区域，分别提出相应的发展目标。"十二五"规划纲要在构建综合交通运输体系、实施区域发展总体战略、积极稳妥推进城镇化、完善区域开放格局、保持香港澳门长期繁荣稳定等多个章节提出不同地区城市群发展的重点任务。"十三五"规划纲要提出建设城市群交通城际铁路网,建立健全城市群发展协调机制,实现城市群一体化高效发展,深入实施区域发展总体战略,提升京津冀协同发展和长江经济带发展的战略高度。党的十九大报告提出,到建党一百年时全面建成小康社会,到新中国成立一百年时,把我国建成社会主义现代化国家。全面建成小康社会和建成社会主义现代化国家,必须贯彻新发展理念,实施区域协调发展战略,以城市群为主体构建大中小城市和小城镇协调发展的城镇格局,加快农业转移人口市民化,以推动京津冀协同发展、建设雄安新区、推动长江经济带发展为重点任务。①

目前,国内学者对城市群的研究日益增多。据中国知网统计,1984~2003年,我国城市群主题年发文量仅几百篇;2004年至今,城市群相关研究年发文量从2004年的1000多篇增长到2018年的3000多篇,研究方向集中在城市群空间结构、城市化水平等方面。尽管目前国内外城市群方面的研究成果丰硕,但对于城市群的基本概念、主要特征及动力机制等说法不一,分别从建筑、地理、经济等不同领域对城市群进行了研究。

(一) 城市群概念的起源及发展

1. 国外城市群概念

"城市群"一词最早起源于1910年美国人口统计的 "Metropolitan District (大都市地区)",指一个较大的人口中心及与其具有高度社会经济联系的邻接地区的组合,常常以县作为基本单元。1957年,法国地理学家简·戈特曼(Jean Gottman)发表题为《大都市连绵区:美国东北海岸的城市化》(*Megalopolis or the urbanization of the Northeastern seaboard*)的论文,指出从波士顿到华盛顿一带大城市沿着海岸线高密度分布的巨大大城市带,不仅在美国,甚至在世界范围内都是独一无二的,被公认为现代意义上大城市连绵区研究的开端。1991年,加拿大地理学家麦吉(T. G. McGee)提出了亚洲特有的城乡结合区域(Desa-kota),包括两个或两个以上由发达的交通联系起来的核心城市,以及当天可通勤的城市外围区及核心城市之间的区域。20世纪初,美国城市经济学家斯科特(Allen J. Scott)通过分析全球城市的经济动态,提出了城市区域(city-regions, urban areas)通常为当地生产者增加收益及竞争优势。2006年,英国城市专家彼得·霍尔(Peter Hall)提出多中心巨型城市-区域(polycentric mega city-region)

---

① 习近平:决胜全面建成小康社会 夺取新时代中国特色社会主义伟大胜利——在中国共产党第十九次全国代表大会上的报告 [EB/OL]. http://cpc. people. com. cn/19th/n1/2017/1027/c414395-29613458. html.

概念，由形态上分离但功能上相互联系的 10～50 个城镇，集聚在一个或多个较大的中心城市周围，通过新的劳动分工显示出巨大的经济力量。

2. 国内城市群概念

国内对城市群的研究一般被认为始于 1983 年，于洪俊和宁越敏在《城市地理概论》一书中首次使用"巨大城市带"一词，来源于对"megalopolis""metropolitan area"等国外术语的直接翻译。较早系统性研究中国城市群的学者姚士谋，在其 1992 年的著作《中国的城市群》中首次提出了城市群的基本概念、空间特征、发育机制、创新系统及国际经验，并分析了中国城市群的演变、发展联系及趋势，指出城市群（urban agglomerations）是在特定的地域范围内具有相当数量的不同性质、类型和等级规模的城市，依托一定的自然环境条件，以一个或两个超大或特大城市作为地区经济的核心，借助于现代化的交通工具和综合运输网的通达性，以及高度发达的信息网络，发生与发展着城市个体之间的内在联系，共同构成一个相对完整的城市"集合体"，这种集合体可称之为城市群。庞晶（2009）认为城市群是指在一定的地域范围内，以单个或多个大城市为核心，借助现代化的交通通信网络聚合而成的一个高密度、联系紧密的城市空间。黄征学（2014）认为城市群是指以一个或几个有竞争力的大城市为中心，依托交通、通信等基础设施条件，形成经济社会联系紧密，且空间结构、职能结构和规模结构合理的城市"综合体"。肖金成（2009）、王丽（2016）等学者也对城市群的概念进行了总结。

3. 城市群概念总结

结合以往学者的定义，对城市群的理解可以分为两个部分：一是对城市的理解，城市一般指规模大于乡村，人口比乡村集中，以非农业活动和非农业人口为主的聚落。中国通常把设市建制的地方称作城市，人口一般在 10 万人以上。高鸿业（2011）等认为，城市是具有降低保护财产安全的成本、降低交易费用（市的起源）、节约协作费用，获取规模收益，分享外部经济等制度的空间形式。城市具有一定的地理形式，居民、店铺在空间上形成城，由于交易商品的需要，逐渐形成市，以市而兴，促进居民、作坊、商铺的集中，形成城市。二是对群的理解，《新华字典》中"群"可做名词、量词、动词或形容词，一般位置在名词后时词性为名词，指"相聚成伙的，三个以上的人或物相聚而成的集体"。顾名思义，城市群可以简单地理解为三个以上的城市集聚而成的集体。

从经济学角度分析，城市群不仅仅是地理上相近城市的集聚体。在经济学理性人的假设下，城市作为理性人的人口集中地，也表现为理性城市，单个理性城市在经济全球化的背景下为了实现自身利益最大化，会选择与相邻的理性城市进行合作，形成城市群，从总体上分配城市之间的劳动、资本、技术等生产要素，产生规模经济或集聚经济，实现双赢。

随着第四次工业革命的到来，各国经济发展方式加快转变，城市群的提出具有重要的时代意义。在全球化背景下，城市群作为一种新的竞争单元，不仅对内部城市有数量上和地理上的要求，更是一种新的经济现象，它建立在城市群内部网络联系的基础上，强调地理上临近城市之间的联系。在世界经济快速发展的21世纪，城市群内部和外部联系应该比以往任何时候都更加紧密，不同于古代、近现代时期，单个城市间的竞争转变为城市群之间的竞争，更加突出城市内的分工、城市群内部城市的分工及城市群之间的分工，打造城市及城市群特色。

（二）城市群相关术语辨析

随着我国城市化进程的快速发展，与城市群相关的概念、术语大量出现，为避免混淆，有必要梳理相关术语的区别与联系。戴宾（2004）认为城市群是一个具有顶层属性、涵盖范围较广的概念，包括若干典型或非典型的城市群类型，都市圈、城市带、都市连绵区是城市群的一种特殊类型。陈美玲（2011）认为城市群相关概念具有一定的联系，根据概念的主要特征，可以分为基于城市群功能范围特征的表达，如都市区、城市经济区、城市协作区等；基于城市群空间结构特征的表达，如城市圈、都市圈、大都市圈、城市带、城市经济带、都市带、大都市带等；基于城市群发展时序特征的表达，如城镇集群、大都市连绵区、大都市地区、城镇密集区等。江曼琦（2013）认为"城市群"是一个具有中国特色的概念，与西方对城市密集区、集合城市等相关概念存在明显的差异，具有理想化和难以明确界定的特点。陈彦光、姜世国（2017）阐述了对城市集聚体、城市群和城镇体系的认识，认为城市群的英文译名应该是 system of cities（城镇体系），而不是 urban agglomeration（城市集聚体）。

通过追溯城市群相关概念的源头文章发现，一些概念的差异在于对西方术语的翻译及理解不同，如"城市带""都市带""大都市带""巨大都市带""都市群""都市连绵区""大都市连绵区""大城市连绵区"都是对简·戈特曼文章中"megalopolis"及系列术语的翻译，不同学者在引用时根据自己理解的侧重点不同进行翻译并加以解释，其实际指的均是美国东北部沿大西洋海岸呈带状分布的城市群，强调城市群空间结构的分布特点。同样，"都市圈""大都市圈"来源于日本行政管理厅1950年提出的概念，强调城市群经济的圈层辐射或空间结构的圈层分布。"都市区""大都市区"是对美国1910年提出的用于国情普查的

"metropolitan area" 及系列名词的翻译,也有学者翻译为"都市圈",作为城市功能上的统计单元,具有一定的城市人口数量或非农业劳动力比例要求。"巨型区域""巨型城市区"是对彼得·霍尔(Peter Hall)"megacity regions/megaregions"的翻译,一般指欧洲英格兰东南部等 8 个巨型区域,后来也用于美国等其他地区的类似区域。"城市群"一词则是由中国学者提出,由具有紧密联系、相互合作的 3 个以上的城市集聚而成的集体,是对"城市集聚体""城市集群"等概念的高度概括和提炼,强调城市群中的城市数量、相关联系和合作等。

(三)城市群形成的动力机制

1. 国内外城市群动力机制研究综述

根据美国地理学家乌尔曼(E. L. Ullman,1954)揭示的空间相互作用一般原理,互补性、可运输性及中介机会为城市群形成的空间理论提供了依据。刘静玉、王发曾(2004)指出,城市群形成发展的动力机制包括产业集聚效应、产业扩散效应、区域网络化组织发展、企业区位选择行为、政府宏观调控行为、城市功能集聚与扩散六个方面的驱动。陈玉光(2009)认为,城市群的形成需要具备5 个基本条件,包括良好的地理位置和自然条件、发达的区域性基础设施网络、产业拉动、政府的宏观调控行为和世界经济重心的转移。城市群发展的动力主要来自政府和市场两方面作用,包括市场机制下追求利益最大化目标时各种要素集聚、扩散的双重作用,以及市场失灵时政府作为城市规划、管理以及基础设施供给的主体保证城市群空间扩展的作用。赵勇(2009)将国外城市群形成机制总结为自组织和有组织共同作用的过程,主要受到四种范式的影响,包括城市经济学、产业组织理论、新经济地理学及内生增长理论,分别强调经济主体间的相互作用、产业间的联系和产品的差异化、外部性与集聚在空间结构形成中的作用、人力资本和知识在城市增长中的作用。刘玉亭(2013)将有关城市群形成机制的研究概括为内生机制和外生机制两大类,内生机制包括工业化和市场机制及聚集、扩散与协调机制,外生机制包括全球化和跨国公司的作用机制、体制和政策机制、历史区位和地理环境机制。

2. 城市群基本特征总结

从经济学角度来看,在全球新一轮技术革命下,城市群具有以下几点特征:

一是城市群内部联系更紧密。随着地铁、高速公路、高速铁路等现代交通体系的迅速发展以及互联网的普及,城市内部及城市之间的交通通信网络更加完善,交通可达性及通信连通性提高,基础设施建设相对发达并高度一体化,人口流动明显加快,城市群内部及外部联系都更加紧密。

二是城市群产业特色更加明显。世界各国城市群之间，以城市群为基本单元对本国内各城市群的自然资源、劳动、资本等要素的竞争优势进行分析，各个城市群据此进行合理的产业分工，形成城市群特色。在单个城市群内部，各城市又具有不同的要素及生产优势，在城市群特色产业的基础上分工发展细分行业，各行业上下游之间紧密联系，城市群产业特色明显。

三是城市群整体竞争力增强。城市群内各个城市相互合作，降低生产要素流动成本，提高产品竞争力，从而在经济总量及经济发展等方面竞争力增强。按照在世界城市群中的地位，竞争力由强到弱可以分为世界级城市群或全球城市群、国家级城市群、地区级城市群等，城市群竞争力越强，其国际化发育程度越高。

四是城市群空间结构各具特色。根据城市群地理形状的不同，可以分为带状城市群、圆形城市群或其他形状城市群。根据内部结构特点的不同，可以分为卫星城市群、中心－外围城市群等。根据中心城市数量的不同，可以分为单中心城市群、双中心城市群和多中心城市群，或单核、双核、多核城市群。

3. 城市群动力机制总结

从经济学角度来说，城市群是城市发展的高级阶段，是经济社会发展到一定阶段的必然产物。城市群的形成是区域生产要素逐渐向某些城市集中、从而向城市群集中的过程，这一过程伴随着企业集聚与扩散、产业分工与产业竞争力的增强。随着城市群内部城市及城市群之间产业分工的转变，生产要素会在城市及城市群之间发生流动，从而影响企业决策，形成产业集聚或产业转移，并在空间上表现为一定的结构特点，最终成为产业联系紧密、空间结构稳定、城市竞争力更强的城市群。

一般而言，城市群的形成与演进主要经历4个阶段，包括城市孤立发展阶段、单中心城市群形成阶段、多中心城市群形成阶段和大城市群发展并成熟阶段。城市群的形成机制主要包括对规模经济的追求、区域协调发展、城市间相互作用、技术进步、完善的基础设施和正确的空间规划指引6个方面。城市群内各主要城市根据自身的基础和特色，承担不同的功能，在分工合作、优势互补的基础上，共同发挥整体集聚优势。

整体来说，现有城市群的研究在分析城市群动力机制上大多对城市群进行案例分析，缺乏量化实证研究，未来不仅需要对城市群的范围、规模、多中心度进行界定与识别，更需要在城市群要素流动、集聚与扩散，产业分工、转移，城市群空间结构、网络体系，城市群经济增长与经济发展等方面进行深入研究。

二、关于京津冀城市群研究的综述

近年来，以北京为首的京津冀城市群的发展引起了中央、地方政府和我国学者的关注，学者们从不同的视角对京津冀发展问题进行了大量研究。本节对研究京津冀城市群的相关文献进行综述，期望基于前人研究的基础上，对京津冀城市群的协同发展问题展开进一步的研究。

（一）京津冀城市群的范围

国家"十三五"规划指出，推动京津冀协同发展，建设以首都为核心的京津冀世界级城市群。2018 年，中共中央、国务院《关于建立更加有效的区域协调发展新机制的意见》明确指出，以北京、天津为中心引领京津冀城市群发展，带动环渤海地区协同发展。

当前学术界对京津冀城市群的研究也日益增多，而研究范围并不一致。姚士谋等（2016）认为，京津冀城市群地理范围包括北京、天津两个中央直辖市以及河北省全域的 11 个地级市，石家庄、唐山、秦皇岛、廊坊、保定、张家口、承德、沧州、邯郸、邢台、衡水，核心区为北京、天津、石家庄、保定。肖金成（2009）、黄征学（2014）、王丽（2016）、方创琳（2017）等认为，京津冀城市群包括北京、天津、石家庄、唐山、秦皇岛、廊坊、保定、张家口、承德、沧州等共 27 个城市（其中 2 个直辖市、8 个地级市和 17 个县级市）和下属的县城、建制镇。王德利等（2019）基于分形理论，从人口规模、空间规模和经济规模 3 个层面构建城市群城镇规模分布的合理评价模型，认为京津冀城市群 1995～2016 年呈现规模分布集中的布局模式，中小城市相对大城市发展较快，城市规模的差异逐渐缩小，规模分布中等合理。

总体来说，学术界对京津冀城市群范围的界定基本分为两种：一种是"2+8"范围，包括北京、天津和河北省的 8 个地级市；另一种是"2+11"范围，包括北京、天津和河北省全部 11 个地级市，后者比前者增加了距北京较远的河北省西南部的 3 个地级市（邯郸、邢台和衡水）。本书认为，首都城市群包括"2+8"范围，即北京、天津和河北省的 8 个地级市；而当以"京津冀"为研究对象时，应采用后一种更大的范围，即包含京津冀三地所有的地级市。

（二）京津冀城市群的功能定位及发展思路

1. 关于京津冀城市群的功能定位

国家对京津冀地区的定位。2014 年京津冀协同发展工作座谈会明确提出要实现京津冀协同发展，并将之升级为一项重大的国家发展战略。2015 年中共中央、国务院印发《京津冀协同发展规划纲要》，指出了京津冀城市群的功能定位、发展目标、空间布局、功能疏解及重点领域，京津冀区域整体定位是"以首都为核心的世界级城市群、区域整体协同发展改革引领区、全国创新驱动经济增长新引擎、生态修复环境改善示范区"。三省市定位服从和服务于区域整体定位，增强整体性，符合京津冀协同发展的战略需要。其中，北京市的定位是"全国政治中心、文化中心、国际交往中心、科技创新中心"，天津市的定位是"全国先进制造研发基地、北方国际航运核心区、金融创新运营示范区、改革开放先行区"，河北省的定位是"全国现代商贸物流重要基地、产业转型升级试验区、新型城镇化与城乡统筹示范区、京津冀生态环境支撑区"。

学术界对京津冀城市群的定位。肖金成等（2015）认为，京津冀总体功能定位是打造世界级城市群、知识型总部经济区域和世界级先进制造业基地，以产业合作为主线，以市场和企业自下而上的力量为主体，以有效的政府行为作为主导力量，进一步发挥京津冀地区的区位、资源、科技、文化等优势，以启动京津实质性合作和构建京津现代服务业中心为契机，以深化区域制造业分工为核心，以制造业集群发展为支撑，创建"繁荣看京津，实力看河北"的区域联动型产业结构，释放经济潜能，实现京津冀城市群合作共赢。赵渺希等（2014）以京津冀城市群的功能网络为研究对象，基于网络分析方法开展城市群地区功能联系的时空实证研究，发现京津冀城市群内部不同价值区段的功能联系呈现出集聚与扩散同时并存的演化趋势，北京、天津通过生产性服务业的总部集聚主导了区域发展，但是其他城市的一般服务业、制造业也开始在高等级城市设立分支机构，以实现区位空间组合利润的最大化。黄洁等（2014）耦合城市异速增长和标准化区位商分析方法，探讨城市形态扩张与功能演变的耦合作用过程，发现京津冀城市群发展起步较晚，从2000年以后城市人口和建成区面积均出现显著增长，主要表现为城市建成区快速扩张，产业发展为以北京为单核的极核发展格局，对区域第三产业的辐射作用较弱，城市化水平相对较低。

国内多数学者关于京津冀城市群总体功能定位的观点基本与政府规划纲要目标一致，即打造世界级城市群，实现京津冀三地功能互补、产业合作、协同发展，但关于北京、天津和河北各城市的具体定位，学者们运用不同的分析方法得出的结论也有所不同。

2. 关于京津冀城市群的发展思路

近些年来，学术界关于京津冀城市群发展思路的讨论多集中在一体化发展、协同发展等方面。

贾若祥（2014）指出，京津冀城市群发展的思路为发挥核心城市功能，促进城市合理分工，一是加强合作，通过完善体制机制释放城市群发展活力；二是差别发展，探索"三生协调"的发展模式；三是厘清权责，更好地发挥市场在配置资源中的决定性作用和政府的宏观调控作用。刘法等（2014）认为北京与京津冀城市群联动发展存在一些障碍，权衡利弊来看，北京应依靠城市群来优化发展，京津冀城市群一体化发展应成为国家战略，多策并举，实现北京与京津冀城市群的"借力"与"助力"。宋文新（2015）指出，河北省应当紧紧围绕完善世界级城市群布局，把石家庄打造成京津冀协同发展的第三极，一是加强政策引导、打造河北高地，为城市群建设营造良好环境；二是瞄准创新驱动，把产业生态化、生态产业化作为城市群发展的根本方向；三是适时推动河北县级行政区划调整，为形成京津冀城市群提供体制保障。

方创琳（2017）指出，未来京津冀城市群建设的重点是推进区域性产业发展与布局一体化、基础设施建设一体化、城乡统筹与城乡发展一体化、区域市场建设一体化、环境保护与生态建设一体化、社会发展与基本公共服务一体化。石敏俊（2017）认为，京津冀建设世界级城市群，需要树立利益共同体和命运共同体的发展理念，通过以首都圈共同体为载体来将京津冀协同发展战略落到实处。李兰冰等（2017）指出，雄安新区的建设肩负着推动京津冀世界级城市群建设的历史使命，世界级城市群视角下的雄安新区发展路径，一方面应当以承接非首都功能为基点，尽快培育新产业体系；另一方面要对接京津冀优势创新资源，强力推进创新驱动战略，还应推进城市治理模式创新，优化制度环境供给。

耿海清和李天威（2017）采用程序化的企业战略分析方法（SWOT 分析方法），系统识别了京津冀城市群协同发展制度的有利因素和不利因素，提出了促进京津冀协同发展的制度建设方向，包括突出京津冀协同发展领导小组作用、建立京津冀环境保护协调管理机构和产业转移对接机制、适当调整京津冀行政区划等。牛桂敏（2017）认为坚持协同绿色发展，健全京津冀城市群协同绿色发展保障机制，是京津冀城市群破解发展与保护尖锐矛盾、建设世界级城市群的必由之路。胡安俊和孙久文（2018）认为，京津冀城市群在经济发展水平、创新引领、区域差距、空间结构和资源环境等方面存在诸多问题，与世界级城市群还有较大差距。建设京津冀世界级城市群，一方面需要提升创新能力，提高整体竞争力，搭建连接介质，推动产业和技术转移；另一方面需要推进基本公共服务均等化，完善空间结构以促进区域协调发展，还需要提高能源利用效率，发展可再生能源，完善生态补偿机制，实现绿色发展。

上述分析表明，学术界关于京津冀城市群未来发展路径的研究成果较为丰富。多数学者认为当前京津冀城市群的发展存在着联动障碍，在经济、环境、制度建设等方面存在诸多问题，一些学者认为应通过发挥核心城市功能带动城市群整体发展，一些学者认为应通过发展河北省省会石家庄或建设雄安新区等打造京津冀城市群第三极，带动周边城市发展，还有一些学者认为应通过加强制度建设及布局一体化促进城市群协同发展。另外，国内学者对京津冀城市群与世界级城市群之间差距的研究还不多，在明确打造世界级城市群的目标以后，京津冀城市群各方面的发展还应当参照发达国家现有世界级城市群，总结世界级城市群的发展特点及路径，结合自身优势和所处环境制定切实可行的发展思路。

（三）京津冀城市群的产业发展

关于京津冀城市群产业发展的研究主要涉及产业结构、产业分工、产业转移和产业政策 4 个方面。

1. 产业结构方面

谢专等（2015）通过对比京津冀 1993 年和 2013 年三产结构发现，京津冀的要素禀赋、经济密度与产业结构差异较大，北京与河北的产业结构互补性较强，而北京与天津、天津与河北的产业结构竞争性较强，京津冀一体化程度在 2003 ~ 2009 年有下降趋势。张明艳等（2015）运用区位熵灰色关联分析法基于北京市、天津市及河北省 11 个设区市和中观层次 19 个行业的相关数据，对京津冀经济圈各城市的产业结构与分工进行测度，结果表明各城市间存在较为明显的分工，总体而言北京市第三产业优势突出，天津市、河北省第二产业优势明显，河北省第一产业最为突出。

曾鹏和李洪涛（2017）运用偏离份额分析法、区位熵、相关多样化指数，对中国十大城市群三大产业及 19 个行业的产业结构与分工进行比较研究，结果表明 2003 ~ 2014 年京津冀城市群第三产业具有竞争优势，但竞争优势在不断衰退。祝丽云等（2018）应用 2013 ~ 2015 年京津冀地区的城市面板数据，从产业结构高级化和合理化两个维度实证分析产业结构调整对雾霾污染的影响，结果表明雾霾污染与产业结构高级化指数呈现 U 形曲线关系，现阶段处于拐点的右侧，与产业结构合理化指数显著正相关，与经济增长速度呈现倒"N"型曲线关系，不符合环境库兹涅茨假说。

2. 产业分工方面

吴爱芝等（2015）使用区位商、基尼系数等指标对京津冀产业分工与合作体系进行机理分析，发现京津冀地区产业分工合作呈现出第一产业的"农业企业 +

基地＋科研机构"模式,第二产业的产业梯度转移和跨行政区产业链双向链接延伸,第三产业在旅游、商贸、金融等领域不断展开的新态势。尹征和卢明华(2015)运用产业专业化指数和区位熵灰色关联分析法对2004～2012年京津冀地区各地级市的产业分工状况进行测度与分析,结果表明相对全国而言,京津冀地区整体的产业专业化水平并不高且仍在下降,而以京津冀区域为参照系,各城市产业结构与区域整体的相似程度不是很高,且呈现明显的趋异现象。

陈红霞和贾舒雯(2017)利用地区相对专业化指数、地区相对多样化指数、空间基尼系数、平均集中率和区位熵等多个指标模型,综合评判城市群生产性服务业的集聚特征与发展规律,认为京津冀城市群2003～2014年城市平均相对专业化水平略有上升,中心城市相对专业化程度较低,外围地区生产性服务业更趋向专业化,产业结构相对单一。周伟和马碧云(2017)运用行业分工系数和区位商对2014年京津冀三地的产业分工状况进行实证研究,发现北京和天津之间互补发展,互利共赢,产业结构方面也开始出现差异,北京和河北之间的产业差异程度较高,天津和河北的行业分工程度较低。颜廷标(2018)从分析区域产业分工定位影响因素入手,探讨实现京津冀区域产业分工定位的机理、途径与政策含义,根据不同特质将产业分工为原料指向型、成本驱动型、流量指向型、投资拉动型、集聚依赖型、生态偏好型和平均化布局型产业等,认为区域产业分工的决定因素包括历史性因素、行政性因素、偶然性因素和产业配套因素等。

3. 产业转移方面

刘子利(2013)认为天津滨海新区上升为国家战略以来,京津两地制造业与服务业的分工趋势愈发明显,GDP、外商直接投资、制造业等指标具有明显向天津移动的趋势,现阶段推动环京津周边区域经济重心转移的最重要因素是投资和第二产业的发展。孙久文和姚鹏(2015)利用地区相对专业化指数、地区间专业化指数、SP指数分析京津冀一体化对制造业空间格局的影响,发现区域经济一体化促使京津冀实现了产业分工,在京津冀三省市之间,北京与河北、天津形成了不同的制造业格局,专业化分工较为明显,但是河北与天津之间的专业化分工较小,并且呈现出小幅度下降趋势,北京正逐步将劳动密集型、资源密集型行业转移到河北与天津,逐步形成高新技术为主的制造业格局。张杰斐等(2016)基于2001～2009年京津冀区域182个区县制造业29个行业的数据,测算了京津冀区域制造业分工与转移的基本特征,得出三地制造业梯度分工格局正在逐步形成,区域内部的转移主要从京津走廊向河北东部沿海及河北腹地转移,主要受到扩散效应的影响,在区县之间由分工的高梯度地区向低梯度地区转移。

4. 产业政策方面

陈甬军和张廷海（2016）通过构建一个多指标的评价体系，运用熵值法对京津冀城市群"产城融合"进行初步评价，结果显示整体上京津冀城市群的产城融合度是全国相对较高的区域，京津冀城市群"产城融合"发展的协同策略应包括加强顶层设计，实施京津冀城市群总体规划与区域一体化政策；完善城市群基础设施，构建区际交通一体化；实施跨区协调，构建城市群综合产业体系；构建公共服务系统，加强城市群生态环境与"绿色地带"建设。马海涛等（2018）认为，京津冀产业协同发展进入了快速发展的机遇期，协同政策极大地推动了区域内跨地区产业合作和城市间产业联系，有助于提高城市群整体竞争力，另外，当前京津冀城市间的产业协同政策与区域协同发展目标的关系不明确，一是产业协同对生态环境的改善尚不显著，亟须加强研究和统筹协调；二是受城市行政区等级关系和竞争关系的影响，京津冀产业协同政策与市场调节无法实现高度契合统一，与新区域主义的管治理念并不相符，影响科学合理协同政策的制定与实施。

综上所述，国内文献关于京津冀城市群产业发展方面的讨论比较充分。在研究方法上，较多采用区位熵、基尼系数、平均集中率、专业化指数等指数计算法，很少有学者运用系统性计量模型进行回归分析。产业选择上，包括宏观层面上的三次产业分类、中观层面的国民经济行业分类等。在特定行业的研究上，针对制造业子行业的研究较多，针对生产性服务业、高技术产业等的研究较少。数据选取上，运用统计年鉴、国民经济与社会发展年度公报、政府工作报告等进行分析的文献较多，运用微观数据进行研究的学者较少。

（四）京津冀城市群的空间布局

国内学者大多基于位序 – 规模法则、分形理论、引力模型等理论，测度城市首位度、城市多中心度等，实证研究京津冀城市群的空间结构演化，一般包括城市群的空间结构和经济空间联系等。

1. 关于京津冀城市群的空间结构

刘辉等（2013）将地理信息系统（GIS）网络分析和社会网络分析结合起来，利用 O – D 矩阵和引力场模型，分析 4 种不同交通模式下京津冀城市网络集中性及空间结构，发现在可达性和经济影响力综合作用下，北京外向集中程度（OutDegree）地位明显优越于天津，而在内向集中程度（InDegree）上天津高于北京，可达性引起空间结构由"多中心"结构向连续的"带状"结构演变。牛方曲等（2015）利用城市综合实力指数及相互作用强度构建 MSS – Tree 进行城市群多层次空间结构分析。结果表明，京津冀城市群形成了北京市城区和天津市城区两大核心，而北京市城区是城市群内的首位城市，其周边尚缺乏成熟的副中心，还没有形成"核心城市 – 副中心 – 外围城市"的空间结构，有待进一步培育，天津地区已经初步形成天津市滨海新区 – 天津市城区双核结构。

王振坡（2016）利用齐普夫（Zipf）法则对 2003～2013 年京津冀城市群人口空间结构演化规律进行研究，结果表明，城市行政级别、人力资源水平、经济结构、交通建设等因素对京津冀城市群人口规模分布影响显著。苗洪亮（2017）运用位序 – 规模分布拟合线斜率，表达城市群的单中心 – 多中心维度的空间结构特征，发现京津冀城市群位序规模系数相对较低，且多中心 – 单中心空间特征在时间序列上表现出明显的稳定性，从城市等级看，京津冀城市群有 2 个 1 级城市（北京和天津），没有 2 级城市，1 个 3 级城市（石家庄），以及 10 个 4 级城市（张家口、唐山、秦皇岛等）。方大春和马为彪（2018）基于灰色预测模型，运用社会网络分析方法对比分析雄安新区建成前后对于京津冀城市群空间结构的影响，结果显示雄安新区建设有利于优化京津冀城市群空间结构，有利于促进京津冀地区一体化发展。

2. 关于京津冀城市群的经济空间联系

我国多数学者认为京津冀城市群形成了以京津为核心的圈层式递减格局，京津与其他城市的联系未呈现一定的规律，也有学者认为交通可达性引起空间结构由"多中心"结构向连续的"带状"结构演变。

高素英（2017）采用熵值法及引力模型测度京津冀城市群的空间结构规模及城际空间联系发现，一方面京津冀区域经济发展水平逐步提高，但呈现以京津为核心的圈层式递减格局，城市间差距逐渐拉大，空间发展不均衡态势凸显；另一方面，京津冀城市群的空间联系强度呈向心性，尚未形成网络化格局。李美琦（2018）通过对三大城市群的等级规模结构、职能结构的演化分析，得出京津冀城市群是以京津为核心的政治、文化推动型双核心模式，金融业、行政和社会服务职能均成了京津冀城市群近 10 年发展的新的基本职能，人口规模和经济规模均呈高度集中，从人口规模合理化向分散化演进，北京和天津的城市综合竞争力呈此消彼长的态势，北京、天津与其他城市的经济联系强度未呈现出一定的规律性，缺乏特大城市，小城市之间尚未形成较明显的经济圈层。张子霄和吕晨（2018）基于面板数据从定量角度说明京津冀城市群与世界级城市群代表波士华城市群之间的空间差异，发现京津冀城市群中心度和首位度较低，核心城市集聚能力更弱，人口分布均衡程度较弱，城市间人口分布差距大，空间相互作用指数较小，城市间联系程度较弱等。

本节从城市群的范围、功能定位及发展思路、产业发展和空间布局等方面，对京津冀城市群的相关研究进行了总结述评。可以看出，国内学者目前对"京津冀城市群"范围的界定尚有不同看法，其分歧主要在于是否包含河北省的邯郸、邢台和衡水三市。关于京津冀城市群的功能定位，学者一致认为京津冀城市群定位的总体目标是建设世界级城市群，但对各个城市的定位持有不同意见。发展思路上，多数研究集中于产业布局、城乡统筹、基础设施建设、环境保护、制度建设等方面一体化发展和协同发展，欠缺对世界级城市群发展路径的研究。另外，在对京津冀城市群产业发展和空间布局的分析上，研究方法及研究层面多样，但少有将京津冀产业集聚和转移、产业结构和分工等与空间组织结构结合起来，进行的系统分析，这也正是本书的努力目标。

上篇
京津冀经济
协作与发展

第二章 京津冀经济联系强度及空间集聚分析

第一节 京津冀产业结构现状分析

一、京津冀三次产业演变

改革开放以来，京津冀地区经济快速增长，尤其是近年来，随着京津冀协作的推进和各地产业结构调整的加快，京津冀三次产业结构有了较大变化。从三次产业增速来看，2016年，京津冀地区第三产业增速较快，且增幅较大。其中，河北省第二、第三产业增速分别为4.9%、9.9%，北京市第二、第三产业增速分别为6.8%、7.0%，天津市第二、第三产业增速分别为8.4%、10.0%[1]。从产业贡献率来看，北京第三产业贡献率远高于天津和河北，达到了82.4%；2015年之前天津第二产业贡献率高于第三产业贡献率，2016年开始这种情况出现逆转，第二产业为43.2%、第三产业为56.4%；河北省第三产业贡献率远高于第二产业，第二产业为35.2%、第三产业为58.9%[2]。

从图2-1可以看出，北京市产业结构相对比较合理，第一产业比重持续下降，并多以城郊新型农业为主；第二产业稳中有降，医药、金属制造、交通运输等行业发展迅速；第三产业比重不断提高且远高于第二产业比重，物流仓储、金融、文化服务等现代服务行业发展迅速，早已形成"三二一"的产业结构格局。天津市和河北省两地产业结构则有一定相似之处：天津市第二产业比重略高于第三产业，多以装备制造业、石化等资本和技术密集型行业为主；河北省第二产业比重远高于第三产业比重，第二产业比重偏高且多以煤炭开采和洗选业、黑色金

---

① 2017年《北京区域统计年鉴》。
② 2017年《北京统计年鉴》《天津统计年鉴》《河北统计年鉴》。

属矿采选业、黑色金属冶炼和压延加工业、金属制品业等为主，天津、河北两地产业结构均为"二三一"格局。

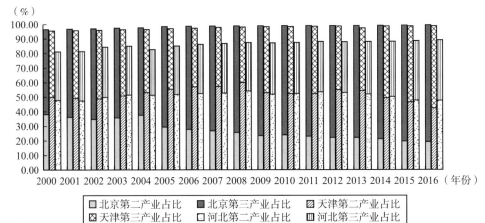

图 2 - 1　京津冀地区三大产业占比

资料来源：2001～2017 年《中国城市统计年鉴》，2017 年《河北统计年鉴》。

二、各行业区位商分析

区位商主要反映某一产业在该地区的优势，区位熵值越大，说明优势越明显，在产业结构研究中，我们借助该概念来分析区域的主导产业或优势产业。区位商可用公式表示为：

$$LQ_{ij} = (q_{ij}/q_j)/(q_i/q) \qquad (2-1)$$

式（2-1）中，LQ_{ij} 就是 j 地区的 i 产业在全国的区位商，q_{ij} 为 j 地区的 i 产业的主营业务收入；q_j 为 j 地区所有产业的主营业务收入，q_i 在全国范围内 i 产业的主营业务收入；q 为全国所有产业的主营业务收入。

由于天津和河北省第二产业比重偏高，因此本书选取 2010～2015 年京津冀三地第二产业中主要行业，利用公式计算出各个行业的区位商。

从表 2-1 来看，北京市占主导地位的工业行业主要有黑色金属矿采选业、食品制造业、石油加工、炼焦和核燃料加工业、医药制造业、专用设备制造业、交通运输设备制造业、计算机、通信和其他电子设备制造业等行业（区位熵值＞1）。

表2-1　2010~2016年京津冀地区各主要行业区位商值

地区 / 行业	2010年 京	2010年 津	2010年 冀	2011年 京	2011年 津	2011年 冀	2012年 京	2012年 津	2012年 冀	2013年 京	2013年 津	2013年 冀	2014年 京	2014年 津	2014年 冀	2015年 京	2015年 津	2015年 冀	2016年 京	2016年 津	2016年 冀
煤炭开采和洗选业	1.145	1.094	1.609	2.068	1.160	1.465	1.313	1.412	1.690	1.215	1.932	1.428	1.011	2.242	1.396		1.367	1.418		0.021	1.309
石油和天然气开采业		5.118	0.490	1.519	5.377	0.496		4.600	0.546		4.121	0.562		3.943	0.584		3.680	0.543		4.161	0.449
黑色金属矿采选业	3.858	0.314	5.715	6.750	0.356	5.535	3.222	0.427	5.959	2.566	0.353	6.061	2.112	0.363	5.797	1.777	2.696	5.347	1.947	0.712	6.589
非金属矿采选业	0.064	0.139	0.501	0	0.124	0.627		0.109	0.479	0.040	0.092	0.486	0.032	0.085	0.548		0.085	0.515		0.121	0.532
食品制造业	1.040	1.200	0.870	0.297	1.989	0.943	1.282	2.221	0.973	1.234	2.256	1.023	1.274	2.397	1.070	1.342	2.351	1.053	1.252	2.745	1.153
纺织业	0.132	0.127	0.744	0.055	0.107	0.813	0.083	0.109	0.951	0.071	0.108	0.996	0.054	0.112	1.071	0.038	0.155	0.987	0.032	0.150	1.101
皮革、毛皮、羽毛及其制品和制鞋业	0.064	0.115	1.731		0.109	1.914	0.065	0.170	1.793	0.060	0.166	2.037	0.051	0.160	2.158	0.049	0.218	2.132	0.041	0.327	2.231
印刷和记录媒介复制业	1.923	0.449	0.822	1.507	0.425	0.845	1.563	0.370	0.954	1.351	0.578	1.172	1.092	0.534	1.110	1.027	0.568	1.088	0.940	0.625	1.087
文教、工美、体育和娱乐用品制造业	0.248	0.629	0.244	0.192	0.644	0.296	0.515	0.711	0.366	0.466	1.100	0.494	0.370	1.150	0.485	0.491	1.306	0.518	0.511	1.295	0.595
石油加工、炼焦和核燃料加工业	1.374	1.347	1.175	2.253	1.353	1.202	1.283	1.195	1.242	1.108	1.285	1.185	1.212	1.105	1.068	1.064	1.463	1.265	0.895	1.598	1.236
化学原料和化学制品制造业	0.375	0.772	0.670	0.254	0.762	0.632	0.293	0.704	0.631	0.266	0.669	0.673	0.246	0.678	0.695	0.249	0.630	0.682	0.221	0.728	0.715

续表

地区 行业	2010年 京	2010年 津	2010年 冀	2011年 京	2011年 津	2011年 冀	2012年 京	2012年 津	2012年 冀	2013年 京	2013年 津	2013年 冀	2014年 京	2014年 津	2014年 冀	2015年 京	2015年 津	2015年 冀	2016年 京	2016年 津	2016年 冀
医药制造业	1.524	1.110	1.014	0.856	1.016	0.915	1.667	1.037	0.915	1.630	0.946	0.901	1.572	0.891	0.881	1.636	0.881	0.881	1.683	0.901	0.821
黑色金属冶炼和压延加工业	0.392	2.296	3.713	0.213	2.278	3.616	0.133	2.151	3.429	0.117	2.237	3.367	0.105	2.519	3.510	0.100	2.830	3.832	0.104	2.604	4.199
有色金属冶炼和压延加工业	0.116	0.654	0.280	0.142	0.671	0.270	0.119	0.692	0.276	0.090	0.770	0.266	0.081	0.881	0.244	0.081	0.756	0.244	0.084	0.796	0.243
金属制品业	0.653	1.443	1.201	0.309	1.563	1.452	0.610	1.474	1.484	0.557	1.413	1.623	0.538	1.430	1.675	0.532	1.503	1.692	0.472	1.617	1.870
通用设备制造业	0.768	0.900	0.736	0.339	0.888	0.816	0.807	0.873	0.594	0.725	0.898	0.628	0.700	0.930	0.669	0.672	1.002	0.641	0.643	1.146	0.775
专用设备制造业	1.220	0.939	0.754	1.113	0.884	0.707	1.092	1.305	0.861	1.149	1.286	0.886	1.042	1.113	0.911	1.018	1.190	0.877	0.954	1.118	0.968
交通运输设备制造业	1.926	1.414	0.527	2.686	1.325	0.530	2.992	1.723	1.160	3.239	1.598	1.259	3.386	1.598	1.440	3.607	1.884	1.514	3.757	2.005	0.782
计算机、通信和其他电子设备制造业	2.178	1.271	0.106	0.448	1.272	0.100	1.927	1.428	0.102	1.850	1.493	0.111	1.844	1.325	0.120	1.618	1.120	0.122	1.600	0.869	0.127
仪器仪表制造业	1.897	1.031	0.247	1.115	0.759	0.223	2.166	0.446	0.225	2.054	0.368	0.225	2.044	0.397	0.244	2.069	0.392	0.284	1.875	0.410	0.272
电力、热力生产和供应业	2.472	0.589	1.156	4.611	0.559	1.112	3.150	0.530	1.097	3.759	0.523	1.156	3.984	0.542	1.205	4.262	0.581	1.272	4.388	0.682	1.014
燃气生产和供应业	2.808	0.821	0.358	0.707	0.877	0.418	3.306	0.995	0.534	3.113	0.895	0.640	3.366	0.867	0.720	3.786	0.719	0.815	3.706	0.753	0.731
水的生产和供应业	1.431	0.966	0.564	3.329	1.115	0.482	1.947	1.189	0.472	1.950	1.151	0.528	2.663	1.092	0.541	2.471	1.013	0.595	2.555	1.130	0.558

资料来源：根据2010~2017年《中国统计年鉴》和2010~2017年《河北省经济统计年鉴》计算整理所得。

天津市占主导地位的行业主要有煤炭开采和洗选业、石油和天然气开采业、食品制造业、石油加工、炼焦和核燃料加工业、医药制造业、黑色金属冶炼和压延加工业、金属制品业、交通运输设备制造业等。

河北省占主导地位的行业主要有煤炭开采和洗选业、黑色金属矿采选业、纺织业和医药制造业、石油加工、炼焦和核燃料加工业、黑色金属冶炼和压延加工业、金属制品业、电力、热力生产和供应业等。

从表2-1也可看出，北京市医学制造业、交通运输设备制造业等技术密集型制造业区位商值在不断提高，天津市黑色金属冶炼和压延加工业、有色金属冶炼和压延加工业、专用设备制造业等资本密集型制造业区位商值有上升趋势，而河北省主导行业区位商值有上升趋势的则集中在皮革、毛皮、羽毛及其制品和制鞋业、黑色金属冶炼和压延加工业、金属制品业等劳动和资本密集型行业。在产业梯度分布上，京津两地具有明显的产业梯度优势，主要以采选业、资本密集型制造业和技术密集型制造业为主，工业产业结构相似；而河北省则在采选业和劳动密集型制造业的产业梯度上具有比较优势，与京津两地产业梯度差异明显。

三、产业结构相似系数

产业结构相似系数一般采用联合国工业发展组织（UNIDO）国际研究中心提出的相似系数，其公式表达为：

$$S_{ij} = \frac{\sum\limits_{k=1}^{n} X_{ik} X_{jk}}{(\sum\limits_{k=1}^{n} X_{ik}^2 \sum\limits_{k=1}^{n} X_{jk}^2)^{\frac{1}{2}}} \qquad (2-2)$$

式（2-2）中，S_{ij}代表产业结构相似系数，X_{ik}和X_{jk}分别代表i地区和j地区的k产业在国内总产值中所占比重，$0 < S_{ij} < 1$，S_{ij}数值越大，越接近于1，说明产业结构相似程度越高，越接近于0，说明地区间产业结构越不相同。本文选取2000~2016年京津冀三地三大产业比重计算该区域产业结构相似系数，计算结果如表2-2所示。

表2-2　　　　　　　　　京津冀地区产业结构相似系数

年份	北京—天津	北京—河北	天津—河北
2000	0.967948	0.898502	0.962512
2001	0.962912	0.887226	0.961253

续表

年份	北京—天津	北京—河北	天津—河北
2002	0.956929	0.880413	0.969435
2003	0.950823	0.875277	0.971494
2004	0.946296	0.86801	0.965316
2005	0.864526	0.807885	0.978903
2006	0.834711	0.795653	0.983272
2007	0.826144	0.786429	0.983702
2008	0.783353	0.762946	0.985831
2009	0.845933	0.76804	0.978362
2010	0.856561	0.768175	0.976335
2011	0.850294	0.752333	0.975881
2012	0.814723	0.748458	0.981594
2013	0.81163	0.763855	0.987237
2014	0.868329	0.780372	0.976872
2015	0.884127	0.802807	0.978522
2016	0.917907	0.804584	0.966733

资料来源：根据2001~2014年《中国区域经济统计年鉴》、2015~2017年《中国城市统计年鉴》计算整理。

从表2-2的计算结果来看，京津冀地区产业结构趋同，产业结构相似系数均大于0.7，但总体来看趋于下降。北京和天津产业结构相似系数从2000年以来一直处于下降趋势，2013年后有所上升；北京和河北的产业结构相似系数由2000年的0.899下降到2014年的0.780，产业结构发展差异越来越大，2015年后又有所回升；天津与河北产业结构相似系数值较高，2000~2016年均在0.96以上，产业结构趋同程度较高。

图2-2以北京、天津、河北各省市2000年、2008年、2016年三年的产业结构相似系数为例，2000年以来，北京与京津冀其他城市产业结构相似系数整体呈下降趋势。北京与天津、秦皇岛、张家口产业结构相似程度较高，与唐山、邢台、承德产业结构相似程度较低；廊坊与北京在经历了2008年的产业结构差异后，截至2016年，二者产业结构相似系数接近。

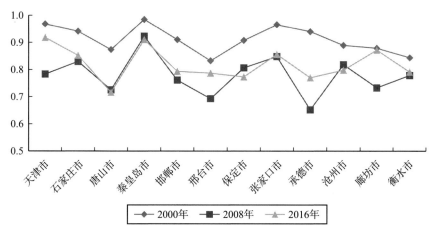

图 2-2　北京与天津、河北各市产业结构相似系数变化

资料来源：根据 2001 年、2009 年《中国区域经济统计年鉴》、2017 年《中国城市统计年鉴》计算绘制而成。

四、产业结构的空间分布变化

京津冀城市群中，北京和天津已形成较合理的产业结构格局。从 2000 年至 2016 年，京津冀地区第二产业整体呈现出下降趋势。其中，北京第二产业比重下降最多，下降了 18.84%，唐山、保定、承德三市出现正增长，其他市均为负增长。2000 年京津冀地区第二产业重心主要在天津、唐山、邢台、沧州、廊坊、衡水等市（第二产业比重均在 50% 以上），到 2016 年第二产业重心则转移至唐山市、保定市，第二产业比重分别增加了 4.57% 和 3.77%。2000～2016 年京津冀地区第三产业整体呈现出上升趋势。

从空间分布来看，2000 年京津冀地区第三产业重心主要集中在北京、天津、秦皇岛等市，截至 2016 年，京津冀地区第三产业重心转移至北京、天津、廊坊、邢台等市，其中廊坊、北京、邢台、沧州增速较快。其中唐山、保定第二、第三产业比重增速均较快。

从要素禀赋区分的工业内部结构来看，京津冀地区的劳动密集型制造业整体呈现出衰退趋势，2000～2016 年，仅石家庄、衡水两市工业总产值比重增长为正，其他城市工业总产值比重增长均为负；承德劳动密集型制造业工业总产值比重下降最多，下降了 20.88%。劳动密集型制造业的重心由 2000 年的保定、邢台转移至石家庄、衡水。

2000～2016 年，京津冀地区的资本密集型制造业比重总体呈现出上升趋势。

从资本密集型制造业的空间分布来看，沧州、唐山、天津三市比重提升最快；北京市下降最多，从 2000 年的 30.87% 下降至 2015 年的 15.66%；资本密集型制造业主要集中分布在唐山、邯郸、沧州等市。

从 2000 年的京津冀地区的技术密集型制造业分布来看，技术密集型制造业主要集中分布在北京和天津。截至 2016 年，北京的份额略有上升，沧州和天津下降最多，分别下降 11.30% 和 9.85%；保定和邢台所占份额增长较快，分别增长了 16.61% 和 14%，保定市正在成为京津冀地区技术密集型制造业的另一个重镇。

总体来看，京津冀地区的劳动密集型制造业出现衰退趋势，资本密集型和技术密集型制造业开始由京津向河北省唐山、邯郸、沧州、保定等市转移，但资本密集型和技术密集型制造业的重心依然以北京和天津为主。

根据中华人民共和国环保部 2008 年 6 月 24 日公布的《上市公司环保核查行业分类管理名录》，火电、钢铁、水泥、煤炭、冶金、采矿、石化、化工、制药等 14 个行业为重污染行业。各子类型行业包含的具体行业见表 2 - 3。

表 2 - 3　　　　　　　各子类型行业划分及包含具体行业

子类型行业	具体行业
污染行业	火电、钢铁、水泥、煤炭、冶金、采矿、石化、化工、制药等 14 个行业为重污染行业（参照《上市公司环保核查行业分类管理名录》）
采掘业	煤炭开采和洗选业；黑色金属矿采选业；有色金属矿采选业；非金属矿采选业等
劳动密集型行业	农副食品加工业；食品制造业；酒、饮料和精制茶制造业；纺织业；纺织服装、服饰业；皮革、毛皮、羽毛及其制品和制鞋业；木材加工和木、竹、藤、棕、草制品业；家具制造业；造纸和纸制品业；印刷和记录媒介复制业；文教、工美、体育和娱乐用品制造业；橡胶和塑料制品业等
资本密集型行业	石油加工及炼焦业；非金属矿物制品业；黑色金属冶炼及压延加工业；有色金属冶炼及压延加工业；金属制品业；普通机械制造业；专用设备制造业；仪器仪表及文化、办公用机械制造业等
技术密集型行业	化学原料及化学制品制造业；医药制造业；化学纤维制造业；交通运输设备制造业；电气机械及器材制造；电子及通信设备制造等

资料来源：①《上市公司环保核查行业分类管理名录》；
②李国平. 产业转移与中国区域空间结构优化 [M]. 北京：科学出版社，2016.

对京津冀地区的重污染行业所占比值进行空间分析可以看出，重污染行业工业总产值占 GDP 比重最高的地区为天津市，达到了 67.40%；其次为北京、石家庄、唐山等市，重污染行业对 GDP 影响较小的地区为张家口和秦皇岛。正是由于这些重污染行业占 GDP 比重过高导致了京津冀地区雾霾污染程度较高，这也与环保部《2016 年中国环境状况公报》中公布的空气质量相对较差的城市相吻合。

第二节　京津冀城镇化现状分析

一、城镇化水平

城镇化是指人口向城镇聚集、城镇规模扩大以及由此引起一系列经济社会变化的过程。城镇化发展过程中引起人口集聚、城市规模扩大，伴随城市用地的扩张、各种资源的利用和能源的消耗，各种污染物排放量增多，环境压力增大，雾霾污染加重。

如图 2－3 所示，京津冀三地的城镇化水平与产业结构走势相似：2005～2017 年北京、天津两地城镇化水平偏高，分别达到 80% 和 70% 以上，且差距在不断缩小，至 2017 年北京、天津城镇化水平分别达到了 86.5% 和 82.92%；河

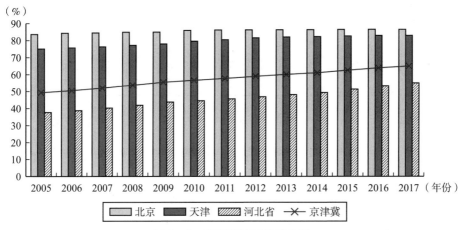

图 2－3　京津冀地区城镇化率

资料来源：根据全国分县市人口统计资料、2013～2017 年国家统计局数据计算绘制所得。

北省城镇化水平相对比较低，2006 年以后超过 40%，至 2017 年河北省城镇化水平为 55%，与北京、天津两地差距较大。总体来看，2005～2017 年京津冀地区城镇化水平不断提高，2013 年整个地区城镇化率超过 60%，超出全国平均城镇化率水平。

二、城镇化质量

党的十八大之后，明确提出了提高城镇化质量。中国社科院发布的《中国城镇化质量综合评价报告》中构建一套城镇化质量综合评价指标体系，该体系建立了设定城市发展质量指数、城镇化效率指数、城乡协调指数三个一级指标，经济、社会、空间发展质量等 7 个二级指标及全市人均 GDP、城镇恩格尔系数等 34 个三级指标，并对各级指标设置了不同的权重。

如图 2 - 4 所示，选取 2013 年京津冀地区 13 个地级市相关数据，根据《中国城镇化质量综合评价报告》的评价指标体系，计算出京津冀地区的城镇化质量指数。京津冀地区北京和天津城镇化质量水平较高，达到了 0.6 以上，河北省各地级市城镇化质量水平较低，承德市最低，不到 0.4。由此可见，河北省各市城镇化质量水平整体不高，有待进一步提升。

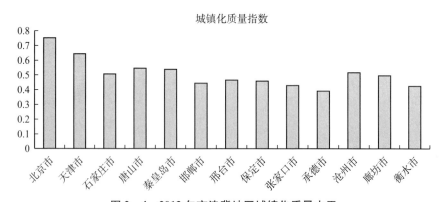

城镇化质量指数

图 2 - 4　2013 年京津冀地区城镇化质量水平

资料来源：根据 2013 年《中国城市统计年鉴》计算绘制所得。

第三节　京津冀城市群空间联系现状分析

京津冀城市群包括北京、天津两个特大城市及河北省 11 个地级市，整体面积为 21.61 万平方公里，2017 年总人口达到 11247.1 万人，国内生产总值达到 80580.4 亿元，在全国占有重要地位。2015 年 4 月，中共中央政治局审议通过的《京津冀协同发展规划纲要》中提出未来京津冀地区要重点疏解北京非首都功能，在京津冀交通一体化、生态环境保护、产业升级转移等重点领域率先取得突破。

一、经济联系强度

经济联系强度反映了城市之间经济的相互作用和影响，体现了城市之间的空间关系和经济联系的强弱。经济学家引入物理学中的万有引力定律（孙久文，2016）[①]，提出了经济学领域的引力模型，用来测度城市间引力，即经济联系强度。本书选取经典引力模型的计算公式来计算经济联系强度：

$$R_{ij} = K \times \frac{M_i M_j}{D_{ij}} = K \times \frac{\sqrt{P_i G_i} \times \sqrt{P_j G_j}}{D_{ij}^d} \qquad (2-3)$$

式（2-3）中，R_{ij} 表示城市间的经济联系强度，K 表示常数，一般取值为 1；M_i 和 M_j 分别表示 i 城市和 j 城市的质量指标，一般使用某城市的人口规模、GDP、全社会固定资产投资额、财政收入等指标表示，本书选取城市的人口规模和 GDP 来表示城市的质量指标；P_i 和 P_j 分别表示 i 城市和 j 城市的人口规模；G_i 和 G_j 分别表示 i 城市和 j 城市的 GDP；D_{ij} 则表示城市之间的地理距离，d 表示距离衰减指数，d 值越大，说明引力随距离增加衰减的速度越快，顾朝林等（2008）对 d 取不同值验证后发现取值为 2 时最能揭示城市体系的空间联系状态，因此本书 d 取值为 2。

本书选取 2000 年、2008 年、2015 年京津冀地区 13 个省市的人口规模和 GDP 计算城市间的经济联系强度，计算结果数值越大，说明城市间的经济联系越紧密。从城市间经济联系的强度值来看，北京与天津经济联系强度最强，廊坊次之；天津与廊坊、唐山经济联系强度较强，秦皇岛与邯郸经济联系强度最弱：2016 年，北京和天津之间的经济联系强度值为 3726.71，北京、天津与廊坊之间的经济联系强度值分别为 3210.643 和 1305.388，天津与廊坊和唐山之间的经济联系强度值分别为 1305.388 和 940.598，秦皇岛与邯郸经济联系强度仅为 2.302。从变化趋势来看，2000~2016 年，经济联系强度的网络分布更为复杂，说明京津冀各省市之间的经济联系不断加强。京津石、京津保、京津廊、京津唐等城市之间强度变化明显，城市间的经济联系强度更加密切：2015 年，北京和天津之间

① 孙久文，罗标强. 京津冀地区城市结构及经济联系研究 [J]. 中国物价，2016（9）：25-27.

的经济联系强度值比 2000 年提高了 16.6 倍；北京、天津与廊坊之间的经济联系强度值与 2000 年相比均提高了 10 倍；北京、天津和石家庄之间的经济联系强度均提高了 11 倍，与保定之间的经济联系强度均提高了 12 倍，与唐山之间的经济联系强度分别提高了 12.7 倍和 13.01 倍；河北省内石家庄市与邢台、邯郸、保定、衡水等市经济联系加强，张家口与北京之间的经济联系强度增势也较明显，但与其他各市经济联系强度较弱；邢台与承德之间的经济联系强度提高了 13.26 倍，河北省其他各市之间经济联系相对较弱。

由此可见，北京、天津对河北省廊坊、唐山、保定、张家口、沧州、石家庄、承德等 7 市的辐射带动作用较强，对其他城市的辐射带动作用并不明显。

二、交通网络的空间分布

2016 年 11 月 18 日，国家发改委批复了《京津冀地区城际铁路网规划》，规划中提到以"京津、京保石、京唐秦"三大通道为主轴，计划到 2030 年基本实现以"四纵四横一环"为骨架的城际交通网络，为京津冀协同发展提供交通支撑。

本书选取交通网络密度和交通网络联系度来衡量京津冀地区的交通网络的空间分布状况。便利的交通更有利于人口、产业等的集聚，进而促进城市间联系强度的加强。交通网络密度对一地区的经济发展具有重要作用，交通网络密度的公式表示为：$D_i = L_i/S_i$，其中，D_i 表示为 i 的交通网络密度，L_i 表示 i 城市的铁路里程和公路里程之和，S_i 表示 i 城市的土地面积。交通网络联系强度则通过引力模型，可以进一步测算出一地区与其他地区交通网络联系程度的强弱，具体可用公式表示为：

$$F_{ij} = K_{ij} \times \frac{\sqrt{P_i G_i} \times \sqrt{P_j G_j}}{D_{ij}^2} \qquad (2-4)$$

式（2-4）中，F_{ij} 表示 i 城市和 j 城市间的交通网络联系强度；P_i 和 P_j 分别表示 i 城市和 j 城市的人口规模；G_i 和 G_j 分别表示 i 城市和 j 城市的 GDP；D_{ij} 表示两城市间的公路里程和铁路里程之和；K_{ij} 表示两城市间的交通引力系数，可表示为：$K_{ij} = \frac{1}{2}\left(\frac{Q_i + Q_j}{Q} + \frac{C_i + C_j}{C}\right)$，$Q_i$ 和 Q_j 表示 i 城市和 j 城市的公路客运量和铁路客运量之和，C_i 和 C_j 表示 i 城市和 j 城市的公路货运量和铁路货运量之和。

鉴于统计数据的缺失和数据的可获得性，本书选取 2014 年京津冀地区的公路里程、铁路里程、人口规模、GDP、公路和铁路的客运量、货运量等相关数据作为基础数据，测算出京津冀地区的交通网络密度和交通网络联系度，并利用

ARCGIS 10.2软件可视化技术绘制出京津冀地区的交通网络的四分位图和空间分布图。从京津冀地区的交通网络密度来看，北京、天津、廊坊、石家庄四市的交通网络最为密集；京津冀地区形成了以北京、天津为核心和以石家庄为核心的交通网络分布图，张家口和承德密集度最弱，交通网络密度值小于1。

通过交通引力模型测算出交通网络联系度，既能反映一城市与周围城市交通的可通达性，也能反映出与周围城市联系的紧密程度及对周围城市的辐射吸引能力。连接线的粗细代表了交通网络联系度的强弱，连接线越粗，说明一城市的交通网络联系度越强，交通引力也就越强。从测算结果来看，北京与天津之间，北京、天津、石家庄与廊坊、石家庄、邢台、唐山、沧州等市的交通网络联系度较强，说明北京、天津、石家庄对周围城市的辐射吸引能力较强，京津冀"一轴三带"中一轴的空间布局较为明显，石家庄、唐山作为中心城市对周围地区具有较强的辐射带动作用。河北省内各市之间交通网络联系度较弱，秦皇岛与邢台、邯郸之间，邯郸与承德之间交通网络联系度最弱，均小于1；总体来说，秦皇岛与张家口对其他城市的交通引力不足。

第四节　京津冀城市群行业和人口空间集聚与演变特征

从前文分析来看，京津冀地区产业结构、城镇化水平、经济联系强度和交通联系强度均具有一定空间性，因此，研究京津冀城市群的产业、各子行业和人口的空间集聚与差异对缓解京津冀地区优化产业结构的空间布局和城市群功能，促进京津冀协同发展具有十分重要的意义。

一、京津冀地区产业空间集聚与演变

本章使用标准差椭圆（SDE）的方法，将京津冀地区产业和人口的空间集聚程度与地理范围相联系，通过特征椭圆的中心性、展布性、密集性、方位角、形态等方面的特征描述与京津冀的产业和人口的空间差异、空间集聚与时空格局的动态演变规律。

基于标准差椭圆的产业空间集聚度的公式可表达：

$$A = \left| 1 - \frac{\text{Area}_{\text{industry}}(\text{产业分布椭圆})}{\text{Area}(\text{区位分布椭圆})} \right| \qquad (2-5)$$

式（2-5）中，A 为产业在对应年份的空间聚集度，Area$_{industry}$ 为该产业空间椭圆的面积。

基于标准差椭圆的空间差异指数公式可表达为：

$$R = 1 - \frac{\text{Area}(SDE_i \cap SDE_j)}{\text{Area}(SDE_i \cup SDE_j)} \tag{2-6}$$

式（2-6）中，R 表示两个研究对象的空间差异指数，SDE$_i$ 和 SDE$_j$ 分别表示两个研究对象的空间分布标准差椭圆，R 值位于（0，1）之间，R 值越大，表明二者之间的空间差异越大，当 R=0 时，表明二者的特征椭圆在空间上完全一致，不存在任何空间差异。

使用标准差椭圆方法（SDE）衡量京津冀产业和人口的空间集聚及空间差异的优点在于其能够不受空间分割及空间尺度的影响，精确描述与各产业和人口大规模聚集的程度及空间格局的动态变化。运用 ARCGIS 10.2 软件，可以计算绘制出京津冀地区产业和人口的空间格局的特征椭圆，以足迹空间分布椭圆为参照，可以判定其空间集聚及空间差异的程度，进而分析京津冀地区产业和人口的空间格局的动态演化规律。

（一）京津冀地区总产业的空间集聚与时空格局的动态演变

由于当时数据样本所限，本书总产业数据选取 2000～2015 年京津冀地区 13 个城市第二、第三产业工业总产值，人口数据选取 2000～2015 年京津冀地区 13 个城市非农业人口数，数据来源为 2001～2016 年《全国分县市人口统计资料》和《中国人口与就业统计年鉴》，以京津冀地区 13 个城市的地图（shp 格式）为基础，运用 ARCGIS 10.2 进行计算绘制（限于篇幅等因素未能插入地图），空间参考为 Albers 投影。

以城市空间足迹为参照对象，京津冀地区第二、第三产业的空间集聚度呈动态变化特征。2000～2015 年，京津冀地区第二、第三产业的空间集聚度均提高，第二产业的空间集聚度由 2000 年的 0.371 提高到 0.415，长轴、短轴长度及面积均呈减小趋势，但总体集聚程度不高；第三产业的空间集聚度由 0.451 提高到 0.536，长轴、短轴长度及面积波动幅度均大于第二产业，集聚趋势更加明显，表现为更向中心地区集聚，且呈集中化聚集发展趋势。

京津冀地区第二产业和第三产业的空间格局呈动态演化趋势，基本呈西南—东北方向的空间分布特征，在相对地理位置上第三产业空间分布更偏向西北方向。从京津冀地区第二产业和第三产业的标准差椭圆特征及其各主要参数值来看，2000～2015 年，京津冀地区的第二产业和第三产业的特征椭圆均与城市足迹空间出现偏差，且呈集聚状况。北京、天津、廊坊、保定、沧州位于第二产业特征椭圆的核心区域，特征椭圆的重心落在廊坊市内，并沿东北方向移动，重心向东位移15.7千米，向北位移6.2千米；在空间分布范围的变化上，2000～2015年，京津冀地区第二产业特征椭圆的面积减小，长轴、短轴标准差减少，且长轴减少速度快于短轴，说明京津冀地区第二产业沿西南—东北方向上呈收缩趋势，向唐山方向拉动，且西南方向上的收缩速度大于东北方向的拉动作用；在空间分布方向的变化上，2000～2015年，京津冀地区第二产业特征椭圆的方位角θ增大，第二产业向东南方向偏移，顺时针方向变动，说明京津冀地区第二产业向唐山、天津、沧州等地区的东南方向转移；在空间分布形态的变化上，长轴、短轴标准差及其差异值均呈下降趋势，说明2000～2015年以来京津冀地区第二产业的特征椭圆更圆一些，从特征椭圆的形状指数来看主要呈下降趋势，但下降不明显。

北京、天津、廊坊等地区为京津冀地区第三产业特征椭圆的核心区域，2000～2015年，第三产业的重心坐标主要位于廊坊地区。其时空格局演变如下：从重心变化来看，京津冀地区第三产业的重心向东北方向移动，向东移动7.1千米，向北移动7.4千米。在空间分布范围变化上，京津冀地区第三产业特征椭圆面积下降，从缩小速度来看，第三产业速度明显快于第二产业；从长轴、短轴的长度来看，均呈下降趋势，且长轴下降速度明显快于短轴，因此京津冀地区第三产业特征椭圆的空间展布范围呈缩小趋势，集聚趋势较明显。从空间分布方向的变化看，第三产业主要沿西南—东北方向分布，方位角θ逐渐减少，说明京津冀第三产业在空间上向北京等西北方向转移。在空间分布形态变化上，长轴、短轴标准差及差异值均呈下降趋势，说明京津冀地区第三产业在西南—东北方向和西北—东南方向均呈收缩状态，在地理位置上表现为向北京、廊坊等地集聚，且西南—东北方向的收缩速度较快，但在西北—东南方向上的拉动作用弱于第二产业；从形态指数来看，呈上升趋势。

以城市空间足迹为参照物，京津冀、长江三角洲和珠江三角洲三大城市群的产业标准差椭圆和城市体系的标准差椭圆均出现了偏离。三大城市群产业的空间分布呈现出不同特征。与京津冀城市群产业沿西南—东北方向的空间分布方向不同，长三角城市群产业在空间上大致呈西北—东南方向分布，珠三角城市群产业在空间上大致呈东—西方向分布。三大城市群在时空格局的演化上也呈现出不同特征，各主要参数值如表2－4所示。

表 2-4　　三大城市群第二、第三产业及人口特征椭圆的各主要参数值

城市群	类别	重心坐标	长轴	短轴	方位角 θ	面积	短轴/长轴	空间集聚度
京津冀	2000 年第二产业	116.33°E，39.01°N	92.021	199.150	34.761	57566.9	0.462	0.371
	2015 年第二产业	116.53°E，39.05°N	89.347	190.918	36.661	53583.8	0.468	0.415
	2000 年第三产业	116.37°E，39.31°N	92.208	173.364	32.612	50215.5	0.532	0.451
	2015 年第三产业	116.47°E，39.37°N	87.553	154.430	30.569	42473.6	0.567	0.536
	2000 年人口	116.35°E，39.15°N	101.509	194.078	31.567	61886.3	0.523	0.324
	2015 年人口	116.04°E，38.77°N	102.669	227.160	30.563	73260.9	0.452	0.200
长三角	2000 年第二产业	120.34°E，30.98°N	173.151	130.431	137.803	70946.2	0.753	0.298
	2015 年第二产业	120.08°E，31.17°N	180.448	136.764	128.293	77526.6	0.758	0.233
	2000 年第三产业	120.39°E，31.07°N	165.577	132.257	126.837	68793	0.799	0.319
	2015 年第三产业	120.26°E，31.13°N	169.293	133.105	126.405	70787.6	0.786	0.299
	2000 年人口	120.20°E，31.06°N	189.237	133.728	102.377	79497.3	0.707	0.213
	2015 年人口	120.05°E，31.20°N	179.718	143.460	120.844	80993.4	0.798	0.198
珠三角	2000 年第二产业	113.55°E，22.93°N	65.265	86.171	86.565	17667.2	0.757	0.255
	2015 年第二产业	113.58°E，22.92°N	86.463	57.725	95.544	15678.8	0.668	0.339
	2000 年第三产业	113.53°E，22.98°N	81.541	65.143	96.887	16686.8	0.799	0.297
	2015 年第三产业	113.67°E，22.97°N	75.693	55.403	112.398	13173.8	0.732	0.445
	2000 年人口	113.54°E，23.05°N	67.497	63.368	113.393	13436.3	0.939	0.434
	2015 年人口	113.47°E，23.01°N	64.518	83.372	89.554	16897.9	0.774	0.288

　　从 2000 年到 2015 年产业标准差椭圆的各参数值来看，在空间重心位置的变化上，京津冀城市群产业重心均向东北移动；长三角城市群第二、第三产业的重

心均在苏州地区，且转移方向大体一致，均向西北内陆转移，第二产业总位移距离大于第三产业；而珠三角城市群第二、第三产业在空间分布上整体均向南转移，第二、第三产业沿东南方向转移，由广州转移到东莞。

在分布范围的变化上，京津冀城市群与珠三角城市群变化方向一致，均呈空间收缩趋势；而长三角城市群第二、第三产业特征椭圆的面积均增大，长轴、短轴的长度均增加，空间分布范围增大；珠三角城市群第二、第三产业的椭圆面积呈缩小趋势。

在空间分布方向上，京津冀城市群第二、第三产业呈不同分布方向；长三角城市群第二、第三产业方位角 θ 均呈下降趋势，在西北方向上具有拉动作用，在东南方向上呈收缩趋势；珠三角城市群产业方位角 θ 呈增大趋势，产业椭圆整体向西南方向偏移。

在空间分布形态上，京津冀城市群产业的形态指数均呈下降趋势；长三角城市群的形态指数、长短轴标准差差异值的变化均不明显；与京津冀和长三角地区明显不同，珠三角城市群从形态指数的变化上变化不明显，从长短轴的长度及差异来看，珠三角地区第二产业 x 轴增加幅度较大，y 轴减少幅度较大，整个第二产业特征椭圆的形状发生了很大改变，第三产业长短轴标准差均呈减少趋势，在空间分布上进一步集聚。

在空间集聚程度上，京津冀城市群第二、第三产业空间集聚度均高于长三角和珠三角城市群；长三角城市群第二、第三产业均呈下降趋势，尤其是第二产业空间集聚程度下降明显；珠三角城市群第二、第三产业的空间集聚程度均呈上升趋势。三大城市群产业、人口空间分布变化对比如表 2-5 所示。

表 2-5　　　　　　　　三大城市群产业、人口空间分布变化对比

城市群		重心	空间分布范围	空间分布方向（方位角 θ）	空间分布形态	空间集聚度
京津冀	第二产业	东北	收缩	西南—东北（上升）	下降	上升
	第三产业	东北	收缩	西南—东北（下降）	下降	上升
	人口	西南	扩散	西南—东北（西江）	下降	下降
长三角	第二产业	西北	扩散	西北—东南（下降）	不明显	下降
	第三产业	西北	扩散	西北—东南（下降）	不明显	下降
	人口	西北	扩散	西北—东南（上升）	上升	下降

续表

城市群		重心	空间分布范围	空间分布方向（方位角 θ）	空间分布形态	空间集聚度
珠三角	第二产业	南	收缩	东—西（上升）	差异大	上升
	第三产业	南	收缩	东—西（上升）	下降	上升
	人口	西南	扩散	东—西（下降）	下降	下降

（二）京津冀地区各子类型行业的空间集聚与时空格局动态演变

各子类行业划分按《国民经济行业分类》中制造业的分类，本节把各行业划分为雾霾污染较严重的行业、采掘业、劳动密集型行业、资本密集型行业、技术密集型行业等几大类，根据查到的数据，分析 2000～2015 年京津冀地区各类型子行业的空间集聚、差异程度及时空格局的动态演变规律。

在空间集聚程度上，京津冀地区不同类型行业表现出不同的空间集聚程度，如表 2－6 所示，各类型行业空间集聚程度均呈不同幅度下降，只有劳动密集型行业小幅上升；污染行业、采掘业、资本密集型行业空间程度较低，2000 年分别为 0.4018、0.4871、0.4097，2015 年则分别下降为 0.3842、0.3256、0.4054。京津冀地区空间集聚程度较高的为交通运输设备制造业、电子及通信设备制造业、电气机械及器材制造业等技术密集型行业，但至 2015 年下降幅度较大；食品制造业、饮料制造业、服装、纺织业等劳动密集型行业的空间集聚程度仍偏高，不利于京津冀地区的产业结构的转型与升级。从集聚模式来看，当各类型行业特征椭圆的面积小于总产业特征椭圆面积时为集中化空间集聚发展模式，当各类型行业特征椭圆面积大于总产业特征椭圆面积时为离散化空间集聚发展模式（赵璐，2017），2000 年京津冀地区各类型行业均呈集中化空间集聚发展模式，至 2015 年时，雾霾污染行业、采掘业、资本密集型行业则转为离散型空间集聚发展模式，劳动密集型行业和技术密集型行业仍呈集中化空间集聚发展模式。

在空间差异系数上，京津冀地区各类型子行业与雾霾污染的空间差异主要以西南—东北方向的差异为主，且空间差异系数较小。雾霾污染行业、采掘业、技术密集型行业的空间差异系数从 2000 年的 0.3042、0.4361、0.5090 下降到 2015 年的 0.2743、0.2826、0.3324，说明随着时间推移，这些行业与京津冀地区雾霾污染的空间差异越来越小；劳动密集型行业和资本密集型行业的空间差异系数从 2000 年的 0.2764、0.2730 小幅上升为 0.3048、0.2791，由此可见，京津冀地区各产业结构转型和升级缓解雾霾污染任重道远，各产业差异显著。

表 2-6 京津冀地区各类子行业标准差椭圆的各主要参数值

年份	行业	重心坐标	短轴	长轴	短轴/长轴	方位角 θ	面积	空间集聚度	空间差异系数
2000	污染行业	116.47°E, 38.97°N	90.612	192.364	0.471	37.021	54753.9	0.4018	0.3042
	采掘业	115.79°E, 38.20°N	59.231	252.399	0.235	34.903	46949.1	0.4871	0.4361
	劳动密集型	116.16°E, 38.84°N	76.706	210.937	0.364	36.013	50822.9	0.4447	0.2764
	资本密集型	116.06°E, 38.82°N	82.274	209.066	0.394	32.799	54029.8	0.4097	0.2730
	技术密集型	116.19°E, 39.07°N	74.288	156.697	0.474	33.362	36566.3	0.6005	0.5090
2015	污染行业	116.47°E, 38.97°N	87.063	206.107	0.422	37.530	56366.8	0.3842	0.2743
	采掘业	116.50°E, 38.83°N	76.797	255.920	0.300	33.835	61730.4	0.3256	0.2826
	劳动密集型	116.07°E, 38.76°N	74.310	213.600	0.348	38.569	49856.8	0.4553	0.3048
	资本密集型	116.28°E, 38.59°N	73.106	237.013	0.308	36.145	54422.8	0.4054	0.2791
	技术密集型	116.09°E, 38.78°N	74.049	205.830	0.360	31.819	47874.8	0.4770	0.3324

从各类型子行业在时空格局的演化来看，2000～2015 年京津冀地区各类型子行业总体呈西南—东北方向的空间分布特征，空间格局在西南—东北方向上变化较明显。从空间重心转移变化来看，采掘业向东北方向转移明显，其他类型子行业总体向南部地区偏移；在空间分布范围的变化上，劳动密集型行业空间分布范围略有缩小，其他各类型子行业均呈扩大趋势，尤其是技术密集型行业空间范围扩大迅速，这也与京津冀地区产业结构调整方向一致。在分布方向的变化上，采掘业和技术密集型行业的方位角 θ 减小，向西北方向移动，雾霾污染行业、劳动密集型行业、资本密集型行业方位角 θ 增大，向东南方向偏移。在分布形态的变化上，各类型子行业在长轴的长度均增加，资本密集型行业和劳动密集型行业在西南—东北方向上的拉动作用增加明显，采掘业短轴长度增加，在西北—东南方向上呈扩张趋势，其他类型子行业在西北—东南方向上均呈收缩趋势。从形态指数来看，采掘业形态指数从 0.235 增长至 0.3，其他类型子行业形态指数均呈下降趋势。

二、京津冀地区人口空间集聚与演变

以城市空间足迹为参照对象，京津冀地区人口空间集聚度呈下降趋势，由 2000 年的 0.324 下降到 2015 年的 0.2；2000～2015 年，京津冀地区人口特征椭圆的长短轴长度及面积均呈上升趋势，椭圆的形状相对更接近圆形，以上特征均表明京津冀人口在空间格局上呈扩散趋势。从人口密度的增长率来看，北京、廊坊、石家庄、邯郸等地区人口密度增长较快，张家口、承德等地区为人口密度增长缓慢地区。从人口空间集聚趋势和人口密度的空间分布来看，京津冀地区人口扩散的方向与展布基本与污染行业扩散方向和分布一致。

京津冀人口空间格局基本呈西南—东北方向分布特征。京津冀地区人口在时空格局的演变上主要有以下规律：从空间重心变化来看，人口重心总体向西南方向偏移，向西位移 19.8 千米，向南位移 43.8 千米，即由廊坊地区转移到沧州地区。从分布范围的变化来看，京津冀地区人口分布范围呈明显扩大趋势；从空间分布方向变化来看，方位角 θ 呈下降趋势，向西北方向偏移，呈逆时针变动；从空间分布形状变化来看，京津冀地区人口特征椭圆的长轴在西南—东北方向上扩张趋势明显，短轴在西北—东南方向上略有扩张，扩张趋势不明显，说明京津冀地区人口的扩张主要是由于其在西南—东北方向上的拉动作用造成，长轴、短轴差异值及面积均呈增大趋势；形状指数下降，人口的特征椭圆更加扁化，空间集聚程度呈下降趋势。

从三大城市群人口时空格局演变的比较来看（如表2-4所示），京津冀城市群人口呈西南—东北方向分布，长三角城市群呈西北—东南方向分布，珠三角城市群大致呈东—西方向分布。在空间重心的变化上，京津冀城市群向西南方向转移；长三角城市群人口重心在苏州地区，且向西北内陆转移；珠三角城市群人口沿西南方向转移，重心由东莞转移到广州。在空间分布范围的变化上，京津冀、长三角、珠三角城市群人口的特征椭圆面积均呈扩大趋势，京津冀和长三角特征椭圆长短轴的长度均增加，珠三角城市群收缩趋势明显。在空间形态的变化上，京津冀城市群人口特征椭圆的长短轴均向外拉动；长三角城市群人口方位角呈上升趋势，且向北的拉动作用更明显；珠三角城市群人口特征椭圆的x轴长度略有下降，y轴长度大幅增加，使得人口特征椭圆的长短轴发生转变，由沿南—北方向转为沿东—西方向延展。在空间集聚程度的变化上，三大城市群的人口的空间集聚程度均呈下降趋势。

三、小结

通过本章的分析可以看出，京津冀地区产业结构总体上仍不合理，第二产业比重仍然较大，特别是重化工行业比重仍然突出，且城镇化质量水平整体不高。对京津冀地区产业结构、城镇化水平的时空演进现状进行分析后发现，北京和天津在产业结构和城镇化水平上均优于河北省，但三地间差异较大。北京产业结构多年前已形成"三二一"的产业结构；天津近年来产业结构发生了质的变化，在2014年前为"二三一"的产业结构，2015年后则形成"三二一"的产业结构；河北则继续为"二三一"的产业结构格局。京津冀地区各产业呈较明显的梯度状，北京、天津资本密集和技术密集型行业优势明显，河北省主要集中在劳动密集型和资本密集型行业上，特别是污染行业占比较高。京津冀地区产业结构仍存在一定趋同，产业结构相似系数较高，但总体呈下降趋势；在空间分布上，京津冀地区第二产业重心转移到唐山、保定，第三产业重心转移至京津廊等地。京津冀地区城镇化水平总体上不断上升，但在质量上仍有较大增长空间，特别是河北省增长潜力仍然较大。通过对京津冀城市群的联系强度进行分析，发现整体上京津冀城市群在经济联系和交通联系强度上有所增强，这有利于京津冀协同发展，但在京津冀内部地市间还存在较大差异，需进一步发挥北京和天津的辐射带动作用，促进京津冀地区更深层次的协同发展。

此外，本章使用标准差椭圆法（SDE）分析近年来京津冀地区产业结构及人口的空间集聚状况及时空格局的演变规律，并对三大城市群进行了对比后，认为京津冀地区产业、人口空间集聚特性明显，时空格局演变具有一致性。从京津冀地区产业和人口的空间集聚和时空格局的演变来看，可以发现：

（1）在产业的空间分布上，京津冀地区第二产业空间分布呈"东北—西南"方向的格局，空间重心沿西南方向移动；空间分布范围上呈逐年扩大趋势；在空间分布方向上向西北方向偏移；在分布形态上西南方向向邯郸方向拉长，东北方向向唐山方向拉长；总体呈西南—东北延展的空间分布特征。第三产业则相反；从各子行业的空间状况来看，雾霾污染行业、采掘业、资本密集型行业则转为离散型空间集聚发展模式，劳动密集型行业和技术密集型行业仍呈集中化空间集聚发展模式，表明其时空演化规律与京津冀产业转移方向一致。

（2）在人口的时空分布上，京津冀地区人口空间集聚度下降且在空间格局上呈扩散趋势，其扩散的方向与分布基本与产业发展方向和分布一致。

以上结论表明，京津冀地区产业结构和人口的空间分布及时空格局的演化规律具有一致性，同时三大城市群在产业和人口的空间分布及时空格局演化中具有各自特征，在统筹区域经济发展时，京津冀地区要考虑到自身产业和人口的空间布局特征及时空演化规律。

第三章　由协作到协同：京津冀
发展的合成控制分析

第一节　引　　言

区域经济政策是推动区域经济增长、调整区域经济结构、提升区域发展质量的重要行政手段，科学有效的区域经济政策有助于解决区域经济发展过程中的市场失灵问题，促进各种要素更加合理地进行流动，从而提升整个区域的发展水平。京津冀区域作为全国重要的增长极和重点培育的城市群，其协作发展状况一直备受各界关注，尤其是京津冀协同发展上升为国家级战略之后，伴随着雄安新区建设的提出和推进，京津冀区域迎来了结构优化、质量提升、体制创新的发展新机遇。在此之前，京津冀三地的经济协作已经历了长期的发展过程，特别是2001年随着北京申奥成功以及吴良镛院士主持的"大北京规划"出台，京津冀间的协作开始提速，2001年成了实质性的"京津冀协同发展元年"。在之后10多年京津冀区域经济的快速增长过程中，京津冀协作取得了什么样的效果？给京津冀三地分别带来了怎样的不同影响？对这些问题进行有效的政策评估，有助于深入分析京津冀区域协作发展的效果，也有助于明确下一步深入推进京津冀协同的发展方向。

对于政策评估问题，国内外常用的方法主要是基于因果效应识别框架的双重差分（DID）、断点回归（RD）、工具变量（IV）等方法，而这些推断方法在使用上有各自的局限性。比如双重差分法有一个关键的假设前提——平行趋势假定，即处理组个体如果没有接受政策冲击，其结果的变动趋势应该与控制组的变动趋势相同。也就是说，在京津冀区域政策效应的评估中，排除掉政策对于京津冀区域的影响，其他因素必须对京津冀以及其他作为控制组的省份影响相同，但由于各个省份发展状况的巨大差异，这种平行趋势在事实上是不存在的。由于双重差分法使用上的局限性和可能存在的内生性问题，我们引入了合成控制法，利用 1990~2014 年的省级面板数据，对 2001 年后京津冀协作发展的效果进行了估计。合成控制法通过非参数的方法，可以构建出良好的参照组，并能够解决双重差分法无法解决的时变性未观测因素带来的内生性问题。近年来，使用合成控制法进行政策评估的学术文献越来越多，阿巴迪（Abadie，2010）等使用合成控制法评估了加州控烟政策的政策效应，阿巴迪（2015）等用合成控制法评估了1990 年两德合并对西德经济增长的政策效应。依托于合成控制法的特点，一些国内学者也开始利用此方法对区域政策实施的政策效应进行了评估。王贤彬（2010）等利用合成控制法考察了 1997 年重庆从四川独立单独设市这一省级行政区划调整事件，发现这一事件对重庆地区有显著的增长效应，但对于四川的经济增长没有明显影响。杨天宇等（2017）利用合成控制法对东北振兴的区域经济政策进行了评估，发现该政策的实施使得东北三省 2003 年之后的经济增长率提高了 1.1~1.6 个百分点，并探讨了政策的持续效应和作用机理。刘乃全等（2017）利用合成控制法考察了 2010 年长三角扩容带来的经济影响，发现该区域经济政策对长三角城市群的经济增长有显著的作用，同时作用效果的大小在原位城市和新进城市之间存在差异。

　　而在研究京津冀协作的相关文献中，根据因果效应的识别框架作政策评估的文献还比较少，大部分的文献聚焦于京津冀内部结构的分析、创新机制的建议、发展效果评价体系的构建等内容。具体来说，比较有代表性的是以下两类文献：

　　一类文献是对京津冀区域协同发展的历史、现状和存在问题进行梳理，从而对推进协同发展提出建议。陆大道等（2015）阐述了改革开放以来京津冀三地的发展特点、各自优势、经济联系和利益矛盾，并据此提出了北京、天津、河北三地合理地定位。张可云等（2014）回顾梳理了京津冀地区 1976~2014 年区域合作的发展历程，并分析了影响京津冀一体化发展的制约因素及未来的发展方向。孙久文等（2014）分析了京津冀协同发展战略的内涵，并从时空演化的角度将京津冀协同发展分为使动、自动、协同三个阶段。薄文广等（2015）则认为京津冀发展存在着难以形成产业良性互动、要素单向流动、缺乏协同治理机制三大挑战，并分析了目前推进协同发展所存在的现实困境。

　　另一类文献则着重通过数据分析对京津冀区域发展质量或某一领域的发展情况进行评价。戴宏伟等（2010）基于京津冀与长三角的横向比较，运用客观赋权法和数据包络分析方法，得出了京津冀都市圈的竞争力低于长三角城市圈的结论。李磊等（2014）从智慧化水平、公共服务水平、基础设施现代化水平、生态可持续发展水平四个维度，构建了城市群城市发展质量评价指标体系，对京津冀城市群地级城市发展质量，以及京津冀、长三角城市群内核心城市发展质量做了对比评价。刘雪芹等（2015）比较分析了京津冀三地产业创新要素和创新环境，并用数据包络分析法对京津冀三地的产业协同创新能力进行评价，并认为北京的产业协同创新整体能力较强，天津产业升级方面的能力较强，而河北的协同创新能力较差。

基于上述的文献分析，本章试图从以下几方面做出探索：一是通过对因果效应的识别得到京津冀协作发展的状况分析；二是引入了合成控制法，克服了 DID 等方法在使用过程中的局限性和内生性的问题；三是针对北京、天津、河北三地分别进行协作效应的估计，对比分析合作效应对三地的不同影响。

第二节　研究背景：京津冀区域协作发展的演进过程

与长三角、珠三角相比，京津冀区域协作与发展具有一定的特殊性。在 21 世纪之前，京津冀区域的发展主要体现出城市个体发展的特征，城市和区域之间协同发展的程度较低；进入 21 世纪之后，北京面临着首都城市功能转变的历史任务，整个京津冀区域也围绕着首都的功能转变逐步向协同发展进行推进。

戴宏伟等（2013）认为，世界各国首都的发展类型可以分为两种。一类是单功能首都城市发展模式，即首都城市的发展以政治、文化中心为目标，重点建设成为单一功能的政治和文化中心，为国家提供政治上的保证和文化上的支持；另一类是多功能首都城市发展模式，即首都城市的发展以政治中心、经济中心和文化中心为目标，重点建设成综合性大都市，成为首都经济圈甚至是全国发展的经济核心城市。1949 年至 20 世纪末，北京的发展一直呈现多功能首都城市的发展模式，而进入 21 世纪之后，北京开始了"瘦身"并向单功能首都城市逐步转变，其"政治中心、文化中心、国际交往中心、科技创新中心"职能中也不再体现经济中心的职能。根据北京首都功能发展转变的阶段性特征，京津冀区域的发展和区域政策的演进可以分为以下几个阶段：

一、1949~1980年：计划经济体制下的平行发展时期

在这一阶段，北京市基本完成了从消费型城市到生产型城市的转变，多功能的首都城市发展模式基本形成，成为我国重要的经济中心城市；天津和河北也实现了经济社会的快速发展。但从京津冀整体范围来看，由于对整个区域的协作发展缺乏统筹，再加上长期计划经济体制的影响，三地之间产业分工和内部结构不够合理，区域之间发展差距较大且各自为政，区域内部的经济合作非常有限，"跑部钱进"式的争项目、争资金现象屡见不鲜。

二、1981~2000年：京津冀区域合作的萌芽时期

在此阶段，京津冀的区域合作开始萌动，也出现了一些不同形式的对区域合作的酝酿，如1981年成立的中国第一个区域经济合作组织——华北经济技术协作区便涉及京津冀三地；1986年，时任天津市市长的李瑞环同志发起成立了环渤海地区经济联合市长联席会（现为环渤海区域合作市长联席会），也是涉及京津冀三地的合作组织。20世纪90年代，当时的国家计划委员会牵头编制《环渤海地区经济发展规划纲要》，提出了包含北京、天津、河北、山东、辽宁、山西、内蒙古中部地区在内的环渤海经济区的设想。但总体来看，华北经济技术协作区并没有起到实质上的区域经济发展协调组织的作用；环渤海地区经济联合市长联席会仅仅由天津市牵头，没有充分发挥甚至忽视了北京在京津冀区域协作中的作用，实际效果有限；环渤海地区自开始规划以来，成员间的合作还处于较为松散的阶段，尚未达到深层次、实质性的合作，其对于经济发展的巨大推动作用也远未发挥出来，其真正发挥作用有待于环渤海地区的核心区域——京津冀城市群的协同发展来带动整个区域的发展。

三、2001~2013年：京津冀一体化建设和推进时期

进入21世纪之后，京津冀的区域合作也进入了发展的新时期。一方面，北京市的人口和经济规模不断扩张，城市的负荷日益沉重，再加上2001年北京申奥成功，首都需要在基础设施、城市面貌、环境保护方面实现较大的提升，这就势必要求北京将部分功能和产业进行转移，而产业的转移和调整必然带来区域经济的协作；另一方面，京津冀地区作为我国重要的经济区域，本身就需要进一步推进协作、提升整体协同发展的水平，以便打造出协同性好、辐射力强的经济增长极。在此背景下，2000年之后的10多年里，京津冀一体化建设不断加快，相

关政策纷纷出台。2001 年，吴良镛等进行了"大北京"规划的研究，在政府部门和社会各界中引发了很大反响。2004 年 11 月，国家发改委正式启动京津冀都市圈区域规划的编制工作，京津冀区域政策上升到国家层面，并被写入"十一五""十二五"规划纲要。但需要强调的是，虽然在这一时期京津冀区域真正进入了一体化建设时期，但许多研究都表明，这一阶段的京津冀一体化发展的质量落后于"长三角""珠三角"等区域[1][2]，特别是在 2005 年，亚洲开发银行提出了"环京津贫困带"概念[3]，引起了人们对京津冀区域发展不平衡问题更多的关注。京津冀区域虽然迎来了经济的快速增长，但也面临着产业类型同质化、产业结构不合理、区域内部差距较大等问题。

四、2014 年至今：上升为国家战略的京津冀协同发展时期

2014 年 2 月 26 日，习近平总书记提出京津冀协同发展的"七点要求"，京津冀协同发展上升为国家战略。2014 年 8 月，国务院成立京津冀协同发展领导小组，2015 年 4 月，中共中央政治局审议通过了《京津冀协同发展规划纲要》，京津冀协同发展的顶层设计、协调机构、承载平台逐步完善，以疏解非首都功能为核心的京津冀协同发展进入了新阶段。2017 年 4 月 1 日，中共中央、国务院决定在河北雄安设立国家级新区，探索人口密集地区优化开发新模式，培育区域经济新增长极。京津冀区域的城市布局和发展格局也迎来深度变革，进入整体协同发展时期。

从上述京津冀区域政策和发展历程的回顾中可以看出，京津冀协作发展的过程中有 2001 年和 2014 年两个重要的时间节点。对于合成控制法所研究的政策冲击时点的选择，由于 2014 年距今较近，数据预测的区间较短，且部分数据的可获得性较差，我们选择了 2001 年作为政策冲击的时点，因为 2001 年至今较长的预测区间可以帮助我们分析京津冀三地协作发展的复杂状况。

---

① 张可云（2014）测算了京津冀地区和"长三角"地区各省、市 2000～2012 年经济发展相关系数，测算结果显示，京津冀地区的经济联系度远低于"长三角"地区。

② 毛汉英（2017）提出，与市场经济较为发育、区域发展较为均衡的长三角和珠三角地区不同，京津冀地区不仅三省间发展差距悬殊，而且区域内部发展极不均衡、市场化程度较低、要素资源流动不畅、政策效应较弱。

③ 亚洲开发银行（2005）发布了《河北省经济发展战略研究》报告，文中提出：河北省与京津接壤的 6 个设区市的 32 个贫困县、3798 个贫困村等地区形成了"环京津贫困带"，贫困人口达到 272.6 万人。

第三节　实证方法及数据介绍

一、合成控制法简介

为了估计京津冀协作发展的效应，我们引入合成控制法进行分析。合成控制法是一种非参数的方法，由阿巴迪（Abadie，2003）等最先提出，其核心思想是利用众多控制组的个体合成一个虚拟的控制组，这个合成的控制组具有和真实处理组一样的经济特征，是对处理组的良好模拟。在实施政策的时间节点之后，合成的控制组将不受政策冲击的影响，而真实的处理组会受到政策影响并沿着其真实的增长曲线增长，因此，合成控制组的增长曲线即为进行因果推断所需要的"反事实状态"，处理组与合成控制组增长曲线的差距就是政策冲击的净效应。相比于双重差分法，合成控制法具有诸多优点：首先，双重差分法无法解决时变性未观测因素造成的内生性，因此，双重差分法在使用时需要满足平行趋势假设，而合成控制法可以克服这一内生性问题；其次，双重差分法的对照组是主观选择的，容易产生选择性偏误，而合成控制法的权重是通过非参数方法运算得到，且各组成部分权重之和始终为1，因此更为客观。

具体来说，本章假设共有 J + 1 个区域，区域 1（北京、天津或河北）在时间 T_0 后受到了政策（京津冀协作发展政策）干预，而其他区域没有受到政策干预。Y_{it}^N 表示没有受到协作政策影响的地区 i 在时期 t 的结果变量，Y_{it}^I 表示受到政策影响的地区 i 在时期 t 的结果变量，于是 $\alpha_{it} = Y_{it}^I - Y_{it}^N$ 就可以表示政策影响在 t 时期对 i 区域产生的净效应，而对于我们要考察的受到政策影响的区域 1，其受到的政策净效应即为 α_{1t}。当 $t > T_0$ 时，Y_{it}^I 是能够观测到的，而 Y_{it}^N 是反事实状态，是我们观测不到的，因此，问题的关键就在于如何构建出一个合适的对照组，从而得到反事实状态。参考阿巴迪（Abadie，2010）的研究，我们假设 Y_{it}^N 可以由以下模型构成：

$$Y_{it}^N = \delta_t + \theta_t Z_i + \lambda_t \mu_i + \varepsilon_{ti}$$

其中，δ_t 为时间固定效应，对所有的区域影响都相同，Z_i 是 $r \times 1$ 维向量，表示不受京津冀协作政策影响的各地区的特征变量，θ_t 为 $1 \times r$ 维的参数向量，μ_i 为 $F \times 1$ 维的地区固定效应，λ_t 为 $1 \times F$ 维时变的共同因子，ε_{ti} 为随机扰动项。

根据此模型，为了得到反事实状态 Y_{it}^N，我们需要利用加权的方法构建出一个合适的对照组。考虑 $J \times 1$ 维的权重向量 $W = (\omega_2, \omega_3, \cdots, \omega_{J+1})$，其中，对于任意 J，$\omega_j \geq 0$，有 $\omega_2 + \omega_3 + \cdots + \omega_{J+1} = 1$。于是，对于权重向量 W，结果变量变为以下形式：

$$\sum_{j=2}^{J+1} \omega_j Y_{jt} = \delta_t + \sum_{j=2}^{J+1} \omega_j \theta_t Z_j + \sum_{j=2}^{J+1} \omega_j \lambda_t \mu_j + \sum_{j=2}^{J+1} \omega_j \varepsilon_{tj} \quad (3-1)$$

阿巴迪（2010）证明了，若存在一个最优权重向量 W^*，使得：

$$\sum_{j=2}^{J+1} \omega_j^* Y_{j1} = Y_{11}, \sum_{j=2}^{J+1} \omega_j^* Y_{j2} = Y_{12}, \cdots, \sum_{j=2}^{J+1} \omega_j^* Y_{jT_0} = Y_{1T_0}, \sum_{j=2}^{J+1} \omega_j^* Z_j = Z_1$$

$$(3-2)$$

如果 $\sum_{t=1}^{T_0} \lambda_t' \lambda_t$ 为非奇异，则 $\sum_{j=2}^{J+1} \omega_j^* Y_{jt}$ 无限趋近于 Y_{it}^N，因此可以用 $\sum_{j=2}^{J+1} \omega_j^* Y_{jt}$ 作为 Y_{it}^N 的无偏估计。于是我们要估计的政策效应即为：

$$\widehat{\alpha_{1t}} = Y_{1t}^I - \sum_{j=2}^{J+1} \omega_j^* Y_{jt}, \quad T_0 < t \leq T$$

为了找到最优权重向量 W^*，我们选择最小化 X_1 和 $X_0 W$ 之间的距离 $\|X_1 - X_0 W\|$ 来确定，其中，X_1 为处理组个体政策冲击之前的特征，是影响经济增长的各预测变量的线性组合，为 $K \times 1$ 维向量，X_0 为控制组个体政策冲击之前的特征，是第 $K \times J$ 阶矩阵。距离最小化函数公式为：

$$\|X_1 - X_0 W\| = \sqrt{(X_1 - X_0 W)'V(X_1 - X_0 W)}$$

其中，V 是 $K \times K$ 阶对称半正定矩阵，V 的选择会影响方程的均方误差。因此，我们采用最小化均方预测误差（MSPE）的方法得到 V^*，进而可以得到最优权重向量 W^*，根据权重向量 W^*，可以实现合成控制法的处理过程。

二、指标和数据情况

我们选取的结果变量是各地区的经济产出情况，用人均 GDP 进行表示，各预测变量分别是各地区产业结构、城镇化率、经济开放程度、人力资本水平、基础设施建设水平、科技研发水平和政府财力。

其中，产业结构表示各地区内部的产业特点和水平，用第二、第三产业增加值的比值来衡量；城镇化率是地方城市发展水平的具体体现，用各地区非农人口占总人口的比重来衡量；经济开放程度反映了地方经济对外联系的密切程度，用各地区进出口总额与 GDP 的比值来衡量；人力资本水平对地方经济发展产生着持续的影响，用各地区的人均受教育年限来衡量；基础设施建设水平体现了区域发展的后劲，用各地区人均公路里程来衡量；科技研发水平体现了技术对经济发展的作用，用各地区的人均专利申请授权数来衡量；政府财力体现了地方政府支出对经济的影响，用人均地方一般公共预算支出来衡量。

我们使用的数据为 1990～2014 年的省级面板数据，各项数据主要来自《中国统计年鉴》《中国人口和就业统计年鉴》，部分缺失数据通过《中国科技统计年鉴》进行了补充。在选择控制组省份时，我们将除了北京、天津、河北以及台湾之外的 28 个省、市、自治区分为东北、中部、东部、西部四类，分别考虑是否可以纳入控制组的范围。在综合考虑各种因素并且进行初步模拟分析后，我们最终确定将东部和中部的 13 个省（市）作为控制组。这是因为：首先，由于 1999 年国家实施了西部大开发战略、2003 年实施了振兴东北老工业基地战略，因此西部和东北的省份在 2001 年前后会受到重大政策冲击的影响。其次，在以下实证分析的安慰剂检验中，我们尝试将 28 个省分别作为处理组，做类似于京津冀的合成控制分析，结果显示，东北和西部的部分省份的真实增长曲线确实在 2001 年后开始与虚拟增长曲线出现较大的变化，这从数据上显示了这些省份确实受到了各自区域政策冲击的影响。如果将这些省份作为虚拟京津冀的组成省份，2001 年之后显示出的政策效应可能会掺杂西部大开发战略或振兴东北老工业基地战略带来的影响，因此我们将西部和东北的省份从控制组中剔除。而东部省份改革开放和经济腾飞均起步较早，在 2001 年前后未受到其他政策影响且经济增长相对平稳；就中部省份来说，虽然 2004 年国家提出了中部崛起战略，但直至 2006 年 4 月，此政策纲领性的文件《中共中央、国务院关于促进中部地区崛起的若干意见》才正式出台，中部崛起战略的政策效应不会在 2001 年前后对合成的京津冀产生重大影响，因此，中部省份可以作为合适的控制组。

第四节　实证分析结果

一、京津冀协作状况对三地的影响分析

我们利用 Stata 软件的 Synth 软件包进行数据处理。通过对控制组的省份数据进行分析，得到合成北京、天津、河北的各省份权重，进而得到了虚拟的北京、天津、河北作为对照。数据处理结果给出了对照组组成部分的权重情况，并以图表的形式给出了真实组和对照组的增长曲线，两条增长曲线之间的差异即为我们关心的政策效应。

　　表3-1展示了合成北京、合成天津、合成河北权重最大（权重0.100以上）的省（市），可以看到对于合成北京和合成天津，上海所占的权重都非常大，这体现了直辖市之间经济结构的相似性。而对于合成河北，河南所占的权重最大，这也可以说明河北与河南在经济结构上的相似性。

表3-1　　　　　　　　　　　**合成京津冀的组成及权重**

合成北京		合成天津		合成河北	
省份	权重	省份	权重	省份	权重
上海	0.534	山西	0.123	山西	0.089
海南	0.466	湖北	0.450	河南	0.535
		上海	0.427	湖南	0.105
				浙江	0.257

　　图3-1、图3-2和图3-3分别展示了北京、天津、河北三地的真实增长曲线与虚拟增长曲线。图中的横轴为时间，纵轴为人均GDP水平，真实增长曲线描绘了三地真实的人均GDP随时间推移而变化的情况，其中2001年之后的增长受到了京津冀协作的影响；而虚拟增长曲线描绘了不受京津冀协作政策影响的合成单位人均GDP的增长曲线，2001年后真实与虚拟增长曲线的差异便体现为区域经济协作政策的影响。从图3-1、图3-2、图3-3中可以看出，2000年以前北京、天津、河北三地的真实增长曲线和虚拟增长曲线高度吻合，这表明通过对1990～2000年数据的拟合，合成控制的京津冀可以体现真实京津冀的经济结构和发展特点，是一个有效的控制组。

　　对京津冀三地来说，2001年政策实施之后三地的真实增长曲线与虚拟增长曲线均出现了差异。对于北京来说，2000年之后真实增长曲线便开始高于虚拟增长曲线，且差距逐渐变大，这一方面体现出京津冀协作对北京经济增长有正向的政策效应，且随着时间的推移，这种政策效应实现了累积和扩大；另一方面也体现出政策的效应具有提前性，这可能是由于为了申办北京奥运会等其他原因，一些基础设施建设和产业转移调整在2001年之前就已经开始了实施，因此两条曲线从2000年便开始产生差异。

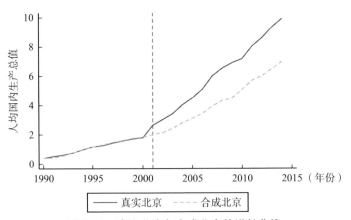

图 3 - 1　真实北京与合成北京的增长曲线

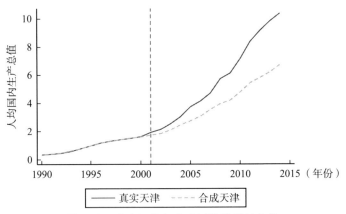

图 3 - 2　真实天津与合成天津的增长曲线

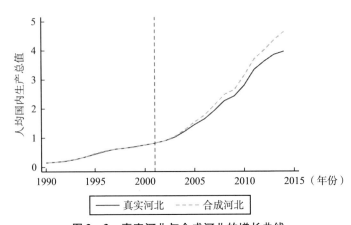

图 3 - 3　真实河北与合成河北的增长曲线

对于天津来说，其政策效应体现出与北京相似的特点，即对地方经济增长有正向的不断扩大的效应，但与北京不同的是，2001年后的协作实施初期，这种正向的政策效应略小于北京所受到的影响。

对于河北来说，2001年之后真实与虚拟的增长曲线并没有立即出现差异，直到2005年前后，真实增长曲线才开始低于虚拟增长曲线，且这种差距一直保持较小的幅度。这说明京津冀协作政策对河北的经济增长产生了一定程度的负面影响，且这种效应具有一定的滞后性，直到京津冀协作发展政策实施一段时间之后才开始显现。

二、京津冀三地政策净效应的比较

为了进一步分析协作的影响在京津冀三地的差别，我们分别计算了合成北京、合成天津、合成河北在1990~2014年的人均GDP，并计算了合成值与真实值的差距，得到了政策净效应的大小。三地人均GDP受到的政策净效应影响如图3-4、图3-5和图3-6所示。

在图3-4、图3-5和图3-6中，2001年以前京津冀协作政策的影响几乎为0，直至2001年后才开始出现净效应，这再次说明了合成的北京、天津、河北可以作为理想的控制组，三地2001年之前的虚拟增长曲线与真实增长曲线比较吻合。在2001年之后，北京和天津所受到的政策净效应为正且不断增加，说明京津冀协作政策的实施提高了北京和天津的人均GDP，且这种经济增长效应随着时间推移也在不断累积。而对于河北来说，在2001年之后的几年内，京津冀协作的政策冲击似乎并没有真正产生对经济增长的影响，而从2005年开始，政策冲击则使河北省人均GDP出现减少的趋势。

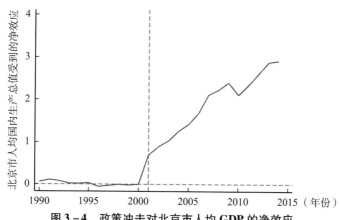

图3-4 政策冲击对北京市人均GDP的净效应

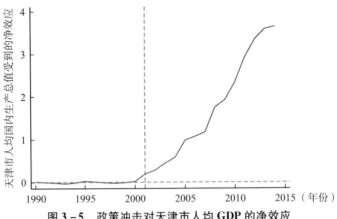

图 3-5　政策冲击对天津市人均 GDP 的净效应

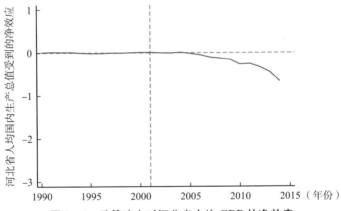

图 3-6　政策冲击对河北省人均 GDP 的净效应

数据计算结果显示，在 2001～2014 年，京津冀协作给北京市人均 GDP 带来的净效应年平均值达到 1. 896 万，给天津市人均 GDP 带来的净效应年平均值达到 1. 738 万元，而给河北省人均 GDP 带来的净效应年平均值则为 - 0. 224 万元。如果从增长率的角度计算，2001～2014 年北京市人均 GDP 的真实年均增长率为 13. 29%，合成北京人均 GDP 的年均增长率为 10. 15%，京津冀协作给北京市人均 GDP 的年均增长率带来的提升达到 3. 14% ；2001～2014 年天津市人均 GDP 的真实年均增长率为 14. 22%，合成天津市人均 GDP 的年均增长率为 10. 77%，京津冀协作给天津市人均 GDP 的年均增长率带来的提升达到 3. 45% ；2001～2014 年河北省人均 GDP 的真实年均增长率为 12. 68%，合成河北省人均 GDP 的年均增长率为 14. 17%，京津冀协作给河北省人均 GDP 的年均增长率带来的减少为 1. 49% 。

三、稳健性检验

在得到京津冀协作的影响之后，我们进一步考察了估计结果的稳健性。由于合成控制法是非参数的方法，无法使用统计推断进行显著性的检验，因此我们使用了阿巴迪（2010）提出的安慰剂法进行统计检验。安慰剂法的主要思路是：对构成合成控制组的 13 省（市）进行类似于京津冀的分析，即分别将这 13 个省（市）依次作为处理组，通过合成控制法评估政策效应。如果其他的省（市）的实际人均 GDP 和虚拟的人均 GDP 之间没有出现类似于京津冀出现的差异，则证明了京津冀协作发展对京津冀经济增长的影响。安慰剂法对京津冀政策效应的检验如图 3 - 7、图 3 - 8 和图 3 - 9 所示。

从图 3 - 7 中可以看出，北京市的净效应曲线在政策实施后的 2001 ~ 2008 年始终高于其他所有对照组省（市）的曲线，在 2008 年之后有 2 条曲线超过了北京市（其中 1 条是同样作为处理组的天津市）。这说明至少在 2001 年政策实施后的相当一段时间内，只有 1/16（3 个处理组加上 13 个控制组）的概率出现北京市那样的政策效应，也就是说，北京市受到的政策效应为 95% 显著（1/16 ≈ 0.06）。同理，在图 3 - 8 中，对于天津市受到的政策效应，在 2001 年政策刚刚实施之后虽然没有体现出很高的显著性，但随着净效应的不断上升，在 2010 年之后只有一条对照组的曲线高于天津市，因此可以认为，2010 年后天津市受到的政策效应约为 95% 显著。而在图 3 - 9 中，河北的政策效应一直没有超过其他负向的对照组曲线，因此我们认为河北省受到的政策效应并不十分显著。

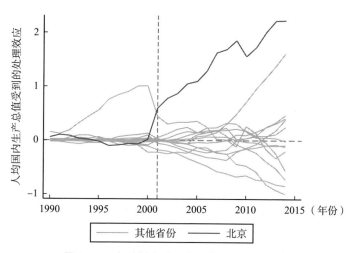

图 3 - 7　安慰剂法对北京政策净效应的检验

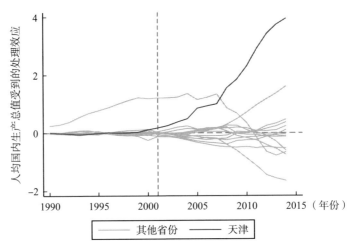

图3-8 安慰剂法对天津政策净效应的检验

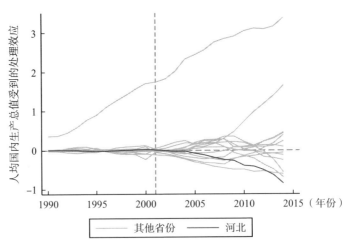

图3-9 安慰剂法对河北政策净效应的检验

第五节 结论和解释

通过合成控制法对京津冀协作的处理及分析，我们发现2000年以来京津冀协作发展给京津冀地区带来了不同的增长效应。具体来说，京津冀协作使得北京市和天津市的人均GDP的年均增长率分别提高了3.14%和3.45%；同时降低了河北的人均GDP，但这种负向的政策效应相对不太显著。

　　针对京津冀区域协作对北京、天津、河北三省份的不同影响，可以看出，北京市作为京津冀地区要素吸引力最强，产业结构最为优化，创新驱动力最为强劲的区域，在京津冀协作实施过程中的收益也最多。而天津依托于优质的港口资源、雄厚的工业基础等优势，也借助京津冀协作实现了经济的快速发展。但需要强调的是，从政策净效应的绝对值来看，天津市在 2010 年之后才超过北京，在此之前天津市所受到的政策效应一直低于北京。考虑到 2008 年之后我国实施了大规模的经济刺激计划，天津市的相关产业更多地受到了刺激计划的影响，因此 2010 年之后天津市受京津冀协作的影响超过北京的原因可能部分来源于此经济刺激计划。也就是说，天津在京津冀协作过程中得到的经济增长的提升可能一直低于北京，这也和天津融入京津冀主动性不强，以及多次错失了国务院批复的"北方经济中心"等发展机遇有关。对于河北省来说，其经济增长在京津冀协作政策实施过程中没有受到太多的拉动作用反而出现一定负向走势，虽然这种走势在统计数据上不太显著，但仍然表明京津冀协作距离国家协同发展战略的要求还有较大差距，京津冀协同发展仍任重而道远。

第四章 公共支出的空间溢出效应对京津冀城市效率的影响

第一节 问题的提出

在我国经济快速发展与转型升级进程中，城镇化正发挥着越来越重要的作用，城市在扩大需求、带动就业和推动区域全面发展方面的功能也将愈加突出。从本质上来说，城镇化就是要素集聚的过程，推动与产业同步发展的"土地""资金"和"人"全面向城镇集聚。在我国人口众多和领土广阔的国情下推进新型城镇化，不仅需要市场力量的主导，也要依靠政府的有力推动。中国改革开放以来的成功经验证明了，政府公共支出对于干预区域经济发展、调节要素流动，有着至关重要的影响。

1970 年阿罗（Arrow）和库尔茨（Kurz）[①] 首次将政府公共资本存量作为影响消费者效用的因素引入生产函数，得出公共支出对消费者效用有正向影响，也有助于提高私人资本的边际生产力的结论。其后巴罗（Barro，1990）[②] 等研究者秉承这一方法，将公共支出引入宏观模型，从理论上论证了公共支出对经济增长具有持久而显著的作用，并且对社会福利也有有利影响。从中长期看来，公共支出还可以形成产业结构效应和租金效应，通过间接影响产业间的要素流动和积累，优化资源配置，改善产业和经济结构（石奇和孔群喜，2012[③]）。同时，公

---

① Arrow, Kenneth, Kurz M. Public Investment, the Rate of Return and Optimal Fiscal Policy [M]. Baltimore: Johns Hopkins University Press, 1970.

② Barro R. J. Government Spending in a Simple Model of Engodenous Growth [J]. Journal of Political Economy, 1990（98）：103 – 125.

③ 石奇，孔群喜. 动态效率、生产性公共支出与结构效应 [J]. 经济研究，2012（1）：92 – 104.

共支出有助于缩小地区财力差距（鲍曙光，2016[①]），也是影响城镇化进程的主要途径之一（刘妮娜和刘诚，2014[②]），可以有力助推城市化和地区经济一体化。

但也有学者认为公共支出与经济增长之间并不一定存在正向关系。庄子银和邹薇（2003）[③] 从公共支出过程中的"调整成本"出发，论证了公共支出调整成本对经济增长的负面影响和造成的社会福利损失。贾俊雪和郭庆旺（2008）[④] 发现，地区间转移支付制度未能促进地区间财力和公共服务的均等化，并引起了地方政府财政努力程度下降等行为扭曲，加剧了人均财力和交通基础设施等方面的区域差距。范子英和张军（2010）[⑤]、徐现祥和梁剑雄（2014）[⑥] 认为偏向欠发达地区的转移支付是以牺牲效率为代价的，将导致发达地区策略性放缓经济增长。很多学者强调公共支出的不同类型对区域经济的影响不同，其中公共卫生支出、公共教育支出促进经济增长的作用得到较为广泛的证明（Hajizadeh，2014[⑦]；王春元，2009[⑧]；兰相洁，2013[⑨]）。还有学者有条件地支持公共支出促进经济增长的结论，如祝接金和胡永平（2009）[⑩] 认为在适度公共支出规模下，公共支出增加会提高资本产出率；薛刚等（2015）[⑪] 强调，单纯扩大公共支出规模无益于区域发展，而提高福利性支出等公共支出结构方面的变化有助于带动经济效率增加；吴颖等（2009）[⑫] 认为由于集聚租金的黏性，政府旨在进行区域协调的公共支出政策存在门槛值，只有当政策变量对区域集聚度超出某一阈值时，政策效果

①　鲍曙光. 我国财政转移支付财政均等化效应研究 [J]. 中央财经大学学报，2016（3）：3 – 11.

②　刘妮娜，刘诚. 合理、有序推进中国人口城镇化的路径分析 [J]. 经济学家，2014（2）：21 – 27.

③　庄子银，邹薇. 政府财政支出能否促进经济增长：中国的经验分析 [J]. 管理世界，2003（7）：4 – 12.

④　贾俊雪，郭庆旺. 政府间财政收支责任安排的地区经济增长效应 [J]. 经济研究，2008（6）：37 – 49.

⑤　范子英，张军. 中国如何在平衡中牺牲了效率：转移支付的视角 [J]. 世界经济，2010（11）：117 – 138.

⑥　徐现祥，梁剑雄. 经济增长目标的策略性调整 [J]. 经济研究，2014（1）：27 – 40.

⑦　Hajizadeh Mohammad, Connelly Luke Brian, Butler James Robert Gerard. Health Policy and Equity of Health Care Financing in Australia：1973 ~ 2010 [J]. Review of Income and Wealth，2014，60（6）：298 – 322.

⑧　王春元. 我国政府财政支出结构与经济增长关系实证分析 [J]. 财经研究，2009（6）：120 – 130.

⑨　兰相洁. 公共卫生支出与经济增长——理论阐释与空间计量经济分析 [J]. 经济与管理研究，2013（3）：39 – 45.

⑩　祝接金，胡永平. 地方政府支出、效率改进与区域经济增长——中国地区面板数据的经验分析 [J]. 中国软科学，2006（11）：74 – 80.

⑪　薛刚，陈思霞，蔡璐. 城镇化与全要素生产率差异：公共支出的作用 [J]. 中国人口·资源与环境，2015，25（3）：50 – 55.

⑫　吴颖，王旭，苏洪. 区域经济协调发展中的区域公共支出政策失灵及矫正——基于空间经济学理论背景 [J]. 软科学，2009，23（5）：87 – 91.

才会显现。

从京津冀的发展情况来看，三地间的经济差距不但体现在经济总量和产业梯度上，也体现在城市发展及其效率上。而财力状况尤其是公共支出对城市效率具有较显著的影响，因此，本章的研究意义在于：第一，相邻地方政府在公共支出政策上存在学习效仿效应，从而使公共支出具有空间相关性。我们运用空间计量的研究方法，探讨京津冀公共支出空间外溢效应对当地及周边城市产出的影响。第二，考虑到城市是要素集聚的主要空间，不同于以往以省级经济区域为研究对象，我们选用京津冀城市面板数据，对公共支出的跨行政区域增长效应进行整体分析，同时关注不同的城市产业结构对这一效应的影响。

第二节　公共支出总体状况及区域差异

对京津冀2003～2014年公共支出规模进行考察，可以发现京津与河北之间公共支出区域差距极大且存在不断扩大趋势（见图4-1），京津遥遥领先，分别位列公共支出规模前两位。其中北京公共支出始终处于领先且呈现持续快速增长；天津除在2013年有所下降外总体同样保持持续增长态势，与北京支出相对差距有所扩大；河北与京津差距巨大，各城市之间支出规模普遍偏低且增长缓慢。

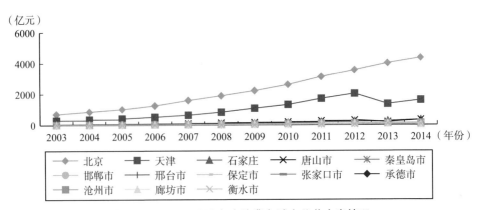

图4-1　2003～2014年京津冀各城市公共支出情况

资料来源：根据中经网城市统计数据库相关数据整理。

河北省各城市公共支出规模状况如图4-2所示。从中可以发现河北省各城市公共支出水平呈现出较为稳定的两极阵营，其中唐山与石家庄始终保持龙头地位，并且，唐山市公共支出在考察期内绝大部分年份一直高于石家庄；其他9个城市则水平较为相近。总体看来各城市公共支出区域差距逐渐扩大。

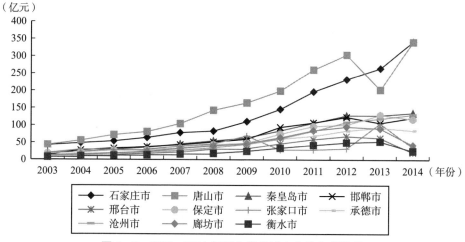

图4-2　2003~2014年河北省各城市公共支出情况

资料来源：根据中经网城市统计数据库相关数据整理。

我们认为，公共支出水平与城市所处经济阶段密切相关。京津作为该区域的龙头，目前基本处于后工业化阶段，服务业较发达；河北各城市则普遍处于工业化中后期阶段，第二产业仍是带动城市发展的重要力量。分别以各城市第二、第三产业的产值占比为纵横两轴，以公共支出占GDP的比重为权重，做气泡图如图4-3所示，图中气泡越大代表公共支出相对规模越高。

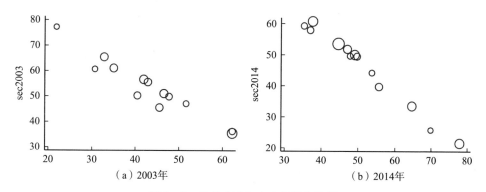

图4-3　公共支出与产业结构气泡图

资料来源：根据中经网城市统计数据库相关数据整理。

图 4 - 3 显示，相比于 2003 年，2014 年京津冀各城市公共支出规模有明显上升；同时城市间公共支出相对差距也显著扩大。除京津外，其他公共支出规模较大的城市普遍具有第二产业比重较大特征，公共支出"第二产业带动型"规律表现明显，这种规律特征近年来表现更为突出。因此，我们提出：

命题 1　处于工业化中后期阶段的城市，其公共支出规模与城市的工业化程度正相关，第二产业发达的城市公共支出水平往往更高。

第三节　公共支出对城市效率的影响

一、公共支出的增长效应

为了论证公共支出的增长效应，我们参考博德韦和沙阿（Boadway and Shah，2007）[①]、阿尔贝（Albouy，2010）[②] 的相关文献，引入人均净财政收益的概念予以说明。政府提供公共产品和服务的资金补偿来自税收，故可将税收视为居民享受公共服务所支付的价格。衡量两地间居民得自公共支出的福利差异不能以公共支出的绝对水平，而应以政府的各项公共支出扣除居民缴纳的税收之后的差额，将其定义为净财政收益（net fiscal benefits，NFB）。NFB 包括两部分：地方政府向居民提供的公共物品和服务，以及中央政府针对居民个体的各类纵向转移支付，记为：

$$\mathrm{NFB}^j = (1 - \alpha)\frac{P_G^j G^j}{N^j} + \frac{1}{N^j}\sum_e N_e^j F_e \qquad (4-1)$$

式（4 - 1）中，NFB^j 表示人口规模为 N^j 的 j 地区居民的人均净财政收益。式中第一项 $(1 - \alpha)\dfrac{P_G^j G^j}{N^j}$ 表示扣除缴纳的各种税费之后，每个居民实际享受到的地方政府提供的各类物品或服务，P_G^j 和 G^j 表示对应价格水平与地方政府提供的公共物品数量，α 为用于税收支付的比例；第二项 $\dfrac{1}{N^j}\displaystyle\sum_e N_e^j F_e$ 表示中央政府提供给居民的转移支付，其中 e 代表中央财政针对居民个体的转移支付类别，N_e^j 和

---

① Boadway R. W., Shah A. Intergovernmental Fiscal Transfers: Principles and Practice [M]. World Bank Publications, 2007.

② Albouy D. Evaluating the Efficiency and Equity of Federal Fiscal Equalization [J]. NBER Working Papers, 2010, No. 16144.

F_e 分别代表各类转移支付的受益人口范围和人均支付额。博德韦和沙阿（Boadway and Shah，2007）的研究表明，公共支出具有"财政引致的要素流动"效应（fiscally induced factors mobility or migration），在其他条件不变情况下，资本和劳动力将流向 NFB 较高的地区。由式（4－1）可以看出，NFB 与地方政府公共支出规模、中央转移支付水平、地区人口数量及不同地区的价格指数（市场因素）等有关。其中，决定要素跨区域流动的关键因素是地方公共支出，而非中央补助（毛捷等，2011[①]）。因此，我们将把关注点主要集中于地方公共支出对区域要素集聚及经济效率的影响上。

假设一个含有中央和地方两级政府的经济模型，为简化分析过程，我们设该模型中只存在两个区域，分别记为区域 1 和区域 2；只考虑劳动力和资本两种要素，两种要素可以在区域间自由流动。按照"财政引致的要素流动"效应原理，公共支出水平相对较低的区域 2 的生产要素会采取"用脚投票"方式流出该区域；公共支出水平较高的区域 1，则会吸引资本和劳动力要素更多流入，于是区域 1 成为要素集聚高地，而区域 2 则要素流失沦为外围地区。如果两者之间的公共支出差异不缩小，外围区的要素吸引力始终难于形成，在马太效应作用下，与区域 1 的发展差距将日趋加大。而当区域 2 增加公共支出规模时，则一方面可以通过完善生产基础设施、降低交易成本等直接作用于供给侧的方式增加本区域产出；另一方面通过改善城市环境、提升生活质量等方式作用于要素发展环境，增强区域比较优势，这就使得外围区的要素吸引能力和要素配置效率均有提高，有利于缩小区域差距，增加全区域总产出。据此，我们提出命题 2：

命题 2　外围区公共支出规模的增加可以促进本区域要素集聚和产出增长，有利于缩小与地区发展的差距。

二、公共支出的空间溢出效应

凯斯（Case，1993）等[②]发现地方政府的公共支出行为与邻近地区支出密切相关，相邻地区增加公共支出会导致本地区政府支出的显著增加。凯斯（Case）等从西方选举制度入手对此进行了解释——选民以相邻地区政府的表现作为衡量本地区政府绩效的标准，因此当地政府出于理性考虑，会选择与相邻地区相近的

---

　①　毛捷，汪德华，白重恩. 民族地区转移支付、公共支出差异与经济发展差距 [J]. 经济研究，2011（2）：75－86.

　②　Case A. C.，Rosen H. S.，Hines J. R. Jr. Budget Spillovers and Social Policy Interdependence [J]. J. Public Econ，1993，52（3）：285－307.

行为而不是与之偏离太远。因而地方政府在公共支出政策上会出现学习效仿现象，使得地方政府间的公共支出具有一定的空间溢出效应。尽管在政治体制方面存在很大差别，但是公共支出的空间溢出效应在我国同样存在。长期以来我国以经济增长作为考核地方官员政绩的主要指标（戴卓和李再跃，2013①），公共支出成为地方政府推动当地经济增长的重要调控手段。各地政府一方面在官员晋升"锦标赛"体制背景下围绕 GDP 相互竞争，另一方面对于周边城市的公共支出政策高度关注，一个城市政府增加公共支出的行为，会引起周边城市竞相仿效，从而对其他城市发展也产生影响。基于以上分析，我们提出命题 3：

命题 3 地方政府在公共支出政策上相互学习效仿，导致地区间公共支出具有空间溢出效应。外溢的收益会促进全区域的经济增长。

针对公共支出的空间相关性特征，接下来我们将运用空间计量研究方法，对以上三个命题做进一步证明。

第四节　变量选取与空间相关性检验

一、数据说明和变量选取

由于数据来源所限，我们使用 2003～2014 年 12 年间京津冀地级市数据，所用基础数据来自《中国统计年鉴》、《中国城市统计年鉴》、中经网城市统计数据库。为去除其中趋势性影响，将各指标均进行对数化处理。指标具体说明如下：

（1）城市效率（duct）。城市是第二产业和第三产业集聚的载体，非农产业是城市主要的产业形态。参照范剑勇（2006）②、王良举和王永培（2011）③ 等的处理办法，我们以城市单位土地面积非农产业劳动生产率来度量城市效率，即以第二产业与第三产业产值之和除以城市市辖区土地面积表示。由于市辖区一般也是城市的工商业集中区，是城市中经济活动最活跃、要素集聚程度最高的区域，我们所用指标均为市辖区统计口径下指标。

（2）公共支出规模（gov）。公共支出是地方政府调节城市经济活动的重要

---

① 戴卓，李再跃. 地方政府公共支出的空间溢出分析 [J]. 商业时代，2013（5）：105-107.
② 范剑勇. 产业集聚与地区间劳动生产率差异 [J]. 经济研究，2006（11）：72-81.
③ 王良举，王永培. 基础设施、经济密度与生产率差异——来自中国地级以上城市数据的证据 [J]. 软科学，2011（12）：33-36.

政策工具，我们用城市财政支出占地区生产总值的比例来反映公共支出规模，它是我们的核心解释变量。

（3）产业专业化指标（zyh）。区域产业结构特征和就业差异直接影响着城市产出效率，鉴于我们考察的京津冀地区绝大多数城市仍处于工业化进程中，工业现代化对于城市效率的影响更为突出，因此我们侧重于从第二产业角度构造地区产业专业化指标，具体以当年第二产业就业密度表示。该指标包含就业和产业结构两方面的信息，用来衡量工业化发展对城市效率带来的影响。

（4）消费能力（csu）。本地市场消费水平是地区经济发展的主要动力来源和活力体现，对城市效率有着重要影响，我们以社会消费品零售总额除以人口得到的城市人均消费额来衡量。

（5）固定资产投资（cap）。我国区域经济增长具有明显的投资驱动型的特征，我们以城市人均的固定资产投资规模来衡量固定资产投资强度对城市效率的重要影响。

（6）人口规模（des）。城市人口的数量反映着城市的要素集聚能力和规模经济，我们以市辖区人口密度来衡量规模经济对城市效率的影响。

二、研究方法

在进行空间自相关测度之前，需要进行空间相关性检验，通常采用莫兰指数（Moran's I）来检验区域之间是否存在空间上的依赖性。莫兰指数的计算公式见式（4-2）。

$$\text{Moran's I} = \frac{\sum_{i=1}^{n}\sum_{j=1}^{n} w_{ij}(x_i - \bar{x})(x_j - \bar{x})}{s^2 \sum_{i=1}^{n}\sum_{j=1}^{n} w_{ij}} \qquad (4-2)$$

式（4-2）中，s^2 为样本方差，w_{ij} 代表定义空间对象地理邻近关系的空间权重矩阵中的一个元素。莫兰指数的取值一般在 -1 到 1 之间，指数大于 0 表示区域之间存在正自相关，指数小于 0 则表示区域之间存在负相关。指数的大小表征了空间相关的程度，绝对值越大表明空间相关程度越大，反之则越小。

空间权重矩阵定义为 W，是用以描述区域之间的地理特征与空间关系的 n × n 维矩阵，形如式（4-3）。空间权重矩阵设立原则通常有邻接标准和地理距离标准两种。鉴于我们的研究对象及研究目的，按照邻接标准建立一阶相邻函数矩阵如下：

$$W = \begin{bmatrix} w_{11} & w_{12} & \cdots & w_{1n} \\ w_{21} & w_{22} & \cdots & w_{2n} \\ \vdots & \vdots & \vdots & \vdots \\ w_{m1} & w_{m2} & \cdots & w_{mn} \end{bmatrix} \qquad (4-3)$$

记作 $w = \{w_{ij}\}$，w_{ij} 表示城市 i 与城市 j 的空间关系，$i = 1, \cdots, n$，$j = 1, \cdots, n$，其中

$$w_{ij} = \begin{cases} 1, & 当城市\ i\ 与\ j\ 相邻时 \\ 0, & 其他 \end{cases}$$

三、空间相关性检验

京津冀城市效率增长的空间相关性可以通过图 4-4 的 Moran's I 散点图来描述。图中横坐标是变量数据 z，纵坐标是变量空间滞后 Wz，以横轴及纵轴的零值为中心分成四个笛卡尔象限，分别代表高高集聚（HH）、低高集聚（LH）、低低集聚（LL）和高低集聚（HL）。图 4-4 表明了京津冀各城市经济增长的空间集聚特征，其中大部分样本点均集中于 I、III 象限，而 II、IV 象限的样本点则比较少，说明京津冀城市效率水平高的地区多与高水平地区相邻、低水平地区也多与低水平地区相邻，呈现出典型的"空间俱乐部趋同特征"，城市增长的空间分布是非均质的。进一步观察发现，Moran's I 指数从 2003 年至 2014 年有明显下降，反映出近年京津冀城市间增长差异有所扩大。

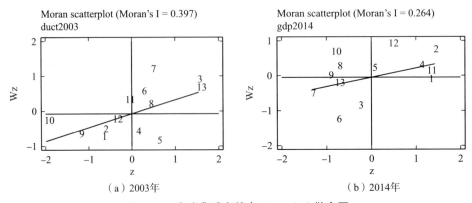

（a）2003年　　　　　　　　　　（b）2014年

图 4-4　京津冀城市效率 Moran's I 散点图

第五节　公共支出及其空间溢出对城市效率的实证分析

一、空间模型设定

我们研究城市效率的决定因素，考虑到城市当期效率也会受到历史效率水平的影响，设定动态空间面板模型如下：

$$y_{it} = \tau y_{i,t-1} + \rho W_{ij} y_{it} + X_{it}\beta + \delta W_{ij} X_{it} + \mu_i + \gamma_t + \varepsilon_{it},$$
$$\text{其中 } \varepsilon_{it} = \lambda W_{ij}\varepsilon_t + v_{it} \tag{4-4}$$

其中，y 为被解释变量，我们指城市效率（duct）。X 包括核心解释变量和控制变量两部分，我们的核心解释变量是城市公共支出规模（gov）。W 为反映各单元空间关系的权重矩阵，$\rho W_{ij} y_{it}$、$\delta W_{ij} X_{it}$ 和 $\lambda_t W_{ij}\varepsilon_t$ 分别表示被解释变量、解释变量和随机扰动项的空间滞后项；ρ、δ、λ 是对应的空间滞后项回归系数。i、t 分别代表城市维度和考察期内时间维度，μ_i、γ_t 分别表示城市 i 的个体效应和时间效应。具体空间计量模型如式（4-5）所示。

$$duct_{it} = \tau duct_{i,t-1} + \rho \sum_{j=1}^{n} w_{ij} duct_{jt} + \beta_1 gov_{it} + \beta_2 zyh_{it} + \beta_3 csu_{it} + \beta_4 cap_{it}$$
$$+ \beta_5 des_{it} + \delta_1 \sum_{j=1}^{n} w_{ij} gov_{jt} + \delta_2 \sum_{j=1}^{n} w_{ij} zyh_{jt} + \delta_3 \sum_{j=1}^{n} w_{ij} csu_{jt}$$
$$+ \delta_4 \sum_{j=1}^{n} w_{ij} cap_{jt} + \delta_5 \sum_{j=1}^{n} w_{ij} des_{jt} + \mu_i + \gamma_t + \varepsilon_{it},$$
$$\text{其中 } \varepsilon_{it} = \lambda W_{ij}\varepsilon_t + v_{it} \tag{4-5}$$

式（4-5）为空间面板模型的一般形式，根据 τ、ρ、δ、λ 取值是否为 0，式（4-5）可以有不同的模型设定形式。当 $\lambda=0$ 时，为空间杜宾模型（SDM）；若 $\lambda=0$ 且 $\delta=0$，则为空间自回归模型（SAR）；若 $\tau=0$ 且 $\delta=0$，为空间自相关模型（SAC）；若 $\tau=\rho=0$，为空间误差模型（SEM）。下面将通过一系列相关检验来确定模型的具体形式。

二、模型回归

当变量间存在空间相关性时，普通最小二乘估计法（OLS）不再适用，我们运用 ML 法对模型进行估计，结果见表 4-1。

表 4 - 1　　　　　　　　　　　　　　模型估计结果

变量	(1) FE	(2) SAC	(3) SDM_FE	(4) SDM_RE	(5) SAR_FE	(6) SAR_RE	(7) SEM_FE
duct$_{t-1}$	0.1899 *** (4.65)	0.1783 *** (4.88)	0.1495 *** (4.03)	0.1599 *** (4.31)	0.1821 *** (4.99)	0.1773 *** (4.74)	0.1765 ** (2.27)
gov	0.1134 *** (2.75)	0.0749 ** (1.99)	0.0725 * (1.84)	0.1077 *** (4.81)	0.0727 * (1.90)	0.1073 *** (3.78)	0.0880 * (1.85)
zyh	0.2642 *** (4.56)	0.2371 *** (4.42)	0.2023 *** (3.87)	0.1975 *** (3.86)	0.2541 *** (4.91)	0.2525 *** (4.80)	0.2243 ** (2.31)
csu	0.2838 *** (4.53)	0.2602 *** (4.32)	0.2223 *** (3.45)	0.2430 *** (4.36)	0.2331 *** (4.05)	0.2173 *** (3.83)	0.3070 ** (2.39)
cap	0.1869 *** (3.71)	0.1939 *** (4.35)	0.1842 *** (4.07)	0.1927 *** (4.32)	0.1926 *** (4.28)	0.1955 *** (4.35)	0.1963 ** (2.09)
des	0.6620 *** (9.10)	0.6785 *** (9.86)	0.7203 *** (10.82)	0.7106 *** (10.71)	0.6489 *** (9.98)	0.6321 *** (9.46)	0.6929 *** (6.79)
Spatial rho		0.1032 ** (2.17)	0.3160 *** (3.85)	0.3637 *** (4.77)	0.1435 *** (3.86)	0.1078 *** (2.95)	
lambda		0.1743 (1.52)					0.3265 *** (3.56)
Variance sigma2_e		0.0148 *** (9.59)	0.0126 *** (8.74)	0.0140 *** (8.25)	0.0139 *** (8.83)	0.0154 *** (8.35)	0.0137 *** (5.18)
AIC	-174.0588	-180.3074	-174.2155	-119.1951	-183.1154	-120.8277	-181.1089
R^2	0.9446	0.9281	0.9254	0.9536	0.9193	0.936	0.945

注：括号中为 t 统计量；*、**、*** 分别表示在 10%、5%、1% 的显著性水平下通过检验。

从表 4 - 1 可以看出，被解释变量的滞后项（duct$_{t-1}$）在各回归结果中均显著为正，表明了京津冀各城市效率增长存在"时间上的惯性"，当期的城市效率显著依赖于城市前期的水平。同时，各空间变量滞后项系数（ρ、λ）均显著为正，也证明了京津冀城市效率也存在"空间上的惯性"，各城市之间具有显著的空间依赖性，一个城市的效率水平会受到周边相邻城市效率的影响。公共支出（gov）在不同模型的回归系数尽管有一定变化，但都显著为正，表明公共支出显著促进了城市效率的增长，反映了京津冀各城市政府使用公共支出手段来调节当地经济的效果比较明显。对比普通面板回归和各空间模型回归结果可以看到，普通面板回归未考虑到公共支出在相邻地区的空间溢出性影响，对公共支出的增长效应存在估计偏误。

第二产业专业化（zyh）的回归系数在各个模型都显著为正，验证了命题 1 提出的工业化程度对京津冀各城市效率的正向影响。对于仍处于工业化进程中的河北各城市而言，工业现代化对促进地区效率的作用依然不容小觑。

市场消费、人口规模、固定资产投资对城市效率都存在积极影响，就京津冀而言，市场及人口规模仍是影响要素集聚、资源配置和区域发展最基础也最重要的力量，这也解释了市场化水平和人口集聚程度更高的北京、天津作为京津冀发展龙头的主要动力来源。对于市场化程度较低，人口规模及要素集聚水平也远低于京津的河北各城市，仍应将提高本地区市场化水平、增加要素吸引力与利用效率作为提升经济效率的主要手段。

三、空间溢出效应分解

为了更好地刻画公共支出空间溢出效应对京津冀相邻城市之间的影响，我们以空间杜宾模型为基础，运用空间偏微分方法对空间溢出效应进行测算与分解，以精确测度变量之间的空间交互作用，表 4 - 2 中（1）、（2）分别给出了空间杜宾模型固定效应和随机效应下的空间溢出效应。表中 Direct、Indirect、Total 分别代表直接效应、间接效应和总效应。直接效应刻画本地区解释变量对当地效率的累积平均效应，即衡量解释变量对于当地的"城市内影响"；间接效应衡量解释变量的"城市间影响"，即空间溢出效应；解释变量对被解释变量的总影响以"总效应"的概念综合反映。

表 4 - 2　　　　　　　　　　空间溢出效应分解

变量	(1)			(2)		
	Direct	Indirect	Total	Direct	Indirect	Total
$duct_{t-1}$	0.1536 *** (4.07)	0.0659 ** (2.37)	0.2195 *** (3.71)	0.1667 *** (4.24)	0.0890 ** (2.10)	0.2557 *** (3.40)
gov	0.0750 * (1.84)	0.0318 (1.54)	0.1068 * (1.81)	0.1128 *** (4.85)	0.0588 *** (2.76)	0.1716 *** (4.45)
zyh	0.2272 *** (4.74)	0.3142 ** (2.41)	0.5414 *** (3.82)	0.2220 *** (4.56)	0.2758 ** (1.96)	0.4978 *** (3.16)
csu	0.2261 *** (3.52)	0.0838 (0.72)	0.3099 ** (2.33)	0.2383 *** (4.23)	-0.0343 (-0.28)	0.2040 (1.42)

续表

变量	(1)			(2)		
	Direct	Indirect	Total	Direct	Indirect	Total
cap	0.1831 *** (3.93)	− 0.0439 (− 0.42)	0.1392 (1.11)	0.1883 *** (4.14)	− 0.0755 (− 0.65)	0.1128 (0.83)
des	0.6992 *** (10.94)	− 0.2570 * (− 1.79)	0.4422 *** (2.83)	0.6785 *** (10.35)	− 0.3628 ** (− 2.25)	0.3157 * (1.74)

注：括号中为 t 统计量；＊、＊＊、＊＊＊分别表示在 10%、5%、1% 的显著性水平下通过检验。

（一） 城市效率历史水平的空间溢出效应

直接效应、间接效应、总效应均在 1% 和 5% 水平上显著为正，证明了城市效率的"时空惯性"，即城市现有效率既受到自身前期效率水平循环累积的影响，也受其周边城市效率的溢出性影响。并且从表 4 - 2 的结果看来，直接效应大于间接效应，即城市历史效率的循环累积影响远大于城市间的溢出性影响，城市当期效率主要受自身历史效率的影响。这意味着对京津冀而言，目前极化效应仍是影响区域发展的主导力量，其他条件不变情况下，京津在"马太效应"作用下龙头地位将日加巩固。

（二） 政府支出的空间溢出效应

公共支出政策属于"看得见的手"，某城市公共支出的增加，会引起周边城市竞相仿效，使得后者公共支出也趋向于增加。空间杜宾固定效应模型下公共支出的效应不显著；随机效应模型下公共支出的三大空间效应均显著为正，进一步证实了公共支出促进区域增长的作用。公共支出增加不仅有助于提高本市效率，对周边城市效率也具有明显促进作用。

（三） 其他控制变量空间溢出效应

工业化水平（zyh）的三大效应均显著为正，表明了第二产业专业化对京津冀城市效率具有正向影响。固定资产投资（cap）直接效应显著为正，而间接效应为负，表明投资增加有助于驱动当地效率提高，但对周边地区则可能产生挤出效应，抑制其效率提升。消费水平（csu）的直接效应在区域内显著为正，间接效应则不显著，表明对京津冀而言，现阶段消费主要影响本城市效率水平，对周边城市的正向拉动作用还不明显。城市人口规模（des）的直接效应显著为正而间接效应则为负，体现了人力集聚能够显著促进当地的效率，但周边地区则因要素流出而影响效率提升。

总体而言，城市的效率型增长不能单纯依靠投资驱动，对于经济效率相对较低的河北各城市，其公共支出应以扩大当地市场规模与增加人才吸引力为政策目标的重点。

四、研究结论及政策启示

通过实证分析，前文提出的三个命题均得以验证，同时我们也证明了京津冀城市效率的增长存在"时空惯性"：城市当期经济效率在很大程度上取决于自身历史效率水平，对京津冀而言，极化效应仍是目前影响区域发展的主导力量，其他条件不变的情况下，京津在"马太效应"作用下龙头地位将日加巩固。同时，城市效率水平还受到邻近城市效率的影响，因此各城市间应增强互动、加强协作、共享信息，在更大的空间格局中寻求更有效的资源配置模式，实现协同共赢发展。

公共支出具有增长效应，能够显著促进城市效率的提高。公共支出规模的增加有助于吸引要素在本地区集聚，客观上起到缩小河北与京津差距、增加京津冀全区域总产出的作用。另外，市场及人口规模、工业专业化水平均对城市效率具有显著促进作用，地方政府应将提高本地区市场化程度与产业专业化水平、完善发展环境以增加要素吸引力并提高要素利用效率确立为公共支出的政策目标，将公共支出作为市场机制的有效补充而非越俎代庖市场在资源配置中的基础性作用。

公共支出具有空间外溢性特征，地方政府在进行公共支出决策时必须考虑到对周边地区可能产生的影响。经济发展水平不同的城市之间的公共服务均等化是促进区域良性发展的重要保障。作为促进区域经济增长的重要政策工具，公共支出应有效发挥"扶助之手"功能，对经济效率较低地区给予有针对性的倾斜政策。河北各地方政府在公共支出政策上不应盲目效仿京津，而应因地制宜地推进适合本地区经济现状和产业基础的政策创新，同时注重与京津政治经济领域开展全方位的合作。

中篇
京津冀产业集聚与转移

第五章　专业化还是多样化：京津冀产业集聚效应分析

第一节　文献综述与理论基础

一、问题的提出

长期以来，由于国家政策、城市区位以及资源禀赋等因素的差异，北京、天津集聚了大量的产业，对当地经济发展发挥了巨大的促进作用，也导致京津冀城市间的发展差距逐步扩大。京津冀地区城市间经济发展不均衡，高端制造业、高科技产业在京津尤其是北京集聚特征明显。而对于河北而言，由于其产业集聚特征不明显，对生产要素的吸引力也就不强，这就导致河北各城市成为京津冀地区的经济"洼地"。在理论层面上，马歇尔（Marshall，1890）很早就发现聚集在一起的生产厂商比单个孤立的厂商普遍更有效率，这就是对产业集聚效应较早的解释。长期以来，为数众多的国内外学者针对产业集聚效应及其形成机制进行了研究。产业集聚能够对经济增长产生广泛而积极的影响已经被人们所接受。产业集聚对经济增长有积极的作用，经济发展反过来又会促进产业集聚。"产业集聚—经济增长—产业集聚—经济增长"已经成为一个不断演进、相互作用、内生激励的动态过程。

本章基于一组就业面板数据，对京津冀地区的产业集聚效应进行研究，并将其分解成专业化和多样化两种效应。本章的研究意义主要体现在以下两个方面：

第一，有助于充分认识产业集聚在京津冀区域发展中所起的作用，尤其是专业化集聚和多样化集聚所发挥的不同作用。

　　第二，有助于发现在当前非首都功能疏解的环境下，京津冀产业集聚存在的深层次问题，并充分认识到疏解的必要性以及集聚与疏解的辩证关系，如图 5 – 1所示。

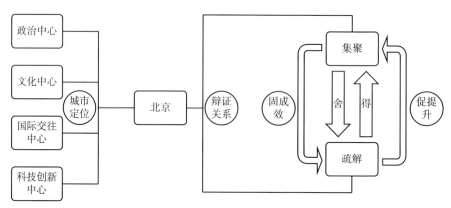

图 5 – 1　集聚与疏解的辩证关系

　　本章主要依据汉隆和米西奥（Hanlon and Miscio，2017）[①] 所构建的模型进行分析，并做了进一步改进。他们在前人的研究成果基础上，构建了一个面板数据模型。该模型认为产业集聚通过促进技术进步而对经济增长发挥作用，并把产业集聚效应分解成专业化和多样化两种集聚效应。其结论认为，多样化的集聚效应存在于产业之间，并通过上下游关联产业间的产品流通和人员流动发挥作用，所以，多样化集聚效应还可以被继续分解。

　　对于研究专业化和多样化的产业集聚效应，该种方法提供了一种思路。但是，由于该模型假定，样本范围内的区域交通运输系统没有发生显著变化，这显然不符合京津冀的现实情况。一方面，在本章研究的时间范围（即 2003 ~ 2017年）内，我国的经济发展比较迅速，基础设施也在不断完善，交通运输便利程度更是在不断提高。尤其是对于京津冀地区而言，不能忽视交通运输便利程度的提高对其产业集聚和扩张所发挥的重要作用。另一方面，汉隆和米西奥（2017）在分解多样化集聚效应时，只考虑到了人员流动的可能性，但是却忽略了其现实性：只有交通越发达，人员流动才会越频繁，产品流通才会越便捷。

---

　　① Hanlon W. W., Miscio A. Agglomeration: A long-run panel data approach ［J］. Journal of Urban Economics, 2017, 99: 1 – 14.

基于汉隆和米西奥（2017）构建的模型，本章将京津冀地区铁路和公路营运里程的增长率纳入模型，这样既可以认识到交通运输对京津冀产业扩张的影响，又有助于将产业间人员流动的可能性分析转化为人员流动的现实性分析。并且，基于京津冀的就业数据，在研究京津冀的产业集聚时，既分析京津冀整体的产业集聚效应，又有针对性地分析每一相关产业的集聚效应，这样可以兼顾分析区域整体和局部，有别于单一的切入点。

二、国外相关研究

（一）对专业化集聚和多样化集聚的研究

产业集聚有两种形式：一种是专业化的产业集聚，另一种是多样化的产业集聚。专业化的产业集聚是指在某一地域集中了大量相同产业类型的企业，从而形成特定的产业集群，专门从事某一产业或紧密相关产业的生产经营活动。多样化的产业集聚是指在某一地域范围内集中了各种类型的产业，各个产业的企业之间通过产品的购买和销售形成了若干产业链条，企业之间的上下游关联比较明确。产业集聚效应本质上就是一种外部性，专业化集聚效应和多样化集聚效应也是如此。胡佛（Hoover，1948）指出因企业集聚而产生的外部经济有两种形式：一是本地化经济，二是城市化经济。因为马歇尔（Marshall，1890）指出企业可以通过产业集聚或相互接近而受益，认为产业在地理上集聚以获取外部规模经济是集聚的根本原因，这与后来阿罗、罗默等所提出的新增长理论阐述的外部性意义基本一致，所以也被称为 MAR 外部性。马歇尔和雅各布斯（Marshall and Jacobs，1969）认为多种产业的集聚有利于产生新想法，这被称为雅各布斯外部性。中村（Nakamura，1985）、布莱克和亨德森（Black and Henderson，1999）比较认同前者的效应；格莱泽（Glaeser，1992）、卡内莫托（Kanemoto，1996）等则更为认同后者的作用。

（二）对产业集聚微观基础的研究

对产业集聚微观基础的研究主要体现在探索基于哪些因素，产业集聚效应才得以体现。缪尔达尔（Myrdal，1957）认为产业集聚是一种外部性的积累。赫希曼（Hirschman，1958）认为在制造业中心购买其产品会更实惠，所以该中心将吸引更多的企业和人口。藤田（Fujita，1999）等也表达了类似的思想，他们认为因为企业之间前后向关联的存在，产业的空间集聚一旦形成，就会持续下去，最终导致两个地区初始的不平衡逐渐扩大。卡尔顿（Carlton，1983）、惠勒和莫迪（Wheeler and Mody，1992）发现产业集聚影响着后来企业的区位选择。亨德森（1988）认为正的外部溢出导致了产业集聚。克鲁格曼（Krugman，1991）认为地理集中来自外部的货币经济性。格莱泽（1999）认为集聚引起不同工人频繁接触，最终引起劳动技能的传播。杜兰顿和普加（Duranton and Puga，2001）基于过程创新解释了不同产业阶段的企业集聚。斯图尔特和威廉（Stuart and William，2003）认为集聚来源于消费、共享、寻租等因素。藤田和克鲁格曼（Fujita and Krugman，2004）认为在城市或工业区集聚大量的异质人群（各种类型的专业化工人）有助于知识的传播、创新和积累，从而有利于经济增长，但是在长期来看，必须有连续不断的"新的"人口流入。

（三）对产业集聚测度的研究

赫尔斯利（Helsley，1990）认为价格反映了产业集聚的变化。雷丁和维纳布尔斯（Reding and Venables，2004）也曾以要素价格的梯度变化来分析检验产业的集聚经济。亨德森（1995）认为，对于快速发展的高新产业，专业化并不会促进其增长；而成熟产业的专业化则存在正向作用。亨德森（1986）、亨德森和布莱克（1999）发现本地化经济在多数产业中表现明显。格林斯通（Greenstone，2010）等从大型企业选址的角度分析了集聚的溢出效应，认为由于大型企业选址导致的两个地区的全要素生产率的差异在企业开设五年后可以达到12%，这个差异就是生产率的溢出，而这正是由于企业集聚所引起的。汉隆和米西奥（2017）采用英国31个主要城市从1851年到1911年的数据，对英国23个制造业行业的产业集聚力进行了研究，结果发现，在英国，多样化的集聚比专业化的集聚更为重要，而且能够促进城市就业增长。

国外学者对产业集聚的研究较早，基本上形成了比较系统的研究模式。当然，由于研究的对象或者角度不同，针对特定的问题也存在一些分歧，故尚未得到一致的结论，这正是需要持续讨论和继续研究的地方，其中，关于专业化产业集聚和多样化产业集聚的相对重要性正是相关研究的讨论重点之一。

三、国内相关研究

（一）关于产业集聚效应的研究

周兵等（2003）分析了西部产业集聚对增长的影响。杨宝良等（2003）发现了我国区域比较优势与集聚的非协整关系。苑德宇等（2018）认为产业集聚会正向影响政府补贴。张晓红等（2018）认为产业集聚对城市增长有正向效应。苏雪串（2004）认为城市的集聚力和辐射力与城市发展水平成正比。葛立成（2004）将产业集聚区位与城市化的地域模式联系了起来。张治栋等（2018）认为服务业集聚改善了城市绿色效率。杨宝良（2003）认为产业集聚度与规模变量有反向作用。范剑勇（2004）认为我国正处于高集聚、低专业化的阶段。吴学花等（2004）认为医药、饮料食品制造等行业在我国集聚程度不够。陈柯等（2018）认为我国工业行业集聚程度在不断提高。傅兆君等（2003）认为有创新的空间集群才会有生命力。于树江等（2004）认为创新主体集聚有利于产业创新。倪进峰等（2017）认为集聚的创新效应依赖于人力资本状况。朱钟棣等（2003）认为产业集聚有利于占据国际比较优势。杜庆华（2010）认为产业集聚提升了我国制造业国际竞争力。陈旭等（2016）认为我国空间集聚尚未达到最佳。沈鸿等（2017）认为财政分权有利于集聚的溢出。

（二）关于京津冀产业集聚和协同发展的研究

王金杰等（2018）认为北京制造业转移效应已显现。李延军等（2016）认为京津冀金融集聚存在溢出效应。张旺等（2012）认为京津冀服务业呈现出单中心式的集聚。常延聚等（2015）认为京津冀服务业集聚程度不够。陆大道（2015）指出地方政府战略及空间布局不当会影响河北发展。张贵（2014）认为京津冀制造业转移占大部分，但趋同及竞争严重。孙久文等（2015）认为北京与河北、天津专业化分工较为明显。张杰斐等（2016）认为京津冀制造业梯度分工格局正逐步形成。戴宏伟（2004）认为应根据京津冀产业结构的梯度性和互补性，实施双向转移。马国霞等（2007）认为京津冀经济差距先缩小后扩大。汪彬等（2015）认为京津冀内部差距收敛不明显。刘会政等（2016）认为劳动力流动只缩小了京津冀的人均消费差距。刘秉镰（2017）提出借力雄安新区，推动京津冀协同开放。

可以看出，国内相关文献对产业集聚的来源和效应研究较多，采用的方法也较为多样，与中国现实结合更为紧密，并针对研究中发现的问题提出了相应的解决对策，这一类型的文献大大充实了国内关于产业集聚领域的研究。其中，关于产业集聚效应的研究更是涉及经济增长、城市化、创新和国际分工等众多角度。但总体来看，国内关于京津冀的研究内容多是基于京津冀的协同发展、京津冀的产业转移等方面，即便是关于京津冀产业集聚的研究也是基于某一特定产业进行分析，而对京津冀产业集聚的效应研究尤其是基于多个行业的研究内容相对较少，尤其是关于区分京津冀专业化和多样化产业集聚效应的研究内容就更为少见。

四、理论基础

（一）内生增长理论

20 世纪 80 年代，以罗默、卢卡斯（Lucas）为代表的西方学者结合了新古典增长理论，并深入探讨了经济长期增长的可能性，成功掀起了一股新增长理论的研究热潮。新增长理论认为技术进步不再只是一个外生变量，这是众多内生增长理论的模型普遍持有的观点。所以，这种使经济增长率内生化的理论又被称为内生增长理论。

这种做法，比新古典增长理论的技术外生性假设更符合客观实际。2018 年10 月，罗默也因为在经济增长领域的贡献而获得诺贝尔经济学奖。阿罗最早建立了用内生技术进步解释增长的模型。罗默（1986）认为内生的技术进步是经济增长的唯一源泉。卢卡斯（1988）认为增长的源泉就是人力资本积累。

（二）产业集聚与内生增长

产业集聚效应的本质就是一种外部性，产业集聚正是通过其溢出效应来发挥作用。马歇尔（1890）、胡佛（1948）、缪尔达尔（1957）等都表达了类似的思想。本章所引用的这种方法正是基于这种思想。汉隆和米西奥（2017）认为产业集聚通过促进技术进步来发挥作用，并据此提出两条关键假定：一是经济体的技术进步来源于产业集聚的溢出效应，二是产业集聚的溢出效应可以表示成就业对数的线性函数。这两条假定表达了这样的一种思路：产业集聚能够促进技术进步，技术进步能够引起经济增长，经济增长又会导致产业进一步地集聚，从而促进新一轮的技术进步，所以，技术进步来源于经济系统内部。

将技术进步写成溢出效应的函数，溢出效应又能表示成就业对数的线性函数，通过这种方式，技术进步就被顺利地纳入到模型中去。所以，本章研究京津冀产业集聚所参考的汉隆和米西奥（2017）这种方法就是表达了内生增长理论的一种思想，从本质上说，内生增长理论也是本章的理论基础。

第二节　京津冀产业集聚特征分析

在进行实证分析之前，有必要先结合各城市的就业数据，对京津冀产业集聚的演变及现状进行讨论。本部分内容基于 2003～2017 年京津冀城市群 13 个城市分行业的城镇单位年末从业人员数[①]，分别从产业和城市两个角度，对京津冀产业集聚特征进行分析。本部分所用数据均来自历年《中国城市统计年鉴》[②]。

我们从产业和城市分布两个角度对京津冀产业集聚特征进行分析。

一、基于产业角度的分析

（一）京津冀产业集聚演变特征

每个产业的产值或者从业人员在区域内所占份额能够很直观地反映出产业集聚情况。一个产业的产值越高或者从业人员数量越多，在区域内所占的比重就会越大，说明该产业活动在区域内是集聚的，比重越大就越集聚。图5－2反映了15年来，京津冀地区各产业从业人员占从业人员总数的比重。其中，第一幅图反映的是第二产业，其他三幅图反映的是第三产业。

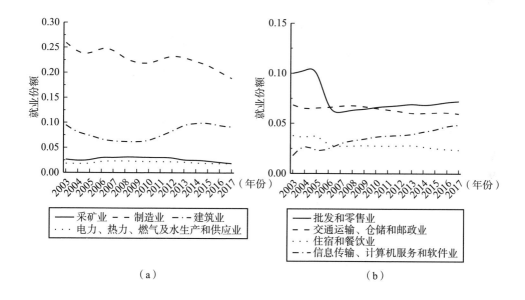

（a）　　　　　　　　　　　　（b）

①　从业人员数是指在各级国家机关、党政机关、社会团体及企业、事业单位中工作，并取得劳动报酬的全部人员。包括在岗职工、再就业的离退休人员、民办教师以及在各单位中工作的外方工作人员和港澳台人员、兼职人员、借用的外单位人员和第二职业者。不包括离开本单位仍保留劳动关系的职工。

②　《中国城市统计年鉴》直接下载自中国知网—中国经济社会大数据研究平台，本章所用数据均以此为准。

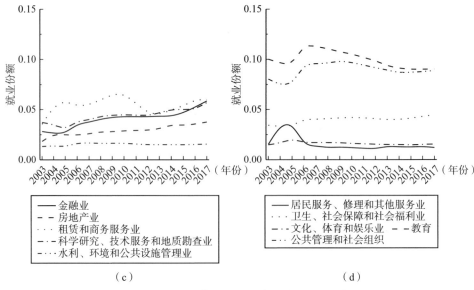

图 5 - 2 京津冀城市群各产业从业人员份额

注：计算方法是对于产业 i，以该产业的从业人员数除以所有产业的从业人员总数。

1. 第二产业

由图 5 - 2 可以看出，自 2003 年以来，京津冀制造业从业人员的份额在 18 个产业中一直是最高的，这充分说明制造业在京津冀地区仍然占据着重要地位，在吸纳人员就业方面发挥了重要作用。此外，份额曲线呈现出波动下降的趋势。到 2017 年，制造业从业人员份额已经下降至 20% 以下，这是因为京津冀地区的产业结构在不断调整升级，制造业企业的生产流水线也逐渐向着机器化和智能化方向发展，从而相对减少了人员的使用。制造业可以直接体现出一个地区的生产力水平，而建筑业的发展则与固定资产投资的规模有着非常紧密的联系。图 5 - 2 显示，京津冀地区建筑业从业人员份额围绕在 10% 附近呈现出下降—上升—下降的趋势，显现出一定的周期性，这应该与固定资产的投资周期有关。

京津冀采矿业从业人员份额曲线呈现出先上升后下降的趋势，但是变化幅度非常小。2012 年之前份额有些上升是因为京津冀以及全国经济高速增长，导致对能源的需求也水涨船高。京津冀电力、热力、燃气及水生产和供应业的从业人员份额几乎未有变动，这是因为该产业涉及自然垄断，很难自由进入和退出，也不能盲目扩张，而且地区之间也无法实现有效转移。

2. 第三产业

在 2003 年、2004 年、2005 年这三个年份，京津冀批发和零售业从业人员份额保持在10%左右。到2006年，北京市从事批发和零售业的人员数量大幅减少，导致整个京津冀地区批发和零售业从业人员数量占第二、第三产业从业人员总数比重的下降幅度较大。2006年之后，份额又逐年缓慢提高。根据历年《中国城市统计年鉴》附录查证，统计口径在前后并未发生显著改变。由于批发和零售业具有经营单位规模相对较小、分布相对分散、流动性相对较强的特点，所以吸纳了大量的流动人口，在面临人口控制和疏解时自然也是首当其冲。

图5-2也揭示出，京津冀交通运输、仓储和邮政业从业人员份额总体上保持稳定，没有出现显著的变化。这是因为该行业的市场集中度较高甚至有一定程度的垄断，新的企业进入相对比较困难，在短期内行业整体扩张有限。在2003年之前的国民经济行业分类中，信息传输行业还没有被明确列出。但是，自2000年以来，随着知名互联网企业的兴起与扩张，在京津冀地区尤其是北京地区该行业发展迅速，从业人员数量明显增加，信息传输、计算机服务和软件业从业人员份额也在显著提高，而且一直保持增长势头。2017年，该份额已经达到了5%左右，是2003年的两倍以上。随着"互联网＋"的逐步推进，京津冀地区信息传输、计算机服务和软件业从业人员份额预期还会持续提高。

与批发和零售业类似，在2006年，京津冀地区住宿和餐饮业从业人员份额也有所下降，但是下降幅度明显比批发和零售业要小。2006年以后，该份额相对保持稳定，但是仍存在下降趋势。2017年，住宿和餐饮业从业人员份额仅仅不到3%。这也与北京控制人口规模的政策有关，住宿和餐饮业在这期间的整体扩张受到影响，所以其占比相对较低。

截至2017年，京津冀房地产从业人员份额仍然不足5%，这意味着，在政府对房地产市场的有效调控下，京津冀地区房地产企业的无序扩张受到一定程度的约束，这有利于整个房地产市场的稳健发展。这一时期在政策没有松绑的前提下，房地产业的盲目扩张必然要受到一定限制，这就解释了京津冀地区房地产业从业人员份额为什么增长相对更为缓慢。

从京津冀地区科学研究、技术服务和地质勘查业来看，2016年之前，其从业人员份额始终高于金融业从业人员份额，这是因为在京津冀地区尤其是在北京，集中了大量的高等院校、科研院所、研究机构等优质科研资源，集聚了大批优秀的科研人员以及科技工作者，这也是北京的一大比较优势。

到2017年，京津冀地区金融业从业人员份额开始超过科学研究、技术服务和地质勘查业。分阶段来看，2003～2005年，房地产业从业人员份额在逐年提高，而金融业从业人员份额则相对有所下降。2005～2014年，三个产业的从业人员份额都有不同程度的提高。2015~2017年，金融业从业人员份额快速提高，科学研究、技术服务和地质勘查业从业人员份额也有所提高，但提高程度不如金融业，房地产业从业人员份额则没有明显变动，是因为近年来北京市政府坚持把促进首都金融业高质量发展作为推动北京经济社会转型发展的重要着力点，经过多年的快速发展，到2017年，金融业已成为北京市的第一支柱产业①。

京津冀租赁和商务服务业从业人员份额曲线的变动趋势不太稳定，波动较为频繁，只有自2013年以来连续保持了五年的增长，并且有望继续实现增长。水利、环境和公共设施管理业也涉及自然垄断，其份额相对稳定。

京津冀教育从业人员份额曲线呈现出下降—上升—下降的趋势。在2014年之前，其份额都维持在10%左右，甚至在2006年至2010年一度超过10%，这充分说明了京津冀地区的教育实力。公共管理和社会组织从业人员份额曲线的变动趋势与教育从业人员份额曲线几乎一致，而且自2014年以来，逐渐接近于教育从业人员份额曲线。卫生、社会保障和社会福利业从业人员份额则缓慢提高，但是到2017年，该份额仍不足5%。文化、体育和娱乐业从业人员份额相对稳定，始终保持在2%左右。教育、公共管理、文体和卫生等第三产业都属于公共服务业的范畴，具有一定的特殊性，实现自由扩张相对不易，在大部分时期内，其份额都是保持相对稳定的。居民服务、修理和其他服务业从业人员份额在2006年至2017年都保持稳定，只有在2004年、2005年两个年份出现波动。

综上所述，可以初步得到如下结论：

第一，2003~2017年，京津冀地区的产业集聚演变过程体现了区域产业结构升级的趋势。第二产业尤其是制造业的集聚程度降低，对应的是部分第三产业的集聚程度在不断提高。

第二，虽然京津冀制造业的集聚程度有所降低，但是制造业在京津冀地区仍然占据着重要地位，在吸纳人员就业方面发挥着重要作用。

第三，在第三产业中，京津冀城市群的金融、科研、信息等高端服务业的集聚程度不断提高。批发零售、住宿餐饮等传统服务业的集聚程度受到政策影响比较大。涉及基本公共服务以及自然垄断的产业，具有一定的特殊性，其集聚程度总体上保持稳定。

（二）京津冀产业集聚分布特征

本章采用箱线图来直观地反映出相关数据的统计分布特征。图5-3体现的

---

① 新浪财经，原新闻标题为"北京市市长：占比17%　金融业已成为北京第一支柱产业"。

是对于每一产业，京津冀城市群中 13 个城市各自的份额分布。在图中，箱体的左右两边表示的是四分位数、箱体中的竖线表示中位数、大星号表示的是离群点①。本章选取了四个具有一定代表性的年份②，分别将该年度每个产业在各城市的从业人员份额绘制成图 5 - 3。

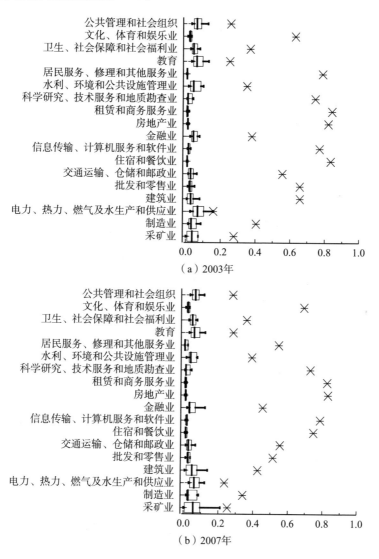

（a）2003 年

（b）2007 年

①　通常是指在区间（下四分位数 - 1.5 × 四分位间距，上四分位数 + 1.5 × 四分位间距）以外的数据，这个认定标准属于一种经验判断。

②　代表性年份的选取主要考虑了：一是能体现出变化的阶段特征，二是各阶段时间间隔相差不大。

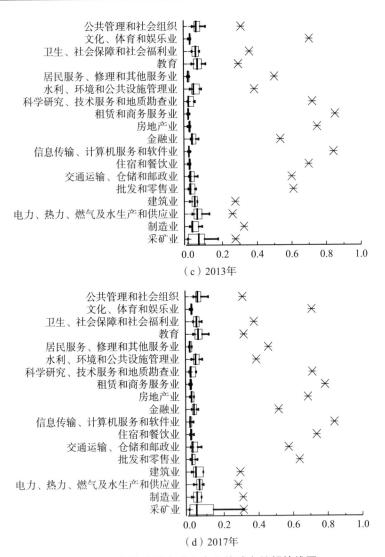

（c）2013年

（d）2017年

图5－3　京津冀城市群分产业的城市份额箱线图

注：城市份额计算方法是对于产业 i，以城市 c 的从业人员数除以该产业的从业人员总数。

　　如图5-3所示，在这四个年份中，第二产业的箱体明显较长，这说明这些相关产业在各城市中的分布较为不均匀，有些城市的份额较高，有些城市的份额较低。其中，箱体最长的是采矿业，箱体最短的是电力、热力、燃气及水生产和供应业，这是由于采矿业的地域属性最强，只能分布于自然资源丰富的地区，分布比较分散同时集中程度较强；而电力、热力、燃气及水生产和供应业为群众提供最基本的服务，在每个城市都必须具备，所以其分布比采矿业更为均匀，集中程度也较弱。在第三产业中，金融、公共管理、教育、水利、科研等五个产业的箱体也相对较长，这些产业的共同特征是都属于高端服务业，一般都集中分布在大型城市，在中小城市的分布则相对有限。其他第三产业如文化体育、修理、住宿餐饮、批发零售和交通运输等传统服务业的集中程度较弱。房地产业的集中程度在逐渐增强。

图 5-3 中还有一个显著特征是每一个产业都有一个高份额的异常值，也称之为"离群点"，这意味着该城市相关产业的从业人员份额大幅超过其他城市。该离群点的存在较大程度地提高了每个产业的样本数据平均值，使得每一产业的城市份额样本呈正偏态分布（即平均数大于中位数）。根据原始数据查证，除了采矿业以外，其他 17 个产业的离群点对应的城市就是北京，这充分说明了京津冀地区的产业集聚非常不均衡，各产业主要向北京集聚。到 2017 年，北京市有批发零售、交通运输、住宿餐饮、信息、金融、房地产、租赁、科研、文化体育等 9 个产业的从业人员占比超过 50%，部分产业占比甚至超过 70%。所以，北京的产业集聚优势远远超过其他 12 个城市。

综上所述，可以得到如下结论：

第一，各个产业在 13 个城市中的分布情况都不同，体现出了明显的差异性。

第二，第二产业分布最不均匀，尤其是对于采矿业而言，其地域集中程度最强。

第三，在第三产业中，金融、科研、教育、公共管理等高端服务业在地域上的分布比较集中，而住宿餐饮、文化体育等传统服务业的集中程度则相对较弱。

第四，除了采矿业以外，其他 17 个产业在北京的集聚程度都远远超过其他城市，而且这种情况在四个代表性年份中都没有发生显著变化。也就是说，绝大多数产业在北京的集聚程度都很高。

二、基于城市分布角度的分析

（一）京津冀各城市产业集聚特征

从上面的分析可以看出，京津冀地区的产业表现出向北京高度集聚的特征。接下来我们继续分析相关产业在京津冀其他城市的集聚特征。

首先来看每个城市第二、第三产业从业人员总规模占京津冀 13 个城市第二、第三产业从业人员总规模的比重。该比重反映了产业在各城市的集聚情况，份额越高的城市越集聚，份额越低的城市越不集聚。与上面对应，选取了四个代表性年份，分别是 2003 年、2007 年、2013 年和 2017 年。

数据显示，在 2003 年，只有北京的从业人员份额超过了 35%，其他 12 个城市的从业人员份额都低于 15%。天津、唐山、石家庄三市的从业人员份额在 5% ~ 15%，其他 9 个地级城市的份额都在 5% 以下。可见，除了天津以外，北京周边的廊坊、保定、张家口及承德四市，其从业人员份额都处于一个很低的水平。

2007 年，天津的从业人员份额首次超过 15%，保定的从业人员份额也首次突破 5%。其他城市的从业人员份额还是保持在 2003 年所处的阶段。这说明，从 2003 年到 2007 年，天津和保定的产业集聚程度得到了不同程度的提高。接下来的 2013 年、2017 年的情况与 2007 年类似，各城市的产业集聚情况没有发生显著改变。

各城市的从业人员份额首先与城市的人口规模有关。北京、天津、石家庄、唐山、保定等城市人口众多，劳动力资源丰富，各个产业的从业人员份额自然就相对较高。北京作为京津冀城市群中最大的城市，同时也吸纳了大量的外来人口，其第二、第三产业的从业人员规模占京津冀城市群第二、第三产业从业人员规模的比重一直接近 50%，再一次说明了各产业在北京高度集聚的状况。天津是京津冀第二大城市，也集聚了大量的人口，而且在 2007 年实现了集聚程度的提高。石家庄和保定同样是人口数量较多的城市，在集聚各种产业和人口时，与省内其他城市相比也具有一定的优势。影响各城市产业集聚的另外一个因素就是城市经济发展水平。无论是北京、天津，还是石家庄、唐山、保定，能够集聚大量产业、吸纳大量就业本身就是其经济发展水平的一种体现。城市经济发展水平越高，集聚的产业就越多，吸纳的人口也就越多；反过来，产业越集聚，人口越多，劳动力资源越丰富，也能促进该城市经济的进一步发展。这就是产业集聚所发挥的明显作用。

而另一方面，产业过度集聚也会产生一些不良影响，比如交通拥堵、环境污染、用地紧张等。从各城市的产业集聚情况可以看出，北京的集聚程度远超过其他城市，正处于一种高度集聚甚至过度集聚的状态。因此，北京城市功能的转换以及产业和人口的疏解势在必行。

综上所述，可以得到如下结论：

第一，京津冀地区各城市的产业集聚程度差异悬殊。北京拥有近 50% 的从业人员，一方面是因为北京城市规模大，人口数量多，产业门类齐全，劳动力资源丰富；另一方面是因为北京的经济发展水平高，又进一步促进了相关产业在该地集聚。

第二，对于天津、石家庄、唐山等经济发展水平较高的城市，产业集聚程度也较高，但与北京相比仍有很大差距。除此之外，其他城市的产业集聚特征并不明显。

第三，在四个代表性年份中，天津和保定的集聚程度得到不同程度的提高，其他城市的集聚情况没有发生明显变化。

（二）京津冀各城市专业化集聚特征

本章的研究目的是分析京津冀地区的专业化与多样化集聚效应，所以，有必要先对京津冀各城市的专业化和多样化集聚情况进行初步分析。在测度方法上，专业化集聚与多样化集聚是相对应的[①]，也就是说，专业化集聚情况能从侧面反映出多样化集聚的情况，所以，此处只对各城市专业化集聚特征进行着重分析。

采用的衡量指标是布莱尔（Blair，1995）[②] 提出的专业化指数。专业化指数越高，就说明该城市专业化集聚程度越高。其计算方法如下：

$$S = \sum_i a\left(\frac{E_{ic}}{E_c} - \frac{E_{iC}}{E_C}\right)$$

其中，$a = \begin{cases} 1, & \text{如果} \dfrac{E_{ic}}{E_c} > \dfrac{E_{iC}}{E_C}; \\ 0, & \text{其他情形} \end{cases}$

E_{ic} 表示城市 c 中产业 i 的就业规模，E_c 表示城市 c 的总就业规模；

E_{iC} 表示整个区域内产业 i 的就业规模，E_C 表示区域内的总就业规模。

我们利用上面的数据和公式计算了 2003 ~ 2017 年京津冀城市群中 13 个城市的专业化指数情况，得到的结果如图 5 - 4 所示。

2003 ~ 2013 年，北京的专业化指数曲线呈非常扁平的 U 形：2003 ~ 2007 年，专业化指数有些降低；2008 ~ 2013 年，又有一定程度的提高；到 2013 年，北京的专业化指数达到 0.2 左右；2013 年之后，又呈现降低趋势，但是降低的程度十分有限。总体上，北京的专业化指数比较稳定，没有特别明显的变动。天津的专业化指数曲线变动比较明显，呈现提高—降低—提高—降低—提高的波动趋势。与北京相比，天津的专业化指数在绝大多数年份都不低于北京，而且在部分年份高于北京。但是，2016 ~ 2017 年，天津的专业化指数开始降低。石家庄的专业化指数在大部分年份都低于北京、天津、唐山，而且呈现出波动下降的趋势。唐山

---

① 杜兰顿和普加（2000）认为计算产业多样化的最简单方法为 $D = 1/\sum_i |S_{ir} - S_{in}|$，从这个表达式可以看出，该指数与专业化指数存在相反的对应关系。

② 此处的两个公式参见踪家峰. 城市与区域经济学［M］. 北京：北京大学出版社，2016：105.

的专业化指数在 2007 年之后几乎保持稳定，而且 2011 年前始终高于北京、天津和石家庄。2003～2006 年，天津、石家庄、唐山的专业化指数都呈倒 U 形。

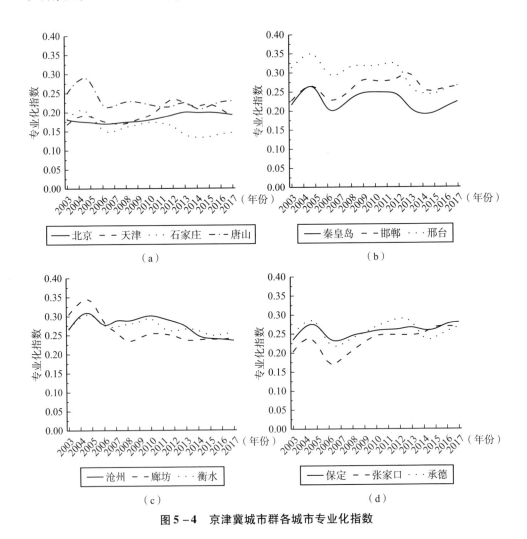

图 5-4　京津冀城市群各城市专业化指数

其他城市中，邢台的专业化指数一直较高，但是呈降低趋势。秦皇岛的专业化指数相对稳定，降低趋势不太明显。邯郸、保定、张家口、承德四市的专业化指数都呈提高趋势，而沧州、廊坊、衡水三市的专业化指数降低趋势比较明显。可以看出，在这 13 个城市中，除了北京之外，其他 12 个城市的专业化指数都在波动变化，而且都在 2003 年至 2006 年经历了一个提高—降低的过程。

北京的专业化指数相对于京津冀其他城市能够保持平稳，是因为自从改革开放以来，北京凭借自身优势得以率先发展，并逐步实现了产业结构的调整和优化。现阶段，北京的经济发展重点是构建高精尖经济结构，推动经济发展质量稳步提升，产业结构大幅调整的阶段已经过去，所以，其专业化指数的变动就比较平稳。天津、石家庄、唐山的变动幅度也小于京津冀其他城市。而另外 9 个城市由于其产业结构调整的进程差异，专业化指数的波动比较明显。2003～2006 年，北京的专业化指数有所降低，而其他 12 个城市的专业化指数在这期间都有较大程度的提高。

综上所述，可以得到如下结论：

第一，由于各个城市经济发展水平的差异，产业结构调整所处的阶段不同，专业化集聚情况也有所不同。相对于其他地区来说，北京由于较早地实现了产业结构的优化升级，所以其专业化指数变动比较平稳，专业化集聚程度保持在 0.2 左右，表明其产业多样化的集聚程度较高，具有完备的产业体系，能提供多种多样的产品和服务，这正是大型发达城市的典型特征。这也体现了北京城市功能的完善与多样性。

第二，北京以外的其他城市则普遍处于经济结构和产业结构优化升级的阶段，专业化指数变动幅度较大，专业化集聚程度不稳定，过渡期的特征明显，专业化集聚和多样化集聚的优势此消彼长。

第三，经济发展水平越高的城市，其专业化指数曲线波动越不明显。

同时也可以发现京津冀产业集聚存在的一些问题：

首先，京津冀地区的产业集聚特征表现为中心城市集聚，中小城市不集聚。在 13 个城市中，只有北京、天津、石家庄、唐山等城市集聚程度较高，尤其对于北京而言，更表现出一种高度集聚甚至过度集聚的状态。其他中小城市的产业集聚程度仍然不高。

其次，中心城市的辐射带动作用不突出，城市间的协同尚未真正体现。北京、天津周边的一些城市经济发展水平仍然很低，产业集聚特征不明显，与上海、广州周边城市相比存在较大的差距。

再次，对于第二产业，尤其是制造业，其区域整体的集聚程度是下降的，相对应的是第三产业的集聚程度在提高，这意味着对于整个京津冀地区而言，其产业结构调整的成效还是比较明显的。但是，制造业吸纳了大量的就业人口，仍然在京津冀产业集聚中扮演着重要角色。

最后，在 2003 年至 2017 年，北京与其他城市之间的产业集聚差异情况有所改善，但是转变程度有限，还需要京津冀协同发展战略的进一步推进实施。

第三节　产业集聚效应：一个理论模型

一、模型设定与构建

（一）基本假设

1. 经济体与城市

假定存在一个经济体 E。在这个经济体里，政府只提供必要的公共服务和基础设施，并不主动干预经济活动，为简化分析这里不考虑经济体的绝对规模大小①，不考虑对外贸易②，不考虑储蓄和投资，也不考虑货币形式。

经济体中存在着有限个城市，用 $c \in [1, C]$ 来表示。这些城市的地理区位、规模大小以及要素禀赋各不相同。每个城市中都布局着有限个产业。城市中的居民在劳动及消费时是同质的，即所有居民具有同样的劳动技能和消费偏好。居民既是劳动的供给方，也是所有最终产品的消费者。

2. 产业与企业

产业用 $i \in [1, I]$ 来表示。每个产业内都有很多生产企业，负责生产该产业唯一的最终产品。企业用 f 表示。企业使用的生产技术在同一城市中的不同企业之间可以迅速传播，但是在城市之间传播缓慢。这就意味着，在同一时期，同一城市中，同一产业内的不同企业之间使用的生产技术是相同的。也就是说，技术进步只会在产业间以及城市间存在差异。

3. 产品与市场

产品类型也用 $i \in [1, I]$ 表示，这些产品供城市中的居民消费。由于每种产品的生产企业数量众多，市场是完全竞争的，每种产品的市场价格为 p_{ict}。假定每种产品的市场供需都达到均衡，产品在城市间可以自由流动，所以每种产品的市场价格在当期均衡后不会再轻易发生变动，即均衡价格为 p_{it}。该价格会随着经济体的经济增长在不同时期有所不同，也就是说，产品 i 不同的市场价格本质上反映出了该经济体的经济增长状况。

---

① 即不讨论该经济体是大国还是小国。

② 这个经济体可能是开放的，也可能是封闭的，对外贸易可能存在也可能不存在，都不纳入模型考虑。

4. 生产要素与生产函数

本模型重点考虑三种要素：一是劳动 L，二是技术 A，三是包括土地、自然资源、资本等生产要素以及为生产最终产品的中间产品投入①，这里统称为资源且用 R 来表示。假定资源在地理空间上是固定的，且在一定的时间段内不会发生显著变化。而劳动力在经济体中可以不受限制地流动，因此，经济体中的居民可以选择到任何一个城市去就业和消费。企业雇用城市中的居民进行生产并向其支付一定数量的工资，居民使用获得的工资购买消费品。

企业的生产函数为规模报酬不变的 Cobb – Douglas 形式：

$$x_{icft} = A_{ict}L_{icft}^{\alpha}R_{icft}^{1-\alpha}$$

5. 字符解释

为了方便对照与查阅，将本章所用到的各种字符含义总结成如表 5 – 1 所示。

表 5 – 1　　　　　　　　　　　　模型中所用字符的含义

类型	表示形式	定义域	含义
上标	σ	$\neq 0$ 且 $\neq 1$	常替代弹性函数里的替代参数，是一个常量
	α	> 0 且 $\neq 1$	劳动力的产出弹性
下标	t	> 0	时期，在本章中专指年份
	i	$[1, I]$	城市中的不同产业
	c	$[1, C]$	经济体中不同的城市
	f	> 0	完全竞争的企业
变量系数	Q_t	> 0	经济体中所有产品在 t 期的消费总量
	P_t	> 0	经济体中所有产品在 t 期的总体价格水平
	O_t	> 0	经济体中所有产品在 t 期的总供给量
	x_{it}	> 0	经济体中产品 i 在 t 期的总需求或总供给
	p_{it}	> 0	经济体中产品 i 在 t 期的市场价格
	γ_{it}	$(0, 1)$	随时期变化的偏好参数，用来反映不同产品对消费者的重要程度，即不同产品在消费中所占的份额
	A_{ict}	> 0	t 期，城市 c 中产业 i 生产该产品的生产技术水平

---

① 为了准确识别出产业集聚对就业增长的影响，此处不再更多地考虑其他生产要素。

续表

类型	表示形式	定义域	含义
变量系数	L_{icft}	>0	t 期，城市 c 中，产业 i 中企业 f 生产该产品使用的劳动
	R_{icft}	>0	t 期，城市 c 中，产业 i 中企业 f 生产该产品使用的资源
	$\bar{w}_t$	>0	在 t 期，平均工资水平
	r_{ict}	>0	在 t 期，资源使用价格
	S_{ict}	>0、<0 或 =0	产业集聚的溢出效应，通过技术进步来影响就业增长
	θ_{ict}	>0	用来描述城市的整体发展水平，是城市实力的综合反映。在模型中作为平均工资的调整系数，以此衡量不同城市的企业雇佣劳动力的成本大小
	λ_{ki}	>0、<0 或 =0	溢出效应参数，反映了产业集聚效应
	e_{ict}	>0、<0 或 =0	技术进步的误差项
	u_{it}	>0、<0 或 =0	误差项，产业 i 的增长可快于也可慢于经济体的增长
	v_{ct}	>0、<0 或 =0	城市发展水平的误差项
	φ_{it}	>0、<0 或 =0	经济体经济增长的净效应
	δ_{ct}	>0、<0 或 =0	城市发展水平的净效应（城市的整体溢出）
	ε_{ict}	>0、<0 或 =0	工资变动和技术进步的净效应
	$IN_{k \to i}$	≥0	产业 i 需要的中间投入品中来自产业 k 的份额
	$OUT_{k \leftarrow i}$	≥0	产业 i 生产的最终产品流向产业 k 的份额
	RAIL	>0、<0 或 =0	铁路营运里程增长率
	ROAD	>0、<0 或 =0	公路营运里程增长率
	β	>0、<0 或 =0	多样化集聚效应分解后的待估参数

（二）公式推导

1. 静态均衡

静态均衡是指在时期 t，产品市场达到均衡，企业实现利润最大化，劳动力得到有效配置。

（1）所有产品。经济体中的所有产品的消费总量和总体价格水平都遵循 CES 形式①：

---

① 以克鲁格曼、藤田为代表的新经济地理学者普遍采用常替代弹性函数来研究集聚相关问题。其中，最为典型的是 1991 年克鲁格曼提出的核心边缘模型（Core – Periphery Model）。此处的式（5 – 1）、式（5 – 2）、式（5 – 3）、式（5 – 4）参考了他们的研究成果。目前，CES 函数的应用也越来越广泛。

$$Q_t = \left(\sum_i \gamma_{it} x_{it}^{\frac{\sigma-1}{\sigma}} \right)^{\frac{\sigma}{\sigma-1}} \qquad (5-1)$$

$$P_t = \left(\sum_i \gamma_{it}^{\sigma} p_{it}^{1-\sigma} \right)^{\frac{1}{1-\sigma}} \qquad (5-2)$$

所有产品的总供给量为：

$$O_t = \sum_i \sum_c \sum_f x_{icft} \qquad (5-3)$$

当产品市场达到均衡时，有：

$$Q_t = O_t \qquad (5-4)$$

（2）单一产品。对于产品 i，其市场需求为：

$$x_{it} = Q_t P_t^{\sigma} p_{it}^{-\sigma} \gamma_{it}^{\sigma} \qquad (5-5)$$

城市 c 中企业 f 关于产品 i 的供给，即其生产量为：

$$x_{icft} = A_{ict} L_{icft}^{\alpha} R_{icft}^{1-\alpha} \qquad (5-6)$$

产品 i 的供求平衡，意味着：

$$x_{it} = \sum_c \sum_f x_{icft} \qquad (5-7)$$

（3）企业利润最大化。劳动力的供给受到工资水平的影响，所以，劳动力有向工资较高的城市及产业流动的趋势。在城市 c 中，某一产业的有效工资水平为 $\theta_{ict} \bar{w}_t$。

可用的资源在特定城市中是给定的，并且在城市中各产业之间进行配置，所以有：

$$\sum_f R_{icft} = \bar{R}_{ic} \qquad (5-8)$$

企业的利润最大化问题为：

$$\max_{L_{icft}, R_{icft}} p_{it} A_{ict} L_{icft}^{\alpha} R_{icft}^{1-\alpha} - \bar{w}_t \theta_{ict} L_{icft} - r_{ict} R_{icft} \qquad (5-9)$$

一阶条件：

$$\alpha p_{it} A_{ict} L_{icft}^{\alpha-1} R_{icft}^{1-\alpha} - \bar{w}_t \theta_{ict} = 0 \qquad (5-10)$$

将公式（5-10）继续整理得到：

F. O. C.

$$\Leftrightarrow \alpha p_{it} A_{ict} L_{icft}^{\alpha-1} R_{icft}^{1-\alpha} = \bar{w}_t \theta_{ict} \Leftrightarrow L_{icft}^{\alpha-1} R_{icft}^{1-\alpha} = \frac{\bar{w}_t \theta_{ict}}{\alpha p_{it} A_{ict}} \Leftrightarrow \frac{R_{icft}^{1-\alpha}}{L_{icft}^{1-\alpha}} = \frac{\bar{w}_t \theta_{ict}}{\alpha p_{it} A_{ict}}$$

$$\Leftrightarrow L_{icft}^{1-\alpha} = \frac{\alpha p_{it} A_{ict} R_{icft}^{1-\alpha}}{\bar{w}_t \theta_{ict}} \Leftrightarrow L_{icft} = \left(\frac{\alpha p_{it} A_{ict} R_{icft}^{1-\alpha}}{\bar{w}_t \theta_{ict}} \right)^{\frac{1}{1-\alpha}}$$

$$\Leftrightarrow L_{icft} = A_{ict}^{\frac{1}{1-\alpha}} p_{it}^{\frac{1}{1-\alpha}} \left(\frac{\alpha}{\bar{w}_t \theta_{ict}} \right)^{\frac{1}{1-\alpha}} R_{icft} \qquad (5-11)$$

对所有企业进行求和，然后得到：

$$\sum_f L_{icft} = \sum_f A_{ict}^{\frac{1}{1-\alpha}} p_{it}^{\frac{1}{1-\alpha}} \left(\frac{\alpha}{\overline{w}_t \theta_{ict}}\right)^{\frac{1}{1-\alpha}} R_{icft} \qquad (5-12)$$

（4）劳动力的配置。将公式（5-12）写成求和之后的形式，即为：

$$L_{ict} = A_{ict}^{\frac{1}{1-\alpha}} p_{it}^{\frac{1}{1-\alpha}} \left(\frac{\alpha}{\overline{w}_t \theta_{ict}}\right)^{\frac{1}{1-\alpha}} \overline{R}_{ic} \qquad (5-13)$$

式（5-13）就直接反映出了该经济体中劳动力在不同城市、不同产业内的静态配置。

2. 技术进步

按照格莱泽（1992）的说法，在城市中，可供企业生产使用的技术由两部分组成：一是本地化的生产技术，二是经济体广泛使用的技术。

$$A_{ict} = A_{i, local, t} \times A_{i, E, t} \qquad (5-14)$$

本地化的生产技术反映了城市间的技术差异，这是由技术在城市间传播的时滞引起的。经济体的技术进步反映了产业整体的技术变化。这两种技术进步，都会带来企业的生产技术水平提升。所以，技术进步是本地化技术进步和经济体技术进步之和：

$$\ln \frac{A_{ic, t+1}}{A_{ict}} = \ln \frac{A_{i, local, t+1}}{A_{i, local, t}} + \ln \frac{A_{i, E, t+1}}{A_{i, E, t}} \qquad (5-15)$$

此处包含了一个关键假定：技术进步的来源是由集聚产生的各种溢出效应。这种集聚效应通过"干中学"加以广泛传播。"干中学"的具体媒介就是产品联系和人员交流。所以，技术进步的形式可以表示成：

$$\ln \frac{A_{ic, t+1}}{A_{ict}} = S_{ict} + e_{ict} \qquad (5-16)$$

$$S_{ict} = Function （专业化集聚效应，多样化集聚效应，$$
$$城市总效应，经济体技术进步） \qquad (5-17)$$

二、集聚效应的识别

（一）集聚效应的初步分解

将式（5-13）取自然对数，可以得到：

$$\ln L_{ict} = \frac{1}{1-\alpha}(\ln A_{ict} + \ln p_{it} + \ln \alpha - \ln \overline{w}_t - \ln \theta_{ict}) + \ln \overline{R}_{ic} \qquad (5-18)$$

$$\ln L_{ic, t+1} = \frac{1}{1-\alpha}(\ln A_{ic, t+1} + \ln p_{i, t+1} + \ln \alpha - \ln \overline{w}_{t+1} - \ln \theta_{ic, t+1}) + \ln \overline{R}_{ic} \qquad (5-19)$$

式（5-19）减去式（5-18）得到：

$$\ln L_{ic,t+1} - \ln L_{ict} = \frac{1}{1-\alpha}\left(\ln \frac{A_{ic,t+1}}{A_{ict}} + \ln \frac{p_{i,t+1}}{p_{it}} + \ln \frac{\bar{w}_t}{\bar{w}_{t+1}} + \ln \frac{\theta_{ict}}{\theta_{ic,t+1}} \right) \quad (5-20)$$

将式（5-16）代入式（5-20），得到：

$$\ln L_{ic,t+1} - \ln L_{ict} = \frac{1}{1-\alpha}\big[S_{ict} + (\ln p_{i,t+1} - \ln p_{it}) + (\ln \theta_{ict} - \ln \theta_{ic,t+1})$$
$$+ (\ln \bar{w}_t - \ln \bar{w}_{t+1}) + e_{ict} \big] \quad (5-21)$$

这个表达式所反映的内容就是，城市中某产业的就业增长受到产业集聚效应、经济体的经济增长、城市发展水平以及工资水平的影响。

在这里用到了第二个关键假定：可以将集聚的溢出效应写成就业对数的线性函数：

$$S_{ict} = \sum_k \lambda_{ki} \ln L_{kct} + u_{it} + v_{ct} \quad (5-22)$$

将式（5-22）代入式（5-21）得到：

$$\ln L_{ic,t+1} - \ln L_{ict} = \frac{1}{1-\alpha}\big[\lambda_{ii} \ln L_{ict} + \sum_{k \neq i} \lambda_{ki} \ln L_{kct} + (\ln p_{i,t+1} - \ln p_{it}) + u_{it}$$
$$+ (\ln \theta_{ict} - \ln \theta_{ic,t+1}) + v_{ict} + (\ln \bar{w}_t - \ln \bar{w}_{t+1}) \big] + e_{ict}$$
$$(5-23)$$

将式（5-23）进行整理，得到：

$$\Delta \ln L_{ic,t+1} = \tilde{\lambda}_{ii} \ln L_{ict} + \sum_{k \neq i} \tilde{\lambda}_{ki} \ln L_{kct} + \varphi_{it} + \delta_{ict} + \varepsilon_{ict} \quad (5-24)$$

其中：

$$\tilde{\lambda}_{ii} = \frac{\lambda_{ii}}{1-\alpha}, \quad \tilde{\lambda}_{ki} = \frac{\lambda_{ki}}{1-\alpha}$$

$$\varphi_{it} = (\ln p_{i,t+1} - \ln p_{it}) + u_{it}$$

$$\delta_{ict} = (\ln \theta_{ict} - \ln \theta_{ic,t+1}) + v_{ict}$$

$$\varepsilon_{ict} = (\ln \bar{w}_{ict} - \ln \bar{w}_{ic,t+1}) + e_{ict} = (\ln \bar{w}_t - \ln \bar{w}_{t+1}) + e_{ict}$$

式（5-24）就是本章中所关注的重要方程。方程左边描述的是就业增长，方程右边第一项和第二项分别描述了专业化集聚和多样化集聚对就业增长的影响。另外三项分别描述的是经济体的经济增长、城市发展水平以及工资变动对就业增长的影响，并以随机扰动项的形式体现。

（二）多样化集聚效应的分解

式（5-24）的一个不足之处就是参数个数太多，会给模型的估计带来一定的困难。所以，需要将方程进一步调整成适合实证估计的形式。

多样化的集聚效应存在于不同产业之间，这种效应的作用渠道通常有两种：一是产品的流通，二是人员的流动。一个产业的投入品可能是其他产业的产出品，同样，这个产业的产出品也可能会继续成为下一个产业的投入品。正是这种产业之间产品的相互流通，促进了知识的共享，进一步提高了创新的可能性并带来了新的生产技术，是多样化集聚效应发挥作用的关键路径。另外，各个产业间人员的流动也促进了集聚效应的发挥，因为人员流动可以促进知识的传播与共享。所以，可以将多样化的集聚效应参数写成如下线性形式：

$$\tilde{\lambda}_{ki} = \beta_1 IN_{kt\rightarrow it} + \beta_2 OUT_{kt\leftarrow it} + \beta_3 RAIL_t + \beta_4 ROAD_t \qquad (5-25)$$

$IN_{k\rightarrow i}$ 表示产业 i 需要的中间投入品中来自产业 k 的份额，$OUT_{k\leftarrow i}$ 表示产业 i 生产的最终产品中流向产业 k 的份额，下标正是代表着产品的流向。在本章中，采用投入产出表中的完全消耗系数来衡量。这两个变量反映出了产品在产业间流通的具体方向和路径。

RAIL 和 ROAD 分别表示铁路和公路营运里程的增长率。铁路和公路里程的增长反映了交通运输系统的进步和完善程度。两者越完善，产业之间产品的流通和人员的流动就越便利，多样化的集聚效应传播就越通畅。由于铁路、公路营运里程属于公共基础设施，是所有产业可以共享的外部资源，所以，在式（5-25）中不再对 RAIL 和 ROAD 两个变量进行产业的区分。

将式（5-25）代入式（5-24）中，就得到：

$$
\begin{aligned}
\Delta lnL_{ic,t+1} = {} & \tilde{\lambda}_{ii}lnL_{ict} + \beta_1 \sum_{k\neq i} IN_{kt\rightarrow it}lnL_{kct} + \beta_2 \sum_{k\neq i} OUT_{kt\leftarrow it}lnL_{kct} \\
& + \beta_3 \sum_{k\neq i} RAIL_t lnL_{kct} + \beta_4 \sum_{k\neq i} ROAD_t lnL_{kct} \\
& + \varphi_{it} + \delta_{ict} + \varepsilon_{ict}
\end{aligned} \qquad (5-26)
$$

经过代入变换，式（5-26）中待估参数的个数大大减少，可以较方便地采用计量经济学方法进行估计。

第四节　京津冀产业集聚效应的实证分析

一、样本数据说明

（一）研究对象

考虑到各城市就业数据的可得性以及保证研究的有效性，本章研究的 18 个产业在我国的国民经济行业分类中以一位字母表示，13 个城市都是地级以上城市，详见表5-2。

表5-2　　　　　　　　　　　本章研究对象

类型	内容	计数
	2003~2017年	15年
地区	北京、天津、石家庄、唐山、秦皇岛、邯郸、邢台、保定、张家口、承德、沧州、廊坊、衡水	13个
行业	采矿业（B），制造业（C），电力、热力、燃气及水生产和供应业（D），建筑业（E），批发和零售业（F），交通运输、仓储和邮政业（G），住宿和餐饮业（H），信息传输、计算机服务和软件业（I），金融业（J），房地产业（K），租赁和商务服务业（L），科学研究、技术服务和地质勘查业（M），水利、环境和公共设施管理业（N），居民服务、修理和其他服务业（O），教育（P），卫生、社会保障和社会福利业（Q），文化、体育和娱乐业（R），公共管理和社会组织（S）	18个

（二）数据来源

关于本章所用数据来源的说明如表5-3所示。

表5-3　　　　　　　　　　　本章数据来源

项目	年份	直接数据源	数据最终来源
分行业年末城镇单位从业人员数	2012~2017	中国知网—中国经济社会大数据研究平台	2012~2017年《中国城市统计年鉴》、2004~2011年《中国城市统计年鉴》
	2011	取2010年和2012年数据平均值*	
	2003~2010	中国知网—中国经济社会大数据研究平台	
投入产出表完全消耗系数	2002、2005、2007、2010、2012、2015	http://data.stats.gov.cn/index.htm	国家统计局
铁路和公路里程	2002~2017	Wind资讯金融终端	国家统计局

注：*由于2011年数据缺失，故取2010年和2012年数据平均值。这是因为2012~2017年的《中国城市统计年鉴》收录的是2012~2017年的数据，但是2011年《中国城市统计年鉴》收录的是2010年的数据，2010年《中国城市统计年鉴》收录的是2009年的数据，以此类推，所以，2011年的数据无法直接取得。

（三）统计描述

表5-4和表5-5分别是分行业及分城市的数据统计特征。这些统计量反映

了该数据集的基本统计特征，有助于初步认识京津冀各个城市、各个产业的从业人员数。

表 5 - 4 分行业数据统计特征

行业	最大值（万人）	最小值（万人）	平均值（万人）	中位数（万人）	标准差（万人）	偏度	峰度
采矿业	12.62	0.00	2.98	1.90	3.32	1.07	-0.04
制造业	154.50	3.86	25.43	9.93	33.97	2.04	3.06
电力、热力、燃气及水生产和供应业	9.09	0.60	2.31	1.90	1.72	2.21	5.24
建筑业	81.73	0.46	9.16	4.50	13.44	2.76	8.55
批发和零售业	123.04	0.60	8.37	2.17	18.94	3.74	14.57
交通运输、仓储和邮政业	60.79	0.73	7.16	2.19	13.97	3.00	7.77
住宿和餐饮业	50.73	0.14	3.23	0.44	8.58	3.45	11.44
信息传输、计算机服务和软件业	69.22	0.19	4.01	0.55	12.12	3.88	14.64
金融业	51.42	0.72	4.64	1.94	8.08	3.79	15.01
房地产业	43.89	0.09	3.32	0.42	8.91	3.33	9.92
租赁和商务服务业	80.13	0.12	6.12	0.51	17.65	3.30	9.45
科学研究、技术服务和地质勘查业	68.98	0.21	4.97	0.59	12.69	3.40	10.76
水利、环境和公共设施管理业	10.31	0.22	1.72	0.85	2.21	2.59	6.01
居民服务、修理和其他服务业	48.82	0.02	1.78	0.09	5.43	6.19	47.27
教育	48.63	3.78	11.12	8.42	9.70	2.51	5.84
卫生、社会保障和社会福利业	28.58	1.09	4.49	2.56	5.35	2.80	7.40
文化、体育和娱乐业	24.49	0.15	1.82	0.44	4.39	3.32	9.84
公共管理和社会组织	46.98	3.19	10.00	7.45	8.99	2.89	8.02

表 5-5　　　　　　　　　　　　分城市数据统计特征

城市	最大值（万人）	最小值（万人）	平均值（万人）	中位数（万人）	标准差（万人）	偏度	峰度
北京	154.50	2.04	37.93	34.07	27.78	1.25	2.14
天津	122.33	1.54	13.15	7.33	20.54	3.75	14.21
石家庄	29.79	0.21	4.95	2.46	5.92	2.20	4.91
唐山	31.30	0.09	4.46	2.67	5.74	2.36	5.88
秦皇岛	9.09	0.02	1.67	0.78	1.99	1.88	3.26
邯郸	16.83	0.04	3.51	2.29	3.85	1.37	0.94
邢台	10.12	0.04	2.08	1.10	2.46	1.51	1.17
保定	29.31	0.03	4.39	2.09	6.15	2.10	4.32
张家口	10.70	0.06	1.97	1.25	2.18	1.70	2.08
承德	5.43	0.01	1.42	0.77	1.56	1.39	0.48
沧州	9.14	0.03	2.56	1.63	2.70	1.17	-0.04
廊坊	15.51	0.00	1.89	0.90	2.78	2.70	8.27
衡水	5.99	0.00	1.36	0.46	1.69	1.40	0.57

通过表5-4和表5-5的数据对照，可以确定某一产业在哪个城市的从业人员数最多以及在哪个城市的从业人员数最少。由于各城市的从业人员数各不相同，极差、标准差、平均值和中位数等统计量就有助于认识各个产业在城市间的分布差异。

偏度①和峰度②反映了该数据集的分布与正态分布的差异程度。数值的绝对值越大，差异就越大。在18个产业中，采矿业的分布较正态分布更为平缓，其他产业的分布则更为陡峭。所有产业的就业数据偏度都大于0，即都是正偏态分布，这说明大部分城市的从业人员数值都低于地区平均值，城市之间差异较大。制造业、批发零售业以及租赁行业的标准差最大。电力、热力、燃气及水生产和供应业以及采矿业的城市间差异最小。其中北京的制造业从业人员数最多，而廊坊、衡水的采矿业从业人员数最少。

① 偏度是对统计数据分布偏斜方向和程度的度量，用来描述统计数据分布的非对称程度。绝对值越大，偏态程度越高。

② 峰度是描述总体中所有取值分布形态陡缓程度的统计量。绝对值越大表示其分布形态的陡缓程度与正态分布的差异越大。

二、回归分析

关于估计结果是否满足一致性要求，汉隆和米西奥（2017）指出，方程右边第一项 L_{ict} 与随机扰动项之间可能存在影响关系，所以，该模型中最有可能导致内生性问题的是测量误差和遗漏变量[①]。工具变量是解决模型内生性问题的有效方法。如果假定测量误差满足独立同分布，那么可以针对 L_{ict} 采用如下形式的工具变量［参照巴蒂克（Bartik，1991）］：

$$L_{ict}^{INST} = L_{ic,t-1} \times g_{i,-c,t} \qquad (5-27)$$

其中，$L_{ic,t-1}$ 是滞后一期的就业数据，$g_{i,-c,t}$ 是把城市 c 排除在外的该区域当年总体的就业规模增长率。采用这个形式的工具变量，能够满足无关性和相关性的基本要求。

（一）回归结果

1. 区域总体集聚效应

根据上面阐述的模型，首先来看京津冀区域内总体的产业集聚效应。采用方法是对每一产业的就业数据进行加权，权数为相应年份各城市 18 个相关产业总的就业份额，然后得到一组二维数据。如果从区域整体去考察产业集聚效应，由于每个城市的经济发展水平不同，其吸纳和集聚生产要素的能力也会不同，而且能否充分利用生产要素促进城市经济增长，也取决于城市的综合实力及规模。这就意味着，每个城市受限于自身的规模，对整个区域产业集聚效应发挥的贡献程度也不相同。城市规模越大，对发挥产业集聚效应的贡献就越大。所以，以城市就业规模为权重，将一组三维数据转化为二维数据，可以从总体上对产业集聚效应进行分析研究。

本部分内容分别采用混合 OLS、固定效应以及两阶段最小二乘法对加权后的数据进行回归，得到的结果如表 5 - 6 所示。为了保证估计结果满足一致性，在使用工具变量法时，也是采用的固定效应模型。而且，以上三种形式都使用了聚类的稳健标准误。

---

① 因为方程两端的时期不同，所以不存在反向因果关系。

表 5 - 6　　　　　　　　　　　　按照城市就业份额加权的估计结果

集聚效应类型	估计方法	(1) 混合 OLS	(2) 固定效应	(3) 2SLS
专业化集聚效应	$\bar{\lambda}_{ii}$ 专业化集聚效应	0.0428 (0.1133)	0.0906 *** (0.0234)	- 0.5209 *** (0.1687)
多样化集聚效应	β_1 前向关联产业效应	0.0626 * (0.0334)	- 0.0873 *** (0.0276)	0.0272 (0.0441)
	β_2 后向关联产业效应	- 0.1009 (0.0942)	- 0.0633 *** (0.0128)	0.1221 * (0.0722)
	β_3 铁路营运里程变化	0.0346 (0.0239)	0.0202 *** (0.0063)	- 0.0045 (0.0036)
	β_4 公路营运里程变化	- 0.0030 ** (0.0015)	- 0.0046 *** (0.0007)	- 0.0068 *** (0.0004)
	样本容量	182	182	182

注：括号中为 t 统计量；*、**、*** 分别表示在 10%、5%、1% 的显著性水平下通过检验。

混合 OLS 在实际操作中是将面板数据视为截面数据进行回归。从第（1）列的结果可以看出，五个参数中只有两个是显著的：β_1 在 10% 的水平下显著，β_4 在 5% 的水平下显著，其他三个参数都不够显著。其中，$\bar{\lambda}_{ii}$、β_1、β_3 为正，β_2、β_4 为负。这意味着，在其他条件不变的前提下，采用混合 OLS 方法估计出来的京津冀区域内总体的专业化集聚效应是正向的，当期就业规模每变动 1%，将导致下期就业规模的增长变动 0.0428%，只不过这个结果并不显著。同样，前向关联产业、后向关联产业、铁路以及公路营运里程的变动对下期就业规模增长变动的影响为 0.0626%、- 0.1009%、0.0346%、- 0.0030%，前向关联产业和铁路营运里程的影响是正向的，后向关联产业和公路营运里程的影响是负向的。由于混合 OLS 忽略了不同个体间不可观测或被遗漏的影响因素，即忽视了个体间的异质性，而该异质性可能会导致估计结果不一致。所以，这个结果可能不准确。

由于混合 OLS 的估计结果可能不一致，所以需要考虑随机的个体效应。第（2）列是采用固定效应模型得到的结果。固定效应模型能够将个体效应转换消去，从而排除了个体异质性带来的影响。结果显示，五个参数都是显著的，而且显著性水平都为 1%。其中，$\bar{\lambda}_{ii}$、β_3 是正的，β_1、β_2、β_4 是负的。与混合 OLS 相比，只有前向关联产业的影响方向发生改变，其他四个参数的符号不变，但是变得更为显著。其中专业化集聚效应影响最大，当期就业规模每变动 1%，导致下期就业规模增长变动 0.0906%，大概是混合 OLS 估计结果的两倍。前向关联产业、后向关联产业以及公路营运里程的变动影响为负，铁路营运里程变动对下一期就业规模增长的影响为 0.0202%。这个模型得到的一系列结果很显著，但是模型的内生性问题仍旧存在，而且部分参数的估计结果不太符合经济学意义。事实上，关联产业的扩张一般也会引起该产业的扩张，从而提高集聚水平。

为了解决模型中可能存在的内生性问题，有必要引入工具变量。第（3）列是采用两阶段最小二乘法得到的回归结果，工具变量的选取如前所述。结果显示，五个参数中有三个是显著的：$\bar{\lambda}_{ii}$ 和 β_4 在 1% 的水平下显著，β_2 在 10% 的水平下显著，另外两个参数均不显著。在其他条件不变的前提下，与前两个回归显著不同的是，专业化集聚效应对就业规模增长的影响为 - 0.5209%，这不仅在影响程度上变大，而且符号发生改变。这意味着当期就业规模每变动 1%，就导致下期就业规模增长变动 0.5209%，这是一个方向相反的变动。也就是说，对于京津冀整体而言，相同的产业内可能存在一种过度集聚的现象。这种过度集聚，使得区域就业规模的可持续增长受限。产业过度集聚现象越严重，就业规模增长情况就越不乐观。同时，前向关联产业、后向关联产业的影响都为正，这符合一般的现实意义。铁路营运里程、公路营运里程的影响都为负，这说明交通越发达，越有利于均衡发展，越有利于避免过度的地理集中和产业集聚。

影响多样化集聚效应的几个因素中，后向关联产业的系数最大，大约为 0.1221%，虽然只在 10% 的水平下显著，但是仍然可以说明，需求端的扩张对产业间集聚作用的发挥有很大的作用。需求最主要的是由市场规模也就是城市规模所决定，城市规模越大，市场需求量就越大，产业集聚越会发挥作用，进一步吸引更多的人口和资源，从而导致城市规模的扩大，又会反过来作用于产业集聚作用的发挥。这恰恰表达了一种内生增长理论的思想。前向关联产业是供给端，也存在积极正向的影响，但是结果不如后向关联企业显著。对于交通运输来说，交通运输越便利，越有利于人口、资金等生产要素流入，但是，也容易引起生产要素的流出，所以，交通运输对产业集聚的影响应该是一个综合作用的结果。从上述的回归结果来看，在所研究的时间范围内，随着京津冀地区交通运输发达程度的提高，对产业集聚发挥的作用是反向的，但是，这有利于各城市的协同发展。可以看出，使用工具变量之后，内生性问题得到解决。所以，该模型得到的结果最为可靠。

综上所述，对于京津冀地区总体的集聚效应有以下基本结论：

第一，2003～2017 年，对于京津冀整体而言，在其他条件都不变的前提下，其专业化集聚效应为 −0.5209%。也就是说，当期就业规模每变动1%，将导致下期就业规模增长反向变动0.5209%，这反映了区域内产业过度集聚的状态。

第二，2003~2017年，京津冀地区的多样化集聚效应为0.138%。即在其他条件都不变的前提下，假定各项都变动1%，将导致下期就业规模增长同向变动0.138%。这说明，多样化的产业集聚在京津冀地区仍然对促进就业增长发挥着重要作用。

第三，2003~2017年，对于京津冀地区而言，专业化的集聚效应要大于多样化的集聚效应，但是二者的方向是相反的。

第四，2003~2017年，在京津冀地区，市场规模越大，对就业增长的促进作用就越大；交通越发达，越有利于各地均衡发展。

2. 各产业的集聚效应

考虑到不同产业之间的异质性较强，而且各城市的经济发展水平存在较大差异，所以，针对每个产业分别进行回归时，直接采用固定效应模型和两阶段最小二乘法。得到的参数估计结果如表5−7所示。

对于京津冀的采矿业而言，两种方法得到的结果并没有显著的差异，而且五个参数中有三个是比较显著的。其中固定效应模型高估了采矿业专业化集聚效应以及交通运输的影响，低估了前后向关联产业的效应。总的来看采矿业的专业化集聚效应要高于多样化集聚效应。与总体的集聚效应不同的是，铁路营运里程的变化对采矿业就业规模增长的变动具有积极的影响，也就是说铁路的发展有利于采矿业的扩张。此外，采矿业的关联产业对采矿业就业规模的增长有负的影响，这是因为采矿业的集聚具有明显的地域性，前后向关联产业的规模变动对采矿业的扩张影响有限，而且采矿业面临着下游需求的增加，还有可能会导致行业产能过剩，这对采矿业的就业规模扩张都有不利的影响。

京津冀制造业的情况与采矿业类似，两种方法得到的结果也没有显著的差异。制造业的专业化集聚效应也是负的，但是其影响要小于采矿业的集聚效应。前向关联产业对制造业就业规模变动的影响是负的，而后向关联产业的影响是正的。这说明市场需求仍对制造业的发展起到推动作用。铁路和公路营运里程的变化对制造业就业规模增长的影响都是正的，这是因为制造业的产出品既依靠铁路运输也离不开公路运输，这种积极的影响要大于因交通便利而带来的要素流失影响。

表 5－7　分产业的估计结果

类型	专业化集聚效应		多样化集聚效应							
参数	λ̄ii 专业化集聚效应		β1 前向关联产业效应		β2 后向关联产业效应		β3 铁路营运里程变化效应		β4 公路营运里程变化效应	
产业	FE	2SLS	FE	2SLS	FE	2SLS	FE	2SLS	FE	2SLS
采矿 B	−0.7245*** (−0.1228)	−0.6181*** (−0.1922)	−0.0363* (−0.0183)	−0.0371** (−0.0166)	−0.0127 (−0.0121)	−0.0146 (−0.0112)	0.0211 (−0.031)	0.017 (−0.0305)	−0.0121** (−0.0054)	−0.0109** (−0.0047)
制造 C	−0.1460*** (−0.0468)	−0.1403*** (−0.0348)	−0.0001 (−0.0018)	−0.0001 (−0.0019)	0.0007 (−0.0024)	0.0006 (−0.0024)	0.0106 (−0.0078)	0.0106 (−0.0077)	0.0006 (−0.0013)	0.0006 (−0.0013)
电热 D	−0.6706 (−0.4492)	−0.6422 (−0.6054)	−0.3018** (−0.1282)	−0.3014** (−0.1288)	0.0882** (−0.0397)	0.0870* (−0.0449)	0.0256 (−0.0275)	0.0244 (−0.0315)	0.0049 (−0.0067)	0.0050 (−0.0062)
建筑 E	0.0345 (−0.0285)	0.0189 (−0.0228)	−0.0443* (−0.0239)	−0.0381* (−0.0216)	−0.1463*** (−0.0329)	−0.1245*** (−0.0284)	0.0174** (−0.0073)	0.0170** (−0.0072)	0.0014 (−0.0009)	0.0012 (−0.0009)
批零 F	0.0241 (−0.0332)	0.0871* (−0.0514)	0.0194 (−0.0246)	0.0135 (−0.0267)	−0.0073* (−0.0035)	−0.0111*** (−0.0043)	−0.0016 (−0.0051)	−0.0016 (−0.006)	0.0005 (−0.001)	0.0010 (−0.0012)
交运 G	−0.4009*** (−0.0946)	−0.5478* (−0.2798)	−0.0297 (−0.02)	−0.0312 (−0.0197)	−0.0358* (−0.0142)	−0.0325* (−0.0167)	0.0016 (−0.0149)	0.0014 (−0.0147)	−0.0011 (−0.0029)	−0.0021 (−0.0039)
住餐 H	−0.0067 (−0.0626)	−0.0259 (−0.0857)	0.1343* (−0.0623)	0.1381** (−0.0651)	−0.0928* (−0.049)	−0.0917* (−0.051)	0.0118 (−0.0121)	0.0126 (−0.0112)	0.0017 (−0.0014)	0.0016 (−0.0013)
信息 I	0.0341 (−0.0355)	0.0091 (−0.0535)	−0.005 (−0.035)	0.0004 (−0.0292)	−0.0276 (−0.0216)	−0.035 (−0.0218)	0.0092 (−0.0053)	0.0097* (−0.005)	0.0034* (−0.0019)	0.0033* (−0.0017)

类型	专业化集聚效应		多样化集聚效应							
参数	$\bar\lambda_{ii}$ 专业化集聚效应		β_1 前向关联产业效应		β_2 后向关联产业效应		β_3 铁路营运里程变化效应		β_4 公路营运里程变化效应	
产业	FE	2SLS	FE	2SLS	FE	2SLS	FE	2SLS	FE	2SLS
金融 J	0.0176 (-0.0741)	0.0322 (-0.0767)	-0.2086** (-0.0856)	-0.2063** (-0.0879)	-0.0036 (-0.0114)	-0.0048 (-0.012)	0.0125 (-0.0131)	0.0127 (-0.0129)	0.0026 (-0.0025)	0.0025 (-0.0026)
房产 K	-0.0850*** (-0.0251)	-0.1196*** (-0.0308)	-0.1288** (-0.0588)	-0.1239** (-0.0581)	0.0471 (-0.0395)	0.0809 (-0.0553)	0.0345*** (-0.0113)	0.0319*** (-0.01)	0.0008 (-0.0024)	0.0014 (-0.0021)
租赁 L	0.0061 (-0.0187)	0.0364 (-0.0361)	0.0074 (-0.0117)	0.0041 (-0.0129)	0.0119 (-0.0077)	0.0066 (-0.01)	-0.0036 (-0.0061)	-0.0002 (-0.0074)	0.0012 (-0.0013)	0.0014 (-0.0014)
科研 M	-0.1781** (-0.0724)	-0.1688* (-0.0892)	-0.0332*** (-0.0103)	-0.0327*** (-0.01)	0.0762 (-0.0507)	0.0733 (-0.0515)	0.0077 (-0.0231)	0.0083 (-0.0231)	0.0057* (-0.0027)	0.0056** (-0.0026)
水利 N	0.1123 (-0.0925)	0.1082 (-0.1798)	-0.0973** (-0.037)	-0.0968** (-0.0435)	0.2159 (-0.1647)	0.2188 (-0.2117)	0.0372 (-0.026)	0.0372 (-0.0259)	0.0012 (-0.002)	0.0012 (-0.002)
修理 O	-0.0222*** (-0.0063)	-0.0796*** (-0.028)	-0.0198 (-0.023)	-0.0199 (-0.0309)	0.0304 (-0.0702)	0.0777 (-0.0749)	0.0175 (-0.0166)	0.0159 (-0.0196)	-0.001 (-0.0014)	-0.0016 (-0.0014)
教育 P	-0.3276* (-0.1744)	-0.3659 (-0.2448)	-0.0261 (-0.0243)	-0.0289 (-0.032)	0.026 (-0.1194)	0.029 (-0.1124)	0.0028 (-0.0119)	0.0025 (-0.0127)	-0.0004 (-0.0016)	-0.0005 (-0.0015)
卫生 Q	-0.138 (-0.3184)	-0.1187 (-0.3721)	-0.0789 (-0.0643)	-0.0818 (-0.0636)	-0.5145 (-0.3724)	-0.4958 (-0.3876)	0.0041 (-0.0244)	0.0045 (-0.0245)	0.0077 (-0.0051)	0.0075 (-0.0052)

续表

类型		专业化集聚效应		多样化集聚效应							
参数		$\tilde{\lambda}_{ii}$ 专业化集聚效应		β_1 前向关联产业效应		β_2 后向关联产业效应		β_3 铁路营运里程变化效应		β_4 公路营运里程变化效应	
产业		FE	2SLS	FE	2SLS	FE	2SLS	FE	2SLS	FE	2SLS
文体 R		-0.0231 （-0.0292）	0.0582** （-0.0243）	0.0108** （-0.0047）	0.0161*** （-0.0062）	-0.0883** （-0.031）	-0.1152*** （-0.0317）	0.0085 （-0.005）	0.0105** （-0.0049）	-0.0001 （-0.0003）	0.0002 （-0.0004）
公管 S		0.0492 （-0.0319）	0.0699* （-0.0406）	-0.0031 （-0.0119）	-0.004 （-0.0115）	-0.0256 （-0.0228）	-0.0375 （-0.0288）	0.0033 （-0.0021）	0.0031 （-0.0021）	-0.0005** （-0.0002）	-0.0005** （-0.0002）

注：受限于页面大小，表格中第一栏采用行业简称，并遵从国民经济行业分类（2017），附以产业门类代码，括号中为t统计量；*，**，***分别表示在10%、5%、1%的显著性水平下通过检验。

京津冀电力、热力、燃气及水生产和供应业的专业化集聚效应是第二产业中最大的，可以达到 0.6422%。前向关联产业对其就业规模增长的影响是负的，这是因为该产业一般涉及地方和自然垄断，供给端的变化对产业自身的扩张影响不大。交通运输对其就业规模增长的影响也都为正，其中，铁路营运里程变化的影响更大。与前三个产业不同，京津冀建筑业的专业化集聚效应是正的。这说明，建筑业产业越是集聚，对自身的长期增长越有积极的影响。而前后向关联产业对建筑业就业规模增长的影响都是负的。这是因为受到建筑周期以及政策的影响，建筑业并不能随着上下游产业规模的变化而盲目扩张。铁路营运里程的变化对建筑业就业规模增长的影响大于公路营运里程变化的影响。

京津冀批发和零售业的专业化集聚效应为正，但批发和零售业的后向关联产业对其就业规模增长的影响却为负，这主要是由于样本选择所致。在 2004~2007 年间，京津冀地区的批发和零售业从业人员数量有一个较大幅度的下降，此后，虽然规模增长有所恢复，但恢复有限，这对回归结果会有较大的影响。公路营运里程的变化影响为正，而铁路营运里程的变化影响为负，这是由于批发和零售业主要还是依靠短途的公路运输，这也比较符合其产业特征。

京津冀交通运输的专业化集聚效应也是负的，这是因为交通运输越发达，越有利于生产要素的流入和流出，集聚效应越不明显。前后向关联产业对其就业规模增长的影响为负，是由于该时期京津冀交通基础设施的总体规模仍然不能满足需求。铁路营运里程的影响为正，公路营运里程的影响为负，是由于铁路运输设置的站点一般都是产业的聚集地，铁路运输越发达，就越有利于产业集聚发挥作用。

京津冀住宿和餐饮业的专业化集聚效应为负，后向关联产业的影响也为负。这是因为住宿和餐饮业在大城市的集聚更为明显，容易导致一种过度集聚的状态。同批发和零售业类似，京津冀住宿和餐饮业的从业人员份额也存在一个下降的趋势。交通运输对其就业规模增长的影响为正，说明交通运输越发达，越有利于住宿和餐饮业集聚效应的发挥。

京津冀地区信息传输、计算机服务和软件业的专业化集聚效应是正的，这是因为该产业作为生产性服务业，只有在大城市集聚才能实现更长远的发展。总的来看，我国的信息产业目前尚未达到最优的集聚状态，所以，该产业越集聚，就越有利于其就业规模的持续增长。后向关联产业的影响为负说明需求端对其就业规模增长的推动作用相对有限。而交通运输越发达，人才流入和交流就越便捷，越有利于集聚效应的发挥。

京津冀金融业的专业化集聚效应也是正的，而且前后向关联产业的影响都为负。这说明，金融业作为一种高端的第三产业，自身的产业集聚带来的效应更为明显，而上下游的推动作用则相对有限。交通运输便利程度的提高同样有利于金融业就业规模的增长。

京津冀房地产业的专业化集聚效应显著为负，这是因为房地产业在大城市中更为集聚，大城市的房地产市场也更为火爆，容易引起过度集聚，从而不利于产业集聚效应的发挥。而铁路营运里程的变化对房地产业就业规模的增长有显著的积极影响。

京津冀租赁和商务服务业的专业化集聚效应是正的，其前后向关联产业以及公路营运里程的变化对其就业规模增长的影响也为正，只有铁路营运里程的变化影响为负。但是，这几个参数的估计结果都不显著，主要是因为在京津冀地区，租赁和商务服务业主要集中在北京、天津等重要城市，在其他中小城市的分布非常有限，导致样本数据缺乏代表性。

京津冀科学研究的专业化集聚效应是负的，在10%的水平下显著。前向关联产业的影响在1%的水平下显著。该产业同样主要集中在北京、天津等重要城市，但是与金融业等相比，其自身集聚所带来的作用并没有充分发挥，反而对产业就业规模增长的变动出现了消极影响。公路营运里程的变化对其影响为正，而且在5%的水平下显著。

京津冀水利、环境和公共设施管理业的专业化集聚效应为正，但是并不显著。前向关联产业的影响在5%的水平下显著为负，这意味着供给侧的变化对该产业就业规模增长的影响是消极的。后向关联产业、铁路及公路营运里程的影响为正但不显著。

京津冀居民服务、修理和其他服务业以及教育产业的各项参数符号一致。其中，专业化的集聚效应都为负，但是居民服务、修理和其他服务业是在1%的水平下显著，教育产业并不显著。

卫生以及公共管理和社会组织行业都具有一定的特殊性，但是其专业化的集聚效应并不相似。公共管理和社会组织的专业化集聚效应在10%的水平下为正，而卫生、社会保障和社会福利业的专业化集聚效应为负。这两个产业的前后向关联产业的影响都为负，铁路营运里程变化的影响都为正。另一个不同之处在于，对于公共管理和社会组织而言，公路营运里程的变化对其就业规模增长的影响在5%的水平下显著为负。京津冀文化体育业的专业化集聚效应为0.0582%，在5%的水平下显著。前向关联产业的影响也在1%的水平下显著，但是后向关联产业的影响则显著为负。铁路营运里程的变化对其就业规模增长有显著的推动作用。公路营运里程变化的影响并不显著。

为了更直观地展现出以两阶段最小二乘法得到的各参数的估计值及其置信区间的大小，此处将表5–7中的数据绘制成图5–5、图5–6和图5–7。图中实线反映的是参数估计值，虚线反映的是5%显著性水平下的置信区间。

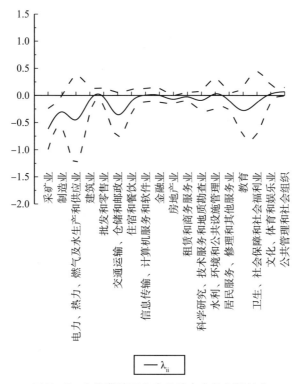

图5–5　京津冀地区分产业的专业化集聚效应

从图5–5中可以直观地看出，多数产业的专业化集聚效应为负，只有建筑业、批发零售、信息、金融、租赁、水利、文化体育以及公共管理和社会组织8个产业的专业化集聚效应为正。采矿业、制造业、电力热力等二产业的负效应比较大，反映了一种过度集聚的状态。前向关联产业的效应也普遍为负，只有批发零售和住宿餐饮业的影响为正。后向关联产业的效应中，只有水利环境以及卫生和社会福利业的影响程度较大。铁路营运里程的变化对多数产业就业规模增长的影响都为正。公路营运里程的影响对于采矿业、交通运输、居民服务、教育以及公共管理5个产业来说是负向的。

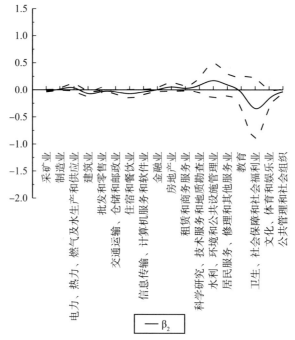

图 5-6　京津冀地区前、后向关联产业的效应

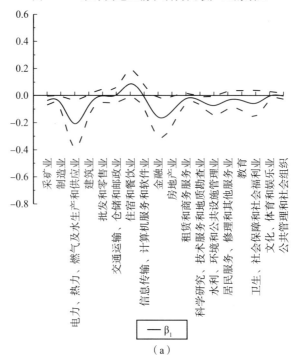

（a）

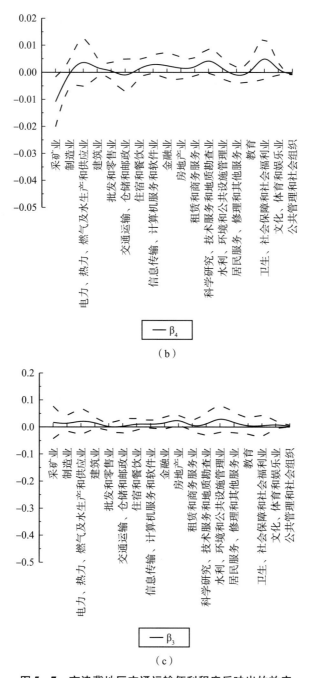

图 5 - 7　京津冀地区交通运输便利程度反映出的效应

图 5 - 8 反映的是将各分解项综合起来的多样化集聚效应与专业化集聚效应的对比。可以看出，对于每个产业，其各自的产业集聚效应是分别不同的。对于多数产业而言，其专业化集聚效应要高于多样化的集聚效应，只有建筑业、金融业、卫生和社会福利业、文化体育业、信息传输、住宿餐饮、水利环境 7 个产业的多样化集聚效应高于其专业化集聚效应。

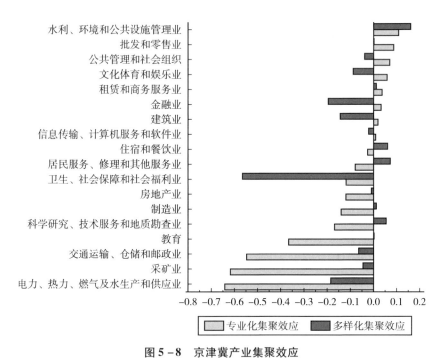

图 5 - 8　京津冀产业集聚效应

注：假定各分解项都变动 1%。

同时，除建筑业以外的其他第二产业的专业化集聚效应均高于多样化集聚效应。对于两种集聚效应，其影响的方向各不相同。电力、热力、燃气及水生产和供应业、采矿业、交通运输、教育、科研、制造业、房地产业、卫生和社会福利业、居民服务以及住宿餐饮业的专业化集聚效应都是负向的，这体现了相关产业过度集聚的一种状态。

（二）相关检验

汉隆和米西奥（2017）通过采用 Monte Carlo 模拟、剔除部分城市的就业数据、以期初城市就业规模为权重、改变滞后期、采用不同的投入产出表等方式检验了该模型的稳健性，结果表明该模型对于面板数据而言，得到的结果是稳健可靠的。结合京津冀的经济发展现状以及本章的具体情况，此处只进行不可识别检验和弱工具变量检验①。

相关统计量如表5-8所示。根据表5-8中的统计量可以看出，几乎所有的模型都拒绝了原假设，即通过了相关的检验，所以，可以认为利用该模型得到的结果是比较可靠的。

表5-8　　　　　　　　　　　相关模型的检验结果

模型	不可识别检验		弱工具变量检验
	Kleibergen – Paap rk LM statistic	P 值	Kleibergen – Paap rk Wald F statistic
京津冀	9.591	0.0020	7.876
采矿 B	3.465	0.0627	24.721
制造 C	5.500	0.0190	271.838
电热 D	8.409	0.0037	208.481
建筑 E	5.081	0.0242	162.156
批零 F	8.856	0.0029	66.092
交运 G	7.242	0.0071	40.577
住餐 H	7.783	0.0053	85.752
信息 I	4.884	0.0271	55.943
金融 J	4.111	0.0426	209.418
房产 K	9.764	0.0018	540.714
租赁 L	4.519	0.0335	58.356
科研 M	6.394	0.0114	239.135
水利 N	7.248	0.0071	189.037
修理 O	3.407	0.0649	33.225
教育 P	4.650	0.0310	41.093
卫生 Q	10.735	0.0011	2552.497
文体 R	7.861	0.0051	38.433
公管 S	9.278	0.0023	1574.160

① 由于模型中工具变量的个数与内生变量个数相等，无须再考虑过度识别的问题。

（三）结果分析

2003～2017年，对于两种集聚效应，其影响程度存在差异。对于整个京津冀地区而言，专业化集聚对区域就业增长的影响程度要大于多样化集聚的影响程度。也就是说，对于相同的产业，表现为一种过度的集聚效应，而不同产业之间的集聚效应仍然发挥着促进作用。

分产业对京津冀产业集聚进行分析，可以看出其专业化集聚高于多样化集聚效应，只有建筑业、金融业、卫生和社会福利业、文化体育业、信息传输、住宿餐饮、水利环境7个产业相反。同时，第二产业（建筑业除外）的专业化集聚效应均高于多样化集聚效应。电力、热力、燃气及水生产和供应业的专业化集聚效应最大，卫生和社会福利业的多样化集聚效应最大。

2003～2017年，对于两种集聚效应，其影响的方向各不相同。京津冀电力、热力、燃气及水生产和供应业、采矿业、交通运输、教育、科学研究、制造业、房地产业、卫生和社会福利业、居民服务、修理和其他服务业以及住宿和餐饮业的专业化集聚效应都是负向的，这体现了相关产业过度集聚的一种状态。金融业、信息传输、公共管理、商务服务业等比较高端的第三产业，其专业化集聚程度还没有达到过度集聚状态，对其自身的产业就业规模扩张仍然发挥着积极的作用。

对于整个京津冀地区而言，交通运输越便利，越有利于各城市的协同发展，越有利于产业就业规模的扩张。这是因为交通运输越便利，越有利于生产技术的传播。

第五节　结论与对策建议

通过以上分析，得到如下结论：

第一，京津冀产业集聚的演变体现了产业结构升级规律。在第二产业尤其是制造业集聚程度降低的过程中，伴随着金融业、信息技术等第三产业集聚程度的提高。尽管如此，制造业在京津冀三地尤其是河北省仍然占有较大比重，并是劳动力就业的主要领域。

第二，京津冀地区的产业集聚特征体现了明显的地域差异。18个产业在各城市的分布情况都不相同，第二产业分布相对最不均匀，采矿业的地域集中程度最强。金融业、科学研究、教育和公共管理等高端服务业在地域上的分布比较集中，住宿餐饮、文化体育等传统服务业的集中程度相对较弱。

第三，北京、天津等中心城市的产业集聚程度较高，而中小城市的产业集聚特征并不明显。尤其对于北京而言，集聚了整个地区接近50%的从业人员，产业集聚程度远远超过其他城市，表现出一种高度集聚甚至过度集聚的状态。在此期间，天津和保定的产业集聚程度得到不同程度的提高，而京津冀地区其他城市的产业集聚程度并没有发生明显变化。

第四，由于京津冀各地经济发展水平的差异，其各市的专业化集聚和多样化集聚情况也有所不同。相对于其他地区来说，北京由于较早地实现了产业结构的优化升级，所以其专业化集聚程度稳定在0.2左右，表明其产业多样化的集聚程度较高。而北京以外的其他城市则普遍处于经济结构和产业结构优化升级的阶段，专业化集聚程度不稳定，过渡期的特征明显，专业化集聚和多样化集聚的优势此消彼长。

第五，中心城市的辐射带动作用不突出，京津冀区域城市间的协同发展尚未真正体现。表现为北京、天津周边的一些城市经济发展水平仍然很低，产业集聚特征不明显，而且在分析期内北京与其他城市之间的产业集聚差异未有明显转变程度，与长三角、珠三角相比存在较大的差距，需要京津冀协同发展战略的进一步推进。

第六，就京津冀区域就业增长而言，专业化集聚的影响程度大于多样化集聚。结果显示，某产业当期就业规模每变动1%，将导致该产业下期就业规模的增长反向变动0.5209%。同样地，假定其他条件不变，如果各分解项都变动1%，那么，多样化的集聚效应为0.138%。这说明，如果不考虑产业的异质性，京津冀地区的产业集聚存在一种负的专业化集聚效应和正的多样化集聚效应。也就是说，对于整个京津冀地区来说，对于相同的产业，表现为一种过度的集聚效应，而不同产业之间的集聚效应仍然发挥着促进作用。

第七，京津冀地区不同产业的集聚程度不同，各产业专业化和多样化的集聚效应也存在差异。由于电力、热力、燃气及水生产和供应业等部分产业存在过度集聚的情况，其专业化的集聚效应为负。一些尚未达到最优集聚程度的产业，其专业化的集聚效应仍然是正的，对其自身的产业就业规模扩张仍然发挥着积极的作用，主要包括金融业、信息传输、公共管理、商务服务业等。

第八，交通运输越便利，越有利于京津冀各城市的协同发展。分析表明对于京津冀的大多数产业而言，交通运输越发达，越有利于产业就业规模的扩张。这意味着，京津冀交通运输便利程度的改善有助于多样化集聚效应的发挥。

针对这些问题和结论，本章提出如下对策建议：

第一，继续加快非首都功能疏解进程，缓解北京存在的过度集聚现象，同时为其他城市的经济发展注入新的活力，以加快实现京津冀协同发展。天津和河北应抓住北京产业转移和疏解的机遇促进自身发展。

第二，对于不同的产业，应分类施策。对于京津冀地区过度集聚的相关产业，应该有针对性地、合理地疏解。而金融业、信息传输、公共管理、商务服务业等相关产业，其正向的专业化集聚效应还在继续发挥，需要适当提高集聚程度。

第三，加快完善京津冀区域内的交通基础设施，促进城市间、产业间的产品流通和人员流动，这样有利于多样化集聚效应的发挥以及各城市的协同发展。

第四，京津冀地区的制造业在吸纳人员就业方面发挥着重要作用，所以，在科学确定各地产业发展方向的基础上，仍然需要对京津冀区域制造业的发展给予一定的关注和政策支持。

第六章 京津冀生产性服务业集聚分析

第一节 文献综述与理论基础

一、问题的提出

21世纪以来，世界主要经济体纷纷进入经济服务化时代，各国的产业结构由传统的工业占绝对主体渐渐升级到以服务业为主体，服务业对经济增长的作用日益显著。服务业可分为生产性服务业和生活性服务业。其中，生产性服务业主要为制造业的生产环节提供服务，从而对经济增长起到推动作用。生产性服务业的发展主要依赖于较高的技术水平和专业人才，不仅能从优化生产环节促进经济直接增长，还能为经济体提供源源不断的创新动力。

近年来，随着我国进入经济新常态，环境污染的加剧与人口红利的减少使得产业结构升级迫在眉睫。一方面，生产性服务业对于整个产业结构的优化升级起着重要的支撑作用；另一方面，生产性服务业具有高增长、高技术、低污染等特征，也是我国产业结构升级的重要发展方向。

京津冀地区是我国北方的经济增长极，在过去15年的发展中京津冀地区的经济成果有目共睹，其生产性服务业的发展在全国也位居前列。根据2018年《中国统计年鉴》，2017年京津冀地区生产总值加总为80580.45亿元人民币，占当年全国国内生产总值的9.74%。2017年京津冀三省加总的生产性服务业从业人员数达到605.03万人，占第三产业从业人员数的28.1%。国务院于2016年印发《北京加强全国科技创新中心建设总体方案》，着力建设中关村国家自主创新示范区，直接推动其科研行业的发展。同时，天津与河北也积极探索促进生产性服务业发展的各项举措。天津市发布《天津市生产性服务业发展"十三五"规划》，着力打造生产性服务业集聚区，依据其自身区位优势，重点发展现代物流、科技服务、电子商务等生产性服务业细分行业。河北省一方面围绕优势产业发展生产性服务业，如依托秦皇岛、唐山、黄骅等优质港口发展现代物流，依托开滦煤矿、唐山南湖、京张铁路等工业遗迹支持开发工业旅游等；另一方面积极承接北京非首都功能疏解的相关产业，大大提高了生产性服务业的发展水平。

从现实来看，一方面，京津冀区域要进一步促进北京非首都功能疏解，积极推进产业转移，推动京津冀协同发展；另一方面，北京在向外转移不再具有优势的产业后，也应进一步理清自身的发展定位，逐步实现城市功能转型。而这两方面的推进都涉及必须理清的两点关键问题：即为什么产业向京津尤其是北京过度集聚？北京向外进行产业转移后，未来重点发展的产业是什么？这就需要我们对京津产业集聚的行业特征、集聚程度进行分析，更好地认识京津冀产业集聚的现状，为推动京津冀协同发展提供思路。具体来说，根据京津冀区域产业发展现状和京津的城市特征，服务业尤其是生产性服务业是将来京津冀区域发展的重点，本部分拟对此展开比较分析。

我们使用2003～2017年共15年的面板数据，从行业和地区两个层面对京津冀地区集聚水平进行测度，对京津冀地区生产性服务业集聚对经济增长的影响进行分析，并对如何推动京津冀地区生产性服务业集聚，发挥其对经济发展的正向作用提出相应对策建议。

二、文献综述

（一）生产性服务业的含义及范围研究

生产性服务业（producer services）一词起源于国外，默吉利伯（Machilup，1962）在其著作《美国知识的产出与分配》中明确提到知识的产出行业中包含生产性服务业。勃朗宁和辛格曼（Browning and Singelmann，1978）认为生产性服务业的核心是知识，具体包括银行、保险、商务服务等行业，专门为其他行业提供服务。豪沃尔斯和格林（Howells and Green，1987）对生产性服务业的内涵进行了细分，认为其包含法务、保险、市场研究等细分岗位，为其他公司提供服务。格鲁贝尔和沃克（Grubel and Walker，1989）对生产性服务业进行了较精确的定义，认为其是生产环节中不可缺少的、专门为生产部门服务的服务业，其本质特征是不直接服务于消费者。

格鲁贝尔和沃克的著作《服务业的增长：原因与影响》于1993年被引入中国且产生了较大影响，因此国内学术界对生产性服务业的相关研究大多沿袭了其对于生产性服务业的定义，认为生产性服务业是生产和最终消费的中间服务环节。

综合国内外的研究，本章采用格鲁贝尔和沃克的定义，即生产性服务业是不直接服务于消费者，而是在产品或服务的生产环节中提供中间投入品的服务业。[①]

目前生产性服务业的含义已基本厘清，但对于生产性服务业具体的范围、包含的行业种类尚未取得一致意见。其主要原因一是其与非生产性服务业之间难以区分，二是国家间对行业分类没有采取统一标准。

从国外研究来看，勃朗宁和辛格曼（Browning and Singelmann，1975）认为生产性服务业的范围包括金融、会计、法律、研发、通信、房地产、经纪等行业。豪沃尔斯和格林（1987）认定的范围包括保险、银行、金融和其他商务服务业。按照联合国在2004年发布的国际标准产业分类，生产性服务业的范围包含信息通信、金融保险、出租租赁、运输仓储、科技服务、行政服务、教育、房地产等行业。[②]

从国内研究来看，我国关于生产性服务业的范围至今仍未得出一个统一的结论。目前国内关于生产性服务业的范围界定，主要依据是"十一五"规划、"十三五"规划中的指导意见以及2002年国民经济行业分类与代码。"十三五"规划提出促进生产性服务业专业化，并从细分行业出发提出了指导意见。综合以上内容，本章将生产性服务业分为以下6种行业：批发和零售业；交通运输、仓储和邮政业；信息传输、计算机服务和软件业；金融业；租赁和商务服务业；科学研究、技术服务和地质勘查业（见表6-1）。

表6-1　　　　　　　　　　**生产性服务业的细分行业与对应代码**

行业代码	行业名称	简称
51	批发和零售业	批发
53	交通运输、仓储和邮政业	交通
63	信息传输、计算机服务和软件业	信息
66	金融业	金融
71	租赁和商务服务业	商业
73	科学研究、技术服务和地质勘查业	科技

①　Grubel H. G. , Walker M. A. Service industry growth : causes and effects [M]. Fraser Institute, 1989: 142－143.

②　United Nations Statistics Division. International Standard Industrial Classification of all Economic Activities Revision 4. 0, 2009: 169－214.

（二）生产性服务业集聚的相关研究

吉莱斯皮和格林（Gillespie and Green，1987）研究发现生产性服务业在英国的集聚现象主要发生在大城市。科菲和麦克雷等（Coffey and McRae et al.，1990）研究发现加拿大的生产性服务业也在向大城市集中。贝叶斯（Bayers，1992）的研究表明，美国的生产性服务业呈现向大都市区集聚的特征，其从业人员占全国的80%以上。豪沃尔斯和格林（1998）研究表明英国50%以上的生产性服务业从业人员集中在以伦敦为代表的中心城市。汤普森和布劳姆奎斯特等（Thompson and Blomquist et al.，2004）研究表明生产性服务业从业人员在大城市的就业比重是其他地区的两倍。

国内关于生产性服务业集聚的相关研究从2000年后开始逐渐增多。段杰和阎小培（2003）针对广东省的生产性服务业进行了研究，结果表明生产性服务业主要集聚于广州。黄雯和程大中（2006）研究表明在省级层面生产性服务业的集聚水平差异呈逐渐扩大趋势。张旺和申玉铭（2012）的分析表明京津冀都市圈生产性服务业的集聚不均，北京市相关行业的竞争优势明显。吉亚辉和杨应德（2012）从产值角度出发，研究得出我国生产性服务业集聚按东、中、西依次递减。杨帆和叶嘉安（2013）研究表明中国的生产性服务业尚处于初级水平，且主要集中于特大城市。陈晓峰（2014）研究表明长三角地区集聚程度较高，金融业的集聚程度浙江低于上海和江苏。陈红霞（2018）的研究显示，北京市生产性服务业集聚存在空间分异性，形成了两轴多中心的空间格局。

（三）生产性服务业对经济增长影响的相关研究

从国外研究来看，里韦拉·布拉迪斯（Rivera Bratiz，1988）认为生产性服务业提供的中间投入品能提高劳动生产率从而促进经济增长。汉森（Hansen，1990）据美国城市群的数据，研究得出生产性服务业与生产部门的联动不仅提高了生产率，也提高了人均收入，从而促进了经济增长。丹尼尔斯（Daniels，1993）使用多国数据研究表明生产性服务业集聚对城市经济有明显的推动作用。汉斯达（Hansda，2001）认为生产性服务业通过与其他行业的关联互动使得当地经济得以持续发展，并能推动生产链上其他行业的发展。邦高（Banga，2005）认为生产性服务业的经济效应主要通过货币成熟效应和技术外部性两个渠道起作用。

国内关于生产性服务业对经济影响的研究多认为其集聚对增长有推动作用。程大中（2004）认为生产性服务业作为生产的中间环节，在产业联动和国际贸易中发挥其黏合作用，从而促进经济发展。徐从才和丁宁（2008）从制造业视角出发，通过零售行业的价值链研究表明包含批发与零售的生产性服务业与制造业互动从而促进其产业发展，进而推动经济增长。王琢卓和韩峰等（2012）使用VAR模型研究表明中国生产性服务业集聚会促进经济增长，但目前集聚仍处于较低水平，对经济增长的促进作用有限。刘纯彬和李筱乐（2013）研究得出生产性服务业的发展与经济增长的关系呈现倒U形，政府规模对其效应有负面影响。陈晓峰（2015）聚焦长三角地区，研究表明长三角地区的生产性服务业集聚水平较低具有规模经济效应。李子叶和韩先锋等（2015）使用中国省级面板数据研究表明，生产性服务业对经济增长的促进作用呈现先弱后强的非线性关系，发挥作用的门槛值东部地区高于西部地区。

在研究集聚水平对经济增长影响的基础上，国内学者将研究范围拓展到生产性服务业多样化与专业化的经济效应。王琢卓和韩峰等（2012）基于中国市级面板数据研究得出在长期生产性服务业的专业化和多样化对经济增长起正向作用，短期时多样化仍然促进，专业化却产生负面效应。王琢卓（2013）的研究表明专业化集聚对经济的正向作用随时间推移呈现先强后弱的特征，多样化集聚的正向作用呈现先弱再强的趋势，且东、中、西分布不均衡。韩峰等（2015）研究指出专业化和多样化对经济增长的正向效应主要通过技术溢出实现，数据分析得出专业化的促进效应更大。吉亚辉和甘丽娟（2015）研究认为专业化和多样化对经济增长都有正向效应，其中多样化效应更大。于斌斌（2016）研究得出中国城市生产性服务业的专业化集聚、多样化集聚与经济增长都存在显著的空间相关性。

（四）京津冀生产性服务业集聚的相关研究

目前关于京津冀生产性服务业集聚的相关研究集中于集聚水平衡量、空间效应和其与制造业的互动关系上。

针对京津冀生产性服务业的集聚情况，张旺和申玉铭（2012）使用指标分析的方法研究得出2003~2008年京津冀生产性服务业整体呈现出一种典型非均衡的单中心、大梯度等级化集聚发展态势且各市内部行业存在较大结构差异。王浩宇和孙启明（2017）从空间角度出发，研究得出生产性服务业以京津为核心，河北专业化程度高、发展不均衡。李宵、申玉铭和邱灵（2018）基于2007年和2012年的投入产出表研究得出京津两地生产性服务业严重趋同，且对河北辐射较弱。

针对京津冀生产性服务业的空间效应，席强敏和李国平（2015）采取空间计量模型，得出京津冀科技服务业和房地产服务业空间外溢效应显著，交通、金融和商务服务业相对不显著。刘岳平和文余源（2017）研究了京津冀2000～2014年生产性服务业的空间转移情况，发现信息传输、软件和信息技术服务业主要向北京、其他五大行业主要向天津转移，而河北主要呈现转出的迹象。

针对京津冀生产性服务业与制造业协同发展，杜君君和刘甜甜等（2015）利用投入产出法研究出京津冀生产性服务业对制造业的拉动作用大于其反向作用。席强敏和罗心然（2017）研究发现生产性服务业与制造业的产业关联度高，但空间协同集聚度较低。赵景华、冯剑和张吉福（2018）研究发现生产性服务业与制造业的供需关系促进二者的空间集聚。

（五）小结

在对生产性服务业集聚的相关研究进行综述后可以发现，其主要研究结论是生产性服务业集聚多发生在大城市，我国的生产性服务业集聚水平从东到西递减，主要集中在各大城市群。关于生产性服务业集聚的经济效应，目前的主要研究结论是生产性服务业集聚对经济增长具有正向效应，进一步的研究则认为多样化与专业化效应大小和作用时间有所差异。在对京津冀地区生产性服务业的集聚进行研究时，目前的研究主要集中在集聚水平测度、空间效应和与制造业的互动关系。主要研究结论大多认为，京津冀地区生产性服务业集聚不均衡，京津与河北集聚水平差距较大，科技与房地产行业存在一定的空间外溢效应。生产性服务业与制造业关联度高，并对制造业有拉动作用。但截至目前，关于京津冀生产性服务业集聚的经济增长效应的研究还有待进一步深化。

三、理论基础

基于传统的产业集聚对经济增长影响的相关理论，结合生产性服务业自身特性对其经济效应进行理论分析。生产性服务业对经济增长影响的相关理论主要来源于外部性理论、产业关联效应和迂回生产理论。

外部性理论主要包括马歇尔外部性、波特外部性和雅各布斯外部性。根据马歇尔外部性的理论，同质企业的专业化集聚带来劳动力的集聚和生产设施的完善，同时区域内的知识溢出都将对地区的经济增长带来正向推动作用。波特认为大量企业在同一空间内的集中将形成更激烈的竞争环境从而迫使企业不断创新。考虑到生产性服务业属于人才、知识密集型产业，马歇尔外部性中的劳动力集聚、知识溢出和波特外部性中的迫使创新理论都能较好地解释生产性服务业对经济增长的促进作用。雅各布斯则着重强调产业多样化的正向效应。雅各布斯认为城市经济中产业的多样化有助于知识的传播和溢出，从而促进了技术和思想的创新。行业的多样性越强，行业内的每个个体公司发展得越好，尤其对于小企业的发展更为有利。生产性服务业共有 6 个细分行业，各行业间的互动不仅能够促进自身行业的发展，6 个行业为下游制造业提供的全面、多样、专业的服务也能助力于整个生产环节，从而促进产业升级和经济增长。

产业关联效应源于古典经济学，主要内容是经济体内各部门存在着相互依存的技术经济关系，里昂惕夫创造了量化的投入产出模型对其进行分析。生产性服务业集聚的产业关联效应主要体现在前后两个方向。上游产业的集聚和产出会自然而然地孕育出下游产业的产生和发展，同时下游产业最终产品的生产会增加对上游产品和服务的需求。上下游的产业关联有助于其形成集聚并不断自我强化，从而增加产出、降低成本并进一步推动经济增长。

奥地利学派的代表人物庞巴维克于 1889 年提出了基于生产分工正向效应的迂回生产理论，该理论的核心观点是生产过程的延长有利于生产效率的提高。该理论的具体内容是，生产过程的延长一方面会增加生产中人力、财力的投入，另一方面能促进中间环节的专业化，二者合力促进生产率的提高和经济的增长。该理论与生产性服务业的特性相结合可以在一定程度上解释生产性服务业集聚对经济增长的正向效应。生产性服务业是为制造业的生产环节提供服务的，其集聚一方面投入了高水平人才和大规模资金，另一方面相当于生产过程中更为专业化、独立化的中间环节，从而提高生产效率、促进经济增长。[①]

第二节 京津冀生产性服务业集聚的测度及分析

近年来，京津冀地区生产性服务业快速发展并在全国位居前列。具体来看，北京市的生产性服务业在京津冀地区居于领先地位，根据北京市历年统计年鉴，生产性服务业占地区生产总值的比重自 2013 年已超过 56%，2017 年的生产性服务业占比已达到 58.5%。天津市的生产性服务业水平也相对较高，2016 年全市生产性服务业生产总值为 6986.41 亿元，占当年生产总值的 39.1%。相比于京津两地，河北省的生产性服务业基础薄弱，但受益于北京市非首都功能疏解，取得了一定发展并带动了当地经济水平增长。

在数据选择方面，对于行业规模的衡量，已往的研究主要使用地区行业生产

---

① Eugen Bohm – Bawerk. Positive Theory of Capital, New York: Cosimo Classics, 1989.

总值或地区行业就业人数作为数据指标，且多数研究选择了后者。出于数据的可得性考虑，我们选择行业就业人数作为行业规模的衡量指标，所研究的京津冀地区概念主要涵盖北京、天津两个直辖市和河北省的 11 个地市。数据的时间范围是 2003～2017 年，数据来源为 2004～2018 年的《中国城市统计年鉴》。

一、京津冀生产性服务业行业层面的集聚程度

（一）基于绝对集中度指数的集聚测度

绝对集中度指数，又称为行业集中度或行业集中率，是用规模最大的前 n 位城市的某行业的就业人数指标占整个地区的某行业的累计值衡量集聚程度。公式如下：

$$CR_n = \sum_{i=1}^{n} X_i \Big/ \sum_{i=1}^{N} X_i \qquad (6-1)$$

其中，X_i 是整个京津冀地区的 i 产业的规模，一般可用产值、就业来表示，本章用就业人数表示，n 是规模最大的地区数，N 是需要测度的整个区域范围内的地区数量。CR_n 越大，说明产业集聚度越高。

根据式（6-1），结合已有数据，得出京津冀地区六大行业 2003～2017 年的绝对集中度指标数值如表 6-2 所示。

表 6-2　　　交通运输、仓储和邮政业 2003～2017 年绝对集中度指数

类型	2003年	2004年	2005年	2006年	2007年	2008年	2009年	2010年	2011年	2012年	2013年	2014年	2015年	2016年	2017年
CR_1	0.55	0.59	0.62	0.53	0.55	0.56	0.57	0.58	0.60	0.62	0.60	0.59	0.58	0.58	0.57
CR_2	0.70	0.73	0.74	0.67	0.70	0.70	0.71	0.72	0.73	0.74	0.75	0.73	0.72	0.72	0.72
CR_3	0.77	0.79	0.80	0.75	0.76	0.77	0.78	0.78	0.79	0.80	0.81	0.79	0.80	0.79	0.79

从表 6-2 可以看出，从数值波动区间来看，交通运输、仓储和邮政业在 n = 1 条件下的绝对集中度指数在 0.53～0.62，在 6 个行业中属于中等水平。长期趋势上看，从 2003 年到 2017 年，交通运输、仓储和邮政业的绝对集中度指数略有小幅上涨但整体变化不大，并且该结论适用于 n 的所有取值情况。

这说明京津冀地区 13 个城市之间交通运输、仓储和邮政业集中程度中等，没有出现过度集中的现象，整体分布较为均衡。形成该现象的原因主要有两方面：一方面交通运输、仓储和邮政业属于城市基础建设行业，主要由政府参与规

划、建设，因此该行业的发展水平差异较小。另一方面主要得益于政府对于京津冀交通一体化的规划，京津冀地区内部铁路和公路的联通都在不断加强：在铁路方面，城际铁路网不断延伸、交错，逐渐形成覆盖 13 个地市的放射状铁路网络，仅在当下就有京张高铁、京雄城际、京哈高铁以及京唐、京滨铁路等铁路工程项目紧锣密鼓的进行中；在公路方面，京津冀地区内部的公路建设速度正处在加速阶段，在各方的努力下，一个联通城市群内部 13 个地市的公路网络已见雏形。综合来看，京津冀地区内部铁路的网络化不断加深，区域间公路的互通程度逐渐加强，使得交通运输、仓储和邮政业在各地市间分布较为均等，集中程度相对较低。

从表 6-3 可以看出，从数值波动区间来看，信息传输、计算机服务和软件业在 n=1 条件下的绝对集中度指数在 0.8 左右，在 6 个行业中属于较高水平。在 n=2 的情况下，信息传输、计算机服务和软件业的绝对集中度指数从 2003 年的 0.84 一路上涨到 2017 年的 0.90，并且从 2012 年开始就一直保持在 0.90 左右小幅波动。长期趋势上看，从 2003 年到 2017 年，表中可以看到的是信息传输、计算机服务和软件业的绝对集中度指数一直处于高位并呈现小幅上涨趋势，并且该结论适用于 n 的所有取值情况。

表 6-3　　信息传输、计算机服务和软件业 2003~2017 年绝对集中度指数

类型	2003年	2004年	2005年	2006年	2007年	2008年	2009年	2010年	2011年	2012年	2013年	2014年	2015年	2016年	2017年
CR_1	0.77	0.85	0.78	0.74	0.79	0.80	0.81	0.83	0.85	0.86	0.84	0.83	0.83	0.84	0.84
CR_2	0.84	0.89	0.85	0.82	0.85	0.87	0.86	0.88	0.89	0.90	0.90	0.88	0.88	0.89	0.90
CR_3	0.86	0.91	0.88	0.84	0.87	0.89	0.89	0.89	0.90	0.91	0.91	0.91	0.91	0.92	0.92

表 6-3 的数据说明，京津冀地区 13 个地市中北京、天津在信息传输、计算机服务和软件业方面占据绝对优势地位，2012 年以来两个直辖市的产业规模占整个京津冀地区的 90% 左右，河北 11 个地市在信息传输、计算机服务和软件业方面基础薄弱。从 n=1 的绝对集中度数值来看，在北京、天津两个直辖市中又以北京为翘楚，在 2017 年北京的信息传输、计算机服务和软件业产业就业规模占整个京津冀地区的 84% 左右。其背后的原因不难理解：北京市作为首都，同时也是全国的科技创新中心，其在信息行业存在天然的集聚优势与动力。北京不但拥有全国数量最多的一流院校与科研人才，而且具备中关村品牌优势，

信息传输、计算机服务和软件业中的巨头公司如新浪、百度、微软、亚马逊等总部皆云集于此，因此北京在该行业中表现出专业化趋势强、绝对集中度指数高的特点。

另外，从变化趋势来看，$n=1$ 的条件下，信息传输、计算机服务和软件业的绝对集中度指数从 0.77 上涨到 0.84；而 $n=2$ 条件下，信息传输、计算机服务和软件业的绝对集中度指数从 0.84 上涨到 0.90，$n=1$ 的上涨幅度略大于 $n=2$ 的上涨幅度。这说明了京津冀地区的 13 个地市中，信息传输、计算机服务和软件业在过去 15 年的时间中集聚水平是不断增加的，其主要原因是北京的专业化水平不断加深。这固然反映了在过去 15 年间北京的信息传输、计算机服务和软件业发展迅猛，政府将北京打造成创新之城的努力已初见成效；但同时这也反映出京津冀地区内信息行业的分化进一步加深、差距进一步拉大，河北的 11 个地市在信息传输、计算机服务和软件业方面基础薄弱、发展困难。如天津作为传统的经济强市，拥有南开大学、天津大学等一流的高校与科研人才资源，在信息产业方面却没能取得较大的发展，其背后的原因值得深思。

从表 6-4 可以看出，金融业在 $n=1$ 条件下的绝对集中度指数在 0.38~0.54，处于中等水平。在 $n=2$ 的情况下，金融业的绝对集中度指数在 0.5~0.7，并且从 2011 年开始就一直维持在 0.6 以上。从长期趋势上看，从 2003 年到 2017 年，金融业的绝对集中度指数初期水平较低，但 15 年间上涨趋势明显且在 6 个行业中涨幅较大，并且该结论适用于 n 的所有取值情况。

表 6-4　　　　　　　　金融业 2003~2017 年绝对集中度指数

类型	2003年	2004年	2005年	2006年	2007年	2008年	2009年	2010年	2011年	2012年	2013年	2014年	2015年	2016年	2017年
CR_1	0.38	0.41	0.40	0.43	0.45	0.44	0.46	0.47	0.49	0.51	0.54	0.54	0.54	0.53	0.52
CR_2	0.52	0.54	0.54	0.55	0.57	0.57	0.58	0.59	0.61	0.63	0.65	0.65	0.65	0.67	0.68
CR_3	0.60	0.62	0.61	0.64	0.65	0.65	0.66	0.66	0.68	0.71	0.71	0.71	0.72	0.73	0.73

表 6-4 的数据说明了 2003 年京津冀地区的金融业集聚水平较低，在过去的 15 年内集聚水平有了较大幅度的增长，北京、天津与河北省 11 个地市之间的差距不断增大。以行业规模最大的银行业为例，2017 年北京市银行业的资产总额为 135758 亿元，占京津冀地区全部银行业资产总额的 60.5%，河北省 11 个城市加总起来的资产总额占比不过 20% 左右。而证券业和保险业的情况更为明显，

截至 2017 年，20 家证券公司、17 家基金公司、22 家期货公司总部设在北京，而河北全省的数据不过是 1 家证券公司、2 家基金公司和 1 家期货公司。天津作为传统的北方金融中心，同时也是金融改革的先锋试点区，在过去 15 年间金融业取得了巨大的发展，2016 年金融业增加值为 1735 亿元，GDP 占比已达到 10%。以上数据皆表明，在过去 15 年间，北京、天津在金融业的发展不断扩大与河北的差距，集聚程度不断加深，出现了一定程度的"虹吸效应"。

从表 6-5 可以看出，批发与零售业在 n = 1 条件下的绝对集中度指数在 0.50 ~ 0.76，在行业中居中等水平。在 n = 2 的情况下，金融业绝对集中度指数为 0.65 ~ 0.83，并从 2008 年开始一直维持在 0.7 以上。从长期趋势上看，从 2003 年到 2017 年，表中可以看到的是批发与零售业的绝对集中度指数初期水平就比较高，2003 ~ 2017 年间略有小幅涨跌，呈现先跌再涨的趋势，2003 年与 2017 年的绝对集中度指数数值差异较小，并且该结论适用于 n 的所有取值情况。

表 6-5　　　　　　　　批发与零售业 2003 ~ 2017 年绝对集中度指数

类型	2003年	2004年	2005年	2006年	2007年	2008年	2009年	2010年	2011年	2012年	2013年	2014年	2015年	2016年	2017年
CR_1	0.66	0.73	0.76	0.50	0.51	0.54	0.60	0.61	0.62	0.62	0.61	0.60	0.61	0.63	0.64
CR_2	0.75	0.81	0.83	0.65	0.68	0.71	0.74	0.75	0.76	0.77	0.77	0.75	0.76	0.78	0.79
CR_3	0.80	0.85	0.88	0.75	0.78	0.79	0.82	0.82	0.83	0.82	0.80	0.81	0.83	0.83

表 6-5 的数据说明了批发与零售业在 2003 年和 2017 年两个时间节点是总体集聚水平基本不变，在 6 个行业中处于中等水平。该行业在 2003 ~ 2017 年的 15 年时间区间内呈现集聚水平先跌再涨的小幅波动，其趋势变化的时间节点出现在 2006 年。单从 2003 年和 2017 年两个时间节点上来看，批发与零售业的集聚水平没有变化，这与交通、信息、金融三大行业逐渐上涨的趋势有所不同，并与北京确定首都核心功能以来疏散相关行业有关，但同时由于批发与零售业与居民基本生活息息相关，并未出现较大幅度的下降，因此综合来看处于平衡状态。在 2003 ~ 2017 年的 15 年内，出现一个趋势变化的时间节点是 2006 年，在 2006 年出现了一个集聚水平的较大幅度的下跌，之后又在 2006 年的低谷基础上慢慢回涨。其原因考虑是 2003 ~ 2006 年数据的偏差或者是受北京奥运会影响，商业零售业从中受益。

从表 6-6 可以看出，从数值波动区间来看，租赁和商务服务业在 n = 1 条件下的绝对集中度指数在 0. 78 ~ 0. 88，在 6 个行业中属于较高水平。在 n = 2 的情况下，租赁和商务服务业的绝对集中度指数在 0. 85 ~ 0. 95，并且从 2014 年开始就降到了 0. 9 以下没有回涨。从长期趋势上看，n = 1 的情况下从 2003 年到 2017年，表中可以看到的是批发与零售业的绝对集中度指数初期水平就比较高，2003 ~ 2013 年的 10 年间在 0. 78 ~ 0. 88 区间内略有小幅涨跌，2014 ~ 2017 年开始跌到 0. 80以下。n = 2 或 3 时与 n = 1 情况类似。

表 6 - 6　　　　　　　租赁和商务服务业 2003 ~ 2017 年绝对集中度指数

类型	2003年	2004年	2005年	2006年	2007年	2008年	2009年	2010年	2011年	2012年	2013年	2014年	2015年	2016年	2017年
CR_1	0. 84	0. 88	0. 87	0. 81	0. 82	0. 84	0. 85	0. 87	0. 85	0. 84	0. 85	0. 79	0. 78	0. 79	0. 79
CR_2	0. 93	0. 95	0. 95	0. 91	0. 93	0. 94	0. 94	0. 95	0. 94	0. 93	0. 93	0. 86	0. 85	0. 87	0. 88
CR_3	0. 94	0. 96	0. 96	0. 93	0. 94	0. 95	0. 95	0. 95	0. 95	0. 94	0. 94	0. 89	0. 88	0. 90	0. 91

表 6 - 6 的数据表明，在 2003 ~ 2013 年的 10 年间，京津冀地区的租赁和商务服务业集聚水平较高。主要原因是租赁和商务服务业都属于资本和人才驱动性行业，在资本规模和人才资源两方面，北京和天津相比河北省优势明显。从 2014年至今，京津冀地区的租赁和商务服务业集聚水平呈现下降趋势，产业分布状况趋于均衡，但 2017 年的绝对集中度指数仍然较高，尤其是 n = 2 是绝对集中度数值为 0. 88。这说明了 2014 年以来，租赁和商务服务业方面，京津冀一体化协调发展初见成效，北京非首都功能疏解有了一定进展，但北京和天津的行业规模加起来仍然占京津冀全部地区的 88%，这意味着租赁和商务服务业在京津冀均衡、协调发展仍然有很长的道路要走。

从表 6 - 7 可以看出，从数值波动区间来看，科学研究、技术服务和地质勘查业在 n = 1 条件下的绝对集中度指数在 0. 70 ~ 0. 77，在 6 个行业中属于中等偏高水平。在 n = 2 的情况下，科学研究、技术服务和地质勘查业的绝对集中度指数在 0. 83 ~ 0. 85。从长期趋势上看，从 2003 年到 2017 年的科学研究、技术服务和地质勘查业的绝对集中度指数初期水平比较高，2003 ~ 2017 年基本保持不变，并且该结论适用于 n 的所有取值情况。

表6-7　　科学研究、技术服务和地质勘查业2003～2017年绝对集中度指数

类型	2003年	2004年	2005年	2006年	2007年	2008年	2009年	2010年	2011年	2012年	2013年	2014年	2015年	2016年	2017年
CR_1	0.74	0.75	0.71	0.72	0.73	0.73	0.75	0.75	0.76	0.77	0.72	0.71	0.70	0.69	0.71
CR_2	0.85	0.85	0.83	0.84	0.85	0.85	0.86	0.85	0.85	0.85	0.83	0.84	0.83	0.83	0.83
CR_3	0.89	0.89	0.88	0.89	0.89	0.89	0.89	0.89	0.89	0.89	0.88	0.89	0.88	0.88	0.87

科学研究、技术服务和地质勘查业主要包含研究与试验发展、专业技术服务业、科技交流和推广服务业、地质勘查业等行业。从表6-7的数据可以看出，科学研究、技术服务和地质勘查业在京津冀地区的集聚程度属于较高水平，并且在过去15年间基本保持平稳。这与该行业的特性有关，即该行业对高校和研发人才依赖较重，因此主要集中在北京、天津两地，同时该行业属于政府大力扶持的科技创新行业，符合北京市首都定位中的科技创新中心定位，因此一直保持了较高的集聚水平。

（二）基于空间基尼系数的集聚测度

空间基尼系数（spatial gini coefficient）是目前常用的测度某行业在区域间的集聚水平的指标，由克鲁格曼（1991）提出，其具体的表达式为：

$$G_i = \sum_{c=1}^{N} (z_c - s_c)^2 \qquad (6-2)$$

其中，z_c是c城市i产业就业人数占京津冀区域i产业总就业人数的比重，s_c是c城市生产性服务业就业人数占京津冀地区生产性服务业就业人数的比重。G_i越大表示i产业的集聚水平越高。根据以上公式，结合已有数据，得出京津冀地区六大行业2003～2017年的空间基尼系数数值如表6-8和图6-1所示。

通过表6-8和图6-1，从生产性服务业整体层面来看，2003～2017年六大行业的空间基尼系数大部分在0.07以下。根据空间基尼系数的判断方法，G_i越小代表集聚程度越小。杨芳（2017）的测算结果表明全国生产性服务业的空间基尼系数在0.07～0.08，与全国水平相比，除信息业、商务业外，京津冀地区生产性服务业整体集聚程度不高。

表6-8　　　　　　　　　　　　　2003～2017年京津冀地区空间基尼系数

项目	2003年	2004年	2005年	2006年	2007年	2008年	2009年	2010年	2011年	2012年	2013年	2014年	2015年	2016年	2017年
交通	0.011	0.013	0.011	0.014	0.017	0.015	0.014	0.014	0.033	0.032	0.027	0.025	0.020	0.021	0.018
信息	0.109	0.113	0.115	0.113	0.139	0.145	0.134	0.149	0.194	0.188	0.176	0.177	0.170	0.172	0.174
金融	0.016	0.018	0.020	0.017	0.017	0.024	0.030	0.032	0.025	0.020	0.014	0.011	0.012	0.017	0.023
批发	0.008	0.011	0.009	0.009	0.009	0.012	0.020	0.023	0.033	0.033	0.031	0.034	0.037	0.032	0.030
商务	0.160	0.158	0.161	0.166	0.165	0.169	0.166	0.175	0.164	0.193	0.146	0.130	0.127	0.128	0.132
科技	0.095	0.097	0.103	0.107	0.094	0.091	0.092	0.086	0.114	0.091	0.081	0.078	0.065	0.070	0.073

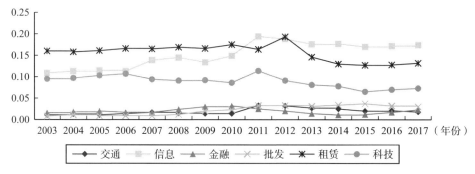

图6-1　京津冀地区2003～2017年空间基尼系数折线图

　　分行业来看，信息传输、计算机服务和软件业的空间基尼系数数值在2017年居于首位，表明其产业集聚程度也较高。其主要原因是北京作为首都确立科技创新中心的定位，拥有一流高校、科研院所、技术人才等资源禀赋，其信息产业的基础雄厚，因此国内外多家信息产业头部公司将总部设在北京。

　　由表6-8和图6-1看出，租赁和商务服务业空间基尼系数数值仅次于信息业，这表明集聚水平相对较高，并且从2013年以来呈现小幅下降态势。这是由该行业的特性所决定的，租赁行业主要是靠资本推动，而商务服务业需要大量的高端人才。在京津冀13个城市中，只有北京市和天津市能够满足上述两项需求，从而造成其集聚程度较高。而其2013年的下降趋势可能与京津冀协同发展和北京市疏解非首都功能产业有关。

　　科学研究、技术服务和地质勘查业的空间基尼系数数值紧随其后，位列第三。这主要是因为北京在高校数量、质量方面都远大于天津与河北，其研究所数量、科研人才水平等也有着较大的优势。

金融业的空间基尼系数数值较小，这表明集聚水平相对较低。这与金融业的细分行业和指标数据有关。该指标使用的数据是金融业的就业人数，而在金融的细分行业中银行业人数众多、发展成熟、分布均匀，因此使得整个金融业的空间基尼系数相对较小。

交通运输、仓储和邮政业和批发与零售业的空间基尼系数数值均较低，且2003～2017年趋势较为平稳。究其原因，一方面是这两个行业属于基础性服务业，均处于行业发展的相对成熟阶段，较为稳定；另一方面是这两个行业除了作为生产性服务业拥有服务企业生产的属性外，还有相当一部分是直接服务于个体消费者的，因此集聚水平相对较低，分布较为平均且变动不大。

二、京津冀生产性服务业地区层面的集聚特征

（一）基于区位商的京津冀各城市集聚特征分析

区位商（location quotient）是区域经济学中常用的集聚水平测度指标，其主要作用是反映某一要素在区域内的空间分布，以数值的形式表现某一产业的专业化水平。区位商的主要原理是将某产业在该地区的产业规模占比与该产业在高一级区域内的产业规模占比做商，从而得出该产业的专业化水平，也可推出该地区高一级区域中的优势产业。区位商中产业规模可用产值或就业人数表现。由于生产性服务业的地市级产值数据难以找到，本章使用就业人数来表示产业规模。其基本公式如下：

$$LQ = (x_{ic}/x_c)/(x_{in}/x_n) \qquad (6-3)$$

其中，x_{ic} 是 c 地区 i 产业的就业人数，x_c 是 c 地区的总就业人数，x_{in} 是高一级经济体中 i 产业的就业人数，x_n 是高一级经济体的总就业人数。根据区位商的公式可以得出，区位商的数值越大意味着该行业的专门化程度越高。区位商数值中"1"是一个重要的分界线，区位商的数值大于1意味着c地区i产业在整个区域内具有比较优势，其专业化水平和集聚水平高于整个区域的平均水平。

根据以上公式，结合已有数据，计算得出京津冀地区生产性服务业总体2003～2017年的区位商指数如表6-9所示。

表6-9　京津冀地区生产性服务业总体2003～2017年的区位商指数

年份	北京	天津	石家庄	唐山	秦皇岛	邯郸	邢台	保定	张家口	承德	沧州	廊坊	衡水
2003	1.88	0.97	1.28	0.99	0.95	0.89	1.00	0.95	0.89	1.00	1.00	1.03	0.99
2004	1.81	1.01	1.49	1.08	1.10	1.01	1.11	1.10	1.01	1.11	1.08	1.16	1.06

年份	北京	天津	石家庄	唐山	秦皇岛	邯郸	邢台	保定	张家口	承德	沧州	廊坊	衡水
2005	1.90	1.07	1.39	1.12	1.14	1.06	1.19	1.14	1.06	1.19	1.13	1.25	1.12
2006	1.83	0.96	1.23	0.98	0.92	0.96	1.07	0.92	0.96	1.07	1.00	1.04	0.99
2007	1.83	0.95	1.20	0.98	0.92	0.97	1.06	0.92	0.97	1.06	0.99	1.04	0.99
2008	1.85	0.95	1.29	0.98	0.94	1.00	1.02	0.94	1.00	1.02	0.99	1.06	1.00
2009	1.92	0.96	1.35	0.98	0.96	1.01	1.04	0.96	1.01	1.04	1.02	1.05	1.03
2010	2.08	0.96	1.39	0.98	0.96	1.01	1.04	0.98	1.01	1.04	1.04	1.06	1.03
2011	2.14	0.95	1.39	0.95	0.96	0.98	1.02	0.96	1.02	1.01	1.01	1.04	1.01
2012	2.18	0.94	1.39	0.92	0.95	0.96	1.00	0.95	0.96	1.00	0.99	1.03	0.98
2013	2.12	0.96	1.39	0.93	0.96	0.96	0.99	0.96	0.94	0.99	0.99	1.02	0.98
2014	2.18	0.96	1.40	0.95	0.97	0.97	0.99	0.97	0.97	0.99	1.02	1.05	0.98
2015	2.14	0.96	1.44	0.95	0.98	0.97	0.98	0.98	0.97	0.98	1.00	1.04	0.97
2016	2.15	0.98	1.42	0.96	0.99	0.98	0.99	0.99	0.98	0.99	0.98	1.03	0.96
2017	2.14	0.98	1.53	0.97	1.00	0.98	0.97	0.98	0.98	0.97	0.99	1.01	0.97

　　从表6-9的区位商指数计算结果可以看出，从京津冀整体角度来看，2003～2017年的时间范围内，各个城市的区位商均有小幅波动，具体数值分布在0.92～2.18的区间内，各城市的区位商数值略有差距。这说明了京津冀地区内13个地市的生产性服务业集聚程度并不相同，存在分布不均衡的现象。其背后的原因主要是北京市、天津市和河北省的产业基础存在差异，在2003年这个起始时间节点上，北京和天津已有了较为雄厚的服务业基础，而河北省的服务业基础较为薄弱。同时，2003～2017年的15年中，京津冀所包含的13个城市对于生产性服务业的投入力度也不尽相同，投入力度包括政策扶持、财政资金支持、人才培养等多个方面。

　　从城市角度来看，按照区位商的判断标准，2017年京津冀地区中区位商指数数值超过1的主要有北京、石家庄、秦皇岛和廊坊。其中北京市的区位商指数从2010年起至今一直保持在2.00以上，这说明了北京市生产性服务业在京津冀地区内集中程度较高，具有较高的专业化水平和较强的竞争力。这与实际情况相一致，北京作为首都和北方经济中心，不仅经济实力雄厚，产业结构也更为合理，生产性服务业所需的高素质人才、科技创新能力、资本实力等要素相比天津、河北都更为丰富，因此其生产性服务业的集中程度高、竞争力也更强。

石家庄的区位商指数在 2003～2017 年维持在 1.00 以上，说明了石家庄的生产性服务业存在集聚现象，在京津冀地区内具有一定的竞争优势。这一点主要依托于石家庄的行政地位和城市发展定位。作为河北省的省会城市，石家庄相对比河北省的其他地市拥有更多的政策扶持、更多的资源投入，并且会源源不断地吸引省内高素质人才前来参与产业发展。同时在河北省"十三五"规划中，石家庄的建设目标是京津冀协同发展的"第三极"，在这样高规格的城市定位下，石家庄形成了中心路、滹沱河和高新区三大生产性服务业聚集区。

除了石家庄以外，2017 年河北省还有 1 个城市——廊坊的区位商指数在 1.00 以上。根据 2018 年的统计数据，廊坊市 GDP 突破 3000 亿元，增速达到 7.9%。廊坊 GDP 总量在河北 11 个地级市中仅排在第六位，但其人均 GDP 却以 6.64 万元人民币超过了省会石家庄的 5.59 万元。其背后的原因主要有：一是廊坊具有绝佳的地理位置，通过京津塘高速公路的连接，廊坊到达北京、天津的时间被缩短在 1 小时以内，成了真正的"京津走廊，必经之坊"。优越的地理位置和便利的交通条件使得廊坊在承接北京非首都功能转移中占到了先机，并且在承接北京批发市场产业、物流产业和商贸产业的转移中取得了一定的进展。二是在河北省的建设规划中，廊坊被定位为金融产业后台服务基地（A 区），与石家庄（B 区）共同组建"中国北方金融后台服务基地"，为京津金融后台服务转移做好承接工作。

值得注意的是，天津市作为传统北方经济强市和京津冀地区两大直辖市之一，其生产性服务业的区位商指数却没有超过 1，这意味着其生产性服务业的集聚水平稍显不足、产业竞争力相对较弱。同时，从表 6-9 中可以看到的是天津市的区位商在 2011～2013 年出现小幅下降，从 2014 年起开始不断回升，但直到 2017 年也并未突破 1。根据细分行业的区位商指数，其背后可能的原因有：一是天津市是一个传统的工业城市，其工业发展路径从轻纺工业转向滨海新区的制造业，以制造业为主的产业结构导致了服务业发展相对乏力，就业结构更偏重第二产业，造成了以就业人数为计算依据的区位商指数相对较小；二是相较于河北来说，天津的金融业与信息传输、计算机服务和软件业拥有较好的行业基础，但在 2011 年至今的发展过程中，政府主导建设的金融业出现了一些问题，而互联网行业的发展也较为滞后，不仅落后于北京、深圳等一线城市，甚至也落后于杭州等新一线城市。这一点应当引起天津市政府的警惕和重视。

（二）基于多样化指数的京津冀各城市集聚特征分析

根据雅各布斯外部性理论，产业的多样化有助于知识的传播和技术的创新。而对于雅各布斯外部性的测度，主要采用多样化指数和专业化指数两个指标，其中多样化指数主要用来衡量产业的多样性，其公式如下：

$$\text{Diversity} = \frac{1}{\sum_i |S_{ic} - S_{in}|} \tag{6-4}$$

其中，S_{ic} 表示 c 地区 i 产业的就业人数占 c 地区全部生产性服务业的比重，S_{in} 表示京津冀区域的 i 产业占整个区域全部生产性服务业的就业人数的比重。计算结果见表 6-10。

表6-10   京津冀地区2003~2017年多样化指数

年份	北京	天津	石家庄	唐山	秦皇岛	邯郸	邢台	保定	张家口	承德	沧州	廊坊	衡水
2003	6.73	4.37	3.82	2.04	1.39	2.74	2.25	3.83	2.79	3.31	2.68	3.16	2.70
2004	6.93	3.24	2.76	1.73	1.10	2.41	2.18	2.84	2.16	2.39	2.25	2.59	2.13
2005	7.49	3.99	2.83	1.73	1.19	2.80	2.78	2.41	2.68	1.97	1.94	2.23	2.40
2006	4.63	5.94	2.16	2.27	1.40	2.54	1.88	2.42	1.98	2.98	1.99	3.08	1.86
2007	4.79	4.80	2.08	1.98	1.42	2.18	1.93	2.28	2.06	2.94	2.04	3.27	1.94
2008	4.81	4.59	1.95	1.74	1.32	2.18	1.74	2.26	2.17	2.18	1.88	2.63	1.88
2009	5.20	4.36	1.99	1.60	1.23	2.26	1.86	2.50	2.11	2.06	1.85	2.95	1.80
2010	5.29	3.88	1.92	1.56	1.23	2.04	1.95	2.66	2.17	1.87	2.02	2.42	1.82
2011	5.74	3.76	2.10	1.64	1.26	2.35	2.08	2.64	2.49	2.01	2.08	2.55	1.87
2012	6.24	3.64	2.31	1.72	1.29	2.80	2.22	2.59	2.77	2.17	2.04	2.69	1.91
2013	6.47	3.78	2.64	1.78	1.35	2.35	2.03	2.25	2.99	1.92	2.01	2.17	1.88
2014	7.01	3.61	3.79	2.12	1.58	2.00	2.04	2.30	2.69	2.66	2.16	3.49	1.81
2015	7.30	3.87	3.61	2.06	1.68	2.73	1.96	2.13	3.31	2.47	2.11	3.84	1.78
2016	7.21	3.81	3.05	1.84	1.61	2.79	2.07	2.07	2.92	1.98	2.25	3.93	1.71
2017	6.90	4.13	4.04	1.84	1.50	2.62	2.03	2.38	2.66	1.75	3.00	3.95	1.65

从表6-10可以看出，京津冀多样化指数数值最高的前三名分别是北京、天津和石家庄。这个结果与区位商指数大于1的城市是基本重合的，意味着这三个城市同时表现出集聚水平高和产业构成多样的特征。这两点特征并不矛盾：一方面，区位商指数和多样化指数的计算公式并不相似，二者的用途也并不相同。本

章中，区位商指数主要用来测度生产性服务业行业的集聚水平，而多样化指数主要用于测量六大行业的雅各布斯外部性效应。另一方面，生产性服务业集聚程度较高，并不意味着生产性服务业内部各行业不存在多样化。多样化水平主要衡量了各城市生产性服务业内部的多样化发展状况，根据雅各布斯外部性相关理论，多样化指数数值越大，表明其产业更为多样，知识的溢出和创新更为明显，产业结构更为合理。因此，从多样化指标出发，北京市、天津市和石家庄市的指标数值更高是比较容易理解的。这三座城市的政治、经济地位更高，政策、资本、人力等投入更大，从而使得每个城市的生产性服务业中更为多样化，不完全依赖于某一行业，跨行业的交流与合作带来了更多的机遇和发展空间，如当下热门的金融与互联网的结合主要发生在金融业与信息业都较为发达的北京。

与北京、天津和石家庄相比，河北的其他城市多样化指数数值都相对较低，其主要原因是这 10 个城市的生产性服务业产业结构存在发展不均衡的现象。如秦皇岛是京津冀地区 13 个城市中多样化指数最低的城市，2003～2017 年的数值都在 1.70 以下。其背后的原因在于，生产性服务业六大行业中，秦皇岛市仅在交通运输、仓储和邮政业行业上拥有一定的区位优势，其他诸如科研、信息、金融等行业的发展水平和竞争力都不及其他地市。

（三）基于专业化指数的京津冀各城市集聚特征分析

与多样化指数相对应的是由布莱尔（1995）所提出的专业化指数，其公式如下：

$$\text{Specialization} = \sum_i a\left(\frac{x_{ic}}{x_c} - \frac{x_{in}}{x_n}\right), \text{ 其中 } a = \begin{cases} 1, & \frac{x_{ic}}{x_c} > \frac{x_{in}}{x_n} \\ 0, & \text{其他} \end{cases} \quad (6-5)$$

式（6-5）中，x_{ic} 是 c 地区 i 产业的就业人数，x_c 是 c 地区的生产性服务业的总就业人数，x_{in} 是整个京津冀地区的 i 产业的就业人数，x_n 是整个京津冀地区的生产性服务业的就业人数。从公式中不难看出，专业化指数基本是多样化指数的倒数，但相比于多样化指数，专业化指数通过设置权重的方式剔除了一些小于 0 的数值，其经济含义是剔除了某产业在本市的比重小于该产业在全部京津冀地区的比重的情况，使得计算得出的结果更能体现其专业化水平。计算结果见表 6-11。

表 6-11　　　　　　　　京津冀地区 2003～2017 年专业化指数

年份	北京	天津	石家庄	唐山	秦皇岛	邯郸	邢台	保定	张家口	承德	沧州	廊坊	衡水
2003	0.07	0.11	0.13	0.24	0.36	0.18	0.22	0.13	0.18	0.15	0.19	0.16	0.19
2004	0.07	0.15	0.18	0.29	0.45	0.21	0.23	0.18	0.23	0.21	0.22	0.19	0.24
2005	0.07	0.13	0.18	0.29	0.42	0.18	0.21	0.19	0.25	0.26	0.22	0.21
2006	0.11	0.08	0.23	0.22	0.36	0.20	0.27	0.21	0.17	0.25	0.16	0.27
2007	0.10	0.10	0.24	0.25	0.35	0.23	0.26	0.22	0.24	0.17	0.25	0.15	0.26
2008	0.10	0.11	0.26	0.29	0.38	0.23	0.29	0.23	0.23	0.27	0.19	0.27
2009	0.10	0.11	0.25	0.31	0.41	0.22	0.27	0.20	0.27	0.17	0.28
2010	0.09	0.13	0.26	0.32	0.41	0.25	0.22	0.19	0.27	0.25	0.21	0.27
2011	0.09	0.13	0.24	0.31	0.40	0.21	0.24	0.19	0.20	0.25	0.24	0.20	0.27
2012	0.08	0.14	0.22	0.29	0.39	0.18	0.22	0.19	0.18	0.25	0.19	0.26
2013	0.08	0.13	0.19	0.28	0.37	0.21	0.24	0.17	0.26	0.25	0.23	0.27
2014	0.07	0.14	0.13	0.24	0.32	0.25	0.24	0.19	0.23	0.14	0.28
2015	0.07	0.13	0.14	0.24	0.30	0.18	0.24	0.15	0.20	0.24	0.28
2016	0.07	0.13	0.14	0.27	0.31	0.18	0.24	0.17	0.25	0.22	0.15	0.29
2017	0.07	0.12	0.12	0.27	0.33	0.18	0.25	0.21	0.19	0.29	0.17	0.14	0.30

从表 6-11 可以看出，按从大到小排序，专业化指数数值前三名分别是秦皇岛、衡水和承德；而数值后三名分别是北京、天津和石家庄。根据 2017 年的数据来看，数值最大的是秦皇岛 0.33，数值最小的是北京 0.07。从数值上来看，意味着秦皇岛的生产性服务业的专业化程度最高，北京的专业化程度最低，这与多样化指数分析得出的结论一致。

需要指出的是，根据雅各布斯外部性理论，多样化指数与专业化指数是对立的，并且按照其理论原理，只有多样化越强，知识溢出效应才越明显，该城市的经济发展水平才更高。但事实上，产业的多样化和专业化现象不是完全对立的，既不存在完全单一的专业化产业结构，也不存在完全均等的多样化产业分布。同时，根据既有的研究成果，产业的多样化和专业化的作用是因时而异的，并不是多样程度越高，产业发展水平就高。在产业发展的不同阶段，多样化和专业化各有其作用。从产业周期角度来看，在某个产业的发展初期，较高的专业化水平能带来资本、人力资源的集聚，通过集聚可以降低生产成本、提高生产效率，从而形成规模效应，有利于产业的壮大。而在产业发展的成熟阶段，较高的多样化水平将带来更多行业的交流、碰撞与合作，跨界合作将为多个行业带来新的增长点，使产业获得进一步的发展。根据以上结论可以看出，河北省的大部分城市的生产性服务业还处于发展的初级阶段，各行业的专业化水平较高。而北京、天津和石家庄已经进入较为成熟的阶段，在保有较大的产业规模的基础上，生产性服务业向着多样化方向发展。

第三节　京津冀生产性服务业集聚对经济增长影响的实证分析

通过上一节的指标计算和分析，2003～2017年京津冀地区的生产性服务业集聚水平以一种较为直观的方式呈现了出来。而根据已有研究的结论，区域内生产性服务业的集聚水平将会对该区域的经济发展水平造成不同程度的影响。我们首先对京津冀三地 2004～2017年生产性服务业区位商增速与 GDP 增速曲线进行比较，如图 6-2、图 6-3 和图 6-4 所示。

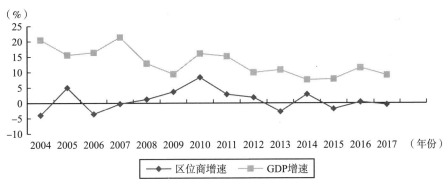

图 6-2　北京市生产性服务业区位商与 GDP 增速

从图 6-2、图 6-3、图 6-4 可以直观地看出，整体而言京津冀地区生产性服务业区位商与 GDP 增速存在一定程度的关联性，其中以北京最为明显。为得到更有效、精确的结果，本节接下来将对京津冀地区生产性服务业集聚对经济增长的影响进行实证分析。

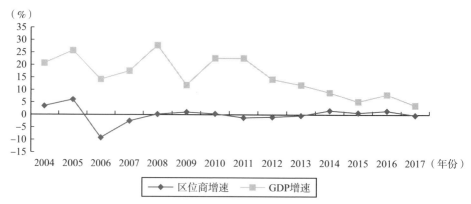

图 6-3 天津市生产性服务业区位商与 GDP 增速

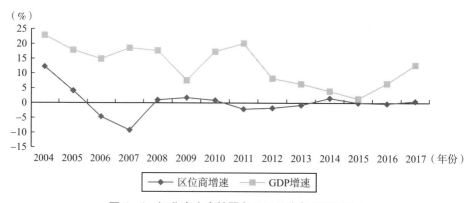

图 6-4 河北省生产性服务业区位商与 GDP 增速

一、计量模型构建

在计量经济学中，使用范围最广的生产函数是柯布-道格拉斯生产函数，即 C-D 生产函数，其基本公式形式为：

$$Y = AL^{\alpha}K^{\beta} \tag{6-6}$$

式（6-6）中，变量 Y 表示总产值，变量 L 表示劳动投入，变量 K 表示资本投入，变量 A 表示除了 L、K 之外的影响总产值的因素，一般指技术水平。

本节需要探究的是京津冀地区生产性服务业集聚水平与经济发展水平的关系，因此要对经典的 C-D 生产函数进行拓展，使其在解释变量中包含代表生产性服务集聚水平的变量，拓展后的基本公式为：

$$Y = f(L, K, Agg, X) \qquad (6-7)$$

其中，Agg 是表示生产性服务业集聚水平的变量，X 是表示在生产函数中其他的控制变量。在控制变量的选择上，根据经济发展水平的影响因素的既有研究，同时考虑到地市级数据的可得性，本章选用对外开放程度 Ope、政府影响 Gov 和人力资本质量 Hum 三个控制变量，将三个变量代入式（6-7），可得方程如下：

$$Y = AK_{it}^{\alpha}L_{it}^{\beta}Ope_{it}^{\lambda 1}Gov_{it}^{\lambda 2}Hum_{it}^{\lambda 3}Agg_{it}^{\lambda 4} \qquad (6-8)$$

按计量经济学的常用处理方法，将式（6-8）两端取对数，得到本章最终的计量回归模型如下：

$$\ln Y_{it} = \delta_0 + \alpha \ln K_{it} + \beta \ln L_{it} + \lambda_1 \ln Ope_{it} + \lambda_2 \ln Gov_{it} + \lambda_3 \ln Hum_{it} + \lambda_4 \ln Agg_{it} + \varepsilon_{it}$$
$$(6-9)$$

式（6-9）中，Y 是被解释变量，代表 i 市 t 年的经济发展水平。Agg 是解释变量，代表 i 市 t 年的生产性服务业集聚水平。除此之外都是控制变量，包含资本投入 K、劳动投入 L、对外开放程度 Ope、政府影响 Gov 和人力资本质量 Hum。

二、变量选择与数据来源

根据式（6-9），本节的计量回归模型中包含 7 个变量，具体为：经济发展水平、资本投入、劳动投入、生产性服务业集聚水平、对外开放程度、政府影响及人力资本质量。

被解释变量是 Y，其经济含义是 i 市 t 年的经济发展水平。在目前的经济学研究中，常用的衡量城市经济发展水平的指标有：GDP、人均 GDP、GDP 增长率等。本章参考前人关于生产性服务业集聚的经济效应的实证研究，使用 GDP 作为经济增长水平的指标，并以 2003 年作为基期进行折算。

最重要的解释变量是 Agg，其经济含义是代表 i 市 t 年的生产性服务业集聚水平。根据上一节的指标分析，较为合适的指标有区位商、专业化指数和多样化指数。在这三个指数中，区位商更能代表某年某市的生产性服务业整体的集聚程度和在整个京津冀地区中相对的竞争优势，因此本章使用区位商作为生产性服务业集聚水平的衡量指标，具体数值可见表 6-9。同时为区分不同行业的影响，本节还将采用 6 个行业各自的区位商指数分别进行回归。

控制变量中，资本投入（K）表示固定资产投入情况，出于数据的限制，本章使用固定资产投资完成额（亿元）这一指标表示，并以 2003 年作为基期进行折算。

劳动投入 L 是指社会生产过程中投入的劳动量，考虑到数据的可得性，本章选用单位从业人员数这一指标作为各城市劳动投入的代表。

对外开放程度 Ope 是指本地区经济发展水平受外来资本影响的程度。本章选用地区实际利用外资金额（万美元）这一指标，用其每年占 GDP 的比重来代表对外开放程度，并根据历年人民币和美元的汇率平均价格进行换算。由于该指标缺失河北各地级市 2004～2007 年的数据，本章使用移动平均法补齐数据。

政府影响 Gov 是指政府通过政策导向、财政资金投入等方式对当地的产业结构、经济发展造成一定的影响。本章选用公共财政支出占 GDP 的比重这一指标作为政府影响的代表。

人力资本质量 Hum 是指就业人口的教育水平和技能水平。人力资本质量的理想指标是大学以上学历人数占总人口数，但由于该指标在河北省的地市级统计年鉴中无法获得，所以本章选用了普通高等学校在校生数占年末总人口数这一指标来衡量人力资本质量。

数据来源方面，本节的数据主要包含京津冀地区所有地级及以上城市，共13 个样本。时间区间是 2003～2017 年，共计 15 年。其中解释变量 Agg 的数据来源于表 6 - 9 中关于区位商的计算结果。其他变量的数据来源是 2004～2018 年的《北京统计年鉴》、《天津统计年鉴》、《河北经济年鉴》、河北 11 个地级市的《国民经济和社会发展统计公报》以及《中国城市统计年鉴》，数据主要收集于各地市统计局官网、中国知网数据库和 EPS 数据平台。本节主要使用的计量软件是 Stata 15.0。

三、模型检验

（一）单位根检验

在对面板数据回归之前，对序列数据的平稳性进行检验是必要的步骤，主要目的是避免伪回归现象的发生。因此在对面板数据进行回归之前，本章首先对回归方程中每一个变量的原始数据进行单位根检验。

关于面板数据的单位根检验，目前有多种方法可以实现。结合 Stata 15.0 中提供的选择，本章采用四种单位根检验方法，分别是 LLC 检验、IPS 检验、ADF 检验和 PP 检验，其具体检验结果如表 6 - 12 所示。

表 6 – 12　　　　　　　　　　　各变量的单位根检验结果

变量	LLC	IPS	Fisher – ADF	Fisher – PP
lnY	0. 0000 ***	0. 0000 ***	0. 0000 ***	0. 0000 ***
一阶差分 lnY	0. 0004 ***	0. 0072 ***	0. 0000 ***	0. 0000 ***
lnK	0. 0000 ***	0. 0001 ***	0. 0000 ***	0. 0000 ***
一阶差分 lnK	0. 0004 ***	0. 0072 ***	0. 0000 ***	0. 0000 ***
lnL	0. 0016 ***	0. 0105 **	0. 0001 ***	0. 0001 ***
一阶差分 lnL	0. 0000 ***	0. 0000 ***	0. 0000 ***	0. 0000 ***
lnOpe	0. 0000 **	0. 0320 * *	0. 0051 ***	0. 0051 ***
一阶差分 lnOpe	0. 0057 ***	0. 0000 ***	0. 0000 ***	0. 0000 ***
lnGov	0. 0000 ***	0. 0000 ***	0. 0002 ***	0. 0000 ***
一阶差分 lnGov	0. 0000 ***	0. 0000 ***	0. 0000 ***	0. 0000 ***
lnHum	0. 0000 ***	0. 0000 ***	0. 0000 ***	0. 0000 ***
一阶差分 lnHum	0. 0000 ***	0. 0000 ***	0. 0000 ***	0. 0000 ***
lnAgg	0. 0000 ***	0. 0000 ***	0. 0000 ***	0. 0000 ***
一阶差分 lnAgg	0. 0000 ***	0. 0000 ***	0. 0000 ***	0. 0000 ***
信息 lnAgg	0. 8811	0. 3622	0. 3644	0. 3644
一阶差分	0. 0000 ***	0. 0000 ***	0. 0000 ***	0. 0000 ***
金融 lnAgg	0. 0000 ***	0. 2789	0. 7028	0. 7028 *
一阶差分	0. 0000 ***	0. 0000 ***	0. 0000 ***	0. 0000 ***
商务 lnAgg	0. 3894	0. 8067	0. 9191	0. 9191
一阶差分	0. 0000 ***	0. 0000 ***	0. 0000 ***	0. 0000 ***
交通 lnAgg	0. 0000 ***	0. 0883 *	0. 0765 *	0. 0765 *
科技 lnAgg	0. 0005 ***	0. 0009 ***	0. 0000 ***	0. 0000 ***
批发 lnAgg	0. 0000 ***	0. 0000 ***	0. 0085 ***	0. 0085 ***

注：表中数字为 P 值，* 表示在 10% 水平下显著，** 表示在 5% 水平下显著，*** 表示在 1% 水平下显著。

从表 6 – 12 中可以看出，生产性服务业总体、信息业、金融业、商务业的原数据存在个别变量未通过单位根检验。之后对原数据的一阶差分进行单位根检验时，所有变量均通过了四种单位根检验，并且在 1% 的水平下显著。因此可以得出结论，各变量的一阶差分数据不存在单位根，是一阶单整数据，此时需要进一步的协整检验。

(二) 协整检验

从单位根检验结果中可以看出，方程中所有变量都通过了一阶差分后的四种单位根检验，但在原数据的检验中有个别变量没有通过检验。为了避免虚假回归的现象，此时考虑采用一阶差分后的数据进行回归分析。但原计量方程的变量均有其经济学含义，使用一阶差分的数据就无法得到直接的被解释变量和解释变量之间的关系，本章想要研究的生产性服务业集聚与经济增长的关系也就无法实现了。

在这种情况下，考虑使用协整检验。协整检验是定性的用来检验数据中是否存在长期均衡关系的检验。单个变量的数据序列在单位根检验中显示是非平稳的，但多个变量的线性组合却可能存在长期稳定的、不随时间变化的平稳性，这种变量间共同的平稳趋势就是协整性。当数据存在单位根时，大概率会造成伪回归现象。但当两个及以上的变量数据时间序列的趋势一致时，就可以避免单位根的随机性影响，通过这种共同趋势使得原数据的回归结果变得可靠。

基于以上原理，本章使用 Stata 15.0 对原数据进行协整检验。Stata 15.0 具体提供了三种面板协整检验方法，分别是：Kao 检验（Kao，1999）、Pedroni 检验（Pedroni，1999，2004）、Westerlund 检验（Westerlund，2005）。基于不存在协整关系的原假设，三种协整检验方法得出的结果如表 6 - 13 所示。

表 6 - 13　　　　　　　　三种协整检验的检验结果

检验方法	生产性服务业	信息业	金融业	商务业
Kao 检验	0.0082 ***	0.0038 ***	0.0001 ***	0.0000 ***
Pedroni 检验	0.0000 ***	0.0000 ***	0.0098 ***	0.0000 ***
Westerlund 检验	0.0003 ***	0.0003 ***	0.0046 ***	0.0042 ***

注：表中数字为 P 值，* 表示在 10% 水平下显著，** 表示在 5% 水平下显著，*** 表示在 1% 水平下显著。

从表 6 - 13 的数据可以看出，原数据通过了三种检验方法，均在 1% 的水平下显著。这表明，变量的原数据之间存在协整关系，因此本章将直接在原数据的基础上进行计量回归，其回归不受单位根影响，回归结果真实可靠。

(三) 面板模型的确定

通过单位根检验和协整检验后，本章确定了使用原数据进行计量回归，并且保证其回归不会出现伪回归现象，即回归结果真实可靠。但在进行回归之前，仍需对面板数据的类型进行判别，从而选择合适的估计模型。

常见的静态面板数据的模型类型包含以下三种：混合回归模型、固定效应模型和随机效应模型。

为了在以上三种模型中找到适合本章数据的估计模型，本小节采用 F 统计量检验和 Hausman 检验进行判断。

第一步，F 统计量检验主要用于判别模型是否属于混合回归模型。基于混合回归模型的基本假定，F 统计量检验的原假设为所有个体的截距均相等，其计算公式为：

$$F = \frac{(SSE_r - SSE_u)/(N-1)}{SSE_r/(NT-N-k)} \qquad (6-10)$$

其中，SSE_r 表示混合回归模型的残差平方和；SSE_u 表示固定效应模型的残差平方和。N 便是约束条件的个数，T 表示样本容量，k 表示固定效应模型中被估参数的个数。

第二步，本章使用 Hausman 检验来判断该面板数据适用于固定效应模型还是随机效应模型。其基本原理是，通过检验固定效应变量与其他解释变量是否相关来判断选择固定效应模型还是随机效应模型。F 统计量与 Hausman 检验结果如表 6-14 所示。

表 6-14　　　　　　　　　　F 统计量与 Hausman 检验结果

项目	生产性服务业	信息	金融	商务	交通	科技	批发
F 统计量	38.74 ***	22.94 ***	23.06 ***	22.78 ***	20.32 ***	18.12 ***	17.68 ***
Hausman 检验	0.0000 ***	0.0000 ***	0.0000 ***	0.0000 ***	0.0000 ***	0.0000 ***	0.0000 ***

注：* 、** 、*** 分别表示在 10% 、5% 、1% 水平下显著。

通过表 6-14 可知，生产性服务业总体与各细分行业的数据均通过了 F 统计量检验与 Hausman 检验，因此本章的面板数据计量模型应当选择固定效应模型。

四、实证结果及分析

我们首先对生产性服务业的区位商进行回归分析，采用的模型是固定效应模型。同时由于生产性服务业集聚与经济增长之间可能存在反向因果，因此为排除内生性影响，将解释变量的滞后一期作为工具变量回归进行对照。具体回归结果如表 6-15 所示。

表 6 – 15　　　　　　　　　　　生产性服务业面板数据回归结果

变量	OLS	FE	IV
lnAgg	0. 284 ** (0. 134)	0. 466 ** (0. 229)	0. 546 ** (0. 251)
lnK	0. 753 *** (0. 0157)	0. 598 *** (0. 0232)	0. 578 *** (0. 0294)
lnL	0. 288 *** (0. 0156)	0. 176 *** (0. 0294)	0. 172 ** (0. 0763)
lnOpe	0. 00493 (0. 0148)	− 0. 0186 (0. 0118)	− 0. 0177 (0. 0158)
lnGov	0. 0802 ** (0. 0356)	0. 329 *** (0. 0635)	0. 370 *** (0. 105)
lnHum	− 0. 0298 (0. 0204)	− 0. 0486 (0. 0373)	− 0. 0543 (0. 0407)
Constant	− 1. 716 *** (0. 250)	1. 476 *** (0. 514)	1. 737 * (0. 983)
Observations	195	195	182
Number of city	13	13	13
R^2	0. 974	0. 961	0. 916

注：标准误标注在括号中，＊、＊＊、＊＊＊分别表示在10%、5%、1%水平下显著。

　　从回归对观测值的拟合程度上看，表 6 – 15 的数据显示拟合优度 R^2 值均大于 0. 916，这个数值接近于 1，说明了回归模型对观测值的拟合程度较高。

　　从具体的回归结果来看，解释变量 lnAgg 的系数在三种回归模型中均显著，表明其通过了内生性的检验。固定效应模型中 lnAgg 的系数为 0. 466，根据回归方程的设定，这表明以区位商来衡量的生产性服务业集聚水平每增加 1%，GDP 将增长 0. 466%，反映了生产性服务业集聚对于京津冀地区的经济增长具有正向的推动作用，从侧面证明了京津冀地区的生产性服务业集聚水平还处于较低的阶段，部分学者提出的过度集聚后阻碍当地经济增长的现象还没有发生。

　　5 个控制变量中，lnK、lnL、lnGov 的系数都在 1% 的水平下显著，lnOpe 和 lnHum 的系数均不显著，但由于该回归模型主要关注的核心变量是 lnAgg，因此这两个变量不显著的问题对回归结论基本没有影响。

　　单独看，lnK 的系数为 0. 598，其经济含义是固定资本投入每增长 1%，京津冀地区的经济水平增长0.598%。这一数值大于 lnAgg 的0.466，表示固定资本投入对经济增长的影响要大于生产性服务业集聚。这一结论是符合经济学原理的：在经典的 C - D 模型中，资本投入 K 是至关重要的变量，是经济发展的两大推动力之一，其对经济增长的影响相比于某一行业的集聚水平更为全面、更为基础。

lnL 的系数是0.176，其经济含义是人力资本投入每增长1%，京津冀地区的经济水平增长0.176%。这一数值相对 lnAgg 的较低，但不一定意味着人力资本对经济增长的影响力小于生产性服务业的集聚。其原因可能是对人力资本的具体统计指标选择上，使用了单位从业人员数这一统计口径较小、覆盖面不够全面的指标，这是由于数据来源的限制造成的，可能对回归结果造成了影响。

lnGov 的系数是0.329，表明政府影响力每增长1%，京津冀地区经济水平增长0.329%。政府影响力包含政策、规划、财政等多方面，本章选取了财政预算支出占 GDP 的比重作为其代表，存在一定的片面性。但从回归结果来看，系数在1%的水平下显著，且数值相对较大，一方面说明了政府干预对于经济增长的影响是显而易见的，另一方面说明了政府干预手段中财政支出调节起到了至关重要的作用。从政府影响力与生产性服务业集聚的系数比较来看，生产性服务业集聚水平对经济增长的影响要更胜一筹，从现实意义上来说，这启示了政府在推动经济增长时产业政策往往比单纯的财政资金支出更有效，尤其是促进生产性服务业集聚的产业政策。

进一步地，考虑到生产性服务业由6个细分行业组成，因此针对6个行业分别进行回归分析，其具体结果见表6-16。

表6-16　　　　　　　　分行业面板数据回归结果

变量	信息	科学	商务	金融	交通	批发
lnAgg	0.0993 *** (0.0348)	0.0400 ** (0.0174)	0.0503 * (0.0256)	0.130 ** (0.0596)	- 0.0804 (0.0779)	- 0.0403 (0.0563)
lnK	0.612 *** (0.0234)	0.596 *** (0.0235)	0.599 *** (0.0232)	0.600 *** (0.0232)	0.594 *** (0.0237)	0.601 *** (0.0238)
lnL	0.154 *** (0.0262)	0.156 *** (0.0276)	0.153 *** (0.0265)	0.170 *** (0.0280)	0.140 *** (0.0282)	0.157 *** (0.0287)

续表

变量	信息	科学	商务	金融	交通	批发
lnOpe	-0.0135 (0.0114)	-0.0147 (0.0117)	-0.00986 (0.0117)	-0.0115 (0.0115)	-0.0114 (0.0118)	-0.0136 (0.0116)
lnGov	0.305 *** (0.0609)	0.297 *** (0.0621)	0.337 *** (0.0648)	0.333 *** (0.0636)	0.303 *** (0.0623)	0.290 *** (0.0628)
lnHum	-0.0580 (0.0370)	-0.0435 (0.0379)	-0.0460 (0.0373)	-0.0358 (0.0376)	-0.0512 (0.0378)	-0.0413 (0.0387)
Constant	1.643 *** (0.488)	1.746 *** (0.498)	1.797 *** (0.492)	1.573 *** (0.500)	1.953 *** (0.523)	1.679 *** (0.517)
Observations	195	195	195	195	195	195
Number of city	13	13	13	13	13	13
R^2	0.962	0.960	0.961	0.961	0.960	0.960

注：标准误标注在括号中，* 、** 、 ***分别表示在10%、5%、1%水平下显著。

从分行业的回归数据来看，集聚水平显著的行业有信息、科学、商务与金融，这说明生产性服务业内部对经济增长起到较大推动作用的是以上四个行业，交通与批发业的集聚对经济增长的作用相对不强。由于系数代表着行业集聚对经济增长的贡献率，因此四个行业按贡献率大小排序依次是：金融、信息、商务、科技。

结合上一节中分析得出的京津冀三地各自的优势行业情况来看，北京在信息、商务和科技三大行业上具有集聚优势，天津的优势产业是金融与批发，河北的优势产业主要为批发和交通，因此北京生产性服务业的集聚对经济具有更强的推动作用。具体来说，北京信息、金融、租赁行业的集聚水平较高，这三个行业借助其较高的技术含量和较大的资金规模直接增加了当地产值。天津的金融、批发零售业集聚水平高，金融业尤其是融资租赁业对天津的制造业直接提供资金支持，并促进了当地经济发展。河北省各地市优势产业略有差异，基本以交通业、金融业、批发零售业为主。与天津有所不同的是，河北的金融业以银行服务业为主，通过银行授信等方式对当地企业提供扶持，从而推动当地经济增长。

第四节　结论与对策建议

一、研究结论

我们根据 2003~2017 年的数据，在行业层面使用绝对集中度指数、空间基尼系数对京津冀地区的生产性服务业的集聚进行测度；在地区层面使用区位商、多样化指数和专业化指数对京津冀地区的生产性服务业的集聚进行测度。最后，基于 C - D 生产函数的拓展对京津冀地区生产性服务业集聚水平对城市经济发展的影响进行了实证分析，得出结论如下：

（一）京津冀地区生产性服务业的集聚水平整体偏低

从行业层面来看，综合绝对集中度指数和空间基尼系数的计算结果，6 个细分行业中只有信息传输、计算机服务和软件业与科学研究、技术服务和地质勘查业表现出了明显的集聚倾向，其他行业的集聚水平在 2003~2017 年的 15 年间长期处于较低水平。

从地区层面来看，综合区位商、多样化指数和专业化指数的计算结果，除北京市以外，京津冀地区的其他 12 个城市的生产性服务业整体的集聚水平都较低，区位商指数在 0.90~1.50 波动。天津市生产性服务业的专业化水平稍显不足、产业竞争力相对较弱。

综合行业和地区两个维度，可以看出京津冀地区在过去 15 年间生产性服务业整体的集聚水平较低，且细分行业中除信息行业和科技行业外均未出现明显的集聚现象。

（二）京津冀地区生产性服务业的区域分布呈现单核心、差异大的特征

京津冀地区的概念共包含 3 个省级行政区，13 个城市。从省级层面来看，三省的生产性服务业发展水平存在较大的差距，集聚水平作为发展水平的衡量指标也表现出一定差距。

从生产性服务业整体维度来衡量，其集聚水平从高到低的排序是：北京 > 天津 > 河北，尤其是北京的集聚水平远高于天津和河北。天津作为传统的北方经济重镇，在近 15 年的生产性服务业发展方面却稍显疲软，值得该市政府深思并做好进一步的规划和建设。河北省整体集聚水平相对较低，但省内 11 个城市间依然存在差异。河北省内集聚水平较高的城市有：石家庄市、秦皇岛市和廊坊市。

石家庄市作为省会城市，拥有河北省 11 个城市中最多的政策倾斜、资本投入和高素质人才，其生产性服务业发展更好，从而表现出更高的集聚水平。秦皇岛市拥有港口区位优势和丰富的旅游资源，直接造就了交通行业的高集聚水平，间接带动了金融、零售等行业的发展。廊坊市一方面拥有绝佳的地理位置，到达京津的时长都不超过 1 小时；另一方面被定位为金融产业后台服务基地，促进了本地的金融业发展。

从细分行业的角度来衡量，各地的优势行业各不相同。北京市的优势行业是信息传输、计算机服务和软件业、金融业、租赁和商务服务业。天津市的优势产业是金融业、批发与零售业。河北省各地市的优势产业有金融业、交通运输、仓储和邮政业、批发与零售业。

（三）京津冀地区生产性服务业的集聚对经济增长有正向促进作用

我们在对生产性服务业集聚和经济增长相关文献进行梳理的基础上，参考雅各布斯和国内学者的研究成果，认为生产性服务业的集聚水平对经济发展的影响可能呈现先促进再阻碍的现象，而京津冀地区生产性服务业的集聚水平尚处在一个较低的水平，因此生产性服务业集聚水平的提高对于经济发展仍会起到很大的推动作用。

从实证层面，我们使用固定效应模型对面板数据进行了回归，从数据层面验证了京津冀地区生产性服务业的集聚水平和经济增长之间的正向关系，并且影响系数相对较大。分行业来看，交通与批发对经济增长的贡献不显著，其他行业按贡献率大小排序依次是：金融、信息、商务、科技。结合各地的优势行业，并得出三地按生产性服务业对经济增长的影响大小排序是：北京、天津、河北。

二、对策建议

根据本章的研究结论，京津冀地区有的生产性服务业集聚水平对当地的经济发展具有重要的影响，但目前该行业的集聚水平尚处于初级阶段。为使生产性服务业对京津冀经济发展的作用得到更充分的发挥，结合京津冀三地实际现状，提出对策建议如下：

（一）三地协同打造有利于生产性服务业发展的政策环境

从京津冀协同发展的层面来说，三地协同的政策体系能更好地对整个地区的生产性服务业进行统筹安排。京津冀三地中，京津都是直辖市，并且北京作为首都具有超然的政治地位，使三地在产业承接与合作方面存在一定的现实困难，这也一定程度上解释了京津冀城市群与长三角城市群、珠三角城市群的不同发展模式。因此，应从京津冀一体化的前提出发，从政策层面打造京津冀生产性服务业协同发展的政策环境。

具体来说，京津冀地区的政府应从以下角度为生产性服务业的发展塑造良好的政策环境：一是确认生产性服务业为政府重点支持行业，从法规、财政、土地等多方面进行资源的倾斜，如对生产性服务业相关企业提供税收优惠，提供财政资金拨款，国有银行优先授信等；二是建立健全全面高效的监管机制，政府监管与行业自律相结合，营造公平、高效的行业竞争环境；三是鼓励生产性服务业企业创新，做好知识产权保护工作，并在企业专利申请和保护时给予帮助。

（二）优化生产性服务业与制造业的联动关系

生产性服务业对经济增长的推动作用主要是与制造业的互动实现的，因此对生产性服务业的扶持需要进一步加强其与制造业的联动发展。京津冀地区的制造业发展与生产性服务业一样存在着不均衡的情况，如天津市的制造业已拥有较高水平，而河北省的制造业还有很大的提升发展空间。基于这种情况，京津冀三地的制造业发展方向也应因地制宜、有所侧重。天津市应该进一步发挥其制造业优势，既大力发展、升级原有的传统制造业，又应该对北京市疏解的高端制造业做好承接工作，从而打造高端制造业之城，间接促进生产性服务业的发展。河北省应首先提高其制造业水平，并发挥各个地市的资源优势，促进制造业向专业化、高端化方向发展。

在因地制宜提高京津冀三地制造业水平的同时，政府也应促进生产性服务业与制造业的深度互动，形成第二、第三产业相互促进的良性循环。从制造业角度出发，企业应该改善其价值链环节，重点发展利润率较高的产品研发、品牌宣传、市场拓展等环节。从生产性服务业角度出发，企业应该根据当地制造业的发展阶段提供适当的服务，并不断提升自己的技术水平和创新能力。

（三）因地制宜做好生产性服务业发展规划

北京市的集聚优势明显，尤其是信息业、科技业与商务业三个行业，其产值和就业规模在整个京津冀地区的占比较高。从多样化指数的计算结果中可以看出，北京市的生产性服务业已发展到较为成熟的阶段。结合疏解非首都功能的大背景，北京市可以考虑将生产性服务业中不符合其首都定位的行业向天津、河北疏解。这样一来，一方面可以减轻北京市的交通压力、人口压力，推动其产业结构升级；另一方面可以提高天津、河北的生产性服务业集聚水平，从而带动当地经济发展。

天津市作为传统的北方经济重镇，过去15年间生产性服务业发展却略显乏力。作为传统的工业城市，天津市以制造业为主的产业结构导致了就业结构更偏重第二产业，在互联网快速发展的浪潮中稍显落后。天津市应大力发展金融业中的融资租赁行业并扶持本地互联网企业。融资租赁行业与制造业密切相关，能更好地利用天津市制造业的强势地位，并且天津港附近已经形成了融资租赁行业的小规模聚集，政府应因势利导，进一步提高其集聚水平。同时，在互联网时代，天津应着力于扶持互联网企业，有助于产业结构的优化，并能与金融业等其他行业产生联动效应。

河北省生产性服务业的集聚水平相对较低，尤其是高技术含量的信息、科技、金融等行业更为薄弱。但河北省具有其独特的区位优势，承德、廊坊等多个城市与京津的交通时长都在 1 小时以内。在京津冀协同发展和北京非首都功能疏解的大背景下，河北省应该抓住机遇，依托优势产业，做好京津生产性服务业的承接与错位发展。

第七章 京津冀制造业产业转移效率分析

第一节 相关研究综述

一、问题的提出

近年来北京产业的过度集中使得北京的"大城市病"日益突出，表现为环境恶化、交通拥堵、水资源短缺、房价高企等，解决这一系列问题的主要途径就是产业转移。2015年2月10日，习近平总书记在中央财经领导小组会议上强调了北京非首都功能疏解的重要性、认为疏解非首都功能是一个系统的工程，对京津冀地区协同发展至关重要。[①] 而北京需要疏解的产业大部分是制造业，合理引导制造业在京津冀地区的产业转移，既符合国家的政策要求，也符合经济的发展规律。

相关产业转移出去后，一方面可以改善北京的环境质量，另一方面可以把相关就业岗位转移到其他地区，缓解北京人口压力。而制造业在京津冀地区的产业转移又有得天独厚的优势。首先，京津冀地区的资源禀赋具有极大的互补性，河北省丰富的劳动力资源和土地资源使其能有足够的资源去承接京津地区的产业转移；其次，京津冀存在着明显的产业梯度，这种结构上的差异，可以使得三地充分利用自己的比较优势，形成产业梯度转移与互动良性发展；最后，京津冀地区的极化、分散效应明显，三地邻近且经济紧密，产业转移的成本较低。

尽管前人已经对京津冀产业转移进行了大量研究，但对其产业转移效率尤其是制造业转移效率的分析仍然不够。京津冀制造业产业转移的效果如何？制造业产业转移的转入及转出地都集中在哪些城市？制造业产业转移对转入地和转出地

---

① 习近平主持召开中央财经领导小组第九次会议［EB/OL］．http：//www. gov. cn/xinwen/2015－02/10/content_2817442. htm.

都有什么样的影响？这些还需进一步探讨。因此，我们参考郑鑫（2012）在其博士论文中所采取的方法，以京津冀制造业为例，对京津冀产业转移效率进行测算和定量分析，发现京津冀地区产业转移的特征、存在问题，并提出相应的对策建议。

二、文献综述

(一) 国外研究综述

赤松要（1961）认为发展相对落后的国家，出于引进技术和产品的需要，开放本国市场，引进相关产业，从而一步步掌握相关产业技术，并利用自身生产成本较低的优势，开始出口相关产业，从而实现产业的国际转移。弗农（1966）从生产要素的角度来解释产业转移，其认为在产品生产的不同阶段对各种生产要素的重视程度不同，从而导致产品生产在不同的阶段转移到不同的地区。小岛清（1977）从对外直接投资选择的角度出发，认为企业进行对外投资时要有所选择，选择那些本国即将或者已经处于比较劣势的产业进行投资，先投资于和己方技术差异最小的国家，然后依次进行，这种产业边际扩张促进了产业转移。

卢格尔和谢蒂（Luger and Shetty，1985）经过研究发现，制造业企业有向着产业集中度较高且工资较低的地方转移的趋势。惠勒和莫德（Wheeler and Mod，1992）的研究发现，规模经济和市场的大小决定了发达国家产业转移的方向。迪肯（Deacon，1992）通过对汽车行业的研究发现，规模集聚推动了产业的转移。

威廉姆逊（Williamson，1981）的研究发现，在产业发展的前期进行扩张，是为了控制当地的市场。哈达德和哈里森（Haddad and Harrison，1993）通过分析摩洛哥公司的数据发现，企业生产率的增长和更高的产业转移水平之间不存在相关关系。罗德里格斯－克拉尔（Rodriguez－Clar，1996）经过研究发现，当本地企业和跨国企业联系不紧密时，产业对外转移会对本国的经济增长带来消极影响。艾特肯和哈里森（Aitken and Harrison，1999）运用委内瑞拉的数据进行研究发现，国际产业转移会对本国企业的生产率产生消极影响。冯（Feng C. J.，2017）通过生命周期的角度，研究了产业转移。其认为高梯度地区最先开始进行创新活动，主导部门随着生命周期的变化而变化。贝赫什提（Beheshti A.，2017）研究了国际资本流动的产业导向和区位导向，其研究发现，国际资本流动主要是由资本收益率差异导致的。塞迪基（Sedighi，2017）通过研究发现，企业进行外迁是为了降低成本，缓解竞争压力。

(二) 国内研究综述

1. 关于产业转移方面的研究

关于产业转移方面的研究可以分为三方面。首先是产业转移动因方面。陈建军 (2002) 认为中国国内产业转移会受到政府的政策、各地区产业结构的调整、企业抢占市场份额、降低成本四个方面的影响。戴宏伟 (2004) 认为生产要素禀赋的不同、生产技术之间的差距、产业分工的不同等因素，形成了产业生产水平上的阶梯状差异，而这些差异是区域间产业转移的主要动因。吴雪萍 (2010) 基于实证研究的 OLS 多元回归，发现市场的开放程度、要素成本、基础设施投入三个变量对皖江城市带承接产业转移有重要的影响。沈惊宏、孟德友、陆玉麒 (2012) 也对皖江城市带进行了研究，他们认为经济的发展水平、与长三角的距离、城市流的强弱会对皖江城市带承接长三角的产业转移构成影响。其次是产业转移模式方面。程必定 (2010) 认为在产业转移过程中，产品所处的生命周期阶段、企业的运营成本、政府的政策引导会对产业承接造成很大的影响。并针对这些影响因素，提出了改变"区域黏性"的承接产业转移的新思路。蔡昉、王德文和曲玥 (2009) 通过将雁阵模型理论与中国国内情况相结合，研究国内的产业转移，并以此出发解释中国东西部的产业转移是资源禀赋和要素成本的差异造成的，认为中西部应发挥自己要素成本低的优势积极承接东部的产业转移，这也有利于各地区产业结构的优化调整和国家整体竞争力的提高。最后是产业转移影响方面的研究。谢媛 (2018) 的研究发现，经济发展水平、人才储备、基础设施的完善程度、市场的开放水平会对产业转移水平造成影响。刘满凤和李昕耀 (2018) 通过建立动态完全信息博弈模型，发现产业转移对环境规制的负面影响与该地政府的腐败程度密切相关，腐败程度越高的地区，产业转移对环境规制的负面影响越显著。张海涛、侯奇华和蒋翠侠 (2018) 通过对安徽省 16 个地市在 2010 年至 2013 年的自主创新能力进行测度发现接地承接产业转移会影响政府和企业对人力资本和研发的投入，进而影响其自主创新能力。张琨 (2018) 研究了产业转移对能源需求的影响，其研究发现，在产业转移初期，地方政府为了发展经济，会引进污染型企业，而这类型的企业对能源的需求较大。当产业转移达到一定程度，当地经济水平得到一定程度提高，他们开始重视生态环保，政府会加大环境核查力度，促使企业改变粗放的生产方式，从而导致企业降低对能源的需求。

2. 关于产业转移效率方面的研究

宋可 (2010) 采用了 DEA 模型中的 Malmquist 指数方法，研究了苏北五市

2004～2007 年的面板数据，测算了苏北五市承接产业转移后对其生产效率的影响，并据此评价苏北五市承接产业转移的效率大小。姬顺玉、胡静寅和王静（2015）运用因子分析法，计算出了各地区承接国外产业转移的效率。并通过东西部地区承接国外产业转移效率的差异来分析影响承接国际产业转移的因素。谢呈阳、周海波和胡汉辉（2014）通过企业层面的数据来分析江苏省的产业转移效率，重点研究高端人才、一般劳动力、资本对经济产出的影响，其研究发现区域之间要素供给不平衡，发达地区要素供不应求，而落后地区要素供过于求，据此认为政府应合理引导，促进产业的区际转移。李丹和李翠兰（2015）利用 DEA 模型研究了我国中西部地区 19 个省的产业转移效率，发现存在投入过剩和产出低效两方面的问题，并给出了相应的对策建议。郑鑫（2012）用 1999～2010 年的数据，运用贸易地位识别法，对全国的制造业产业转移的效率进行了分析，并对各制造业产业转移的活跃程度进行了排序。

3. 关于京津冀产业转移方面的研究

戴宏伟（2004）认为在京津冀产业转移过程中要正确处理京津冀产业的竞争与协作关系，河北省要抓住京津进行新一轮产业结构调整的机会，积极、合理地接受产业转移。周毕文和陈庆平（2016）经研究发现了京津冀产业转移的问题，认为产业梯度水平较低的河北省长期以来承接的都是一些落后的劳动密集型产业，河北省自身的一些优质的生产要素如人才等大量流失到北京、天津得出了京津冀地区产业的集聚大于扩散的结论。

非首都功能疏解提出后，不少学者从这一角度出发提出了自己的见解。杨开忠（2015）认为北京人口、产业等的过度集中带来了环境恶化、资源紧张等问题，要想缓解北京承载过剩的问题，就要进行合理的疏导，调整北京市制造业的发展定位。王德利（2018）认为非首都功能疏解首先要解决五方面问题：一是目前非首都功能疏解的体制机制尚未完善；二是功能过度集聚造成了北京中心城资源环境压力巨大；三是优质公共资源仍在北京不断新建扩建，承接地配套条件存在较大差距；四是部分区域功能与人口匹配不协调，职住不均衡状况加剧；五是集体建设用地成为众多非首都功能的主要集聚地。王海臣（2017）认为应当持续加大非首都功能疏散的程度，携手有序地推进京津冀协同发展。刘宾（2018）认为疏解非首都功能时，除了应当发挥政府的协调作用还应当发挥市场在产业转移中的基础性作用，注重产业创新。于化龙和臧学英（2015）研究了非首都功能疏解与京津产业对接，认为要促进京津冀区域的协调发展，要解决产业对接过程中产生的发展压力、环境压力和利益冲突。

　　总体来看，目前对京津冀地区的产业转移效率进行量化研究的文献还不多。本章关于产业转移效率的测算采用了郑鑫（2012）在其博士论文中所采取的方法。至于相关学者在分析中采用的因子分析法和 DEA 的方法，由于我们多方查阅《中国统计年鉴》《中国工业统计年鉴》等，也无法查到该方法所需的京津冀地区相关数据，因此未能将该方法应用于本书。

第二节　京津冀制造业产业转移的现状分析

一、京津冀产业结构现状分析

　　北京、天津、河北三省市地理毗邻，但三者之间在很多方面存在差异。河北省的土地面积要远大于天津和北京之和，人口也比京津之和多很多，但经济方面河北与北京、天津存在很大差距。同时，京津冀三地在地理位置上相近，但在经济结构上却差异很大。

　　如表 7 - 1 所示，2003 年三地产业结构就有较大差异，北京、天津的第一产业占比很小，第二、第三产业发达。2003～2017 年京津冀三省市的产业结构都有一定程度的优化。到 2017 年，北京、天津的第一产业占比已经不足 1%，其中北京的第三产业得到极大发展，占比已经高达 80% 以上，工业占比的持续下降和产业的持续转移有关。天津市的第三产业也超过了第二产业，而河北省的第二产业仍处于占比最高的状态。2003～2017 年京津冀三地的产业分化进一步加大。

表 7 - 1　　　　　　　　　　京津冀产业结构对比

年份	项目	北京		天津		河北	
		产业增加值（亿元）	占比（%）	产业增加值（亿元）	占比（%）	产业增加值（亿元）	占比（%）
2003	第一产业	84.11	1.68	89.91	3.49	1064.05	15.37
	第二产业	1487.15	29.70	1337.31	51.87	3417.56	49.38
	第三产业	3435.95	68.62	1150.81	44.64	2439.68	35.25
	地区总值	5007.21	100.00	2578.03	100.00	6921.29	100.00

续表

年份	项目	北京		天津		河北	
		产业增加值（亿元）	占比（%）	产业增加值（亿元）	占比（%）	产业增加值（亿元）	占比（%）
2010	第一产业	124.36	0.88	145.58	1.58	2562.81	12.57
	第二产业	3388.38	24.01	4840.23	52.47	10707.68	52.50
	第三产业	10600.84	75.11	4238.65	45.95	7123.77	34.93
	地区总值	14113.58	100.00	9224.46	100.00	20394.26	100.00
2017	第一产业	120.42	0.43	168.96	0.91	3129.98	9.20
	第二产业	5326.76	19.01	7593.59	40.94	15846.21	46.58
	第三产业	22567.76	80.56	10786.64	58.15	15040.13	44.22
	地区总值	28014.94	100.00	18549.19	100.00	34016.32	100.00

注：资料来源于 2004～2017 年《中国统计年鉴》。

为了更具体地分析三地之间产业结构的不同，笔者采用克鲁格曼专业化指数计算三地间的产业结构差异化水平。

克鲁格曼（2000）在《地理与贸易》一书中，建立了一个指数用以衡量两个地区之间产业结构差异程度，即克鲁格曼专业化指数。

$$GSI = \sum_{k=1}^{n} |S_{ik} - S_{jk}|$$

其中，GSI 代表克鲁格曼专业化指数；S_{ik} 代表地区 i 产业 k 在所有产业中的份额（就业或产值）；S_{jk} 代表地区 j 产业 k 在所有产业中的份额（就业或产值）；n 代表全部产业部门数。

克鲁格曼专业化指数的取值范围是 [0，2]，越大说明两地间的产业结构差异越大，越小说明两地间的产业结构越相似。

现利用 2008～2017 年北京市、天津市和河北省三次产业内各个细分产业的就业人数在该地区所有产业中的占比，来分析京津冀地区的产业结构差异。并且据此计算出克鲁格曼专业化指数，得到表 7-2。

表 7 - 2　　　　　　　　　　　京津冀克鲁格曼指数

年份	河北—北京	河北—天津	北京—天津
2008	0.834152592	0.546671877	0.589650082
2009	0.809615479	0.492433757	0.637262881
2010	0.805279084	0.510621579	0.691512403
2011	0.787339931	0.530526827	0.721578159
2012	0.787139076	0.537635415	0.704372786
2013	0.801306945	0.56781877	0.712158492
2014	0.771608256	0.56200147	0.72289805
2015	0.772976346	0.514828822	0.620203793
2016	0.756857846	0.488358597	0.595903907
2017	0.737919704	0.50304816	0.562798942

注：资料来源于中经网。

近 10 年来，三地产业结构差异在逐步缩小，究其原因，可能是三地间的产业转移缩小了彼此间产业的差异水平。对这些地区产业差异化贡献最大的是制造业。10 年间，制造业对河北—北京之间产业差异的贡献率为 8.59% ~ 12.77%，对河北—天津之间产业差异的贡献率为 18.07% ~ 33.48%，对天津—北京之间产业差异的贡献率为 32.05% ~ 37.63%，所以制造业的产业转移是接下来研究的重点。

二、京津冀制造业产业转移现状分析

（一）京津冀产业转移的阶段

自 2001 年吴良镛院士提出"大北京"经济圈以来，京津冀的产业转移开始提速，多个产业或产业环节从北京、天津转移到河北省。依照世界各国的发展经验和京津冀的实际情况，我们认为，京津冀产业转移会经历以下几个时期[1]：

第一个时期是京津廊唐产业转移活跃时期，此时期的产业由北京、天津转移到廊坊、唐山。京津廊唐是京津冀的核心区，也是京东工业带的主干部分。在京津唐科技产业规划带的带动下，这一地区经济会率先腾飞，相应地，京津廊唐的

---

[1]　于刃刚，戴宏伟. 京津冀区域经济协作与发展——基于河北视角的研究 [M]. 北京：中国市场出版社，2006：10 - 12.

产业转移会率先活跃起来。

第二个时期是京津冀北产业转移活跃时期。京津冀北是京津冀地区的中间层，以京津与冀北八市组成的"2+8"框架为主要范围，此地区会在产业上广泛对接，在京张承生态特色产业带的带动下会加快产业转移。

第三个时期是京津冀产业转移活跃时期，此时产业转移会由冀北到冀中南逐步加快。

经过三个时期的产业转移，京津冀一体化程度会加深。京津冀会逐步在产业、市场、要素、生态、设施、创新等方面实现一体化。

（二）京津冀制造业产业转移现状

我们采用贸易地位系数法对京津冀产业转移的现状进行分析。

1. 贸易地位系数法介绍①

贸易地位系数法基本思想如下：

假设存在一个封闭的经济环境，里面只有两个地区进行互相贸易，且不存在产业内贸易。这两个地方我们称为地区1和地区2。这两个地区都只生产一种产品，地区1关于该产品的产量用 S_1 表示，关于该产品的需求用 D_1 表示，关于该产品的出口用 X_1 表示；地区2关于该产品的产量用 S_2 表示，关于该产品的需求用 D_2 表示，关于该产品的出口用 X_2 表示。出口值大于零表示出口，出口值小于零表示进口。各地区均衡的状态就是供需相等。对于一个地区而言，供给就是这个地方该产品的产值，需求是本地需求和另一个地方对本地该产品需求（即出口）的和，这种情况下一个地区关于该产品的出口就是另一个地区关于该产品的进口。这两个地区的经济关系如下所示：

$$S_1 = D_1 + X_1 \qquad (7-1)$$
$$S_2 = D_2 + X_2 \qquad (7-2)$$
$$X_1 + X_2 = 0 \qquad (7-3)$$

由式（7-2）和式（7-3）得：

$$X_1 = -X_2 = D_2 - S_2 \qquad (7-4)$$

代入（7-1）得：

$$S_1 = D_1 + D_2 - S_2 \qquad (7-5)$$

式（7-5）说明，一个地区供给的变动与三个因素相关，即本地需求、外地需求和外地供给。

---

① 郑鑫. 产业转移识别与效率研究 [D]. 中国社会科学院博士论文，2012.

由式（7-4）和式（7-5）可得到：

$$S_1 - D_1 = X_1 = -X_2 = D_2 - S_2 \qquad (7-6)$$

式（7-6）表明，地区间的贸易对两个地区有重要影响，贸易额的大小与方向可以反映出两个地区的供需变化。

两个地区贸易额的变化可以作为观察产业转移的重要指标。如果一个地区某个产业的出口值持续的降低并最终变成进口，可以认为这个产业正在从这个地区转移到另一个地区。反之，则是转入。但在多地区的系统中，只能判断某地区是在转入还是转出该产业，无法分辨转入方向或者转出来源。要想知道转入的来源或者转出的方向，则需要考虑与该地存在关系的所有经济系统。在一个封闭的经济系统中，某产业的全部出口量等于该产业的进口量，那些出口的地区则可视为该产业的出口地区，那些进口的地区则可视为该产业的进口地区。

在京津冀地区产业转移的分析中，如果假设京津冀市场和外部市场完全封闭不进行贸易是不现实的。因此我们把除京津冀以外的其他地区视为两地区的另一地区，简称"区外"①。这样就变成了简单的两地区系统：京津冀整体是一个地区，中国其他地区和国外视为另一个地区。这样京津冀的出口就是"区外"的进口，京津冀的进口就是"区外"的出口。而京津冀内部又可以分为多个地区，包括京、津2个直辖市和河北省的11个地级市。这13个"区内"地区和"区外"一起构成了完整封闭的多地区经济系统。

但在实际分析中仍存在一些问题：首先，"区外"作为一个单独的统计单元，所包括的范围非常大，使得其产量的数据难以获得。其次，京津冀这种级别的统计单元，与"区外"不成比例，从而使纵向对比失去意义。

为了解决上述问题，需要构造出一个合理的"贸易地位系数"，步骤如下：

假设这个经济系统中的每一个地区单元的出口量可以获得，据此可获得各个地区间的总贸易量：

$$\bar{X}_i = \frac{\sum_j |X_{ij}|}{2} \qquad (7-7)$$

式（7-7）中，X_{ij}表示j地区i产业的出口量，$\bar{X}_i$表示i产业在各个地区间的总贸易量。由于全球是一个封闭的经济体，则在这个系统内发生的进、出口贸易就会相等。那么在这个封闭经济体内的进出口总值就应当是总贸易量的2倍。

各地区的贸易地位系数可如下表示：

---

① 把北京、天津、河北三省市视为"区内"，把京津冀之外的区域视为"区外"。

$$TS_{ij} = \frac{X_{ij}}{\overline{X}_i} = \frac{2X_{ij}}{\sum_j |X_{ij}|} \qquad (7-8)$$

其中，TS_{ij} 表示 j 地区 i 产业贸易量占所有地区 i 产业贸易总量的比重，即 j 地区 i 产业的贸易地位系数，其取值范围为 [-1, 1]。数值越大表示贸易地位越强，反之则相反。如果在考察期内，某个地区贸易地位系数初始值为正，但随后逐渐变小，就表示这个地区出口地位弱化了，反映了产业正从该地区转出。反之，则反映产业向该地区转入。

"贸易地位系数"可以在一定程度上规避上面提到的"区外"范围过于庞大的问题。

2. 各地区贸易地位系数的计算

本部分数据来源于北京、天津及河北省各地级市 2003～2016 年的统计年鉴及口岸年鉴，考虑到数据的可比性选取了 23 个细分制造业作为研究对象。在地域划分上，由 2 个直辖市和 11 个地级市以及"区外"共 14 个地区构成。我们用"j"表示地区（j = 1, 2, …, 13）就指代京津冀的 13 个统计单元，"区外"另行用"f"表示。

京津冀内部之间的贸易额可如下表示：

$$X_{ij} = S_{ij} - D_{ij} \qquad (7-9)$$

其中，X_{ij} 表示 j 地区 i 产业的"出口量"，包括向"区内"其他地区和"区外"的出口量，X_{ij} 的正负号代表贸易方向，负为进口，正为出口。S_{ij}、D_{ij} 分别表示 j 地区 i 产业的供给和需求，其中，供给的数据可以用"工业销售产值"表示。但我们无法获得需求的具体数据，只能通过赋予权重的方式进行估计。

我们可以用各地区的消费能力作为权重的估计，所以先估算各地区消费的权重，然后用该权重乘以各产业的全国消费量。权重可如下推算：

$$W_j = \frac{CONS_j \times L_j}{\sum_j (CONS_j \times L_j)} \qquad (7-10)$$

分子为 j 地区的平均消费水平与人口的积，分母为全国的平均消费水平和全国人口的积。二者的比值即权重。其中"居民消费水平"可代表平均消费水平。由于河北省各地级市数据缺乏，其"居民消费水平"指标通过推算获得，推算步骤如下：首先用各地级市的人均 GDP 除以全省的人均 GDP，然后此比值乘以河北省的居民消费水平得出各地级市的居民消费水平。L_j 表示 j 地区的人口数。

各产业的全国消费量未知需推算，可用下式表示：

$$D_i = \sum_j S_{ij} - (EX_i - IM_i) \qquad (7-11)$$

式（7-11）是对 i 产业全国需求量的一个估算。EX_i、IM_i 分别为中国 i 产业的进出口值，二者之差即为中国 i 产业的净出口值，进出口采用的是《中国口岸年鉴》的数据，由于海关制造业的统计分类和国内的生产统计分类不同。生产统计项目与海关统计项目的换算如表7-3所示。

表7-3　　　　　　　　　生产统计项目与海关统计项目的换算

生产行业统计项目	海关统计项目	生产行业统计项目	海关统计项目
农副食品加工业	2 + 二 + 三	化学纤维制造业	54 + 55
食品制造业	四 - 22 - 24	橡胶和塑料制品业	七
饮料制造业	22	非金属矿物制品业	十三
纺织业	56 + 57 + 58 + 59	黑色金属冶炼和压延加工业	72
纺织服装、服饰业、皮革、毛皮、羽毛及其制品和制鞋业	60 + 61 + 62 + 63 + 八 + 十二	有色金属冶炼和压延加工业	十五 - 72 - 73
木材加工和木、竹、藤、棕、草制品业	九	金属制品业	十五 - 72
家具制造业	94	通用设备制造业	84
造纸和纸制品业	47 + 48	专用设备制造业	84
印刷和记录媒介复制业	49	交通运输设备制造业	十七
石油加工、炼焦和核燃料加工业	27	电气机械和器材制造业	85
化学原料和化学制品制造业	六 - 30	计算机、通信和其他电子设备制造业	85
医药制造业	30		

注："海关统计项目"中，汉字表示"类"，数字表示"章"。
资料来源：根据《中国口岸年鉴》和《工业统计年鉴》相关资料整理。

进而，各地区各产业的需求量可由下式表示：

$$D_{ij} = D_j \times W_i \qquad (7-12)$$

把式（7-12）代入式（7-9），就可以估算出京津冀13个统计单元各产业的出口量 X_{ij}。"区外" X_{if} 的出口量很容易测算，因为京津冀总体的"净出口"等于"区外"的"净进口"。由此可以推导出各地区各产业的"贸易地位系数"，公式（7-7）和式（7-8）可重写如下：

$$\overline{X}_i = \frac{\sum_j |X_{ij}| + |X_{if}|}{2} \tag{7-13}$$

$$TS_{ij} = \frac{X_{ij}}{\overline{X}_i} = \frac{2X_{ij}}{\sum_j |X_{ij}| + |X_{if}|} \times 100\% \tag{7-14}$$

$$TS_{if} = \frac{X_{if}}{\overline{X}_i} = \frac{2X_{if}}{\sum_j |X_{ij}| + |X_{if}|} \times 100\% \tag{7-15}$$

其中，TS_{ij} 表示地区 j 产业 i 的贸易地位系数，TS_{if} 表示"区外" i 产业的贸易地位系数，取值范围为 [-100%，100%]。

3. 对贸易地位系数的计量经济学处理

用上述方法，可以得到各地区各产业历年的贸易地位系数，现以橡胶和塑料制品业为例。

从图 7-1 可知，石家庄市的橡胶和塑料制品业的贸易地位呈现上升趋势，2003~2006 年，石家庄该行业处于进口阶段，进口量在 2004 年处于峰值，达到所有地区总进口量的 6.39%。到 2007 年，石家庄市在橡胶和塑料制品行业中已处于出口地位，此后一直处于出口地位，其出口比重在 2015 年达到峰值，为 6.28%，到 16 年有一个较大的回落。总体来看，石家庄市在橡胶和塑料制品业的贸易地位在 14 年中提高了 8.23%，说明橡胶和塑料制品业在向石家庄市转入。

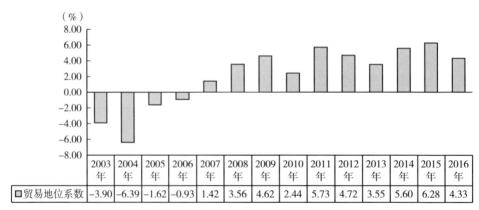

	2003年	2004年	2005年	2006年	2007年	2008年	2009年	2010年	2011年	2012年	2013年	2014年	2015年	2016年
贸易地位系数	-3.90	-6.39	-1.62	-0.93	1.42	3.56	4.62	2.44	5.73	4.72	3.55	5.60	6.28	4.33

图 7-1　石家庄市橡胶和塑料制品业贸易地位系数变化

资料来源：工业销售总产值数据来源于《中国口岸年鉴》《北京统计年鉴》《天津统计年鉴》《石家庄统计年鉴》《保定统计年鉴》《承德统计年鉴》《张家口统计年鉴》《衡水统计年鉴》《廊坊统计年鉴》《邯郸统计年鉴》《沧州统计年鉴》《邢台统计年鉴》《唐山统计年鉴》《秦皇岛统计年鉴》和《中国工业统计年鉴》，人口数据、人均 GDP 来源于 Wind 及各地区统计公报，居民消费水平来源于中经网。

照此分析，可以得出所有地区（共 14 个）橡胶和塑料制品业的贸易地位系数，如图 7 - 2 所示。

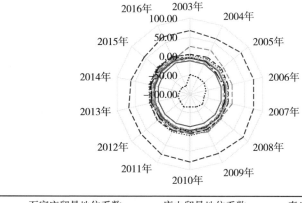

图 7 - 2 各地区历年橡胶和塑料制品业贸易地位系数雷达图

资料来源：工业销售总产值数据来源于《中国口岸年鉴》《北京统计年鉴》《天津统计年鉴》《石家庄统计年鉴》《保定统计年鉴》《承德统计年鉴》《张家口统计年鉴》《衡水统计年鉴》《廊坊统计年鉴》《邯郸统计年鉴》《沧州统计年鉴》《邢台统计年鉴》《唐山统计年鉴》《秦皇岛统计年鉴》和《中国工业统计年鉴》，人口数据、人均 GDP 来源于 Wind 及各地区统计公报，居民消费水平来源于中经网。

图 7 - 2 展示了京津冀外加"区外"共 14 个地区的橡胶和塑料制品业贸易地位系数。中心点代表 - 100%，最外层代表 100%。所代表的各地区贸易地位系数的圈子越靠外，越表示这个地区的贸易系数越大，圈子越规则越说明这个地区在考察的时间范围内，贸易地位系数变化越小。从图 7 - 2 中可以看出，北京、天津的贸易地位有显著的弱化。

如表 7 - 4 所示，2003 年出口地区有 4 个，分别是保定、衡水、天津及"区外"。其中以天津、"区外"为主。到 2016 年时，净出口地区增加到了 7 个，其中天津的出口地位大大弱化，仅有 0.91，即将变成净进口地区，石家庄、邢台和沧州为新增净出口地区，且其他几个净出口地区贸易地位也有所加强。据此可知，在净出口地区，橡胶和塑料制品业主要是天津向其他 6 个地区转移。

表 7 - 4　　　　　　　橡胶和塑料制品业 2003 年与 2016 年贸易地位的变化

项目	2003 年	2016 年
净出口地区	保定（4.77）、衡水（2.66）、天津（25.45）、区外（67.13）	石家庄（4.49）、邢台（0.68）、保定（8.62）、沧州（8.62）、衡水（10.00）、天津（0.91）、区外（66.68）
净进口地区	石家庄（-3.93）、唐山（-12.59）、秦皇岛（-5.41）、邯郸（-10.55）、邢台（-3.35）、张家口（-4.61）、承德（-2.91）、沧州（-4.92）、廊坊（-3.52）、北京（-48.22）	唐山（-9.24）、秦皇岛（-2.52）、邯郸（-4.58）、张家口（-3.57）、承德（-3.61）、廊坊（-0.38）、北京（-76.09）

注：括号内数字为该地区当年贸易地位系数。

　　净进口地区期末比期初有所减少，其中只有承德和北京贸易地位有所弱化，其他地区虽然也是净进口地区，但其贸易地位有所提高。故通过两个时间点的考察，橡胶和塑料制品业是从天津、承德、北京往其他地区转移的。

　　现对考察期内各地区产业转移情况进行全面分析，用历年的贸易地位系数对各年份进行分析。我们仍以石家庄市橡胶和塑料制品业为例，如图 7 - 3 所示，我们做一个线性拟合图，年份 year 为自变量（设 2003 年为 1，2004 年为 2，以此类推），贸易地位系数 TS 为因变量，则回归方程为：

$$TS = 0.81 \, year - 3.98 \tag{7 - 16}$$
$$(R^2 = 0.75)$$

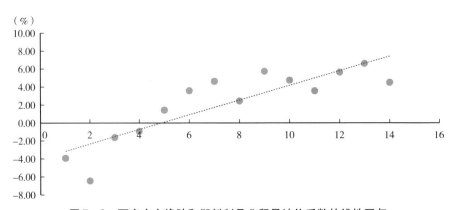

图 7 - 3　　石家庄市橡胶和塑料制品业贸易地位系数的线性回归

　　这个回归方程的斜率表明，在考察期内，石家庄市橡胶和塑料制品业在所有地区的贸易地位以每年 0.81 个百分点的速度递增。本章称这个斜率为年均产业"转移程度",反映了考察期内某地区产业转移的方向和相对规模,用 K_{ij} 表示,下标 i 和 j 分别表示 i 产业和 j 地区。回归方程的截距项表示,按回归方程推算的期初前一年该地区的贸易地位。

按照此方法可以推算出所有共 14 个地区的产业"年均转移程度"。如表 7-5 所示:

表 7-5　　　　　　　橡胶和塑料制品业产业转移特征 (2003～2016 年)　　　　　　单位:%

项目	转出区				转入区		
	地区	年均转移程度	总转移程度		地区	年均转移程度	总转移程度
	承德	-0.08	-1.12	★	石家庄	0.81	11.34
★	北京	-1.98	-27.72		唐山	0.13	1.82
★	天津	-2.18	-30.52		秦皇岛	0.12	1.68
	区外	-0.57	-7.98		邯郸	0.48	6.72
					邢台	0.42	5.88
					保定	0.41	5.74
					张家口	0.02	0.28
				★	沧州	1.33	18.62
					廊坊	0.25	3.50
				★	衡水	0.83	11.62

注:总转移程度=年均转移程度×14;★表示主要转入或转出地。

表 7-5 列出了橡胶和塑料制品业产业转移的程度,其中总转移程度反映了考察期内(共 14 年)总体的产业转移水平,例如,石家庄的总转移程度为 11.34,就表示在 14 年中,石家庄在橡胶和塑料制品业的贸易地位系数上升了 11.34 个百分点,当然这个数值是线性拟合的百分点,不是实际的百分点。

在表 7-5 中我们可以看到橡胶和塑料制品业的产业转出区为 4 个,分别为承德、北京、天津和"区外",其余的全部为橡胶和塑料制品业的产业转入区。总的来看,河北省处于承接橡胶和塑料制品产业转移的地位。产业转移程度的大小在各地之间也表现得十分明显,其中,北京、天津该产业在大规模向外转移,而石家庄、沧州、衡水在大规模承接该产业的转移。

4. 京津冀制造业转移的特征分析

上面已经通过贸易地位识别法，分析了各个产业各个地区产业转移的程度，但上面分析的只是其中一个角度，接下来我们从其他方面进行分析。

（1）产业维度。仍以前面 2003～2016 年的时间段来分析，我们暂不考虑产业转移的地理方向，只从时间维度上比较其产业转移程度，以识别出这段时间在各地区转移的主要产业。

在不同年份之间，产业转移的程度有所不同，对某一个产业来说，每个地区年均转移程度之和应该为零，因为产业的转入转出是相对发生的，因此从时间维度来看，年均产业程度应该等于该产业在这段时间内所有地区年均产业转移绝对值的 2 倍，其数值越大表明产业转移越活跃，"产业年均转移程度"如下式所示：

$$K_i = \frac{\sum\limits_j |K_{ij}| + |K_{if}|}{2} \qquad (7-17)$$

其中，K_i 表示产业 i 的年均转移程度，这个指标反映了在 2003～2016 年产业 i 每年调整的程度是多少，用百分点来表示。14 年间 i 产业的总转移程度为 $K_i \times 14$，据此可计算出京津冀各制造业年均转移程度和总转移程度。

由表 7-6 可以得知，这段时间内各个产业的转移活跃程度差异比较大，产业年均转移程度最大的是饮料制造业为 14.36，产业转移程度最小的是有色金属冶炼和压延加工业为 2.08，前者是后者的 6.90 倍。按照产业转移的活跃度看，排名前十的产业依次是：饮料制造业，印刷和记录媒介复制业，非金属矿物制品业，通用设备制造业，计算机、通信和其他电子设备制造业，医药制造业，食品制造业，化学原料和化学制品制造业，纺织服装、服饰业、皮革、毛皮、羽毛及其制品和制鞋业，石油加工、炼焦和核燃料加工业。这 10 类产业的总转移程度都超过了 100，可以认为这 10 个产业是 2003～2016 年京津冀制造业发生转移的主要产业。

表 7-6　京津冀制造业各产业年均转移力度和总转移力度（2003～2016 年）　单位：%

位序	产业	产业年均转移力度	产业总转移力度
1	饮料制造业	14.36	201.04
2	印刷和记录媒介复制业	13.73	192.22

续表

位序	产业	产业年均转移力度	产业总转移力度
3	非金属矿物制品业	13.53	189.42
4	通用设备制造业	11.45	160.30
5	计算机、通信和其他电子设备制造业	11.43	160.02
6	医药制造业	11.02	154.28
7	食品制造业	9.95	139.30
8	化学原料和化学制品制造业	9.74	136.36
9	纺织服装、服饰业、皮革、毛皮、羽毛及其制品和制鞋业	9.48	132.72
10	石油加工、炼焦和核燃料加工业	8.08	113.12
11	农副食品加工业	6.60	92.40
12	专用设备制造业	6.41	89.74
13	电气机械和器材制造业	6.04	84.56
14	金属制品业	5.94	83.16
15	木材加工和木、竹、藤、棕、草制品业	5.55	77.70
16	家具制造业	5.28	73.92
17	橡胶和塑料制品业	4.81	67.34
18	纺织业	3.16	44.24
19	交通运输设备制造业	2.95	41.30
20	黑色金属冶炼和压延加工业	2.87	40.18
21	造纸和纸制品业	2.60	36.40
22	化学纤维制造业	2.18	30.52
23	有色金属冶炼和压延加工业	2.08	29.12

　　（2）地区维度。接下来我们从地理纬度进行考察，对产业转移的方向进行识别和比较，看看哪些地区承接的产业转移多，哪些地区转移出去的产业多。

　　表7－7列出了各地区主要的转出与转入产业，转出产业最多的地区为北京、天津，分别为17个和16个，在所考察的产业中，北京不是任何一个制造业产业转移的主要承接地，北京在各行业中都是处于转出地位；天津在这方面也很明显，大部分的制造业都在往外转移。承接产业转移最多的就是"区外"了，这也是因为"区外"的范围太大，京津冀之外的地区都是"区外"。从表7－7中可

以看出，京津冀总体上制造业也在向外转移。

表 7-7　　　各地区主要转出与转入产业统计表（2003~2016 年）

地区	转出数	主要转出产业	转入数	主要转入产业
石家庄	4	非金属矿物制品业产业；石油加工、炼焦和核燃料加工业；木材加工和木、竹、藤、棕、草制品业；食品制造业	5	橡胶和塑料制品业；电气机械和器材制造业产业；印刷和记录媒介复制业；纺织服装、服饰业、皮革、毛皮、羽毛及其制品和制鞋业；纺织业
唐山	7	计算机、通信和其他电子设备制造业；黑色金属冶炼和压延加工业；非金属矿物制品业产业；医药制造业；造纸和纸制品业产业；纺织服装、服饰业、皮革、毛皮、羽毛及其制品和制鞋业；食品制造业	2	金属制品业产业；石油加工、炼焦和核燃料加工业
秦皇岛	3	非金属矿物制品业产业；饮料制造业；农副食品加工业	0	
邯郸	0		6	电气机械和器材制造业产业；通用设备制造业；有色金属冶炼和压延加工业；饮料制造业；食品制造业；农副食品加工业
邢台	1	纺织业	4	电气机械和器材制造业产业；通用设备制造业；石油加工、炼焦和核燃料加工业；印刷和记录媒介复制业
保定	1	有色金属冶炼和压延加工业	3	电气机械和器材制造业产业；印刷和记录媒介复制业；食品制造业
张家口	1	专用设备制造业产业	1	交通运输设备制造业
沧州	0		4	橡胶和塑料制品业；专用设备制造业产业；金属制品业产业；石油加工、炼焦和核燃料加工业
廊坊	2	食品制造业；农副食品加工业	4	通用设备制造业；印刷和记录媒介复制业；造纸和纸制品业；家具制造业

续表

地区	转出数	主要转出产业	转入数	主要转入产业
衡水	0		1	橡胶和塑料制品业
承德	1	饮料制造业	0	
北京	17	橡胶和塑料制品业；计算机、通信和其他电子设备制造业；电气机械和器材制造业产业；交通运输设备制造业；专用设备制造业产业；通用设备制造业；金属制品业产业；有色金属冶炼和压加工业；黑色金属冶炼和压延加工业；非金属矿物制品业产业；医药制造业；化学原料和化学制品制造业；石油加工、炼焦和核燃料加工业；印刷和记录媒介复制业；家具制造业；纺织服装、服饰业、皮革、毛皮、羽毛及其制品和制鞋业；饮料制造业；食品制造业	0	
天津	16	橡胶和塑料制品业；计算机、通信和其他电子设备制造业；电气机械和器材制造业产业；金属制品业产业；非金属矿物制品业产业；医药制造业；化学原料和化学制品制造业；石油加工、炼焦和核燃料加工业；印刷和记录媒介复制业；木材加工和木、竹、藤、棕、草制品业；纺织服装、服饰业、皮革、毛皮、羽毛及其制品和制鞋业；纺织业；饮料制造业；农副食品加工业；家具制造业；通用设备制造业	2	专用设备制造业产业；食品制造业
区外	4	交通运输设备制造业；化学纤维制造业；造纸和纸制品业产业；纺织业	16	计算机、通信和其他电子设备制造业；电气机械和器材制造业产业；专用设备制造业产业；非金属矿物制品业产业；医药制造业；化学原料和化学制品制造业；石油加工、炼焦和核燃料加工业；印刷和记录媒介复制业；家具制造业；木材加工和木、竹、藤、棕、草制品业；纺织服装、服饰业、皮革、毛皮、羽毛及其制品和制鞋业；饮料制造业；食品制造业；农副食品加工业；黑色金属冶炼和压延加工业；通用设备制造业

注：表中只列出了各地区主要的转入与转出产业，即总转移力度大于等于10的产业。

在京津冀内部,河北省是主要的产业承接地,其中以邯郸、石家庄承接得最多,都在 5 个以上;其他承接较多的地区还有廊坊、沧州、邢台,都是 4 个。除了北京、天津之外,唐山也是产业转出较多的地区,达到了 7 个。从经济总量来看,北京、天津、唐山的经济是排在前三位的,而他们的制造业转出数量也排在前三位,可见经济的发达程度和制造业的产业转出之间存在着一定的相关性,经济越发达,制造业就越可能向外转移。河北省的衡水、承德在产业转移中的表现最不显著,说明其贸易地位虽比较稳定,但在产业转移中的参与度不高,产业在这两个地区中的转移很不活跃。

(3)时间维度。前面的地区纬度和产业维度都是横向对比,并没有从时间维度上进行纵向对比。各个年度产业转移的程度也有所不同,下面进行产业转移的纵向对比。

首先,计算出各地区特定产业贸易地位的差分,公式如下:

$$\Delta TS_{ij}^{Y} = TS_{ij}^{Y} - TS_{ij}^{Y-1} \tag{7-18}$$

式(7-18)中的 Y 表示年份,在文中的取值范围是 2004~2016 年,同理,"区外",贸易地位的差分可以表示为下式:

$$\Delta TS_{if}^{Y} = TS_{if}^{Y} - TS_{if}^{Y-1} \tag{7-19}$$

在固定年份 Y 和产业 i 的前提下,采用和公式(7-17)相同的原理,使用所有地区贸易地位系数的差分计算出"产业年度转移程度",公式可表示如下:

$$K_{i}^{Y} = \frac{\sum_{j} |\Delta TS_{ij}^{Y}| + |\Delta TS_{if}^{Y}|}{2} \tag{7-20}$$

K_{i}^{Y} 表示 i 产业在 Y 年的转移程度,按照此方法可得到表 7-8。

表 7-8(A)　　　　　　　制造业各产业历年年度转移力度

序号	2004年	2005年	2006年	2007年	2008年	2009年	2010年	2011年	2012年	2013年	2014年	2015年	2016年
1	11.72	22.79	8.71	8.63	19.19	16.50	11.51	13.76	16.29	7.37	10.34	8.30	15.07
2	19.78	27.40	13.66	8.14	13.60	14.55	8.49	6.12	13.90	11.29	4.91	5.29	5.79
3	7.92	7.21	18.67	26.31	112.39	35.22	39.12	69.15	9.07	8.50	7.03	7.56	42.65
4	15.49	57.03	63.68	59.35	26.09	34.21	16.23	10.30	12.97	12.20	7.73	8.60	12.43

续表

序号	2004年	2005年	2006年	2007年	2008年	2009年	2010年	2011年	2012年	2013年	2014年	2015年	2016年
5	<u>10.52</u>	7.56	8.68	4.20	5.58	3.60	7.71	10.51	9.17	2.41	3.16	6.85	4.23
6	8.67	5.24	9.81	11.69	22.14	<u>26.20</u>	7.10	8.29	25.75	7.35	8.36	14.19	15.42
7	<u>25.08</u>	32.74	9.89	13.39	13.10	5.92	10.05	1.91	3.69	3.46	1.83	2.34	6.32
8	4.36	6.02	8.53	7.21	8.88	22.62	8.07	12.57	20.47	7.29	8.36	6.03	<u>28.13</u>
9	7.54	12.86	11.05	8.24	8.28	9.53	5.93	11.24	13.69	6.87	4.24	8.23	<u>14.39</u>
10	12.75	<u>70.11</u>	61.50	15.92	28.58	38.10	30.82	21.87	25.16	38.95	11.89	26.25	18.12
11	35.95	<u>70.14</u>	65.24	20.93	32.13	25.58	36.74	8.83	21.22	28.30	17.72	46.84	24.83
12	11.44	<u>114.54</u>	15.37	7.73	15.11	15.33	10.75	9.23	4.80	7.80	4.43	9.14	8.18
13	19.22	21.44	20.63	11.08	16.77	17.77	17.11	23.27	8.97	20.88	<u>27.85</u>	19.64	21.08
14	9.96	4.82	9.87	4.50	4.69	2.69	2.86	2.38	2.36	1.84	2.34	3.86	<u>38.84</u>
15	16.05	41.08	37.43	28.14	<u>42.51</u>	19.23	13.66	10.45	14.08	12.54	7.51	3.34	7.48
16	5.04	9.38	7.00	5.38	6.56	<u>9.90</u>	6.65	7.89	9.05	5.18	4.45	5.73	4.94
17	12.55	19.18	10.72	6.27	29.20	31.43	8.68	41.00	36.76	60.84	<u>62.80</u>	2.79	3.96
18	13.93	32.19	11.29	21.78	14.87	<u>48.14</u>	10.34	41.42	15.15	7.56	6.74	5.20	10.79
19	36.24	39.21	11.02	14.92	37.72	<u>51.72</u>	24.71	50.47	44.37	23.60	11.84	17.80	14.84
20	38.31	21.27	5.25	7.94	16.72	16.56	14.81	13.71	23.40	7.65	18.21	34.14	<u>61.80</u>
21	<u>40.77</u>	20.26	9.73	22.71	17.52	18.54	6.96	19.86	9.51	13.98	5.03	11.45	10.68
22	24.78	19.04	13.59	20.14	19.78	<u>25.76</u>	25.56	19.71	15.38	11.45	13.52	9.11	14.12
23	22.01	23.13	3.46	8.61	20.68	31.36	30.23	40.28	24.01	7.88	12.51	<u>43.83</u>	40.95

注：①为节省表格空间，此处使用序号代替具体行业名称，行业名称和序号的具体对应关系参见表7-8（B）。

②表中有下划线的数字为各产业年度转移力度的峰值。

表 7-8（B） 序号对应产业说明

序号	产业	序号	产业
1	橡胶和塑料制品业	13	医药制造业
2	农副食品加工业	14	化学纤维制造业
3	食品制造业	15	非金属矿物制品业
4	饮料制造业	16	黑色金属冶炼和压延加工业
5	纺织业	17	有色金属冶炼和压延加工业
6	纺织服装、服饰业、皮革、毛皮、羽毛及其制品和制鞋业	18	金属制品业
7	木材加工和木、竹、藤、棕、草制品业	19	通用设备制造业
8	家具制造业	20	专用设备制造业
9	造纸和纸制品业	21	交通运输设备制造业
10	印刷和记录媒介复制业	22	电气机械和器材制造业
11	石油加工、炼焦和核燃料加工业	23	计算机、通信和其他电子设备制造业
12	化学原料和化学制品制造业		

表 7-8 表明，在这个时间段内，大部分制造业的产业转移在时间分布上波动较大，大部分的产业转移主要集中在 2005 年、2009 年和 2016 年，23 个所考察的产业中有 14 个产业的峰值出现在这 3 年，占总考察产业数的 60.87%。如果各制造业对区域经济的发展的作用相同，则可以对表 7-8 的每列取均值，以反映制造业总体的年度转移程度。

如表 7-9 所示，产业转移最活跃的年度是 2005 年，其产业的平均转移程度也最大，产业转移最不活跃的年份是 2010～2013 年，其间没有出现产业转移高峰值。近年来产业转移又有活跃的趋势，2016 年出现了 4 个产业转移的峰值，在各个年份中位列第三。

表 7-9 制造业年度转移力度的数量特征

项目	2004年	2005年	2006年	2007年	2008年	2009年	2010年	2011年	2012年	2013年	2014年	2015年	2016年
n	3	5	1	0	2	5	0	0	0	0	2	1	4
$\bar{X}$	17.83	29.77	18.90	14.92	23.13	22.63	15.40	19.75	16.49	13.70	11.43	13.33	18.48

注：n 表示数值数；$\bar{X}$ 表示制造业总体的年度转移力度。

第三节 京津冀制造业产业转移效率的实证分析

一、产业转移效率的界定与评判标准

（一）产业转移效率的界定

本章所称的产业转移效率，主要是考察产业转移是否以及多大程度上促进了区际贸易发展，是否以及多大程度上扩大了产业集中度，是否以及多大程度上推动了产业结构的升级，是否以及多大程度上延续了地区内的产业优势。把这四个指标作为反映产业转移效率指标进行分析的原因如下：

1. 促进区际贸易发展

根据雁行产业理论，由于各地区的资源禀赋不同，从而导致各地区同一产业生产成本的不同，进而导致产业在地区间的转移，但是不改变各个地方的贸易模式。根据小岛第二模型，引起产业转移的对外直接投资分为两种：一种是"顺贸易"的；另一种是"逆贸易"的①。其"顺贸易"的对外直接投资带来的产业转移，会提高全球的产业生产效率和地区的产业竞争力。"逆贸易"的对外直接投资带来的产业转移，会阻碍全球产业生产效率的提高和区域产业竞争力的提高，即认为有效率的产业转移应当符合比较优势原理，并促进区际贸易发展，而不是减少区际贸易，这样产业转移才能促进产业竞争力的提高。因此可把是否促进了区际贸易发展作为评价产业转移效率的一个指标。

2. 扩大产业集中度

各个地区贸易量的扩大、地区间产业分工的完善，一般会促进地区生产的专业化，使得相关产业向能给其带来更大利益的地区转移，在这个地区内产业的集中度就会提高，从而产生规模经济效益。而"逆贸易"投资在会一定程度上导致生产区域的碎片化，即产业生产的分散，从而导致同质竞争，降低规模经济水平。因此高效的产业转移应该促进产业在生产上的集中，以达到最优规模经济。因此可把是否增加市场的集中度作为评判产业转移效率的一个标准。

3. 推动产业结构升级

产业转移一般是从发达地区转移到欠发达地区。有效率的产业转移应该符合

---

① Kojima, K. The "Flying Geese" Model of Asian Economic Development: Origin, Theoretical Extensions, and Regional Policy Implicy Implications. Journal of Asian Economics, 2000 (11): 375－401.

以下特点：对于发达地区而言，通过产业转移，释放了自身的生产要素，使得这些资源可以往自身具备优势的产业集中，促进产业结构优化，表现为某些产业在本地区的经济占比逐渐降低；对于欠发达地区而言，承接相关的产业转移，提高了自身的产业水平，发挥了自身的比较优势，从而优化了自身的产业结构，表现为某些产业在本地区的经济占比逐渐增高。上述产业转移过程中，发达地区和欠发达地区都发挥了自身的比较优势，都用有限的资源去发展了自己有优势的产业。因此是否推动产业结构升级可视为评判产业转移的指标之一。

4. 延续地区内产业优势

前面提到，产业转移一般是从发达地区转移到欠发达地区，但是欠发达地区不是唯一的。就京津冀地区而言，产业转移可以转向京津冀地区内部，也可以转出到京津冀之外。对于转出地而言，如北京，只要产业转出了，本地的资源就可以获得释放，去发展自己有比较优势的产业。对转入地而言，如果这个转入地在京津冀内部，如在河北省某个地级市，那么河北省的产业结构得到了升级，北京和河北都获得了产业转移的好处；如果这个转入地不在京津冀内部，那么京津冀地区只有北京获得了产业转移的好处。显而易见，在京津冀内部进行产业转移对京津冀带来的好处比较大，即效率比较高。因此可把是否延续了区域内的产业优势作为评判产业转移效率的指标之一。

（二）产业转移效率大小的评判标准

产业的转移可以分为两个阶段。假设有两个地区 A、B。开始时，A 地区的 1 产业处于比较优势地位，A 地区的 1 产业每年都向 B 地区出口。当 1 产业发展到一定阶段，已经不适应在 A 地区发展了，开始向 B 地区转移，这种转移会减少 A、B 地区的贸易量，因为产业转移到 B 地区以后，B 地区在 1 产业上开始逐步能够自给自足了，不需要进口了。这是产业转移的第一阶段，表现特征为两地间的贸易流量逐渐缩小。

当 B 地区该产业已经能完全自给后，1 产业还在由 A 地区转往 B 地区，B 地区开始向 A 地区出口 1 产业，这时候说明 B 地区在 1 产业的生产上处于比较优势地位，表现为两地贸易流量逐渐增大，这是产业转移的第二阶段。第二阶段的产业转移的效率比第一阶段要高，因为产业转移发展到第二个阶段，B 地区在 1 产业上的比较优势会越来越强。当两个产业区域贸易流量变化方向相同时，可以比较它们具体的数值，贸易流量增幅越大（或降幅越小）的产业转移效率较高。

二、京津冀制造业产业转移效率的测算

前面的分析已经初步识别了京津冀制造业转移的一些特征。接下来我们进一步探讨产业转移的效率。本章从产业竞争力的角度，从区际贸易程度、产业集中度、产业结构变化以及产业延续程度①四个方面对考察期范围内制造业产业转移最活跃的 10 个产业进行评价，从而得出京津冀地区制造业产业转移的效率。

（一）区际贸易程度

根据前面所述，如果区际的贸易量逐步降低，则表示产业转移还在第一阶段，如果各个地区间的贸易量逐步扩大，则说明产业转移处于第二阶段，第二阶段的产业转移效率比第一阶段要高。如果两个产业的贸易流量呈现出相同的变化趋势，贸易流量增幅大的（或降幅小的）产业转移效率较高。

在两地区封闭经济系统中，地区间的贸易流量会随着产业转移先降后增，但对于多地区经济系统来说产业转移和贸易流量的关系就不容易观察到，如经济增长也会带来需求增加，从而刺激生产增加，这个时期在贸易流量方面，经济增长占有一个重要的角色。这种情况下各种产业的贸易量也在增长，但不能据此说明是产业转移造成的，也可能是各个产业的需求增长导致的。为解决这一问题，可以利用地区间贸易流量的相对量来衡量产业转移对地区间贸易的影响。因为，如果需求是经济增长带来的，在地区之间没有发生产业转移的情况下，各地区之间的经济增长率应该是相同的，这是由于产业的总产量和区际贸易量的同比例增长，就会导致比值不变，这种情况下，比值变化了就可以断定发生了产业转移。这个比值可以称之为"产业转出率"，用 IX 表示，其计算公式如下：

$$IX_i = \frac{\sum\limits_{j+} X_{ij}}{\sum\limits_{j} S_{ij}} \qquad (7-21)$$

式（7-21）中的 X_{ij} 表示 j 地区 i 产业的出口量，S_{ij} 表示 j 地区 i 产业的总产量，用"工业销售产值"表示，IX_i 表示产业 i 的"产业转出率"，由于"区外"地区的"工业销售产值"未可知，所以本式仅对京津冀地区的产量和出口量进行计算。"j +"表示所有使得 X_{ij} 为正的 j，本公式右侧分子表示京津冀内部出口量为正的地区的出口量之和。

---

① 区际贸易程度、产业集中度、产业结构变化以及产业延续程度等指标含义参照郑鑫 2012 年的博士论文《产业转移识别与效率研究》的说法，笔者做了进一步推敲和筛选。

　　"产业转出率"表示的是京津冀地区 i 产业中用于出口到各地区的部分所占的比重,这个指标越大越能表示各地区之间的贸易活跃。这个指标变大说明产业转移促进了贸易规模的增加。如果比重减小,表示产业转移代替了区际贸易。

　　按照上述方法,计算京津冀地区 2003~2016 年区际转移最活跃的十大制造业的"产业转出率"。本章关于这些产业相关效率的测算均用它们的位序排名来代指它们的产业名称。

　　从表 7-10 可以看出,大部分产业的产业转出率都呈现出持续的下降趋势,个别产业已经结束下降阶段,步入了平稳或者上升阶段。为了更好地观察各产业"产业转出率"的特征,现计算出各产业"产业转出率"的均值、变异系数、年均变化指标。年均变化的测算采取线性回归的方法,同第二节,所得到的斜率即为"产业转出率年均变化",如表 7-11 所示。

表 7-10　　　　　　　　十大制造业产业转移率变化 (2003~2016 年)　　　　　　　单位: %

位序	2003年	2004年	2005年	2006年	2007年	2008年	2009年	2010年	2011年	2012年	2013年	2014年	2015年	2016年
1	39.05	36.13	25.03	15.88	16.66	15.54	9.45	11.07	11.43	13.06	16.47	16.38	16.67	13.88
2	45.24	43.01	28.20	38.99	33.54	29.60	24.11	25.04	27.00	30.47	31.86	31.85	29.62	31.59
3	22.61	24.41	21.35	22.39	24.48	18.41	18.27	16.60	16.24	12.05	10.67	7.69	8.75	6.62
4	33.05	32.70	38.24	35.92	35.96	32.47	28.91	25.16	25.39	27.59	27.95	29.10	29.27	31.53
5	63.72	60.68	64.06	64.92	64.15	56.08	44.65	35.53	24.31	31.54	31.76	26.90	19.73	4.36
6	56.21	50.20	44.91	42.08	40.19	36.95	34.86	32.60	28.86	28.01	24.44	19.77	16.32	15.29
7	52.52	51.11	49.41	42.37	38.08	24.09	30.01	27.34	46.67	49.79	49.80	51.31	48.67	60.00
8	28.60	26.76	19.46	17.42	18.94	16.89	12.34	17.57	14.32	14.63	12.76	13.11	15.43	14.12
9	131.00	117.72	114.64	115.99	97.50	71.98	64.55	66.51	72.32	62.66	63.70	63.68	60.34	58.54
10	29.86	21.56	31.17	23.80	23.12	18.16	19.73	25.48	27.51	23.64	28.39	23.03	31.09	29.65

　　注: 各数字代表的行业见表 7-11 产业一栏文字说明,以下同此。

表 7 - 11　　　　　　十大制造业产业转出率特征表（2003 ~ 2016 年）

产业	均值	变异系数	年均变化
饮料制造业	18. 34	0. 49	- 1. 41
印刷和记录媒介复制业	32. 15	0. 20	- 0. 80
非金属矿物制品业	16. 47	0. 38	- 1. 44
通用设备制造业	30. 94	0. 13	- 0. 58
计算机、通信和其他电子设备制造业	42. 31	0. 47	- 4. 52
医药制造业	33. 62	0. 37	- 2. 95
食品制造业	44. 37	0. 24	0. 58
化学原料和化学制品制造业	17. 31	0. 29	- 0. 94
纺织服装、服饰业、皮革、毛皮、羽毛及其制品和制鞋业	82. 94	0. 32	- 5. 65
石油加工、炼焦和核燃料加工业	25. 44	0. 17	0. 21

注：表中"均值"和"年均变化"均为百分数。

从表 7 - 11 可以看出，十大产业中区际贸易最活跃的是纺织服装、服饰业、皮革、毛皮、羽毛及其制品和制鞋业。其产业转出率均值为 82.94，最不活跃的产业是非金属矿物制品业，其产业转出率均值为 16.47。但是，产业间的产业转出率不具有可比性，因为各个产业的特点是不同的。

变异系数最大的是饮料制造业为 0.49，变异系数最小的是通用设备制造业为 0.13。从年均变化来看，大部分产业的年均变化为负数，说明大部分产业的区际转移效率较低，最低的是纺织服装、服饰业、皮革、毛皮、羽毛及其制品和制鞋业。石油加工、炼焦和核燃料加工业与食品制造业年均变化为正，这两个产业的转移效率也是最高的。

（二）产业集中程度

就区域产业转移而言，产业集中程度趋于下降说明该产业在产业转移的第一阶段，即两地间的贸易流量逐渐缩小；产业集中程度趋于上升说明该产业处于产业转移的第二阶段，即两地间的贸易流量逐渐增大。第二阶段的产业转移效率比第一阶段要高。如果两个产业的产业集中程度呈现出相同的变化趋势时，产业集中程度增幅大的（或降幅小的），产业转移效率较高。

产业空间集中的程度可以用洛伦兹曲线表示，如图 7 - 4 所示。

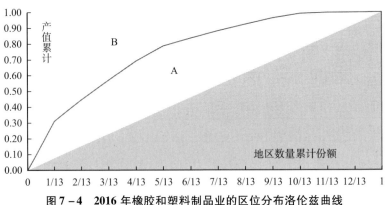

图 7 - 4　2016 年橡胶和塑料制品业的区位分布洛伦兹曲线

图 7 - 4 为 2016 年橡胶和塑料制品业的区位分布洛伦兹曲线，其绘制原理和一般洛伦兹曲线的绘制方法相同。即先计算出各地区橡胶和塑料制品业在京津冀地区的产业份额，然后按照份额的大小排列，最后各个地区的区位份额都相等，即均为 1/13，以地区份额为横坐标，以产业份额为纵坐标进行绘图。绘制的洛伦兹曲线与对角线（绝对平均线）围成的面积为 A，洛伦兹曲线与正方形左上部分围成的区域面积为 B。A 面积越大产业越集中。所以可以用洛伦兹曲线偏离对角线的程度估计产业区域分布的集中程度，其公式表示如下：

$$G = \frac{A}{A + B} \qquad (7 - 22)$$

式（7 - 22）为基尼系数，在实际应用中，需要用到"区间基尼系数"进行估算：

$$LG_i = \frac{1}{2n^2 \mu} \sum_{j=1}^{n} \sum_{h=1}^{n} |s_{ij} - s_{ih}| \qquad (7 - 23)$$

式（7 - 23）中的 n 为地区数量，由于此处不统计"区外"，故只有京津冀地区的 13 个统计单元。s_{ij} 和 s_{ih} 分别表示地区 j 和 h，i 产业产值占京津冀的产业份额。μ 为京津冀地区产值份额的均值。LG_i 表示 i 产业的"区位基尼系数"。

通过分析产业区位基尼系数的变化，可以识别出该产业在 2003 ~ 2016 年的产业集中程度变化情况，"区位基尼系数"提高越多，说明这个产业的转移带来的产业集中程度越高，"区位基尼系数"缩小越多说明其产业转移带来的产业集中程度越低。

表 7 - 12 是用式（7 - 23）计算出来的产业转移最活跃的十大制造业区位基尼系数，表中数据显示，有 7 个产业的区位基尼系数都呈现出下降的趋势，1 个上升，2 个基本持平。总体上看说明京津冀的产业转移带来的产业集中程度在降低。

表 7 - 12　　　　　　　　十大制造业区位基尼系数（2003 ~ 2016 年）

位序	2003年	2004年	2005年	2006年	2007年	2008年	2009年	2010年	2011年	2012年	2013年	2014年	2015年	2016年
1	0.56	0.57	0.58	0.58	0.54	0.54	0.52	0.50	0.53	0.49	0.49	0.48	0.48	0.48
2	0.78	0.78	0.77	0.75	0.74	0.71	0.71	0.68	0.67	0.64	0.58	0.56	0.56	0.56
3	0.48	0.48	0.48	0.49	0.48	0.50	0.49	0.46	0.48	0.44	0.43	0.41	0.40	0.40
4	0.67	0.64	0.60	0.59	0.60	0.59	0.57	0.54	0.56	0.55	0.55	0.54	0.56	0.55
5	0.84	0.85	0.84	0.84	0.85	0.85	0.84	0.83	0.82	0.82	0.83	0.82	0.81	0.79
6	0.69	0.68	0.68	0.68	0.69	0.69	0.70	0.69	0.69	0.70	0.70	0.69	0.69	0.70
7	0.61	0.60	0.61	0.58	0.56	0.50	0.53	0.54	0.61	0.62	0.62	0.62	0.60	0.62
8	0.63	0.62	0.54	0.52	0.52	0.54	0.53	0.55	0.56	0.55	0.55	0.56	0.56	0.58
9	0.64	0.58	0.62	0.64	0.67	0.68	0.68	0.67	0.68	0.67	0.68	0.68	0.69	0.70
10	0.76	0.71	0.73	0.69	0.67	0.64	0.62	0.63	0.63	0.60	0.68	0.65	0.66	0.65

为了更全面地评估京津冀产业转移带来的产业集中程度的变化。我们再计算出十大制造业的区位基尼系数的均值、变异系数、年均变化指标。

如表 7 - 13 所示，从十大制造业的区位基尼系数的均值来看，集中度最高的是计算机、通信和其他电子设备制造业，均值达到了 83.08。区位基尼系数变化程度最大的是印刷和记录媒介复制业，其变异系数为 0.13。十大制造业的年均变化大部分为负，说明在考察期内总体上京津冀产业的集中程度是趋于降低的，也就是趋于分散的。一方面，这反映出了该地区京津尤其是北京向河北产业转移的进程；另一方面，也反映出京津的产业转移还没有促成向河北某地的产业集中。

表 7 - 13   十大制造业区位基尼系数数据特征（2003 ~ 2016 年）

产业	均值	变异系数	年均变化
饮料制造业	52.35	0.07	- 0.85
印刷和记录媒介复制业	67.71	0.13	- 1.99
非金属矿物制品业	45.91	0.08	- 0.71
通用设备制造业	57.97	0.07	- 0.79
计算机、通信和其他电子设备制造业	83.08	0.02	- 0.35
医药制造业	69.19	0.01	0.11
食品制造业	58.64	0.07	0.27
化学原料和化学制品制造业	55.62	0.06	- 0.18
纺织服装、服饰业、皮革、毛皮、羽毛及其制品和制鞋业	66.28	0.05	0.61
石油加工、炼焦和核燃料加工业	66.45	0.07	- 0.68

注：表中"均值"和"年均变化"均为百分数。

（三）产业结构变化程度

产业转移对转入区和转出区都有积极影响，有利于优化两地的产业结构。但产业结构是多种产业的相对变化推动的。产业转移对相关地区最直观的影响就是产业份额的变化。因此我们可以通过对发生转移的产业在转入和转出地区的产业份额的变化来对其做出评价。某地区的某个产业在该地区的比较优势已经弱化则应该把该产业转出到有比较优势的地区，这样产业转入区的该产业在这个地区所有产业份额中的占比就会随着产业转移逐步提高，而转出地该产业的占比则相应减小，如果一个产业的转移符合这个规律，则认为其产业转移效率是高的，而且变化幅度越大效率越高，反之则是低的。

各个产业的转入与转出区的数据已经列示于附录中，现在我们加以整理，识别出十大产业的主要转出和转入地区，如表 7 - 14 所示。

表 7 - 14   十大制造业主要转入和主要转出地区（2003 ~ 2016 年）

位序	主要转出区	主要转入区
1	秦皇岛、承德、北京、天津	邯郸、区外
2	北京、天津	石家庄、邢台、保定、廊坊、区外
3	石家庄、唐山、秦皇岛、北京、天津	区外

续表

位序	主要转出区	主要转入区
4	北京、天津	邯郸、邢台、廊坊、区外
5	唐山、北京、天津	区外
6	唐山、北京、天津	区外
7	石家庄、唐山、廊坊、北京	邯郸、保定、天津、区外
8	北京、天津	区外
9	唐山、北京、天津	石家庄、区外
10	石家庄、北京、天津	唐山、邢台、沧州、区外

注：主要转入或转出区以其总转移程度的绝对值是否大于10来判定。

现根据前面的思路来计算在考察期内十大产业在主要转出区和主要转入区内该产业占该地区经济（GDP）的比重。如表7-15、表7-16所示。

表7-15　　　　转出地区十大制造业产业占比（2003~2016年）　　单位：%

位序	2003年	2004年	2005年	2006年	2007年	2008年	2009年	2010年	2011年	2012年	2013年	2014年	2015年	2016年
1	1.89	1.70	1.76	1.67	1.59	1.55	1.46	1.33	1.42	1.33	1.20	1.15	0.99	0.97
2	1.07	0.92	0.90	0.93	0.85	0.85	0.78	0.73	0.58	0.54	0.59	0.58	0.55	0.51
3	3.45	3.66	3.71	4.00	4.13	4.35	4.38	4.40	4.38	4.06	3.94	3.72	3.35	3.16
4	4.27	4.14	4.28	4.53	4.99	5.46	5.00	5.36	5.20	4.33	4.31	4.33	4.16	3.92
5	21.35	22.62	25.69	28.29	25.76	18.95	15.02	14.05	12.20	12.43	12.86	12.12	10.04	7.81
6	2.37	2.26	2.09	2.02	2.05	2.07	2.31	2.32	2.28	2.51	2.62	2.59	2.60	2.63
7	2.11	2.13	2.59	2.56	2.45	1.63	1.72	1.55	1.63	1.64	1.60	1.70	1.70	1.64
8	7.65	8.41	5.23	5.11	5.20	4.89	4.05	5.35	5.53	4.97	4.76	4.76	4.15	3.92
9	1.94	1.50	1.66	1.35	1.14	1.03	1.23	1.20	1.17	1.34	1.30	1.21	1.26	1.30
10	5.62	6.01	8.94	8.19	7.49	7.31	5.85	7.74	7.93	6.95	5.75	5.25	4.99	4.24

表 7-16　　　　　　　转入地区十大制造业产业占比（2003～2016 年）　　　　单位：%

位序	2003年	2004年	2005年	2006年	2007年	2008年	2009年	2010年	2011年	2012年	2013年	2014年	2015年	2016年
1	0.27	0.22	0.20	0.21	0.27	0.39	0.57	0.78	0.34	0.99	1.18	1.36	1.27	1.40
2	0.58	0.58	0.77	1.01	0.99	1.08	1.08	1.38	1.43	1.68	2.15	2.27	2.12	2.23
3	0.00	0.00	0.00	0.00	0.00	0.00	0.00	0.00	0.00	0.00	0.00	0.00	0.00	0.00
4	1.40	1.79	2.35	2.69	3.08	3.74	4.42	5.27	6.57	5.72	6.44	6.88	6.78	7.03
5	0.00	0.00	0.00	0.00	0.00	0.00	0.00	0.00	0.00	0.00	0.00	0.00	0.00	0.00
6	0.00	0.00	0.00	0.00	0.00	0.00	0.00	0.00	0.00	0.00	0.00	0.00	0.00	0.00
7	1.28	1.38	1.55	1.41	1.51	1.77	2.60	2.95	5.15	5.81	6.08	6.52	6.47	9.50
8	0.00	0.00	0.00	0.00	0.00	0.00	0.00	0.00	0.00	0.00	0.00	0.00	0.00	0.00
9	8.54	8.26	9.92	11.27	12.61	13.67	14.72	15.71	17.36	17.96	19.58	20.81	21.19	20.14
10	3.06	4.70	6.88	8.76	9.47	11.75	11.36	12.85	14.54	14.84	13.67	12.58	10.29	9.52

注：因本表统计范围不包括区外，数字为"0"是因为该产业主要转入地只有区外。

从表 7-15、表 7-16 可以看出，大部分产业在转出地的产业份额都呈现出下降趋势，在转入地的产业份额都呈现出上升趋势。其中计算机、通信和其他电子设备制造业在转出地的产业份额下降最大，14 年间从 21.35% 下降到了 7.81%。纺织服装、服饰业、皮革、毛皮、羽毛及其制品和制鞋业在转入地的产业份额上升最多，14 年间从 8.54% 上升到了 20.14%。

为了更好地考察这十大制造业产业转移的产业结构变化情况，我们接着分析转出地与转入地的各产业在当地经济比重的均值、变异系数以及年均变化。其中，变异系数的大小，能反映出这段时间内数据的波动程度，数值越大说明这段时期内所考察的产业，在这个地区所有产业中的占比变化比较大。其结果如表 7-17 所示。

表 7-17　　十大制造业占主要转移地区经济比重的数量特征（2003～2016 年）

位序	均值		变异系数		年均变化		
	主要转出区	主要转入区	主要转出区	主要转入区	主要转出区	主要转入区	主要转移区
1	1.43	0.67	0.20	0.70	-0.07	0.10	0.17
2	0.74	1.38	0.25	0.44	-0.04	0.14	0.18

续表

位序	均值		变异系数		年均变化		
	主要转出区	主要转入区	主要转出区	主要转入区	主要转出区	主要转入区	主要转移区
3	3.91	0.00	0.11	0	-0.02	0.00	0.02
4	4.59	4.58	0.11	0.45	-0.02	0.48	0.50
5	17.09	0.00	0.39	0	-1.39	0.00	1.39
6	2.34	0.00	0.10	0	0.04	0.00	-0.04
7	1.90	3.86	0.20	0.69	-0.07	0.60	0.67
8	5.28	0.00	0.24	0	-0.22	0.00	0.22
9	1.33	15.12	0.18	0.30	-0.03	1.07	1.10
10	6.59	10.30	0.21	0.34	-0.17	0.59	0.76

注：表中"均值"和"年均变化"的单位为百分数。

从均值的比较来看，序列排名第九的产业（纺织服装、服饰业、皮革、毛皮、羽毛及其制品和制鞋业）和序列排名第十的产业（石油加工、炼焦和核燃料加工业）主要转入地的该产业比重比主要转出地该产业比重要高很多，说明这两个产业对主要转入地的经济推动作用较强。这两个产业的转移促进了转入地与转出地的产业结构优化。

从变异系数来看，主要转入地与主要转出区产业比重变化最大的产业是序列排名第一的产业（饮料制造业）和序列排名第二的产业（印刷和记录媒介复制业），说明在考察期内，不同年份之中，各个地区这两个产业在本地所有产业中的占比波动幅度较大。

年均变化上来看，主要转出区除了序列排名第六的产业（医药制造业）外，其余产业的值都为负数，这说明医药制造业在主要转出区的经济占比还在逐步提高，产业转移没有促进产转出区的产业结构优化。主要转入区的年均变化值均非负数，说明产业的转入对当地产业结构的调整有积极作用。

用主要转入区的年均变化值减去主要转出区的年均变化值得到"主要转移区"的年均变化值。以此来综合分析产业转移带来的产业优化效果。根据比较优势原理，产业在主要转出区的比重应该逐渐下降，在主要转入区的比重应该逐渐上升，所以上述差值表示的应该是产业结构调整的净效应。根据计算结果，序列排名第五的产业（计算机、通信和其他电子设备制造业）和序列排名第九的产业（纺织服装、服饰业、皮革、毛皮、羽毛及其制品和制鞋业）产业转移效率最高。

序列排名第六的产业（医药制造业）主要转移区的年均变化为负，说明其产业转移效率最低。

（四）产业延续程度

这里的产业延续是指一个产业在京津冀"区内"的延续。一个产业转移到"区外"，即该产业需要从"区外"进口的比重越来越大，或者出口到"区外"的比重越来越小，则意味着该产业延续程度是低的，反之则高。本部分的产业延续程度的测算要涉及"区外"部分，因为全球是一个开放的经济系统，我们主要研究的十大制造业其主要转出地都包括"区外"，因此从产业延续的角度研究京津冀产业转移的效率就很有必要。

产业延续程度可通过"区外"的贸易地位系数的变化来考察，因为贸易地位系数反映的是一个地区相关产业在所有地区间贸易净流量中的份额，所有"区外"的贸易地位系数可以看作区际贸易（京津冀与"区外"之间的贸易）在京津冀地区贸易市场中的份额占比，也可视为京津冀地区对"区外"地区的贸易依赖程度。在一段时期内，如果"区外"的贸易地位系数减少，就说明京津冀地区对"区外"的进口依赖减少，或者出口比重增加，这都是京津冀产业竞争力提升的表现，也反映了京津冀地区的产业转移主要是在内部进行的。相反，如果一段时期内，"区外"的贸易地位系数增加，就说明京津冀地区对"区外"的进口依赖增强，或者出口比重下降，这都是京津冀地区产业竞争力下降的表现，也反映出产业转移的主要方向是向"区外"。

当对两个产业的产业延续程度进行比较时，需要分析这两个产业的"区外"贸易地位系数，当这两个产业的"区外"贸易地位系数变化方向不同时，"区外"贸易地位系数逐渐减小的产业，其产业延续程度较高；当两个产业的"区外"贸易地位系数变化方向相同时，则比较两个产业的"区外"贸易地位系数的变化程度，下降幅度较大的产业延续程度较高，反之较低。

表7-18列出了十大制造业"区外"贸易地位系数的年均转移程度，从表中得知，在这十大制造业中，"区外"都处于一个出口的地位，即京津冀地区的这十大制造业都需要从"区外"大量的进口，产业转移的方向是京津冀往"区外"转移。"区外"贸易地位系数最高的是饮料制造业，根据前面的评判标准，其产业延续程度也是最低的。"区外"贸易地位系数最低的是石油加工、炼焦和核燃料加工业，其产业延续程度也是最高的。

表 7 − 18　　　　十大制造业区外地区的年均转移程度（2003 ~ 2016 年）

产业	年均转移程度（K_{if}）
饮料制造业	12.08
印刷和记录媒介复制业	6.60
非金属矿物制品业	12.07
通用设备制造业	7.60
计算机、通信和其他电子设备制造业	11.36
医药制造业	11.02
食品制造业	4.67
化学原料和化学制品制造业	7.53
纺织服装、服饰业、皮革、毛皮、羽毛及其制品和制鞋业	5.23
石油加工、炼焦和核燃料加工业	2.21

注：表中数据均为百分数。

（五）京津冀制造业产业转移的效率

经过前面四个指标的测算我们得出，京津冀产业转移的区际贸易程度、产业集中程度和产业延续程度较低，产业转移的产业结构优化程度较高。总体来看，京津冀地区的产业转移在推动区际贸易发展、产业集中、产业延续方面发挥作用不大，这在一定程度上削弱了产业的竞争力，产业转移的效率还有进一步提升的空间。

为了全面地分析京津冀产业转移的效率，现综合以上四种指标，对产业转移的效率进行评价。前文对产业转移的各种指标的测算都使用了年均变化，这个年均变化可以反映出效率值，现把这几种指标的年均变化总结到同一个表格，见表 7 − 19。

表 7 − 19　　　　十大制造业各种产业转移效率指标（2003 ~ 2016 年）

位序	区域贸易程度	产业集中程度	产业结构变化程度	产业延续程度
1	− 1.41	− 0.85	0.17	12.08
2	− 0.80	− 1.99	0.18	6.60
3	− 1.44	− 0.71	0.02	12.07
4	− 0.58	− 0.79	0.50	7.60

位序	区域贸易程度	产业集中程度	产业结构变化程度	产业延续程度
5	-4.52	-0.35	1.39	11.36
6	-2.95	0.11	-0.04	11.02
7	0.58	0.27	0.67	4.67
8	-0.94	-0.18	0.22	7.53
9	-5.65	0.61	1.10	5.23
10	0.21	-0.68	0.76	2.21

注：表中数据为百分数。

表7-19列示的4种指标之间并没有可比性，因为其大小表示的含义并不相同。产业集中程度、区际贸易程度和产业结构变化程度的指标值越小表示效率越低，但是产业延续程度的指标值越小表示效率越高。

现在我们对表7-19的指标进行处理。首先，统一指标值的大小含义，因为只有产业延续程度的指标值越小表示效率越高，现在把产业延续程度的指标值乘以 -1，这样变换后的产业延续程度的大小表示的效率高低就和另三个指标相同了。其次，把这几种指标标准化，进行下列变化：

$$E_{ij}^* = \frac{E_{ij} - E_{min\,j}}{E_{max\,j} - E_{min\,j}} \qquad (7-24)$$

式（7-24）中，E_{ij} 表示 i 产业第 j 种指标值，$E_{max\,j}$ 表示第 j 种指标的最大值，$E_{min\,j}$ 表示第 j 种指标的最小值，E_{ij}^* 即为 i 产业第 j 种指标标准化后的值，这样所有的指标都会介于 0 到 1 之间，其数值的大小反映了不同产业在该产业转移效率上的相对高低。经过上式变换，我们得到表7-20。

表7-20　　　　十大制造业各种产业转移效率可比指标（2003~2016年）

位序	区域贸易效率	规模经济效率	产业结构效率	产业延续效率
1	0.681	0.438	0.147	0.000
2	0.778	0.000	0.154	0.555
3	0.676	0.492	0.042	0.001
4	0.814	0.462	0.378	0.454
5	0.181	0.631	1.000	0.073

续表

位序	区域贸易效率	规模经济效率	产业结构效率	产业延续效率
6	0.433	0.808	0.000	0.107
7	1.000	0.869	0.497	0.751
8	0.756	0.696	0.182	0.461
9	0.000	1.000	0.797	0.694
10	0.941	0.504	0.559	1.000

　　表 7 - 20 中的各产业的不同转移指标之间就有了可比性，为了得出产业转移效率，我们可以赋予不同的指标一定的权重，然后把这些指标加权平均，就能得出某个产业的产业转移效率，其取值范围为 [0, 1]，数字越大所表示的效率就越高。

　　我们把不同的指标赋予相同的权重，即各个指标的权重都为 0.25。因为这几种指标很难说哪个更重要一些。根据上述计算原则我们计算出各产业的转移效率，如图 7 - 5 所示。

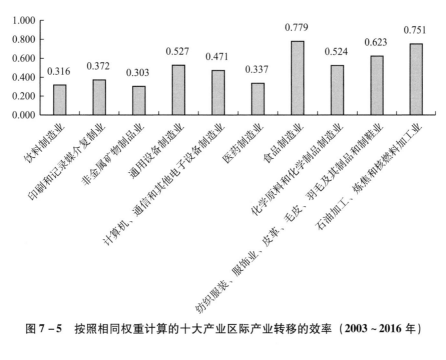

图 7 - 5　按照相同权重计算的十大产业区际产业转移的效率 （2003 ~ 2016 年）

从图7-5可以看出，京津冀产业转移效率最高的是食品制造业和石油加工、炼焦和核燃料加工业。产业转移效率最低的是非金属矿物制造业、饮料制造业和医药制造业。不同产业间的产业转移效率差异较大。

三、京津冀制造业产业转移中存在的问题

总体来看，京津冀产业转移促进了区域间的经济合作，对区域经济的协调健康发展起到了重要作用。但通过前面的分析可以发现，在京津冀产业转移中仍然存在着一些问题，这些问题的存在制约着该区域的协同发展。

（一）存在问题

（1）一些高技术含量的制造业，如计算机、通信和其他电子设备制造业及医药制造业从北京、天津、唐山转移到了"区外"，这些产业没能转移到河北省内其他地市。河北省承接的产业多是一些劳动密集型、资源密集型的产业，说明河北省承接产业转移更多的是依靠自身的廉价劳动力、资源禀赋，而这些产业对河北省产业结构升级和自身技术优势培育都难以起到关键支撑作用。

（2）京津冀制造业产业转移的去向区域不均匀。在京津冀内部，制造业主要转移到了石家庄、邯郸等地区，而衡水、承德等地区在产业转移中所扮演的角色很弱。这会导致河北省各地区之间产业发展程度的差异变大，并进一步拉开彼此之间的经济差距，从而导致京津冀地区经济发展的不均衡。

（3）京津冀之外的地区即"区外"，是产业转移最活跃的十大制造业的主要转入区，并且其中四个制造业的主要目标区只有"区外"，说明河北省没有发挥好毗邻京津的地理位置优势，以更多地承接北京、天津的制造业产业转移。

（4）京津冀地区产业转移在年度分布上不平稳，说明京津冀地区的产业转移程度在不同年份之间波动很大，各地间稳定协作的机制尚未达成，产业转移的对接机制也尚不完善。

（5）整体上来看，京津冀地区的制造业产业转移效率仍然较低，尚处于产业转移的第一阶段。产业转移的低效率会拖慢京津冀一体化的进程，对京津冀产业结构的升级也有不利的影响。

（二）成因分析

经过前面的分析可知，京津冀尚处于产业转移的初级阶段，这一阶段的产业转移效率较低，还没有形成良好的区域经济、产业、要素协同发展的局面。一是因为京津冀的协同机制尚不完善，京津冀产业经济发展的阶段不同，经济水平差异巨大，目前还没有形成如长三角和珠三角一样的协同发展。二是人才素质的落

后限制了河北省承接产业转移的能力，导致产业大量向"区外"转移；如河北省的教育方面和北京、天津存在着巨大的差异。同时高端人才和技能性劳动力的缺失，使得河北省在承接高端制造业方面力不从心。三是河北省在产业链和总体竞争力上的"马太效应"，使其未能承接一些京津转移的高技术产业。

第四节　结论与对策建议

一、研究结论

（1）从产业结构来看，根据克鲁格曼专业化指数的测度，京津冀地区的产业在一定程度上存在趋同的情况；而在所测度的产业当中，京津冀地区差异化最明显的是制造业。

（2）从产业维度上来看，制造业产业转移最活跃的前十大产业分别是饮料制造业，印刷和记录媒介复制业，非金属矿物制品业，通用设备制造业、计算机、通信和其他电子设备制造业，医药制造业，食品制造业，化学原料和化学制品制造业，纺织服装、服饰业、皮革、毛皮、羽毛及其制品和制鞋业，石油加工、炼焦和核燃料加工业。

（3）从产业转移的地区维度上来看，产业转移最活跃的十大制造业主要的转移方向都是"区外"，说明京津冀整体上在向"区外"转移制造业，而且转移的程度很大。往外转移产业最多的是北京、天津和唐山；京津冀内部承接产业转移最多的是邯郸和石家庄，京津冀内部衡水和承德在产业转移中的参与度最低。由此可见，京津冀内部在产业转移中承担的角色有很大差异，产业转移在空间分布上不均衡。

（4）从产业转移的时间维度上来看不够稳定和均衡。产业转移的高峰集中在2005年、2009年和2016年。2007年、2010～2013年产业转移不活跃，没有出现产业转移的高峰。从各产业2004～2016年的转移程度上来看，不同年份之间差异明显，这说明从时间序列上产业转移并不是平稳推进的。

（5）通过对十大制造业的产业效率指标的测算，发现京津冀产业转移尚处于初级阶段，产业转移的效率较低。其中产业转移效率最高的是食品制造业与石油加工、炼焦和核燃料加工业。产业转移效率最低的有非金属矿物制造业、饮料制造业和医药制造业。不同的产业间产业转移效率差异较大。

二、对策建议

(一) 充分发挥政府的调节机制

针对京津冀制造业的产业转移在时间态势上不平稳的问题,政府可以充分发挥引导协调的作用,把"有形的手"和"无形的手"结合起来,把握京津冀产业转移过程中的关键点,建立更有效的协调机制。通过三地协作与协调机制,及时发现问题、解决问题,完善对接机制,为京津冀的产业转移创造更好条件;同时,实时追踪行业发展态势,加大对转移项目的督导程度,推进项目的平稳实施落地。

针对产业转移效率较低的问题,政府应该创造条件,破除地方政府的各项贸易壁垒,实施有利于提高产业转移效率的税收、产业政策。政府应主动深入企业内部,了解各产业企业的诉求,帮助企业解决异地设厂的土地、资金等问题。此外,各地区政府应该依据自身的比较优势而合理筹划,并综合考虑资源环境承载力等因素,切实提高产业转移效率。

(二) 加快落后地区共建园区的建设

京津冀各地区参与产业转移的程度不同,有的地区在产业转移中表现得很活跃,如北京、天津、唐山、石家庄;有的地区在产业转移中的作用还有待进一步发挥,如承德、邢台。因此应根据当地的产业与要素优势,适度引导相关产业向承德、邢台等地区转移,以促进其产业结构升级,缩小区域差距。而吸引产业转移的一个有效方法就是共建产业园。共建园区是带动区域经济协调发展、实现开放共享的强大引擎,共建园区可减少要素流通壁垒,促进技术交流进步。推动落后地区共建园区的建设,完善承接产业转移所需要的各项配套设施,可以吸引产业的转入。例如,衡水、承德可以与北京、天津,共建产业园,开展省市级层面的直接对接合作。

(三) 推进人才队伍建设及流动

产业转移的核心是技术与人才的转移。因此京津冀应制定相应政策鼓励人才的跨区域流动,实现人力资源在京津冀区域的优化配置。尤其是河北省应当进一步出台吸引人才的配套政策,加强人才队伍建设,以解决承接高技术含量制造业能力不足的问题。具体来说:一是搭建人才交流平台,促进企业和学校合作,这样既可以提高公司的研究能力,也可以锻炼一批高素质的人才队伍;二是充分发挥劳动技能培训学校作用,通过劳动技能教育,提高劳动者的素质,使劳动者素质能够满足高技术制造业的人才要求;三是加大人才引进力度,出台各项优惠政策，增强对人才的吸引力。

（四）提高河北省制造业产业承接能力

前面的分析发现，京津冀地区的制造业在大规模向"区外"转移，河北省作为京津的近邻，吸引相关产业的入驻量与预期仍有较大差距，其原因之一是其产业承接能力不强。河北省应进一步完善产业链体系，注重产业的合理分工和上下游联动，提高河北省的产业承接能力。

下篇
首都城市群
协同发展与突破

第八章　基于协同发展的首都
　　　　城市群实证及比较分析

　　首都城市群是以首都城市作为中心城市的特殊城市群。首都城市群具备了一般城市群所具有的共同特点，如城市群的动态化、开放性、城市结构的有序性、城市结构体系的完整性、内部资源信息的共享性等。这些特点使首都城市群内部的各个城市根据自身的区位优势、资源优势、产业优势等，通过相互之间的竞争和合作，形成城市间产业分工明确、城市各具经济特色的城市组合体，实现首都城市群经济的整体发展，从而使首都城市群成为其所在区域的经济中心。

　　同时，首都城市群也具有自己的特性。在首都城市群中，首都城市承担着全国的政治中心职能与文化中心职能，其发展应以政治方面与文化方面为重点，以期发展成为全国性的政治服务型、文化服务型城市。所以首都城市在首都城市群体系中会扮演着特殊的角色，即首都城市在首都城市群中承担着政治中心与文化中心的角色，为首都城市群提供政治服务与文化服务。同时，又因为首都城市是整个国家的政治中心与文化中心，所以首都城市群也随之成为全国的政治中心与文化中心，承担起全国性的政治服务职能与文化服务职能。

　　因此，首都城市群兼具了政治中心职能、文化中心职能、部分经济职能。这三个职能相互作用，共同促进首都城市群的全面发展。政治中心职能为首都城市群提供政治支持、稳定首都城市群的社会生活环境；文化中心职能为首都城市群提供不竭的智力支持与精神动力，全面提升首都城市群的文化软实力；部分经济职能为首都城市群提供物质保障与支持，为其奠定坚实的物质基础。政治中心职能、文化中心职能、经济职能的协调一致将有力地推动首都城市群，甚至是整个国家的综合发展。

　　由于首都城市的存在，首都城市群成为城市群的一种特殊形态。因此，首都城市群的分类应该围绕首都城市进行。首都城市主要包括两种类型：单功能首都城市与多功能首都城市。以首都城市的分类为基础，首都城市群也分为两种类型,即单功能首都城市群与多功能首都城市群。①

(一) 单功能首都城市群

单功能首都城市群是指包含单功能首都城市的首都城市群。即在单功能首都城市群中,首都城市更加重视对政治方面、文化方面的发展,通过不断地强化政治中心职能、文化中心职能,达到参与整个国家经济、社会发展的目的,并为整个首都城市群提供高质的政治服务、文化服务。世界上主要的单功能首都城市群有:华盛顿首都城市群、堪培拉首都城市群、渥太华首都城市群等。

(二) 多功能首都城市群

多功能首都城市群是指包含多功能首都城市的首都城市群。在该类城市群中,首都城市重视自身政治、文化、经济等方面的综合作用。在多功能首都城市群中,首都城市凭借自身综合性的优势参与首都城市群的分工与协作,并为整个首都城市群提供高效服务。世界上主要的首都城市群有:东京、伦敦、巴黎、柏林、首尔、罗马等。

我国的首都城市群位于京津冀区域群。具体包括北京市、天津市 2 个直辖市和河北省的石家庄市、承德市、唐山市、保定市、张家口市、沧州市、廊坊市、秦皇岛市。与国外其他首都城市群相比,我国首都城市群在取得快速发展的同时也暴露出一些问题,这些问题严重影响着京津冀的健康发展。这些问题主要表现为:一是内部城市的相互联系不够紧密,主要体现在京津冀各城市产业结构仍不同程度存在趋同、京津核心城市扩散辐射作用尚未完全发挥出来、城市层级结构不合理内部分化严重、城市之间发展不平衡等方面;二是生态环境压力巨大,京津冀产业与人口的过度集聚极大地增加了水源、地质、交通、空气质量等的压力,同时,由于北京市、天津市、河北省三地的经济实力差距较大,各个地区对环境保护、环境污染治理的力度不同且缺乏统筹协调,这又在一定程度上加剧了首都城市群生态环境问题的严峻性。

本章旨在构建首都城市群的评价指标体系,针对首都城市群的发展进行测评,并对我国首都城市群与日本东京城市群进行比较分析。

---

① 戴宏伟,宋晓东. 首都城市发展模式的比较分析及启示 [J]. 城市发展研究,2013 (6):87-93.

第一节　首都城市群评价指标体系的构建

一、相关研究综述

我们从城镇体系、产业结构、城镇化三个角度针对首都城市群构建评价指标体系。具体来说，学术界从以下三个方面对城市群的评价指标体系进行了研究。

（一）关于城镇结构体系评价指标体系的相关研究

冷霓（2006）从城镇体系整体规模发育度方面、经济发展水平方面、基础设施构建水平方面、城镇体系产业发展水平方面、城镇间相互作用度方面、城乡统筹度方面，对我国14个省份的城镇体系深入研究，并进行综合评价分析。王秀芬（2010）选择人口指标（市区非农业人口等）、经济指标（城市 GDP 总产值、人均 GDP 产值等），运用标准差和离差度量法、系统熵度量法，分别测量了河南省 38 个设市地区的发展情况，并分析了河南省的城市体系结构。

赵阿锋（2011）从人口水平方面、经济实力方面、资金实力方面、教育素质方面、产业发展方面、开放程度方面、服务水平方面、行政水平方面，建立城市层级体系评价分析指标体系，同时对陕西省的城市体系进行系统分析。岳斯玮（2012）通过城市首位度指数指标、空间聚集维数指标、空间关联维数指标对我国重庆市的"一小时经济圈"进行分析，发现重庆市"一小时经济圈"的首位分布明显、城市分布均衡性较弱、城市分布存在线性分布特征等。潘加顺（2013）从城市结构的平均集中率指标、赫芬达尔——赫希曼指数指标、城市不平等指标、城市结构的泰尔指数指标、城市首位度指标、城市结构的基尼系数指标、城市结构的变异系数指标等方面构建我国城市体系结构的评价指标体系，并对我国每个省的城市结构进行相关测量与评价。

（二）关于产业结构评价指标体系的相关研究

张立柱（2002）从产业结构合理化方面、产业结构高级化方面、产业结构高效化方面、产业结构优化互动关系方面，建立城市产业结构评价体系，同时对新泰市、青岛市的产业结构进行评价分析研究。张孟林和王庆石（2006）从产业结构的相似系数指标、产业结构的变化系数指标、产业结构的熵值指标三个方面，对黑龙江省农业的产业结构进行量化的测量评价分析。

梁惠（2010）从经济发展方面、能源效率方面、环境问题方面，建立投入产出评价分析指标体系，对陕西省的产业结构进行循环经济发展方向的分析。杨笑嫣（2011）选择产业结构相似系数指标、产业结构变化速度系数指标、产业结构变动度指标、产值构成指标，运用灰色关联分析法、层次分析法，对吉林省农业产业结构进行综合评价。薛国勇（2012）从城市群现代产业体系的协调度方面、城市群现代产业的集聚度方面、城市群现代产业体系的竞争度方面建立城市群的评价指标体系，并对比分析了海西城市群与珠三角城市群，从中提出海西城市群发展的对策建议。

王钰（2013）从产业结构协调度方面、产业结构与需求结构契合度方面、产业结构持续发展能力方面、产业结构先进性方面、产业结构创新能力方面构建产业结构评价体系，并对成都市的产业结构进行综合评价。逯宝峰（2013）从经济方面、社会方面、生态环境方面，使用偏离－份额法、结构生产力法建立关于旅游产业结构的评价体系，以期可以全面地分析区域的旅游产业。张广海、冯英梅（2013）从产业结构的合理化方面、高度化方面、效益水平方面，构建旅游产业的产业结构综合测评指标体系，并以山东半岛蓝色经济区为例使用该测评体系进行分析。

（三）关于城镇化评价指标体系的相关研究

廖太裕（2004）从区域城市化总体指标子系统方面、经济指标子系统方面、社会指标子系统方面、科教文卫子系统方面、资源环境子系统方面，构建区域城市化评价指标体系，并系统分析了西南地区城市化的发展变化。孟素洁和黄序（2004）从经济方面、社会方面、人口素质方面、人民生活方面、基础设施方面建立城市化综合评价指标体系，并对北京市农村城市化水平进行测量。杨佳（2005）以辽宁省为研究对象，从经济城市化水平方面、人口城市化方面、生活方式与生活质量城市化方面、地域环境状态城市化方面构建城市化综合评价指标体系。尹科（2006）从城市化人本指标方面、城市化产业指标方面、城市化基础建设指标方面、城市化体系指标方面、城市化政治文明指标方面建立城市化综合评价指标体系，并用该指标体系详细分析研究了四川省的城镇化发展状况。常利平（2007）从人口城市化方面、经济城市化水平方面、空间城市化水平方面、居民生活方式和环境城市化水平方面、城乡共同发展水平方面、城市带动区域水平方面、文化素质城市化水平方面建立城市化综合评价指标体系，并针对内蒙古自治区的城市化水平进行分析。张景忠（2008）从经济产业发展方面、教育文化发展方面、基础设施建设方面、生态环境建设方面建立城市化进程评价指标体系，并以黑龙江省为研究对象，分析黑龙江省城市化发展的进程。

朱吉超（2009）从城市化人口指标方面、城市化经济指标方面、城市化生活方式指标方面、城市化基础设施指标方面建立城市化水平评价指标体系，并以江苏省为例，对其城市化水平进行测量。郝静雯（2010）从人口城市化角度、经济城市化角度、社会城市化角度、开放城市化角度、环境城市化角度构建城市化发展的综合评价体系，并对河北省的城市化水平进行测量评价。吴梅（2010）从人口方面、经济方面、社会方面、科教文卫方面、环境方面建立城市化水平综合评价指标体系，同时对陕西省的城市化发展现状进行测评。袁翠仙（2010）从经济发展方面、城乡统筹方面、环境友好方面、社会和谐方面建立新型城市化指标体系，同时对江西省的新型城市化进行测评。俞云峰（2010）从城市发展水平方面、城乡统筹水平方面研究浙江省的城市化水平，并以此建立基于城乡统筹视角的城市化评价指标体系。石小路（2012）从经济发展指数方面、城市功能发展指数方面、社会和谐发展指数方面建立我国城镇化效益评价指标体系，并对比分析了长三角城市群和珠三角城市群的城镇化效益。

韩兆洲和肖峰（2013）从经济水平与经济结构角度、科技进步与人口资源角度、生态环境与自然资源角度、城乡一体化与社会和谐角度构建新型城市化进程评价指标体系，并以广东省为例进行应用。范宏杰和胡红红（2013）从人口指标方面、社会指标方面、经济指标方面、环境指标方面建立城市化评价模型，研究分析了我国各省的城市化发展状况。牛彦翠（2014）从经济发展方面、社会民生指标方面、教育卫生娱乐指标方面、生态环境指标方面建立了人本城市化评价指标体系，以期为我国人本城市化的发展做出贡献。杨伊、张蓉和尹海钊（2014）从经济发展压力、人口压力、能源消耗压力、城市运营压力、产业结构状态、能源结构状态、碳排放状态、污染控制、生态保护、科技创新等角度构建低碳城市化发展评价指标体系，并对江西省低碳城市化的发展进行了测评。

（四）评述

从学者们的前期研究中，我们可以发现以下三个方面的特点：

（1）专家、学者们的评价指标体系大都是基于省级区域或是单个城市而建立的，关于城市群评价指标体系的分析不是很多。

（2）现有关于城市群的研究主要以长三角城市群、珠三角城市群为研究对象建立城市群评价指标体系，对于首都城市群发展的评价指标体系研究则相对偏少。

（3）现有评价指标体系主要是从城市体系结构，或是从产业结构，或是从城市化单个视角进行，将这三个视角结合在一起的相关研究还相对较少。

在学者们相关研究的基础上，我们从首都城市群的城镇体系、产业结构、城镇化三个视角系统地建立首都城市群的评价指标体系。

二、首都城市群评价指标体系

（一）建立的基本原则

首都城市群评价指标体系的建立应该遵循以下4个基本原则：

（1）系统性、全面性原则。首都城市群是一个有机的系统，是由不同的城市组成的，这些城市之间存在着紧密的社会联系、经济联系。同时，首都城市群的发展涵盖众多方面的内容，如人口、资源、经济、社会、环境、人文方面等。所以对于首都城市群评价指标体系的建立，我们应该充分考虑首都城市群的系统性问题和全面性问题，同时针对这些问题选择具有层次性、代表性的指标。

（2）重点突出原则。首都城市群与一般的城市群之间存在着一定的区别，即首都城市群包含了最为特殊的城市——首都城市。所以首都城市群评价指标体系也应重点对首都城市进行指标的设定，以此来突出首都城市的重要性。

（3）可比性原则。首都城市群是一类特殊的城市群。目前，世界上存在多个典型的首都城市群。所以对于首都城市群评价指标体系的建立，我们应该重点考虑首都城市群的共性方面特征。因此，首都城市群评价指标体系应具有可比性。

（4）准确性、可操作性原则。首都城市群评价指标体系建立的目的是准确描述与评价首都城市群的发展状况、发展特征等内容。所以首都城市群评价指标体系指标的选择要注意准确性，应以最具代表性的高质量指标来构建首都城市群评价指标体系。同时，我们也要考虑到指标数据获得的可能性，即指标的可操作性，只有具有可操作性的指标才能成为有效的首都城市群评价指标体系的指标。

（二）基本内容

1. 首都城市群评价指标体系

本部分从首都城市群的城镇体系、首都城市群的产业结构、首都城市群的城镇化三个方面建立首都城市群的评价指标体系。首都城市群评价指标体系的具体内容在表8-1中显示。

表 8 - 1　　　　　　　　　　　　首都城市群评价指标体系

一级指标	二级指标	三级指标
首都城市群的城镇体系方面	首都城市群方面	首都城市群的人口规模
		首都城市群中城市人口规模的平均水平
		首都城市群中城市人口规模的中位数
		首都城市群中人口规模排名前三城市的人口占首都城市群总人口的比重
	首都城市方面	首都城市人口规模
		首都城市人口占首都城市群总人口的比重
首都城市群的产业结构方面	首都城市群方面	首都城市群第一产业产值占 GDP 的比重
		首都城市群第二产业产值占 GDP 的比重
		首都城市群第三产业产值占 GDP 的比重
		首都城市群的 GDP
		首都城市群的人均 GDP
		首都城市群的工业产值
		首都城市群的金融业产值
	首都城市方面	首都城市的 GDP
		首都城市 GDP 占首都城市群 GDP 的比重
		首都城市第一产业产值占首都城市群第一产业产值的比重
		首都城市第二产业产值占首都城市群第二产业产值的比重
		首都城市第三产业产值占首都城市群第三产业产值的比重
首都城市群的城镇化方面	首都城市群方面	首都城市群的城镇化率
		首都城市群的城镇人口密度
		首都城市群第一产业就业人数占总就业人数的比例
		首都城市群第二产业就业人数占总就业人数的比例
		首都城市群第三产业就业人数占总就业人数的比例
		首都城市群人均城市绿地面积
		首都城市群人均公路长度
	首都城市方面	首都城市的城镇化率
		首都城市城镇人口占首都城市群城镇总人口的比重
		首都城市第一产业就业人数占首都城市群第一产业就业总人数的比重
		首都城市第二产业就业人数占首都城市群第二产业就业总人数的比重
		首都城市第三产业就业人数占首都城市群第三产业就业总人数的比重

2. 首都城市群评价指标体系的解释

该首都城市群评价指标体系主要包括三个级别的指标。一级指标包括首都城市群的城镇体系、首都城市群的产业结构、首都城市群的城镇化三个内容；二级指标包括首都城市群、首都城市两个内容；三级指标则包括具体的测量性指标，如首都城市群的人口规模、首都城市群的城镇化率等内容。

（1）城镇体系方面。在城镇体系方面，首都城市群评价指标体系主要从首都城市群方面与首都城市方面两个视角进行指标设定。在首都城市群方面，评价指标体系采用人口规模（即整个首都城市群的人口总数）、城市人口规模的平均水平（即首都城市群中，平均每个城市的人口数）、城市人口规模的中位数（即首都城市群中，城市人口数的中位数）、人口规模排名前三城市的人口占首都城市群总人口的比重（即首都城市群中，人口规模排名前三城市的人口数之和，与首都城市群总人口数的比值）4 个指标来反映。

在首都城市方面，首都城市群评价指标体系采用人口规模（即首都城市的人口数）和人口占首都城市群总人口的比重（即首都城市的人口数与首都城市群人口总数的比值）两个指标来反映。

（2）产业结构方面。评价指标体系主要从首都城市群方面与首都城市方面两个视角进行指标设定。在首都城市群方面，评价指标体系采用第一产业产值占GDP 的比重、第二产业产值占 GDP 的比重、第三产业产值占 GDP 的比重、GDP、人均 GDP、工业产值、金融业产值 7 个指标具体衡量首都城市群的产业结构情况。

（3）城镇化方面。在首都城市群方面，评价指标体系采用以下 7 个指标详细评定首都城市群的城镇化情况。其中，城镇化率、城镇人口密度是从城镇化量的角度衡量首都城市群的城镇化情况；第一产业就业人数占总就业人数的比例、第二产业就业人数占总就业人数的比例、第三产业就业人数占总就业人数的比例、人均城市绿地面积、人均公路长度则是从城镇化质的角度衡量首都城市群的城镇化情况。

在首都城市方面，首都城市群评价指标体系采用首都城市的城镇化率（即首都城市城镇人口数与总人口数的比值）、首都城市城镇人口占首都城市群城镇总人口的比重、首都城市第一产业就业人数占首都城市群第一产业就业总人数的比重、首都城市第二产业就业人数占首都城市群第二产业就业总人数的比重、首都城市第三产业就业人数占首都城市群第三产业就业总人数的比重 5 个指标来描述首都城市。

3. 首都城市群评价指标体系的特征

该首都城市群评价指标体系具有以下三个方面的特征：

（1）首都城市群评价指标体系的内容涵盖面较广。首都城市群评价指标体系从城镇体系、产业结构、城镇化方面三个视角对首都城市群进行全方位的测评。

（2）首都城市群评价指标体系兼顾城市群与首都城市两个方面的内容。首都城市是首都城市群中特别重要的特征和组成部分。首都城市群评价指标体系将两者结合在一起，共同组成首都城市群的测评内容。

（3）首都城市群评价指标体系指标的选择具有层次性、结构性。在三级指标的设置过程中，注重测评对象的结构性问题。在首都城市群的产业结构方面，首都城市群评价指标体系从产业结构的宏观与微观两个角度进行指标设定。在首都城市群的城镇化方面，首都城市群评价指标体系从城镇化率与三次产业就业人数两个角度进行指标的设定。

（三）首都城市群评价指标体系的应用方法

本章采用较为通用的计量方法——主成分分析法，对首都城市群评价指标体系进行分析。

主成分分析法是一种将多个变量通过线性变化后选择出较少重要变量的多元统计分析方法。其利用降维的方法将多个指标进行综合。即从原始变量中导出少数几个主分量，使它们之间互不相关并尽可能保留较多的原始变量信息。

1. 主成分分析法

数学中经常将原始的 p 个指标通过线性组合来进行指标的综合。将选取的第一个线性组合即第一个综合指标标记为 F1，F1 的方差 Var（F1）越大，则说明 F1 所包含原始指标的信息就越多。因此，在所有的线性组合中，我们应该选取方差最大的一个组合作为第一主成分。如果第一主成分不能完全代表原始 p 个指标的信息，我们则将对第二个线性组合 F2（即第二主成分）进行考虑。以此类推我们可以选出第三主成分、第四主成分、第五主成分……第 n 主成分。这些主成分之间是互不相关的，而且它们的方差是递减的。在具体的应用中，我们通常选取前面几个较大的主成分。

假设有 n 个样本数量，同时有 p 项指标需要测量。这时我们就得到原始数据的资料阵：$X = (X_1, X_2, \cdots, X_p)$，且协差阵为 $\sum$，令协差阵的特征根值为 $\lambda_1 \geq \lambda_2 \geq \cdots \geq \lambda_p$，所以我们会有 $Var(F1) \geq Var(F2) \geq \cdots \geq Var(Fp) \geq 0$，向量 l_1，l_2，$\cdots$，l_n 为相应的单位特征向量，这时 X 的第 i 个主成分则为：$Z_i = l_i' X$（i =

1，2，…，p）。

在应用中，协差阵 $\sum$ 往往是未知的，我们一般采用样本协差阵 S 来代替。同时因为每个指标的单位不同（即量纲不同），我们通常需要将原始的数据进行标准化，以期消除量纲所带来的不利影响。其中，$S = R = \dfrac{1}{n} X'X$。

利用 S 我们就可以计算相关阵，从而得到相应的特征值进行主成分分析。原则上，如果我们有 n 个变量指标，那么最多可以形成 n 个主成分。如果我们将全部的主成分都提取出来，那么我们就没有达到简化变量指标的目的。因此，我们通常是根据累计贡献率的大小来提取主成分的个数。一般情况下，前三个主成分基本上就包括了 90% 以上的原始数据信息，所以我们经常只选取前三个主成分，其他主成分就可以忽略掉。

2. 主成分分析法中统计量的意义

特征根是表示主成分影响强度的指标，其表示我们引入对应主成分后可以解释原始变量指标信息的程度。如果特征根小于 1，则说明对应主成分的解释程度没有原始变量指标的解释程度大，所以，只有特征根大于 1 的主成分才会被我们采用。

主成分 Z_i 方差贡献率的计算公式是 $\lambda_i \Big/ \sum\limits_{i=1}^{p} \lambda_i$，主成分 Z_i 的方差贡献率是指主成分 Z_i 的方差占全部方差的比重。其越大，则说明 Z_i 包含 X_1，X_2，…，X_p 的信息越多。

累计贡献率是指前 k 个主成分的累计贡献率大小，其计算公式是：$\sum\limits_{i=1}^{k} \lambda_i \Big/ \sum\limits_{i=1}^{p} \lambda_i$。其是代表前 k 个主成分包含 X_1，X_2，…，X_p 信息的程度。通常，如果前 k 个主成分的累计贡献率达到 85% 以上，我们就认为前 k 个主成分已经基本上包含了全部的原始变量指标信息。

3. 主成分分析法的基本步骤

主成分分析法通常主要包括以下四个步骤：

第一，针对原始的 p 个变量指标进行标准化处理，以期消除因量纲不同而带来的不利影响。

第二，使用标准化处理后的数据进行矩阵计算，计算出数据矩阵的协方差或是相关阵。

第三，计算出协方差矩阵的特征根和特征向量。

第四，确定选取的主成分，并进行相应计算。

4. 主成分分析法的用途

主成分分析法主要应用于多指标的综合评价方面。为了对研究对象进行全方位、客观的评价，在研究中我们往往会采用多个指标从不同的方面进行测量，这样就会产生测量指标信息重叠、量纲不同难以统计、指标之间权重比例难以确定等问题。而主成分分析法可以很好地解决这些问题，其既可以对原始变量指标信息进行浓缩，也可以科学确定各个变量指标的权重。

第二节　我国首都城市群的测评

为了与国外相同时段数据对比，本章以 2004～2012 年为研究的时间段，重点分析研究首都城市群在该阶段内的发展情况。有关数据主要来自：2005～2013年的《中国统计年鉴》《中国城市统计年鉴》《北京统计年鉴》《天津统计年鉴》《河北统计年鉴》《石家庄统计年鉴》《保定统计年鉴》《张家口统计年鉴》《承德统计年鉴》《唐山统计年鉴》《秦皇岛统计年鉴》《廊坊统计年鉴》《沧州统计年鉴》。

一、城镇体系方面

通过对首都城市群城镇体系方面的测评，我们可得到如下的结果。

从首都城市群城镇体系方面指标的相关矩阵（见表 8－2）中我们发现：首都城市群人口规模、首都城市群中城市人口规模的平均水平、首都城市群中城市人口规模的中位数、首都城市人口规模之间存在着较高的相关性；首都城市群中人口规模排名前三城市的人口占首都城市群总人口的比重、首都城市群人口规模、首都城市群中城市人口规模的平均水平、首都城市群中城市人口规模的中位数之间存在着较低的相关性；首都城市人口占首都城市群总人口的比重、首都城市群人口规模、首都城市群中城市人口规模的平均水平、首都城市群中城市人口规模的中位数之间存在着较低的相关性；首都城市群中人口规模排名前三城市的人口占首都城市群总人口的比重、首都城市人口占首都城市群总人口的比重之间存在着较高的相关性；首都城市人口规模、首都城市群中人口规模排名前三城市的人口占首都城市群总人口的比重之间存在着较低的相关性；首都城市人口规模、首都城市人口占首都城市群总人口的比重之间存在着较高的相关性。

表 8 - 2   首都城市群城镇体系方面指标的相关矩阵

指标	A	B	C	D	E	F
A	1.000	1.000	0.998	- 0.038	0.856	0.302
B	1.000	1.000	0.998	- 0.038	0.856	0.302
C	0.998	0.998	1.000	- 0.001	0.873	0.328
D	- 0.038	- 0.038	- 0.001	1.000	0.482	0.925
E	0.856	0.856	0.873	0.482	1.000	0.744
F	0.302	0.302	0.328	0.925	0.744	1.000

注：A = 首都城市群人口规模，B = 首都城市群中城市人口规模的平均水平，C = 首都城市群中城市人口规模的中位数，D = 首都城市群中人口规模排名前三城市的人口占首都城市群总人口的比重，E = 首都城市人口规模，F = 首都城市人口占首都城市群总人口的比重。

表 8 - 3 是首都城市群城镇体系方面指标主成分分析的特征值，从中我们发现：第一主成分的方差贡献率为 68.204%，第二主成分的方差贡献率为 31.461%。第一主成分与第二主成分的累计方差贡献达到 99.665%，大幅高于 85% 的临界值。这说明第一主成分与第二主成分已基本包含全部的原始数据信息。

表 8 - 3   首都城市群城镇体系方面指标主成分分析的特征值

成分	初始特征值			修正载荷的平方和		
	总数	方差百分比（%）	累计百分比（%）	总数	方差百分比（%）	累计百分比（%）
1	4.092	68.204	68.204	4.092	68.204	68.204
2	1.888	31.461	99.665	1.888	31.461	99.665
3	0.019	0.320	99.985			
4	0.001	0.011	99.996			
5	0.000	0.004	100.000			
6	0.000	0.000	100.000			

表 8 - 4 是首都城市群城镇体系方面指标的负载矩阵，从中我们发现：在第一主成分载荷中，首都城市群人口规模、首都城市群中城市人口规模的平均水平、首都城市群中城市人口规模的中位数、首都城市人口规模的贡献较大；在第二主成分载荷中，首都城市群中人口规模排名前三城市的人口占首都城市群总人

口的比重、首都城市人口占首都城市群总人口的比重的贡献较大。

表 8 – 4　　　　　　　　　首都城市群城镇体系方面指标的负载矩阵

指标	成分	
	1	2
A	0.937	− 0.350
B	0.937	− 0.350
C	0.947	− 0.318
D	0.313	0.946
E	0.983	0.183
F	0.613	0.784

注：A = 首都城市群人口规模，B = 首都城市群中城市人口规模的平均水平，C = 首都城市群中城市人口规模的中位数，D = 首都城市群中人口规模排名前三城市的人口占首都城市群总人口的比重，E = 首都城市人口规模，F = 首都城市人口占首都城市群总人口的比重。

　　表 8 – 5 是京津冀城市群城镇体系方面的评分，从中我们发现：京津冀城市群城镇体系方面的评分从 2004 年的 − 4.13 上升到 2012 年的 3.42，上升幅度达到 7.55。

表 8 – 5　　　　　　　　　京津冀城市群城镇体系方面的评分

评分	2004 年	2005 年	2006 年	2007 年	2008 年	2009 年	2010 年	2011 年	2012 年
京津冀城市群评分	− 4.13	− 3.11	− 2.18	− 1.38	3.71	0.31	1.17	2.18	3.42

二、产业结构方面

　　通过对首都城市群产业结构方面的测评，我们得到如表 8 – 6 所示的结果。

　　从表 8 – 6 可以看出，首都城市群第一产业比重与首都城市群第三产业比重、首都城市群的 GDP、首都城市群的人均 GDP、首都城市群的工业产值、首都城市群的金融业产值、首都城市的 GDP 之间存在着高度的负相关；首都城市群第一产业比重与首都城市群第二产业比重、首都城市第一产业占首都城市群第一产业比重、首都城市第二产业占首都城市群第二产业比重之间存在着较高的正相关。

表8-6 首都城市群产业结构方面指标的相关矩阵

指标	A	B	C	D	E	F	G	H	I	J	K	L
A	1.000	0.858	-0.945	-0.873	-0.878	-0.871	-0.852	-0.910	-0.554	0.986	0.822	-0.649
B	0.858	1.000	-0.978	-0.743	-0.749	-0.709	-0.720	-0.795	-0.667	0.853	0.557	-0.635
C	-0.945	-0.978	1.000	0.821	0.828	0.800	0.799	0.870	0.645	-0.937	-0.683	0.663
D	-0.873	-0.743	0.821	1.000	1.000	0.998	0.997	0.996	0.143	-0.920	-0.925	0.229
E	-0.878	-0.749	0.828	1.000	1.000	0.998	0.996	0.997	0.155	-0.924	-0.924	0.240
F	-0.871	-0.709	0.800	0.998	0.998	1.000	0.995	0.991	0.126	-0.917	-0.937	0.225
G	-0.852	-0.720	0.799	0.997	0.996	0.995	1.000	0.989	0.110	-0.899	-0.924	0.195
H	-0.910	-0.795	0.870	0.996	0.997	0.991	0.989	1.000	0.232	-0.949	-0.911	0.311
I	-0.554	-0.667	0.645	0.143	0.155	0.126	0.110	0.232	1.000	-0.470	0.007	0.969
J	0.986	0.853	-0.937	-0.920	-0.924	-0.917	-0.899	-0.949	-0.470	1.000	0.847	-0.555
K	0.822	0.557	-0.683	-0.925	-0.924	-0.937	-0.924	-0.911	0.007	0.847	1.000	-0.142
L	-0.649	-0.635	0.663	0.229	0.240	0.225	0.195	0.311	0.969	-0.555	-0.142	1.000

注：A=首都城市群第一产业产值占GDP的比重，B=首都城市群第二产业产值占GDP的比重，C=首都城市群第三产业产值占GDP的比重，D=首都城市群的GDP，E=首都城市群的人均GDP，F=首都城市群的工业产值，G=首都城市群的金融业产值，H=首都城市的GDP，I=首都城市GDP占首都城市群GDP的比重，J=首都城市第一产业产值占首都城市群第一产业产值的比重，K=首都城市第二产业产值占首都城市群第二产业产值的比重，L=首都城市第三产业产值占首都城市群第三产业产值的比重。

首都城市群第二产业比重与第三产业比重、首都城市群GDP、首都城市群人均GDP、首都城市群工业产值、首都城市群的金融业产值、首都城市的GDP、首都城市GDP占首都城市群GDP比重存在着高度的负相关；首都城市群第二产业比重与首都城市第一产业占首都城市群第一产业比重之间存在着较高的正相关。

首都城市群第三产业产值比重与首都城市群的GDP、首都城市群的人均GDP、首都城市群的工业产值、首都城市群的金融业产值、首都城市的GDP、首都城市第三产业占首都城市群第三产业比重之间存在着较高的正相关；首都城市群第三产业比重与首都城市第一产业占首都城市群第一产业比重、首都城市第二产业产值占首都城市群第二产业比重之间存在着较高的负相关。

首都城市群的GDP与首都城市群的人均GDP、首都城市群的工业产值、首都城市群的金融业产值、首都城市的GDP之间存在着高度的正相关；首都城市群的GDP与首都城市第一产业占首都城市群第一产业比重、首都城市第二产业占首都城市群第二产业比重之间存在着高度的负相关。

首都城市群的人均 GDP 与首都城市群的工业产值、首都城市群的金融业产值、首都城市的 GDP 之间存在着较高的正相关；首都城市群的人均 GDP 与首都城市第一产业占首都城市群第一产业比重、首都城市第二产业占首都城市群第二产业比重之间存在着较高的负相关。

首都城市群的工业产值、首都城市群的金融业产值、首都城市的 GDP 分别与首都城市第一产业占首都城市群第一产业比重、首都城市第二产业占首都城市群第二产业比重之间存在着高度的负相关；首都城市群的工业产值、首都城市群的金融业产值、首都城市的 GDP 之间存在着高度的正相关。

首都城市 GDP 占首都城市群 GDP 比重与首都城市第三产业占首都城市群第三产业比重之间存在着高度的正相关；首都城市第一产业占首都城市群第一产业比重与首都城市第二产业占首都城市群第二产业比重之间存在着高度的正相关。

表 8-7 中的主成分分析结果显示：第一主成分的方差贡献率为 77.667%，第二主成分的方差贡献率为 19.143%。第一主成分与第二主成分的累计方差贡献达到 96.810%，明显高于 85% 的临界值很多。

表 8-7 首都城市群产业结构方面指标主成分分析的特征值

成分	初始特征值			修正载荷的平方和		
	总数	方差百分比（%）	累计百分比（%）	总数	方差百分比（%）	累计百分比（%）
1	9.320	77.667	77.667	9.320	77.667	77.667
2	2.297	19.143	96.810	2.297	19.143	96.810
3	0.283	2.359	99.168			
4	0.074	0.615	99.783			
5	0.022	0.181	99.964			
6	0.004	0.032	99.996			
7	0.000	0.004	100.000			
8	0.000	0.000	100.000			
9	0.000	0.000	100.000			
10	0.000	0.000	100.000			
11	0.000	0.000	100.000			
12	0.000	0.000	100.000			

表8－8是首都城市群产业结构方面指标的负载矩阵，从中我们发现：在第一主成分载荷中，首都城市群第三产业占 GDP 的比重、首都城市群的 GDP、人均 GDP、首都城市群的工业产值、首都城市群的金融业产值、首都城市 GDP 的贡献较大；在第二主成分载荷中，首都城市 GDP 占首都城市群 GDP 的比重、首都城市第三产业占首都城市群第三产业比重的贡献较大。

表8－8　　　　　　　　首都城市群产业结构方面指标的负载矩阵

指标	成分	
	1	2
A	－0.970	－0.178
B	－0.868	－0.350
C	0.940	0.293
D	0.959	－0.274
E	0.962	－0.263
F	0.952	－0.292
G	0.945	－0.307
H	0.981	－0.186
I	0.407	0.912
J	－0.986	－0.076
K	－0.873	0.389
L	0.484	0.843

注：A＝首都城市群第一产业产值占 GDP 的比重，B＝首都城市群第二产业产值占 GDP 的比重，C＝首都城市群第三产业产值占 GDP 的比重，D＝首都城市群的 GDP，E＝首都城市群的人均 GDP，F＝首都城市群的工业产值，G＝首都城市群的金融业产值，H＝首都城市的 GDP，I＝首都城市 GDP 占首都城市群 GDP 的比重，J＝首都城市第一产业产值占首都城市群第一产业产值的比重，K＝首都城市第二产业产值占首都城市群第二产业产值的比重，L＝首都城市第三产业产值占首都城市群第三产业产值的比重。

表8－9显示，京津冀城市群产业结构方面的评分从2004年的－14.37上升到2012年的9.01，上升幅度达到23.38。

表 8 - 9　　　　　　　京津冀城市群产业结构方面的评分

评分	2004年	2005年	2006年	2007年	2008年	2009年	2010年	2011年	2012年
京津冀城市群评分	-14.37	-5.53	-3.49	-1.08	-0.19	3.38	5.04	7.23	9.01

三、城镇化方面

通过对京津冀城市群城镇化方面的测评，我们得到如下的结果。

表 8 - 10 是首都城市群城镇化方面指标的相关矩阵，从中我们发现：首都城市群的城镇化率与首都城市群的城镇人口密度、首都城市群人均城市绿地面积、首都城市群人均公路长度、首都城市的城镇化率、首都城市城镇人口占首都城市群城镇总人口的比重之间存在着较高的正相关；首都城市群的城镇化率与首都城市群第一产业就业人数占总就业人数的比例、首都城市第一产业就业人数占首都城市群第一产业就业总人数的比重、首都城市第二产业就业人数占首都城市群第二产业就业总人数的比重之间存在着较高的负相关。

表 8 - 10　　　　　　首都城市群城镇化方面指标的相关矩阵

指标	A	B	C	D	E	F	G	H	I	J	K	L
A	1.000	0.999	-0.736	0.277	0.411	0.966	0.756	0.832	0.777	-0.649	-0.792	-0.255
B	0.999	1.000	-0.740	0.273	0.419	0.962	0.759	0.828	0.775	-0.654	-0.796	-0.260
C	-0.736	-0.740	1.000	-0.352	-0.582	-0.647	-0.999	-0.823	-0.843	0.989	0.965	0.834
D	0.277	0.273	-0.352	1.000	-0.557	0.253	0.357	0.259	0.098	-0.395	-0.545	-0.398
E	0.411	0.419	-0.582	-0.557	1.000	0.354	0.576	0.505	0.662	-0.535	-0.382	-0.394
F	0.966	0.962	-0.647	0.253	0.354	1.000	0.669	0.727	0.676	-0.553	-0.704	-0.158
G	0.756	0.759	-0.999	0.357	0.576	0.669	1.000	0.843	0.856	-0.983	-0.969	-0.817
H	0.832	0.828	-0.823	0.259	0.505	0.727	0.843	1.000	0.970	-0.779	-0.831	-0.515
I	0.777	0.775	-0.843	0.098	0.662	0.676	0.856	0.970	1.000	-0.807	-0.789	-0.559

指标	A	B	C	D	E	F	G	H	I	J	K	L
J	−0.649	−0.654	0.989	−0.395	−0.535	−0.553	−0.983	−0.779	−0.807	1.000	0.949	0.889
K	−0.792	−0.796	0.965	−0.545	−0.382	−0.704	−0.969	−0.831	−0.789	0.949	1.000	0.769
L	−0.255	−0.260	0.834	−0.398	−0.394	−0.158	−0.817	−0.515	−0.559	0.889	0.769	1.000

注：A = 首都城市群的城镇化率，B = 首都城市群的城镇人口密度，C = 首都城市群第一产业就业人数占总就业人数的比例，D = 首都城市群第二产业就业人数占总就业人数的比例，E = 首都城市群第三产业就业人数占总就业人数的比例，F = 首都城市群人均城市绿地面积，G = 首都城市群人均公路长度，H = 首都城市的城镇化率，I = 首都城市城镇人口占首都城市群城镇总人口的比重，J = 首都城市第一产业就业人数占首都城市群第一产业就业总人数的比重，K = 首都城市第二产业就业人数占首都城市群第二产业就业总人数的比重，L = 首都城市第三产业就业人数占首都城市群第三产业就业总人数的比重。

首都城市群的城镇人口密度与首都城市群人均城市绿地面积、首都城市群人均公路长度、首都城市的城镇化率、首都城市城镇人口占首都城市群城镇总人口的比重之间存在着较高的正相关；首都城市群的城镇人口密度与首都城市群第一产业就业人数占总就业人数的比例、首都城市第一产业就业人数占首都城市群第一产业就业总人数的比重、首都城市第一产业就业人数占首都城市群第一产业就业总人数的比重之间存在着较高的负相关。

首都城市群第一产业就业人数占总就业人数的比例与首都城市群人均公路长度、首都城市的城镇化率、首都城市城镇人口占首都城市群城镇总人口的比重之间存在着高度的负相关；首都城市群第一产业就业人数占总就业人数的比例与首都城市第一产业就业人数占首都城市群第一产业就业总人数的比重、首都城市第二产业就业人数占首都城市群第二产业就业总人数的比重、首都城市第三产业就业人数占首都城市群第三产业就业总人数的比重之间存在着较高的正相关。

首都城市群人均城市绿地面积与首都城市群人均公路长度、首都城市的城镇化率、首都城市城镇人口占首都城市群城镇总人口的比重之间存在着较高的正相关；首都城市群人均城市绿地面积与首都城市第二产业就业人数占首都城市群第二产业就业总人数的比重之间存在着较高的负相关。

首都城市群人均公路长度与首都城市的城镇化率、首都城市城镇人口占首都城市群城镇总人口的比重之间存在着高度的正相关；首都城市群人均公路长度与首都城市第一产业就业人数占首都城市群第一产业就业总人数的比重、第二产业就业总人数首都城市占首都城市群的比重、第三产业就业人数首都城市占首都城市群比重之间存在着高度的负相关。

首都城市的城镇化率与首都城市城镇人口占首都城市群城镇总人口的比重之间存在着高度的正相关；首都城市的城镇化率与首都城市第一产业就业人数占首都城市群第一产业就业总人数的比重、首都城市第二产业就业人数占首都城市群第二产业就业总人数的比重之间存在着高度的负相关。

首都城市城镇人口占首都城市群城镇总人口的比重与首都城市第一产业就业人数占首都城市群第一产业就业总人数的比重、首都城市第二产业就业人数占首都城市群第二产业就业总人数的比重之间存在着高度的负相关；首都城市第一产业就业人数占首都城市群第一产业就业总人数的比重、首都城市第二产业就业人数占首都城市群第二产业就业总人数的比重、首都城市第三产业就业人数占首都城市群第三产业就业总人数的比重之间存在着高度的正相关。

从表8-11可以发现，第一主成分的方差贡献率为69.932%，第二主成分的方差贡献率为14.121%，第三主成分的方差贡献率为12.707%。第一主成分、第二主成分与第三主成分的累计方差贡献达到96.761%，与85%的临界值相比高出很多。这说明第一主成分、第二主成分与第三主成分已基本包含全部的原始数据信息。

表8-11　　　　　　　首都城市群城镇化方面指标主成分分析的特征值

成分	初始特征值			修正载荷的平方和		
	总数	方差百分比（%）	累计百分比（%）	总数	方差百分比（%）	累计百分比（%）
1	8.392	69.932	69.932	8.392	69.932	69.932
2	1.695	14.121	84.053	1.695	14.121	84.053
3	1.525	12.707	96.761	1.525	12.707	96.761
4	0.324	2.704	99.465			
5	0.040	0.337	99.802			
6	0.017	0.142	99.944			
7	0.004	0.037	99.981			
8	0.002	0.019	100.000			
9	0	0	100.000			
10	0	0	100.000			
11	0	0	100.000			
12	0	0	100.000			

表8－12是首都城市群城镇化方面指标的负载矩阵，从中我们发现：在第一主成分载荷中，首都城市群的城镇化率、首都城市群的城镇人口密度、首都城市群人均城市绿地面积、首都城市群人均公路长度、首都城市的城镇化率、首都城市城镇人口占首都城市群城镇总人口的比重的贡献较大；在第二主成分载荷中，首都城市群第三产业就业人数占总就业人数的比例、首都城市第三产业就业人数占首都城市群第三产业就业总人数的比重的贡献较大；在第三主成分载荷中，首都城市第三产业就业人数占首都城市群第三产业就业总人数的比重、首都城市群的城镇化率、首都城市群的城镇人口密度、首都城市群人均城市绿地面积的贡献较大。

表8－12　　　　　　　首都城市群城镇化方面指标的负载矩阵

指标	成分		
	1	2	3
A	0.868	0.207	0.442
B	0.870	0.208	0.433
C	－0.969	0.110	0.203
D	0.345	－0.865	0.362
E	0.560	0.654	－0.495
F	0.788	0.232	0.521
G	0.977	－0.099	－0.172
H	0.916	0.118	0.083
I	0.910	0.232	－0.084
J	－0.933	0.203	0.279
K	－0.962	0.250	－0.003
L	－0.688	0.431	0.577

注：A＝首都城市群的城镇化率，B＝首都城市群的城镇人口密度，C＝首都城市群第一产业就业人数占总就业人数的比例，D＝首都城市群第二产业就业人数占总就业人数的比例，E＝首都城市群第三产业就业人数占总就业人数的比例，F＝首都城市群人均城市绿地面积，G＝首都城市群人均公路长度，H＝首都城市的城镇化率，I＝首都城市城镇人口占首都城市群城镇总人口的比重，J＝首都城市第一产业就业人数占首都城市群第一产业就业总人数的比重，K＝首都城市第二产业就业人数占首都城市群第二产业就业总人数的比重，L＝首都城市第三产业就业人数占首都城市群第三产业就业总人数的比重。

表 8 - 13 是我国首都城市群城镇化方面的评分，从中我们发现：我国首都城市群城镇化方面的评分从 2004 年的 - 11.25 上升到 2012 年的 5.48，上升幅度达到 16.73。

表 8 - 13　　　　　　　　我国首都城市群城镇化方面的评分

评分	2004年	2005年	2006年	2007年	2008年	2009年	2010年	2011年	2012年
京津冀城市群评分	- 11.25	- 8.15	0	0.36	1.56	2.67	4.34	4.99	5.48

四、小结

通过以上分析，我们发现我国首都城市群在其成长阶段（2004 年至今）内，具有以下三个方面的特点：

第一，我国首都城市群在首都城市群城镇体系、产业结构、城镇化三个方面都取得了明显的发展。我国首都城市群在首都城市群城镇体系方面的评分从 2004 年的 - 4.13 上升到 2012 年的 3.42，在首都城市群产业结构方面的评分从 2004 年的 - 14.37 上升到 2012 年的 9.01，在首都城市群城镇化方面的评分从 2004 年的 - 11.25 上升到 2012 年的 5.48。

第二，首都城市群产业结构方面的发展速度最快，城镇化方面的发展速度次之，在首都城市群城镇体系方面的发展速度最慢。从 2004 年到 2012 年，我国首都城市群在首都城市群产业结构方面评分的增幅高达 23.38，在首都城市群城镇化方面评分的增幅为 16.73，在首都城市群城镇体系方面评分的增幅为 7.55。这在一定程度上说明，我国首都城市群在发展过程中对产业结构调整的重视程度与投入力度都是最大的。

第三，2004 年、2005 年是我国首都城市群发展的重要转折点。表 8 - 14 中显示，从 2004 年到 2005 年，我国首都城市群在首都城市群产业结构方面的评分从 - 14.37 上升到 - 5.53，涨幅达到 8.84；从 2005 年到 2006 年，我国首都城市群在首都城市群城镇化方面的评分从 - 8.15 上升到 0.00，涨幅达到 8.15。这两个涨幅明显地高于其他年份相应的涨幅。这在一定程度上验证了我国首都城市群在 2004 年以后进入了成长阶段。

表 8 - 14　　我国首都城市群在城镇体系、产业结构、城镇化方面的评分

评分	2004年	2005年	2006年	2007年	2008年	2009年	2010年	2011年	2012年
首都城市群城镇体系方面的评分	-4.13	-3.11	-2.18	-1.38	3.71	0.31	1.17	2.18	3.42
首都城市群产业结构方面的评分	-14.37	-5.53	-3.49	-1.08	-0.19	3.38	5.04	7.23	9.01
首都城市群城镇化方面的评分	-11.25	-8.15	0.00	0.36	1.56	2.67	4.34	4.99	5.48

第三节　我国首都城市群与日本首都城市群的比较分析

东京城市群是日本全国的政治中心、文化中心。日本国内的中央政府机构全部坐落在东京城市群内。与此同时，东京城市群聚集了日本国内 17% 的高等院校、20% 的学生、30% 的国家级科研机构和其他文化机构。东京城市群也是日本高新技术研发的主要地区，其中著名的筑波科学城是日本最大的科学研究城，为东京城市群、日本全国提供源源不竭的科学动力。东京城市群的政治中心职能、文化中心职能与经济职能相互作用，共同促进东京城市群的发展，使其跻身于世界级城市群之列①。

基于我国首都城市群与东京城市群在城市功能、人口规模、产业结构、发展历程等方面的相似性，本章以东京城市群为比较对象，通过对二者进行基于发展历程、首都城市群评价指标体系的比较，以期发现它们在发展过程中存在的相同点与不同点。

一、日本首都城市群简介

日本的首都城市群是东京城市群。日本于 1965 年在《首都圈整备法（修正）》中提出东京城市群的范围为"一都七县"，其中"一都"是指东京都，"七县"分别是：茨城县、栃木县、群马县、埼玉县、千叶县、神奈川县、山梨县。

---

① 根据日本国总务省统计局官方网站相关数据整理所得。

东京城市群的全域面积约为 3.6 万平方公里，约占日本全国陆地面积的 9.6%。其是日本三大城市群之首（其他两个城市群分别是：名古屋城市群、阪神城市群）。

东京都是日本的首都城市，位于日本关东平原的南端，是日本的政治中心、文化中心、经济中心、海陆空交通枢纽中心。东京都与纽约、伦敦并列为世界级城市，同时也是亚洲第一大城市。东京都地区 GDP 总量全球第一，其拥有世界 500 强企业总部的数目也是最多的。日本国内的中央政府机构基本聚集在这里，使东京都成为日本全国的政治中心。同时东京都拥有大量的教育机构，其中高等教育院校的数量占到全国高等教育院校数量的 1/3 以上。东京都的公路、铁路以自己为中心，向日本全国各地放射性延伸。

茨城县农业与渔业较为发达，农作物种植面积居日本全国的第二位。同时其拥有著名的鹿岛沿海工业区、日立工业区，目前重化工工业已成为其主导产业。茨城县还拥有日本全国的科研中心——筑波科学城。筑波科学城为日本全国的发展提供源源不断的智力支持。

栃木县的农业较为发达，大米、蔬菜、畜产品等农产品的产量居日本全国前列。栃木县利用东京城市群的地理优势，建成清原工业园等工业园区，重点发展汽车产业、电器及精密仪器产业。同时栃木县的旅游资源丰富，是日本较为重要的旅游城市。

群马县农业发展较快，重点以家畜业和花卉业为主，为东京城市群提供大量的相关农产品。同时群马县以太田市、大泉町为中心建成大规模工业区，成为日本全国著名的加工业和高端产业工业县。

埼玉县是日本蔬菜类农产品的最大生产地区。埼玉县的制造业种类齐全，如机械产业、电子产业，其拥有大量的规模以上国内公司和国际公司。同时埼玉县的交通网络密集，新干线成为其交通运输的主动脉，是日本东部地区最为重要的交通枢纽中心之一。

千叶县农业产值位居日本全国的第 3 位，重点生产水稻、花卉、畜产品等农产品。千叶县引进大量的尖端技术产业、高成长性产业、高新技术产业等，形成了较为完备的工业、制造业体系。

神奈川县工业较为发达，是日本全国的四大工业基地之一，以化学、石油、电子、汽车、钢铁、机械为主导产业，拥有索尼、日产、东芝、松下等大型制造业企业。同时神奈川县还是日本全国最大的贸易港，拥有横滨、川崎、横须贺三大商业港湾。

山梨县拥有丰富的森林资源，是日本最著名的果树产区，果树种植量位居日本全国第一。山梨县还拥有日本全国著名的宝石装饰品、绢制品、葡萄酒、印章等具有地方特色的产业。

二、基于发展历程的比较

（一）东京城市群的发展历程

为了更好地进行京津冀城市群与东京城市群的对比研究，本部分主要采用东京城市群在 2004～2012 年的发展情况，从城镇体系、产业结构、城镇化三个方面进行分析①。

1. 城镇体系方面

东京城市群城镇体系的发展历程主要是指城镇规模体系的变化历程。东京城市群城镇规模体系的发展主要是指内部城市规模大小的变化。本部分主要采用城市指数、城市首位度两个指标来研究东京城市群规模体系的变化。其中，城市指数是指四城市指数，即城市按城市人口规模自大而小进行排序，第 1 位城市人口数量与第 2、第 3、第 4 位城市人口总数量的比值；城市首位度是指第 1 位城市人口数量与地区人口总数量的比值。东京城市群的城市指数与城市首位度的变化情况如表 8-15 所示。

表 8-15　　　　　　　　　　　城市指数与城市首位度

指数	2004年	2005年	2006年	2007年	2008年	2009年	2010年	2011年	2012年
城市指数	0.5673	0.5742	0.5761	0.5780	0.5795	0.5823	0.5860	0.5870	0.5887
城市首位度	0.2939	0.2968	0.2977	0.2987	0.2997	0.3011	0.3028	0.3034	0.3043

资料来源：根据 2005～2013 年的《日本统计》《社会生活统计指标》，日本国总务省统计局官方网站相关数据整理所得。

从表 8-15 我们可以发现，东京城市群的城市指数整体上在不断地上升，从 2004 年的 0.5673 上升到 2012 年的 0.5887。东京城市群的城市首位度也在不断地上升，从 2004 年的 0.2939 上升到 2012 年的 0.3043。

---

① 根据 2005～2013 年的《日本统计》《社会生活统计指标》，日本国总务省统计局官方网站相关数据整理所得。

2. 产业结构方面

产业结构是东京城市群经济发展的基础，我们从东京城市群三次产业产业结构的变化角度进行分析。

东京城市群作为一个整体，其第一产业产值占 GDP 的比重从 2004 年的 0.32% 上升到 2012 年的 0.51%；第二产业产值占 GDP 的比重从 2004 年的 12.78% 上升到 2012 年的 19.01%；第三产业产值占 GDP 的比重从 2004 年的 86.90% 下降到 2012 年的 80.48%[①]。

同时，东京城市群内部各个城市的产业结构也发生相应变化。表 8 - 16 主要统计 2004～2012 年中，东京都、茨城县、栃木县、群马县、埼玉县、千叶县、神奈川县、山梨县三次产业产值占 GDP 的比重。

表 8 - 16　　　　　　　　　东京城市群内部各个城市产业结构变化情况　　　　　　单位：%

城市	三次产业比重	2004年	2005年	2006年	2007年	2008年	2009年	2010年	2011年	2012年
东京都	第一产业	0.05	0.05	0.04	0.04	0.05	0.04	0.05	0.05	0.05
	第二产业	13.88	13.62	12.97	12.82	13.37	12.98	12.02	11.08	10.88
	第三产业	86.07	86.33	86.99	87.13	86.59	86.98	87.93	88.87	89.07
茨城县	第一产业	2.24	2.27	2.19	2.15	2.25	2.41	2.15	2.36	2.31
	第二产业	33.89	35.39	36.31	36.74	36.55	30.85	34.73	34.76	35.66
	第三产业	63.86	62.33	61.49	61.11	61.20	66.74	63.12	62.88	62.03
栃木县	第一产业	1.92	1.88	1.81	1.75	1.74	1.74	1.67	1.60	1.51
	第二产业	41.21	41.09	40.93	40.50	37.85	36.69	37.57	37.31	37.09
	第三产业	56.86	57.03	57.26	57.75	60.41	61.57	60.76	61.10	61.41
群马县	第一产业	1.63	1.62	1.63	1.57	1.62	1.55	1.39	1.37	1.33
	第二产业	35.60	36.76	37.31	36.66	33.87	33.30	35.15	35.69	36.38
	第三产业	62.76	61.62	61.06	61.77	64.51	65.15	63.45	62.94	62.29
埼玉县	第一产业	0.07	0.54	0.54	0.55	0.61	0.60	0.60	0.57	0.56
	第二产业	3.70	27.31	27.13	26.59	25.79	24.69	23.92	23.54	22.95
	第三产业	96.23	72.15	72.33	72.86	73.60	74.71	75.48	75.89	76.49

① 根据 2005～2013 年的《日本统计》《社会生活统计指标》，日本国总务省统计局官方网站相关数据整理所得。

续表

城市	三次产业比重	2004年	2005年	2006年	2007年	2008年	2009年	2010年	2011年	2012年
千叶县	第一产业	1.36	1.35	1.30	1.23	1.23	1.17	1.15	1.13	1.09
	第二产业	23.71	23.56	23.95	25.21	24.18	24.40	23.00	22.27	21.90
	第三产业	74.93	75.09	74.75	73.57	74.58	74.43	75.85	76.61	77.01
神奈川县	第一产业	0.18	0.18	0.17	0.17	0.17	0.17	0.20	0.18	0.18
	第二产业	25.79	25.21	25.69	24.68	22.19	19.88	23.08	22.82	22.13
	第三产业	74.03	74.61	74.13	75.15	77.63	79.95	76.73	77.00	77.69
山梨县	第一产业	1.75	1.74	1.69	1.75	1.85	1.96	1.85	1.79	1.69
	第二产业	29.67	32.03	33.19	31.83	32.01	28.16	31.61	32.63	34.46
	第三产业	68.58	66.23	65.11	66.42	66.14	69.88	66.54	65.58	63.84

资料来源：根据2005~2013年的《日本统计》《社会生活统计指标》，日本国总务省统计局官方网站相关数据整理所得。

东京都第一产业产值占 GDP 的比重从 2004 年到 2012 年保持 0.05%；第二产业产值占 GDP 的比重从 2004 年的 13.88% 下降到 2012 年的 10.88%；第三产业产值占 GDP 的比重从 2004 年的 86.07% 上升到 2012 年的 89.07%。

茨城县第一产业产值占 GDP 的比重从 2004 年的 2.24% 上升到 2012 年的 2.31%；第二产业产值占 GDP 的比重从 2004 年的 33.89% 上升到 2012 年的 35.66%；第三产业产值占 GDP 的比重从 2004 年的 63.86% 下降到 2012 年的 62.03%。

栃木县第一产业产值占 GDP 的比重从 2004 年的 1.92% 下降到 2012 年的 1.51%；第二产业产值占 GDP 的比重从 2004 年的 41.21% 下降到 2012 年的 37.09%；第三产业产值占 GDP 的比重从 2004 年的 56.86% 上升到 2012 年的 61.41%。

群马县第一产业产值占 GDP 的比重从 2004 年的 1.63% 下降到 2012 年的 1.33%；第二产业产值占 GDP 的比重从 2004 年的 35.60% 上升到 2012 年的 36.38%；第三产业产值占 GDP 的比重从 2004 年的 62.76% 下降到 2012 年的 62.29%。

埼玉县第一产业产值占 GDP 的比重从 2004 年的 0.07% 上升到 2012 年的 0.56%；第二产业产值占 GDP 的比重从 2004 年的 3.70% 上升到 2012 年的 22.95%；第三产业产值占 GDP 的比重从 2004 年的 96.23% 下降到 2012 年的

76.49%。

千叶县第一产业产值占 GDP 的比重从 2004 年的 1.36% 下降到 2012 年的 1.09%；第二产业产值占 GDP 的比重从 2004 年的 23.71% 下降到 2012 年的 21.90%；第三产业产值占 GDP 的比重从 2004 年的 74.93% 上升到 2012 年的 77.01%。

神奈川县第一产业产值占 GDP 的比重从 2004 年到 2012 年保持 0.18%；第二产业产值占 GDP 的比重从 2004 年的 25.79% 下降到 2012 年的 22.13%；第三产业产值占 GDP 的比重从 2004 年的 74.03% 上升到 2012 年的 77.69%。

山梨县第一产业产值占 GDP 的比重从 2004 年的 1.75% 下降到 2012 年的 1.69%；第二产业产值占 GDP 的比重从 2004 年的 29.67% 上升到 2012 年的 34.46%；第三产业产值占 GDP 的比重从 2004 年的 68.58% 下降到 2012 年的 63.84%。

3. 城镇化方面

东京城市群整体的城镇化率从 2004 年的 79.31% 上升到 2012 年的 81.00%。

东京城市群内部各个城市的城镇化率变化情况如表 8-17 所示。东京都的城镇化率从 2004 年的 99.45% 下降到 2012 年的 99.11%；茨城县的城镇化率从 2004 年的 34.24% 上升到 2012 年的 37.83%；栃木县的城镇化率从 2004 年的 43.71% 上升到 2012 年的 44.84%；群马县的城镇化率从 2004 年的 39.30% 上升到 2012 年的 40.24%；埼玉县的城镇化率从 2004 年的 78.96% 上升到 2012 年的 80.11%；千叶县的城镇化率从 2004 年的 71.87% 上升到 2012 年的 74.22%；神奈川县的城镇化率从 2004 年的 93.76% 上升到 2012 年的 95.11%；山梨县的城镇化率从 2004 年的 33.88% 上升到 2012 年的 35.15%。

表 8-17　　　　　　　　　东京城市群中各个城市的城镇化率

城镇化率	2004年	2005年	2006年	2007年	2008年	2009年	2010年	2011年	2012年
东京都	0.9945	0.9803	0.9787	0.9807	0.9892	0.9860	0.9816	0.9852	0.9911
茨城县	0.3424	0.3588	0.3622	0.3645	0.3712	0.3709	0.3728	0.3746	0.3783
栃木县	0.4371	0.4364	0.4369	0.4381	0.4399	0.4404	0.4426	0.4455	0.4484
群马县	0.3930	0.3957	0.3965	0.3975	0.3983	0.3988	0.3992	0.4006	0.4024

续表

城镇化率	2004年	2005年	2006年	2007年	2008年	2009年	2010年	2011年	2012年
埼玉县	0.7896	0.7890	0.7889	0.7915	0.7936	0.7963	0.7964	0.7972	0.8011
千叶县	0.7187	0.7170	0.7215	0.7218	0.7297	0.7283	0.7286	0.7351	0.7422
神奈川县	0.9376	0.9384	0.9400	0.9422	0.9444	0.9437	0.9421	0.9482	0.9511
山梨县	0.3388	0.3443	0.3549	0.3687	0.3802	0.3444	0.3258	0.3398	0.3515

资料来源：根据2005～2013年的《日本统计》《社会生活统计指标》，日本国总务省统计局官方网站相关数据整理所得。

（二）比较结果

我们将京津冀城市群与东京城市群进行发展历程的比较，可以发现它们在发展历程中既存在着相同之处，也存在着一些差异。

1. 相同点

（1）城镇体系方面。

第一，首都城市是城市群的人口第一大市。京津冀城市群与东京城市群相似，首都城市是首都城市群中人口最多的城市，而且其人口规模明显高于人口规模排名第二的城市。这种现象的产生主要是由于首都城市以自身的政治优势、文化优势为基础，不断优化自身的城市建设。优质的高等教育资源、丰富的公共卫生资源、发达的公共基础设施系统、大量的文化娱乐设施、宜居的生活环境、便利的生活条件、高效的政府办公机制成为首都城市的引力点，不断地吸引全国各地的人们涌向这里。

第二，首都城市群中各个城市的人口规模均衡发展。京津冀城市群与东京城市群相似，它们的城市指数、城市首位度都有所上升，但是我们可以发现这两个指标的上升幅度有限。因此，我们可以认为它们内部各个城市的人口规模在保持相对平衡的情况下上升。

（2）产业结构方面。

第一，在首都城市群内，有部分城市的第二产业产值占GDP的比重上升、第三产业产值占GDP的比重下降，同时也有部分城市的第二产业产值占GDP的比重下降、第三产业产值占GDP的比重上升。这种现象的出现主要是由于首都城市群在发展过程中，内部的每个城市会根据自身的优势与特点进行产业分工，从而使每个城市产业发展的侧重点不同。

第二，首都城市的第二产业产值占 GDP 的比重下降、第三产业产值占 GDP 的比重上升。京津冀城市群与东京城市群相似，首都城市的第二产业产值占 GDP 的比重、第三产业产值占 GDP 的比重变化趋势相同，这在一定程度上反映了两个首都城市都在不断地强化自身的金融业服务、生产性服务、技术性服务等第三产业，重点提升自身的经济服务职能。

（3）城镇化方面。

首都城市群中每个城市的城镇化率都有所提升。这在一定程度上说明，两个首都城市群在发展过程中都重视城镇化方面的发展，且注重加大城镇化的投入力度。

2. 不同点

（1）城镇体系方面。

第一，东京城市群的城市指数、城市首位度明显地高于京津冀城市群的城市指数、城市首位度。这在一定程度上说明东京城市群的人口呈现"一极集中"的态势，即人口仍然是不断地向东京都集聚，这对首都城市群整体的平衡发展形成了较大压力。

第二，相对于首都城市群而言，东京都人口规模的增长速度要快于北京市人口规模的增长速度。从京津冀城市群与东京城市群城市指数、城市首位度的变化情况来看，东京城市群城市指数、城市首位度的变化幅度要略高于京津冀城市群城市指数、城市首位度的变化幅度。这在一定程度上说明东京都人口集中的速度快于北京市人口集中的速度（见表 8 - 18）。

表 8 - 18　　京津冀城市群与东京城市群的城市指数、城市首位度情况

城市群	指标	2004年	2005年	2006年	2007年	2008年	2009年	2010年	2011年	2012年
东京城市群	城市指数	0.5673	0.5742	0.5761	0.5780	0.5795	0.5823	0.5860	0.5870	0.5887
	城市首位度	0.2939	0.2968	0.2977	0.2987	0.2997	0.3011	0.3028	0.3034	0.3043
京津冀城市群	城市指数	0.3958	0.3990	0.3999	0.3994	0.4224	0.4003	0.4012	0.4051	0.4092
	城市首位度	0.1304	0.1314	0.1318	0.1318	0.1382	0.1319	0.1318	0.1329	0.1337

资料来源：根据 2005 ~ 2013 年的《中国统计年鉴》《中国城市统计年鉴》《北京统计年鉴》《天津统计年鉴》《河北统计年鉴》《石家庄统计年鉴》《保定统计年鉴》《张家口统计年鉴》《承德统计年鉴》《唐山统计年鉴》《秦皇岛统计年鉴》《廊坊统计年鉴》《沧州统计年鉴》；2005 ~ 2013 年的《日本统计》《社会生活统计指标》，日本国总务省统计局官方网站相关数据整理所得。

（2）产业结构方面。

第一，东京城市群作为一个整体，2004~2012年，其第一产业产值占GDP的比重、第二产业产值占GDP的比重有所上升，第三产业产值占GDP的比重有所下降；而京津冀城市群第一产业产值占GDP的比重、第二产业产值占GDP的比重有所下降、第三产业产值占GDP的比重有所上升。这在一定程度上说明京津冀城市群的产业结构在不断地优化，而东京城市群的产业结构存在一定程度上的弱化（见表8-19）。

表8-19　　　　　京津冀城市群与东京城市群的产业结构情况　　　　单位：%

城市群	三次产业比重	2004年	2005年	2006年	2007年	2008年	2009年	2010年	2011年	2012年
东京城市群	第一产业	0.32	0.54	0.52	0.51	0.54	0.53	0.51	0.52	0.51
	第二产业	12.78	21.46	21.35	21.17	20.65	19.57	19.73	19.18	19.01
	第三产业	86.90	78.00	78.12	78.31	78.82	79.90	79.75	80.30	80.48
京津冀城市群	第一产业	9.86	8.29	7.63	7.17	6.87	6.65	6.48	6.15	6.12
	第二产业	48.83	45.02	45.19	44.97	46.29	42.82	43.30	43.80	43.12
	第三产业	41.31	46.69	47.18	47.85	46.83	50.54	50.22	50.05	50.77

资料来源：根据2005~2013年的《中国统计年鉴》《中国城市统计年鉴》《北京统计年鉴》《天津统计年鉴》《河北统计年鉴》《石家庄统计年鉴》《保定统计年鉴》《张家口统计年鉴》《承德统计年鉴》《唐山统计年鉴》《秦皇岛统计年鉴》《廊坊统计年鉴》《沧州统计年鉴》；2005~2013年的《日本统计》《社会生活统计指标》，日本国总务省统计局官方网站相关数据整理所得。

第二，东京城市群第三产业产值占GDP的比重明显高于京津冀城市群第三产业产值占GDP的比重，同时东京城市群第二产业产值占GDP的比重明显地低于京津冀城市群第二产业产值占GDP的比重。这在一定程度上说明东京城市群的产业结构要明显优于京津冀城市群的产业结构。

第三，东京都第三产业产值占GDP的比重明显高于北京市第三产业产值占GDP的比重，同时东京都第二产业产值占GDP的比重明显低于北京市第二产业产值占GDP的比重。这在一定程度上说明北京市的产业结构水平低于东京都的产业结构水平，还有着较大的提升空间。

（3）城镇化方面。

第一，东京城市群的城镇化率明显高于京津冀城市群的城镇化率。东京城市群与京津冀城市群在城镇化率方面的差距在一定程度上说明东京城市群更加重视对城镇化的发展，善于利用城镇化所带来的优势（见表8-20）。

表8-20　　　　　京津冀城市群与东京城市群的城镇化率情况　　　单位：%

城镇化率	2004年	2005年	2006年	2007年	2008年	2009年	2010年	2011年	2012年
东京城市群城镇化率	79	79	79	80	80	80	80	80	81
京津冀城市群城镇化率	50	52	53	55	57	59	62	64	65

资料来源：根据2005~2013年的《中国统计年鉴》《中国城市统计年鉴》《北京统计年鉴》《天津统计年鉴》《河北统计年鉴》《石家庄统计年鉴》《保定统计年鉴》《张家口统计年鉴》《承德统计年鉴》《唐山统计年鉴》《秦皇岛统计年鉴》《廊坊统计年鉴》《沧州统计年鉴》；2005~2013年的《日本统计》《社会生活统计指标》，日本国总务省统计局官方网站相关数据整理所得。

第二，京津冀城市群城镇化的发展速度快于东京城市群城镇化的发展速度。在相同的时间里，京津冀城市群城镇化率提高的幅度明显高于东京城市群城镇化率提高的幅度。这在一定程度上说明京津冀城市群正在快速提高城镇化水平，以期达到新的高度。

第三，东京都的城镇化率明显高于北京市的城镇化率。东京都作为世界级的城市，其城镇化率水平较高，北京市与之相比则存在较大的差距。所以北京市在今后的发展过程中要重视对城镇化方面的发展，以期充分利用城镇化所带来的益处。

第四，北京市城镇化的发展速度快于东京都城镇化的发展速度。由于北京市的城镇化起点较低、基础较差，所以在城镇化发展的初期，其城镇化的发展速度较快。因此，北京市在今后的发展中要继续保持这种较高的发展速度，以期尽快提高城镇化水平。

第五，东京城市群中具有较高城镇化率（>70%）城市的数量多于京津冀城市群中具有较高城镇化率城市的数量。这在一定程度上说明东京城市群城镇化的结构比较合理，同时也反映出京津冀城市群在相应方面的差距。

三、基于首都城市群评价指标体系的比较

(一)东京城市群的测评①

1. 城镇体系方面

通过对东京城市群城镇体系方面的测评,我们得到如下的结果。

表 8 - 21 是首都城市群城镇体系方面指标的相关矩阵,从中我们发现,首都城市群的人口规模与首都城市群中城市人口规模的平均水平、首都城市群中人口规模排名前三城市的人口占首都城市群总人口的比重、首都城市人口规模、首都城市人口占首都城市群总人口的比重之间存在着较高的正相关;首都城市群中城市人口规模的平均水平与首都城市群中人口规模排名前三城市的人口占首都城市群总人口的比重、首都城市人口规模、首都城市人口占首都城市群总人口的比重之间存在着较高的正相关;首都城市群中人口规模排名前三城市的人口占首都城市群总人口的比重与首都城市人口规模、首都城市人口占首都城市群总人口的比重之间存在着较高的正相关;首都城市人口规模与首都城市人口占首都城市群总人口的比重之间存在着较高的正相关。

表 8 - 21　　　　　　　　　首都城市群城镇体系方面指标的相关矩阵

指标	A	B	C	D	E	F
A	1.000	1.000	0.130	0.982	0.997	0.987
B	1.000	1.000	0.130	0.982	0.997	0.987
C	0.130	0.130	1.000	0.170	0.142	0.157
D	0.982	0.982	0.170	1.000	0.992	0.997
E	0.997	0.997	0.142	0.992	1.000	0.996
F	0.987	0.987	0.157	0.997	0.996	1.000

注:A = 首都城市群的人口规模,B = 首都城市群中城市人口规模的平均水平,C = 首都城市群中城市人口规模的中位数,D = 首都城市群中人口规模排名前三城市的人口占首都城市群总人口的比重,E = 首都城市人口规模,F = 首都城市人口占首都城市群总人口的比重。

表 8 - 22 的结果显示,第一主成分的方差贡献率为 83.234%,第二主成分的方差贡献率为 16.247%。第一主成分与第二主成分的累计方差贡献达到

---

①　本部分中关于东京城市群的相关数据根据 2005 ~ 2013 年的《日本统计》《社会生活统计指标》,日本国总务省统计局官方网站相关资料整理所得。

99.481%，高于85%的临界值很多。

表8-22　　　　　首都城市群城镇体系方面指标主成分分析的特征值

成分	初始特征值			修正载荷的平方和		
	总数	方差百分比（%）	累计百分比（%）	总数	方差百分比（%）	累计百分比（%）
1	4.994	83.234	83.234	4.994	83.234	83.234
2	0.975	16.247	99.481	0.975	16.247	99.481
3	0.028	0.467	99.948			
4	0.003	0.052	100.000			
5	0.000	0.000	100.000			
6	0.000	0.000	100.000			

　　表8-23是首都城市群城镇体系方面指标的负载矩阵，从中我们发现，在第一主成分载荷中，首都城市群的人口规模、首都城市群中城市人口规模的平均水平、首都城市群中人口规模排名前三城市的人口占首都城市群总人口的比重、首都城市人口规模、首都城市人口占首都城市群总人口的比重的贡献较大；在第二主成分载荷中，首都城市群中城市人口规模的中位数的贡献较大。

表8-23　　　　　　首都城市群城镇体系方面指标的负载矩阵

指标	成分	
	1	2
A	0.995	-0.052
B	0.995	-0.052
C	0.181	0.983
D	0.994	-0.010
E	0.999	-0.041
F	0.997	-0.024

　　注：A=首都城市群的人口规模，B=首都城市群中城市人口规模的平均水平，C=首都城市群中城市人口规模的中位数，D=首都城市群中人口规模排名前三城市的人口占首都城市群总人口的比重，E=首都城市人口规模，F=首都城市人口占首都城市群总人口的比重。

表 8 – 24 是东京城市群在首都城市群城镇体系方面的评分，从中我们发现，东京城市群在首都城市群城镇体系方面的评分从 2004 年的 – 6.77 上升到 2012 年的 5.01，上升幅度达到 11.78。

表 8 – 24　　　　　　　　东京城市群在首都城市群城镇体系方面的评分

评分	2004年	2005年	2006年	2007年	2008年	2009年	2010年	2011年	2012年
东京城市群	– 6.77	– 4.17	– 3.01	– 1.64	0.49	1.74	3.89	4.47	5.01

2. 产业结构方面

通过对东京城市群产业结构方面的测评，我们得到如下的结果。

表 8 – 25 是首都城市群产业结构方面指标的相关矩阵，从中我们发现，首都城市群第一产业比重与首都城市群第二产业比重、首都城市 GDP 占首都城市群 GDP 的比重、首都城市第三产业占首都城市群第三产业比重之间存在着较高的正相关；首都城市群第一产业比重与首都城市群第三产业比重、首都城市群的 GDP、首都城市群的人均 GDP 之间存在着较高的负相关。

表 8 – 25　　　　　　　　首都城市群产业结构方面指标的相关矩阵

指标	A	B	C	D	E	F	G	H	I	J	K	L
A	1.000	0.946	– 0.949	– 0.969	– 0.962	0.026	0.141	– 0.302	0.984	– 0.171	– 0.285	0.980
B	0.946	1.000	– 1.000	– 0.873	– 0.858	0.295	0.364	0.001	0.933	– 0.318	– 0.246	0.938
C	– 0.949	– 1.000	1.000	0.876	0.862	– 0.288	– 0.359	0.007	– 0.936	0.315	0.247	– 0.941
D	– 0.969	– 0.873	0.876	1.000	1.000	0.113	– 0.003	0.482	– 0.989	– 0.020	0.452	– 0.984
E	– 0.962	– 0.858	0.862	1.000	1.000	0.133	0.019	0.507	– 0.984	– 0.041	0.463	– 0.979
F	0.026	0.295	– 0.288	0.113	0.133	1.000	0.469	0.805	0.018	– 0.446	0.101	0.041
G	0.141	0.364	– 0.359	– 0.003	0.019	0.469	1.000	0.612	0.106	– 0.573	0.147	0.124
H	– 0.302	0.001	0.007	0.482	0.507	0.805	0.612	1.000	– 0.345	– 0.541	0.373	– 0.323
I	0.984	0.933	– 0.936	– 0.989	– 0.984	0.018	0.106	– 0.345	1.000	– 0.056	– 0.435	0.999

指标	A	B	C	D	E	F	G	H	I	J	K	L
J	-0.171	-0.318	0.315	-0.020	-0.041	-0.446	-0.573	-0.541	-0.056	1.000	-0.656	-0.051
K	-0.285	-0.246	0.247	0.452	0.463	0.101	0.147	0.373	-0.435	-0.656	1.000	-0.455
L	0.980	0.938	-0.941	-0.984	-0.979	0.041	0.124	-0.323	0.999	-0.051	-0.455	1.000

注：A = 首都城市群第一产业产值占 GDP 的比重，B = 首都城市群第二产业产值占 GDP 的比重，C = 首都城市群第三产业产值占 GDP 的比重，D = 首都城市群的 GDP，E = 首都城市群的人均 GDP，F = 首都城市群的工业产值，G = 首都城市群的金融业产值，H = 首都城市的 GDP，I = 首都城市 GDP 占首都城市群 GDP 的比重，J = 首都城市第一产业产值占首都城市群第一产业产值的比重，K = 首都城市第二产业产值占首都城市群第二产业产值的比重，L = 首都城市第三产业产值占首都城市群第三产业产值的比重。

首都城市群第二产业比重与首都城市 GDP 占首都城市群 GDP 的比重、首都城市第三产业产值占首都城市群第三产业比重之间存在着较高的正相关；首都城市群第二产业比重与首都城市群第三产业比重、首都城市群的 GDP、首都城市群的人均 GDP 之间存在着较高的负相关。

首都城市群第三产业比重与首都城市群的 GDP、首都城市群的人均 GDP 之间存在着较高的正相关；首都城市群第三产业比重与首都城市 GDP 占首都城市群 GDP 的比重、首都城市第三产业占首都城市群第三产业比重之间存在着较高的负相关。

首都城市群的 GDP 与首都城市群的人均 GDP 之间存在着较高的正相关；首都城市群的 GDP 与首都城市 GDP 占首都城市群 GDP 的比重、首都城市第三产业产值占首都城市群第三产业比重之间存在着较高的负相关。

首都城市群的人均 GDP 与首都城市 GDP 占首都城市群 GDP 的比重、首都城市第三产业占首都城市群第三产业比重之间存在着较高的负相关；首都城市群的工业产值与首都城市的 GDP 之间存在着较高的正相关；首都城市 GDP 占首都城市群 GDP 的比重与首都城市第三产业占首都城市群第三产业比重之间存在着较高的正相关。

从表 8 - 26 的结果可以看出，第一主成分的方差贡献率为 58.241%，第二主成分的方差贡献率为 26.489%，第三主成分的方差贡献率为 9.001%。第一主成分、第二主成分与第三主成分的累计方差贡献达到 93.731%，高于临界值（85%）很多。

表 8 - 26　　　　　首都城市群产业结构方面指标主成分分析的特征值

成分	初始特征值			修正载荷的平方和		
	总数	方差百分比（%）	累计百分比（%）	总数	方差百分比（%）	累计百分比（%）
1	6.989	58.241	58.241	6.989	58.241	58.241
2	3.179	26.489	84.731	3.179	26.489	84.731
3	1.080	9.001	93.732	1.080	9.001	93.732
4	0.524	4.366	98.098			
5	0.140	1.166	99.264			
6	0.082	0.687	99.951			
7	0.006	0.048	99.999			
8	0.000	0.001	100.000			
9	0.000	0.000	100.000			
10	0.000	0.000	100.000			
11	0.000	0.000	100.000			
12	0.000	0.000	100.000			

表 8 - 27 是首都城市群产业结构方面指标的负载矩阵，从中我们发现，在第一主成分载荷中，首都城市群第一产业比重、首都城市群第二产业比重、首都城市 GDP 占首都城市群 GDP 的比重、首都城市第三产业占首都城市群第三产业比重的贡献较大；在第二主成分载荷中，首都城市群的工业产值、首都城市群的金融业产值、首都城市的 GDP 的贡献较大；在第三主成分载荷中，首都城市群的工业产值、首都城市第一产业占首都城市群第一产业比重的贡献较大。

表 8 - 27　　　　　首都城市群产业结构方面指标的负载矩阵

指标	成分		
	1	2	3
A	0.985	0.057	-0.135
B	0.941	0.327	0.017
C	-0.943	-0.320	-0.013
D	-0.985	0.155	0.067
E	-0.980	0.183	0.068

续表

指标	成分		
	1	2	3
F	0.031	0.788	0.457
G	0.138	0.776	0.134
H	-0.326	0.872	0.293
I	0.999	-0.024	-0.005
J	-0.074	-0.830	0.477
K	-0.431	0.486	-0.715
L	0.999	-0.010	0.030

注：A＝首都城市群第一产业产值占 GDP 的比重，B＝首都城市群第二产业产值占 GDP 的比重，C＝首都城市群第三产业产值占 GDP 的比重，D＝首都城市群的 GDP，E＝首都城市群的人均 GDP，F＝首都城市群的工业产值，G＝首都城市群的金融业产值，H＝首都城市的 GDP，I＝首都城市 GDP 占首都城市群 GDP 的比重，J＝首都城市第一产业产值占首都城市群第一产业产值的比重，K＝首都城市第二产业产值占首都城市群第二产业产值的比重，L＝首都城市第三产业产值占首都城市群第三产业产值的比重。

从表 8－28 的结果可以发现，东京城市群在首都城市群产业结构方面的评分从 2004 年的 －10.80 上升到 2012 年的 0.27，上升幅度达到 11.07。

表 8－28　　　　　　　东京城市群在首都城市群产业结构方面的评分

评分	2004年	2005年	2006年	2007年	2008年	2009年	2010年	2011年	2012年
东京城市群	-10.80	2.04	2.88	2.22	1.79	0.51	0.62	0.48	0.27

3. 城镇化方面

通过对东京城市群城镇化方面的测评，我们得到如下的结果。

表 8－29 是首都城市群城镇化方面指标的相关矩阵，从中我们发现，首都城市群的城镇化率与首都城市群的城镇人口密度、首都城市群人均城市绿地面积、首都城市城镇人口占首都城市群城镇总人口的比重之间存在着较高的正相关；首都城市群的城镇化率与首都城市群人均公路长度之间存在着较高的负相关。

表 8－29　　　　　　　　　首都城市群城镇化方面指标的相关矩阵

指标	A	B	C	D	E	F	G	H	I	J	K	L
A	1.000	0.950	0.113	−0.593	0.605	0.898	−0.892	0.407	0.925	−0.370	0.053	0.012
B	0.950	1.000	0.106	−0.733	0.750	0.979	−0.932	0.165	0.948	−0.495	0.039	0.127
C	0.113	0.106	1.000	−0.538	0.492	0.199	−0.044	−0.175	−0.017	−0.136	0.552	0.512
D	−0.593	−0.733	−0.538	1.000	−0.999	−0.846	0.650	0.382	−0.552	0.519	−0.325	−0.614
E	0.605	0.750	0.492	−0.999	1.000	0.861	−0.668	−0.384	0.571	−0.528	0.301	0.602
F	0.898	0.979	0.199	−0.846	0.861	1.000	−0.910	0.007	0.888	−0.568	0.072	0.251
G	−0.892	−0.932	−0.044	0.650	−0.668	−0.910	1.000	−0.140	−0.893	0.535	0.109	−0.057
H	0.407	0.165	−0.175	0.382	−0.384	0.007	−0.140	1.000	0.389	0.067	−0.286	−0.712
I	0.925	0.948	−0.017	−0.552	0.571	0.888	−0.893	0.389	1.000	−0.552	−0.187	−0.165
J	−0.370	−0.495	−0.136	0.519	−0.528	−0.568	0.535	0.067	−0.552	1.000	0.589	0.221
K	0.053	0.039	0.552	−0.325	0.301	0.072	0.109	−0.286	−0.187	0.589	1.000	0.806
L	0.012	0.127	0.512	−0.614	0.602	0.251	−0.057	−0.712	−0.165	0.221	0.806	1.000

注：A＝首都城市群的城镇化率，B＝首都城市群的城镇人口密度，C＝首都城市群第一产业就业人数占总就业人数的比例，D＝首都城市群第二产业就业人数占总就业人数的比例，E＝首都城市群第三产业就业人数占总就业人数的比例，F＝首都城市群人均城市绿地面积，G＝首都城市群人均公路长度，H＝首都城市的城镇化率，I＝首都城市城镇人口占首都城市群城镇总人口的比重，J＝首都城市第一产业就业人数占首都城市群第一产业就业总人数的比重，K＝首都城市第二产业就业人数占首都城市群第二产业就业总人数的比重，L＝首都城市第三产业就业人数占首都城市群第三产业就业总人数的比重。

　　首都城市群的城镇人口密度与首都城市群第三产业就业人数占总就业人数的比例、首都城市群人均城市绿地面积、首都城市城镇人口占首都城市群城镇总人口的比重之间存在着较高的正相关；首都城市群的城镇人口密度与首都城市群第二产业就业人数占总就业人数的比例、首都城市群人均公路长度、首都城市城镇人口占首都城市群城镇总人口的比重之间存在着较高的负相关。

　　首都城市群第二产业就业人数占总就业人数的比例与首都城市群第三产业就业人数占总就业人数的比例、首都城市群人均城市绿地面积之间存在着较高的负相关；首都城市群第三产业就业人数占总就业人数的比例与首都城市群人均城市绿地面积之间存在着较高的正相关。

　　首都城市群人均城市绿地面积与首都城市城镇人口占首都城市群城镇总人口的比重之间存在着较高的正相关；首都城市群人均城市绿地面积与首都城市群人均公路长度之间存在着较高的负相关；首都城市群人均公路长度与首都城市城镇人口占首都城市群城镇总人口的比重之间存在着较高的负相关。

首都城市的城镇化率与首都城市第三产业就业人数占首都城市群第三产业就业总人数的比重之间存在着较高的负相关；首都城市第二产业就业人数占首都城市群第二产业就业总人数的比重与首都城市第三产业就业人数占首都城市群第三产业就业总人数的比重之间存在着较高的正相关。

表 8 – 30 的计算结果显示，第一主成分的方差贡献率为 52.969%，第二主成分的方差贡献率为 27.055%，第三主成分的方差贡献率为 11.322%。第一主成分、第二主成分与第三主成分的累计方差贡献达到 91.347%，明显高于 85% 的临界值。

表 8 – 30　　　　　　　首都城市群城镇化方面指标主成分分析的特征值

成分	初始特征值			修正载荷的平方和		
	总数	方差百分比（%）	累计百分比（%）	总数	方差百分比（%）	累计百分比（%）
1	6.356	52.969	52.969	6.356	52.969	52.969
2	3.247	27.055	80.025	3.247	27.055	80.025
3	1.359	11.322	91.347	1.359	11.322	91.347
4	0.801	6.678	98.025			
5	0.132	1.102	99.127			
6	0.060	0.497	99.624			
7	0.029	0.241	99.865			
8	0.016	0.135	100.000			
9	0.000	0.000	100.000			
10	0.000	0.000	100.000			
11	0.000	0.000	100.000			
12	0.000	0.000	100.000			

表 8 – 31 是首都城市群城镇化方面指标的负载矩阵，从中我们发现，在第一主成分载荷中，首都城市群的城镇化率、首都城市群的城镇人口密度、首都城市群第三产业就业人数占总就业人数的比例、首都城市群人均城市绿地面积、首都城市城镇人口占首都城市群城镇总人口的比重的贡献较大；在第二主成分载荷中，首都城市第二产业就业人数占首都城市群第二产业就业总人数的比重、首都城市第三产业就业人数占首都城市群第三产业就业总人数的比重的贡献较大；在第三主成分载荷中，首都城市的城镇化率、首都城市第一产业就业人数占首都城

市群第一产业就业总人数的比重、首都城市第二产业就业人数占首都城市群第二
产业就业总人数的比重的贡献较大。

表 8-31　　　　　　　　首都城市群城镇化方面指标的负载矩阵

指标	成分		
	1	2	3
A	0.885	-0.274	0.356
B	0.963	-0.173	0.150
C	0.299	0.615	0.060
D	-0.876	-0.429	0.177
E	0.885	0.404	-0.186
F	0.992	-0.039	0.018
G	-0.909	0.249	-0.047
H	0.001	-0.733	0.568
I	0.873	-0.436	0.141
J	-0.595	0.312	0.687
K	0.089	0.814	0.565
L	0.271	0.931	0.058

注：A = 首都城市群的城镇化率，B = 首都城市群的城镇人口密度，C = 首都城市群第一产业就业人数
占总就业人数的比例，D = 首都城市群第二产业就业人数占总就业人数的比例，E = 首都城市群第三产业就
业人数占总就业人数的比例，F = 首都城市群人均城市绿地面积，G = 首都城市群人均公路长度，H = 首都
城市的城镇化率，I = 首都城市城镇人口占首都城市群城镇总人口的比重，J = 首都城市第一产业就业人数
占首都城市群第一产业就业总人数的比重，K = 首都城市第二产业就业人数占首都城市群第二产业就业总人
数的比重，L = 首都城市第三产业就业人数占首都城市群第三产业就业总人数的比重。

从表 8-32 的结果可以发现：东京城市群在首都城市群城镇化方面的评分从
2004 年的 -7.54 上升到 2012 年的 3.90，上升幅度达到 11.44。

表 8-32　　　　　　　　东京城市群在首都城市群城镇化方面的评分

评分	2004年	2005年	2006年	2007年	2008年	2009年	2010年	2011年	2012年
东京城市群	-7.54	-1.76	-1.96	-0.54	0.88	2.82	1.80	2.41	3.90

（二）比较结果

通过对比京津冀城市群与东京城市群在首都城市群城镇体系方面、首都城市群产业结构方面、首都城市群城镇化方面的评分情况，我们发现它们之间既存在着相同点，同时也存在着不同点。

1. 相同点

从表8-33与表8-34中，我们发现京津冀城市群与东京城市群在首都城市群城镇体系方面、首都城市群产业结构方面、首都城市群城镇化方面的评分都有所提升。这在一定程度上说明京津冀城市群与东京城市群都重视对城镇体系、产业结构、城镇化水平的提升与优化。

表8-33　　　东京城市群在首都城市群城镇体系、产业结构、城镇化方面的评分

评分	2004年	2005年	2006年	2007年	2008年	2009年	2010年	2011年	2012年
首都城市群城镇体系方面的评分	-6.77	-4.17	-3.01	-1.64	0.49	1.74	3.89	4.47	5.01
首都城市群产业结构方面的评分	-10.80	2.04	2.88	2.22	1.79	0.51	0.62	0.48	0.27
首都城市群城镇化方面的评分	-7.54	-1.76	-1.96	-0.54	0.88	2.82	1.80	2.41	3.90

表8-34　　　京津冀城市群在首都城市群城镇体系、产业结构、城镇化方面的评分

评分	2004年	2005年	2006年	2007年	2008年	2009年	2010年	2011年	2012年
首都城市群城镇体系方面的评分	-4.13	-3.11	-2.18	-1.38	3.71	0.31	1.17	2.18	3.42
首都城市群产业结构方面的评分	-14.37	-5.53	-3.49	-1.08	-0.19	3.38	5.04	7.23	9.01
首都城市群城镇化方面的评分	-11.25	-8.15	0.00	0.36	1.56	2.67	4.34	4.99	5.48

2. 不同点

根据表8-33与表8-34中的数据，我们对比了京津冀城市群与东京城市群在首都城市群城镇体系方面、首都城市群产业结构方面、首都城市群城镇化方面

评分的变化情况。我们发现两者的评分情况存在以下三个方面的不同点：

第一，东京城市群在首都城市群城镇体系方面评分的变化幅度大于京津冀城市群。东京城市群在首都城市群城镇体系方面的评分从 2004 年的 - 6.77 上升到 2012 年的 5.01，上升幅度高达 11.78，明显高于京津冀城市群相对应的上升幅度（京津冀城市群对应的上升幅度为 7.55）。这在一定程度上说明东京城市群重视对城镇体系规模的调整，合理地平衡大、中、小城市的数量，形成了较为科学的城镇体系。

第二，京津冀城市群在首都城市群产业结构方面评分的变化幅度大于东京城市群。京津冀城市群在首都城市群产业结构方面的评分从 2004 年的 - 14.37 上升到 2012 年的 9.01，上升幅度高达 23.38，明显高于东京城市群（上升幅度为 11.07）。这在一定程度上说明京津冀城市群重点对产业结构进行了调整，以期充分利用产业结构调整所带来的优势与益处。

第三，京津冀城市群在首都城市群城镇化方面评分的变化幅度大于东京城市群。京津冀城市群在首都城市群城镇化方面的评分从 2004 年的 - 11.25 上升到 2012 年的 5.48，上升幅度高达 16.73，明显高于东京城市群（上升幅度为 11.44）。这在一定程度上说明京津冀城市群加快城镇化的发展步伐，以期通过提升自身城镇化的水平来进一步发掘潜力、获得持续发展。

四、小结

从京津冀城市群与东京城市群的比较结果中，我们发现：

（1）东京都的人口规模明显高于北京市，同时东京都在首都城市群中的人口比重也明显高于北京市相应的比重。其部分原因在于京津冀城市群的经济中心并非只有北京市，还有天津市。天津市作为京津冀城市群的经济中心城市，在很大程度上对北京市的人口资源进行了分流，这就相对减少了北京市的人口压力，从而实现城市人口规模的相对均衡发展。因此，在京津冀城市群中，我们应该进一步强化与明确首都城市——北京市、经济中心城市——天津市的职能分工，不断完善北京市的首都核心功能，提升天津市的经济中心功能，使双核心城市在职能上形成互补，共同推动京津冀城市群的发展。

（2）东京城市群第三产业产值占 GDP 的比重明显高于京津冀城市群，同时东京都第三产业产值占 GDP 的比重也明显高于北京市。这在一定程度上说明东京城市群的产业结构优于京津冀城市群，东京都的产业结构也优于北京市。这是因为东京城市群在发展过程中合理地根据城市的发展特点与优势，进行了城市之间产业的分工与协作，从而实现了产业结构的不断优化。通过比较两个首都城市群中首都城市的产业发展情况，可以发现东京都在发展过程中重点进行了第三产业的发展，通过发展金融业、高新科技产业、生产性服务业等来实现产业结构的升级，进而充分发挥了首都的核心功能。因此，京津冀在发展过程中也应该进一步加大城市间产业分工与协作的强度，实现整体产业结构的优化。同时作为首都城市的北京市也需注重产业的选择与优化问题，应该逐步弱化非首都核心产业，以期最大限度地将资源利用于扶持与发展有助于发挥首都功能的产业，如金融业、高新技术产业、生产性服务业等。

首都城市群内部应不断完善区域市场机制，加强产业分工协作力度。完善的市场机制可以使首都城市群有效地配置资源，使资本、劳动力、信息技术等要素根据供求情况的变化进行由流动，提高要素的使用效率，从而使其产业结构水平不断的提升，促进经济的快速发展。因此，京津冀应该通过加强商品市场的发展、强化资本市场的发展、加快劳动力市场的发展、健全经济服务市场等方式，打破地域经济格局，实现京津冀各地市场的统一化。同时，首都城市群内部各个城市应根据自身的优势与特点进行产业的分工与协作。首都城市群应进一步完善协调机制，注重发挥政府在市场经济中的重要作用，调节京津冀城市群中利益体之间的关系，消除地方性壁垒，解决京津冀产业空间失衡问题。

另外，首都城市群内部要进一步加快产业转移，统筹协调转出产业与承接地产业的适配程度，使两者可以很好地结合在一起。产业承接地应该加强自身基础设施与营商环境建设，加强土地规划、交通规划、环境保护规划，以产业园区为重要的载体实现产业对接。

（3）东京城市群的城镇化水平明显高于京津冀城市群，同时东京都的城镇化水平也明显高于北京市。这充分反映出东京城市群在发展过程中较为重视城镇化的发展，更加注重城镇化带来的红利。东京城市群的高水平城镇化主要体现在内部城市的城镇化水平整体较高，即城市之间的城镇化差距较小。东京都在发展过程中最大限度地将人口资源从第一产业中释放出来，将之用于第二、第三产业的发展。因此，京津冀城市群在今后的发展中应该重点提升内部城市的城镇化水平，缩小城市群内部城镇化差距。首都城市群中，只有北京市与天津市的城镇化率较高，其他城市的城镇化率则相对较低，这种差距明显地限制了城市群整体城镇化的发展水平。因此，京津冀应该通过打造城市连绵区、加强政府规划力度、提高其他城市城镇化发展的投入力度等方式实现城镇化差距的缩小。同时，我们应该注重城镇化的质量，即应以新型城镇化的理念来指导城镇化的发展，实现真正意义上的城镇化。

同时，我国首都城市群应进一步合理规划城市职能，优化城市群内部体系。京津冀内部的各个城市应该根据自身地域的特点与优势，进行城市职能的明确定位，城市与城市之间的职能划分要相辅相成，通过城市职能的合理定位与细分来减少城市间定位与职能的冲突。

第九章　基于产业转移的首都城市群人口迁移影响因素分析

第一节　文献综述与研究基础

一、问题的提出

近年来，疏散人口成为北京城市发展需要解决的重要难题。人口和产业密不可分，研究产业转移和人口迁移的关系，利用产业转移解决大城市人口拥挤，无论是对于首都的发展还是对于京津冀的协同发展都具有重要意义。

本章基于产业转移理论和人口迁移理论，对首都城市群产业转移和人口迁移的影响因素进行实证分析。重点从产业结构和人口结构耦合关联综合分析、人口迁移因素模型、各行业就业增长弹性三个层面逐步研究首都城市群产业迁移带动人口迁移机制，分别从静态截面分析、动态时序分析和弹性分析三个维度进行研究，分析首都城市群产业转移带动人口迁移的可行性，以实现首都城市人口疏散，并提出具体产业转移方案和建议。

具体来说，首先，通过构建人口结构和产业结构系统，基于灰色关联分析，综合研究首都城市群产业和人口结构的耦合关联性；其次，构建人口迁移的影响因素模型，重点分析产业结构对人口迁入的动态影响，对产业转移带动人口迁移的可行性进行定量分析；最后，构建行业就业增长弹性系数，选取北京市典型制造业细分行业进行研究和测算，提出基于产业转移实现人口迁移的具体实施方案。

二、相关文献综述

（一）产业转移研究

产业转移的研究开始于 20 世纪 30 年代，早期的研究注重理论分析。日本经济学家赤松要提出雁行产业发展形态说，认为发展中国家应发挥本身的要素禀赋，利用有利的国际形势，逐阶递进动态地承接发达国家转出的相关产业。弗农（1966）的产品生命周期理论提出，所有产品都会经历引入、成长、成熟、衰退期，产品生产技术成熟的国家在衰退期将失去生产比较优势，竞争力下降，因而需要把产业转移到其他地区和国家。刘易斯（1984）提出劳动密集型产业转移理论，认为在经济、技术和人口的发展过程中，发达国家的某些劳动密集型产业会失去比较优势，不得不向发展中国家转移。小岛清（1978）的边际产业扩张论指出，发达国家首先从边际产业即劣势产业开始进行产业转移，在不断地发展过程中产业竞争优势发生变化，逐步动态地将新的劣势产业转出。普雷维什（1990）的"发展中国家视角论"认为，中心和外围国家的经济不对称性使得外围国家即发展中国家发生巨额贸易逆差，发展中国家只能"自力更生"，大力发展本国工业，可见进口替代是发展中国家向外进行产业转移的根本原因。

从国内来看，卢根鑫较早对产业转移进行了研究（1997），他提出国际产业转移的基本原因是国际贸易和产业投资造成了产业重合，而产业转移的必要条件是技术构成的同质性和价值构成的异质性。魏后凯（2003）从博弈论角度分析区际产业转移，认为产业转移不仅是企业与政府之间的博弈，也是政府之间在环境竞争方面的博弈。罗浩（2003）利用二元经济模型，以劳动力供给完全弹性为条件，分析了产业转移的区域黏性效应。胡兴华（2004）从价值链角度分析产业转移，认为价值链增值空间和溢出效应等是产业转移的动因。朱华友（2008）通过分析跨国公司产业转移行为，研究了国际产业转移的原因和演化路径。张少军（2009）研究了在国际价值链重构和演变的过程中产业转移如何实现区域协调发展。曹慧平（2010）以发展中国家为研究对象，分析了其承接产业转移的方式和机制。

有些学者从产业梯度视角研究产业转移的成因和机制。刘满平（2004）通过研究泛珠江地区的产业梯度，对其产业转移的原因和形成机制进行了分析。曹荣庆（2001）认为区域产业转移包括整体迁移型、商品输出型、市场拓展型、资本输出型、产业关联型和人才联合型六种模式。戴宏伟（2006）针对国内的某些争议提出评论，认为国家或地区间的产业梯度客观存在，因而产业一定会由高梯度向低梯度地区转移；产业集聚与产业转移不存在本质矛盾，产业扩散或转移的基础是地区间存在的产业梯度，根本原因是高梯度地区产业集聚达到一定程度导致"规模不经济"，从而不得不对其劣势产业进行转移，以根据动态比较优势确定和发展新产业。

关于京津冀地区的产业转移研究，戴宏伟（2001，2004）较早将产业梯度转移理论应用于京津冀地区产业发展研究，探讨了"大北京"经济圈的产业结构优化问题和区域产业梯度转移机制，认为京津冀地区在区域协作方面存在很大不足，原因主要是区域内产业重叠严重和产业分工不明显以及首都城市的辐射力不强，提出"大北京"经济圈产业结构优化和发展的重要途径是进行产业转移。纪良纲（2004）研究分析了京津冀地区产业梯度转移和分工协调发展的路径。孙玉娟等（2007）通过对河北省产业竞争优势和产业梯度进行分析，认为河北应在京津冀一体化政策背景下做好承接京津地区产业转移的准备。臧学英和于明言（2010）研究了京津冀的区域功能定位和产业对接合作，对其在新兴行业的分工协作进行了深入分析。

（二）人口迁移研究

关于人口迁移主要集中于对人口迁移的动因、路径、影响等方面的研究。拉文施泰因（Ravenstein，1889）人口迁移七大定律指出，人口迁移的重要原因是迁入区与迁出区之间的经济水平差距。路易斯（Lewis，1954）提出，农业和工业两部门的收入差异，引起部门间劳动力转移，成为人口从农村向城市转移的主要动因。鲍格（Bogue，1969）提出，推动人口迁移的动力和抑制人口迁移的阻力相互影响和共同作用，促使区际人口迁移。舒尔茨（Schultz，1982）同样从经济因素角度分析人口迁移，认为迁移是一种投资，迁移者在迁移前要计算相关成本和收益。在影响人口迁移因素的研究方面，博尔哈斯（Borjas，2006）认为劳动力市场是人口迁移的主要影响因素，贝尔托利等（Bertoli et al.，2011）指出迁移政策对人口迁移有重要影响。此外，巴比里（Barbieri，2010）和布莱卡等（Blacka et al.，2011）主要研究了环境变化的作用，杨格（Young，2013）分析了城乡生活消费差距对于人口迁移的影响。在人口迁移路径和数量的研究方面，凯南（Kennan，2011）利用动态分离模型对多地区人口迁移路径选择进行了研究和模拟。丝米尼等（Simini et al.，2012）研究表明人口迁移辐射模型对人口迁移的预测性更好，同时克服了收集前期数据困难的问题。法焦洛（Fagiolo，2013）采用网络拓扑模型研究了社交网络对人口国际迁移的影响。

国内学者在人口迁移方面的研究，主要体现在对人口普查数据进行实证分析研究。在研究内容方面，李玲（2001）、王桂新（2004）、唐家龙等（2007）和张苏北等（2013）分析了流动人口的特征结构，杨云彦（2003）、张善余（2004）和鲍曙明等（2005）对人口迁移规模进行了实证分析，丁金宏等（2005）、蔡建明等（2007）和冯健等（2010）重点研究了人口迁移的空间特征，顾朝林等（1999）、段成荣（2001）、刘盛和等（2003）、田明（2013）和王珏等（2014）研究了人口迁移的影响因素。这些研究通过对中国人口迁移进行实证分析，得出的结论基本相同，大都认为近年来我国人口迁移速度增长较快，人口迁移规模逐步扩大，人口迁移方向主要是从农村到城市，从西部地区到东部地区。在人口迁移的地区差异方面，上述研究通过比较研究，分析迁入地和迁出地的经济、产业、设施差异，分析流动人口的自身特性；通过对比得出，由于不同区域的人口集聚作用各异，各地域的人口集聚格局差异很大。

还有一些学者从经济层面分析区域收入差异，认为经济因素是人口迁移的主要动因。具体来说，胡鞍钢（1999）和王谦等（2001）实证分析了人口集聚对经济增长的影响，邬红华和金荣学（2007）研究了人口数量和人口流动对经济增长的影响。封志明等（2011）分析了集聚区对人口迁入的作用机理，对比研究了不同区域的功能定位和区域划分。李培和邓慧慧（2007）利用人口迁移因素模型，分析了京津冀人口迁移的影响因素，认为人均 GDP 是主要原因，此外，市场化程度和产业结构是在逐渐增强的重要因素。

（三）基于产业转移的人口迁移研究

穆莫（Moomaw，1983）在人口变量对产业集聚的统计分析方面进行了研究，结果表明在某些产业方面，人口变量对产业集聚的作用是由于其他因素变量的加入而强化的，人口规模在不同阶段对产业集聚作用的差异很大；将人口规模参数引入生产函数，能够有效度量集聚度。奥塔维亚诺（Ottaviano）和普伽（Puga，1998）提出，人口聚集增加了对消费品的需求规模，从而刺激消费品生产，产生规模效益，带动产业发展，进而导致产业集聚。藤田（Fujita）和亨德森等（Henderson et al.，2003）通过分析日本空间经济行为，得出人口流动与制造业产业集聚路径和空间布局高度拟合。

国内学者中，卓勇良（2003）以长江三角洲地区为研究对象，分析了其城市化和产业集聚机制，指出人口集聚会使得区域内的交易成本在空间内实现均质化。范剑勇等（2004）结合新经济地理学和新国际贸易理论深入研究了中西部地区农村劳动力的跨省转移情况，发现多数跨省转移的劳动力是从中西部和西南地区向产业聚集的沿海地区流动。然而某些研究认为产业集聚和人口迁移的趋势相异，李国平、范红忠（2003）区分了生产要素和劳动力流动的差异，认为尽管其他生产要素向沿海地区转移，但劳动力并没有向东部地区流动。胡双梅（2005）对人口、产业和城市集聚之间的关系进行了深入研究，指出人口集聚是城市和产业集聚的前提，当人口集聚达到一定的程度，产业集聚才发生。

一些学者重点研究产业集聚原因和人口流动特征。林理升和王晔倩（2006）指出，在中国特定的经济环境和地理特征条件下，工业制造业在东部沿海地区选址具有运输成本优势，劳动力流动成本高使得地区经济发展不平衡。中国的人口流动情况和制造业产业集中指数显示，当前中国的人口流动水平较低，制造业倾向于向沿海地区分布，并出现向沿海和近沿海地区倾斜的趋势。董拴成（2005）采用灰色系统分析法，着重分析了人口迁移和经济发展的相关性，研究显示，迁入人口与迁入地经济水平关联性很高，迁入人口比迁出人口对地区经济发展贡献率高，区域间比区域内人口流动对经济的贡献率高。

（四）小结

综合来看，关于产业转移方面主要体现在对产业转移动因、产业转移机制、转出地和承接地对策等方面的研究；在京津冀的产业转移方面，研究主要包括产业梯度转移、优化升级、城市功能定位和产业分工等方面；关于人口迁移的研究，主要集中在人口集聚对经济增长、城市发展、城市化进程的影响，人口集聚疏散机制，以及人口流动的成本等方面；关于产业和人口互动研究基本上集中在基于中心外围模型的工资—劳动力—产业发展模型方面的理论研究，研究的焦点在于探讨人口集中达到什么程度会对产业集中带来正向影响，以及人口迁入迁出对产业和经济发展的边际贡献等方面。总体来看，基于产业转移进行人口迁移分析，以解决大城市尤其是人口集中难题的研究还需进一步深入，而从这一视角出发，探讨北京作为首都城市转型，进行非功能疏解和产业转移带动人口迁移的实证分析就更为迫切。

第二节 首都城市群发展现状及产业转移分析

一、京津冀产业发展概述

首都城市群是我国北方重要的城镇密集区，地域范围包括北京、天津两个直辖市和河北省的石家庄、唐山、秦皇岛、保定、张家口、承德、沧州和廊坊8个地级市①。首都城市群内京津冀产业结构的发展情况不同，各产业在各省市存在明显差异。

---

① 孙铁山，李国平，卢明华．京津冀都市圈人口集聚与扩散及其影响因素——基于区域密度函数的实证研究［J］．地理学报，2009，64（8）：956-966.

总的来看，首都城市群产业发展存在的问题包括以下几点：

（1）各地区重复建设、产业结构相似、竞合关系复杂，制约首都城市群的进一步发展。区域内仍不同程度地存在地方利益和地方保护。

（2）各地产业相关性较弱，产业转移梯度落差较大，未形成相互依托的产业链条。北京、天津各产业定位高、发展快，河北八市各产业发展参差不齐，加上分工协作机制尚未建立，都市圈内其他城市无法融入到北京和天津的产业体系链条中，难以接收到中心城市的辐射。

（3）区域内国有经济比重过高，政府对国企的干预性和控制性较大。目前，首都城市群内的国有企业仍占据主体地位，由于受当地政府控制，国有企业如钢铁、化工等重工业企业未能形成合作承接和产业链整合。同时，民营经济也难以实现跨行政区的行业集聚。

（4）高新技术产业发展不足，科技研发成果的转化率低。首都城市群的高新技术产业投入和产出水平整体较低，科研创新能力不足。北京占有技术创新资源优势，但对周边城市的带动作用不明显。北京的技术创新成果转化主要依靠其他地区，在城市群内转化比例偏低。

二、首都城市群产业转移可行性与必要性

（一）首都城市群区域产业梯度分析

在京津冀产业转移的研究方面，多集中于产业梯度和集中度测算、生产效率比较、区位商对比等方面。根据戴宏伟、陈永国（2003）建立的产业梯度系数，我们用比较劳动生产率乘以区位商来测度首都城市群各地区产业梯度。区位熵表示地区某产业的专业化水平较全国平均水平的优势；表示为地区某产业的增加值占该区所有产业增加值的比重，除以全国该产业增加值占全国所有产业增加值的比重。比较劳动生产率代表某产业1%劳动力的产值在国民总收入中的占比；表示为某产业的产值占比与此产业的就业劳动力占比的比率。

根据上述方法计算得出，区位熵大于1的行业如下：

（1）北京的电力生产和供应业（1.10）、仪器仪表机械制造业（1.67）、燃气供应业（2.12）和电子设备制造业（1.32）。

（2）河北省的水的生产和供应业（1.38）、皮革毛皮制品业（1.31）、黑色金属矿采业（5.34）、黑色金属冶炼及压延加工业（2.63）。

产业梯度系数大于1的行业是：

（1）北京的燃气供应业（2.198）、电子设备制造业（1.455）、仪器仪表机

械制造业（2.511）、工艺品制造业（1.475）、煤炭开采业（1.492）。

（2）河北省的黑色金属矿采业（2.794）、水的生产和供应业（2.157）、皮革毛皮制品业（1.481）。

分析测算结果发现，河北的优势产业主要包括黑色金属矿采业、皮革毛皮制品业、水的生产和供应业。北京在仪器仪表制造业、燃气供应业、电子设备制造业、工艺品制造业、煤炭采选业等行业具有比较优势，而河北在这些行业较为落后。

（二）首都城市群周边城市产业承接基础条件分析

河北省环绕着北京，担当着为北京输送资源和承接北京产业转移的重要角色。随着首都城市群概念的提出，政府在推进区域合作方面出台了一系列指示和纲要。2004 年 2 月 12 日，三省市政府达成"廊坊共识"，在合作促进生态保护和基础设施建设、推动要素流动和经济发展等方面达成一致意见。2009 年 5 月 18 日京津冀三方签署了《关于建立京津冀两市一省城乡规划协调机制框架协议》，同意在产业转移和人才引进方面加强合作。首钢部分产业链迁出体现了首都城市群周边城市承接首都产业转移的优势，是产业转移的成功案例。

首都城市群周边城市在承接北京产业转移方面存在以下优势：

（1）区位优势。环绕着北京、天津，河北各地市占据地理优势。随着经济一体化和区域产业发展，京津冀经济区的合作程度进一步加强，城市群产业体系基本建立。

（2）交通优势。河北地处交通枢纽，连接着北京与各地的交通，首都城市群内交通便捷、网络发达，包括 15 条主要干线铁路；海运发达，有秦皇岛港、天津港和黄骅港。

（3）资源优势。河北拥有丰富的矿产资源，冀东和渤海地区具有富饶的石油和天然气资源，河北水资源相对北京更丰富一些。

（4）设施优势。河北在油田、港口基础设施方面占据优势，同时是北京的生态屏障。河北各地市是首都的防风源、供水源、堵沙源，为北京的防洪、供水、生态安全提供保障。

第三节　首都城市群人口迁移影响因素实证分析

一、产业结构与人口结构的耦合关联综合分析

（一）研究方法

本书采用灰色关联分析法进行系统性分析，借鉴程丽琳（2013）的研究方

法，构建产业和人口结构系统的因素框架。基于首都城市群数据，计算关联值，深入分析产业和人口结构的系统、子系统、各要素的关联情况。样本为首都城市群 10 个城市。由于人口普查数据所限，我们采用 2010 年人口普查数据进行耦合关联分析；同时对 2000 年人口普查数据进行比较研究和稳定性分析，深入研究产业和人口结构关系的动态变化情况。数据来源于《中国 2000 年人口普查分县资料》《中国城市统计年鉴 2001》和《中国 2010 年人口普查分县资料》《中国城市统计年鉴 2011》。产业结构系统因子分别为：经济发展、就业比例、投资比例、产值比重、结构偏离度。人口结构包括 6 个指标：人口数量、人口来源、性别比例、年龄结构、城乡结构和文化水平。各个因子的具体度量方式见表 9-1。

表 9-1　　　　　　　　　　　　　人口和产业结构因素框架

项目	指标
经济发展	GDP（A_1）、人均 GDP（A_2）
就业比例	第一产业劳动力占比（A_3）、第二产业劳动力占比（A_4）、第三产业劳动力占比（A_5）
投资比例	第一产业投资占比（A_6）、第二产业投资占比（A_7）、第三产业投资占比（A_8）
产值比重	第一产业产值占比（A_9）、第二产业产值占比（A_{10}）、第三产业产值占比（A_{11}）
结构偏离度	第一产业结构偏离度（A_{12}）、第二产业结构偏离度（A_{13}）、第三产业结构偏离度（A_{14}）
人口数量	总人口（B_1）、人口密度（B_2）
人口来源	户籍比（B_3）、人口迁入比（B_4）
性别比例	男女人口数量比（B_5）
年龄结构	0～14 岁人口占比（B_6）、15～64 岁人口占比（B_7）、65 岁以上人口占比（B_8）
城乡结构	城镇化率（B_9）
文化水平	小学及以下文化比（B_{10}）、中学文化比（B_{11}）、大专及以上文化比（B_{12}）

其中，产业结构偏离度代表产业劳动力占比与产业增加值占比的匹配度，表达式如下：

$$P_i = \frac{Y_i}{X_i} - 1 \tag{9-1}$$

其中，P_i 为第 i 产业的结构偏离度；Y_i 为第 i 产业产值占 GDP 的比重；X_i 为第 i 产业劳动力占总劳动力的比重。当 $P_i = 0$ 时，代表 i 产业的产值结构与就业结构完全匹配；当 $P_i > 0$ 时，说明 i 产业的劳动生产率偏高，能够吸引更多的劳动人口；当 $P_i < 0$ 时，说明 i 产业的劳动生产率低，应将劳动力引入其他行业。

（二）模型构建

（1）确定系统序列。确定产业结构系统序列组，并记为 A_i；确定人口结构系统序列组，并表示为 B_j。产业和人口结构系统指标框架的各因素见表 9 – 1。

（2）对数据无量纲化处理。

$$A_i' = \frac{A_i - \min\limits_{i} A_i}{\max\limits_{i} A_i - \min\limits_{i} A_i}, \quad B_j' = \frac{B_j - \min\limits_{j} B_j}{\max\limits_{j} B_j - \min\limits_{j} B_j} \qquad (9 - 2)$$

（3）求灰色关联系数。

$$R_{ij}(k) = \frac{\Delta(\min) + \rho\Delta(\max)}{\Delta_{ij}(k) + \rho\Delta(\max)} \qquad (9 - 3)$$

其中，Δ 表示两个系统序列点绝对差，min 表示最小序列点之差，max 表示最大序列点之差。$R_{ij}(k)$ 表示首都城市群 k 市第 i 个产业结构指标与第 j 个人口结构指标之间的关联系数。分辨系数 ρ 取 0.5。

（4）求关联度和耦合度。

计算产业和人口结构系统各因素之间的关联度值，γ_{ij} 表示首都城市群第 i 个产业结构指标与第 j 个人口结构指标之间的关联度值：

$$\gamma_{ij} = \frac{1}{m} \sum_{k=1}^{m} R_{ij}(k) \qquad (9 - 4)$$

其中，k 为样本数据，采用首都城市群 10 个城市 2010 年人口普查数据和 2010 年城市统计年鉴进行分析。

将关联度矩阵的行、列分别求平均值，计算系统耦合的关联度值。

$$p_i = \frac{1}{14} \sum_{i=1}^{14} \gamma_{ij} \qquad (9 - 5)$$

$$q_j = \frac{1}{12} \sum_{j=1}^{12} \gamma_{ij} \qquad (9 - 6)$$

其中，p_i 表示产业结构的第 i 个要素和人口结构的关联度值；q_j 为人口结构的第 j 个因素和产业结构的关联度值。

产业结构和人口结构的整体系统耦合关联度值为：

$$E(t) = \frac{1}{14 \times 12} \sum_{i=1}^{14} \sum_{j=1}^{12} R_{ij}(k) \qquad (9 - 7)$$

（三）结果分析

根据首都城市群各城市的人口与产业结构数据，将人口结构要素视为参考序列，将产业结构各因素作为比较序列，我们利用灰色关联分析法，得出了首都城市群 2010 年人口和产业结构系统各因子的关联矩阵，见表 9 – 2。通过数据发现，

表9-2　耦合关联2010年结果

	耦合值	经济发展		产值比重			就业比例			投资比例			结构偏离度			均值	
		A₁	A₂	A₃	A₄	A₅	A₆	A₇	A₈	A₉	A₁₀	A₁₁	A₁₂	A₁₃	A₁₄		
人口数量	B₁	0.669	0.511	0.703	0.775	0.561	0.740	0.718	0.742	0.691	0.686	0.521	0.477	0.685	0.730	0.658	0.624
	B₂	0.684	0.351	0.630	0.787	0.452	0.922	0.444	0.366	0.523	0.521	0.717	0.545	0.774	0.545	0.590	
人口来源	B₃	0.798	0.609	0.717	0.639	0.439	0.741	0.564	0.506	0.709	0.756	0.548	0.634	0.652	0.764	0.648	0.757
	B₄	0.604	0.754	0.944	0.977	0.895	0.807	0.941	0.922	0.870	0.896	0.881	0.881	0.837	0.903	0.865	
年龄结构	B₅	0.781	0.658	0.387	0.857	0.508	0.784	0.318	0.344	0.450	0.335	0.442	0.521	0.491	0.340	0.516	0.591
	B₆	0.790	0.601	0.810	0.814	0.908	0.960	0.226	0.158	0.531	0.758	0.512	0.769	0.806	0.603	0.661	
	B₇	0.741	0.589	0.617	0.923	0.341	0.788	0.214	0.380	0.507	0.850	0.326	0.675	0.750	0.659	0.597	
性别比例	B₈	0.776	0.621	0.772	0.765	0.340	0.919	0.196	0.367	0.498	0.250	0.638	0.826	0.814	0.544	0.595	0.595
文化水平	B₉	0.743	0.548	0.850	0.248	0.508	0.653	0.284	0.352	0.690	0.432	0.466	0.743	0.762	0.406	0.549	0.598
	B₁₀	0.786	0.665	0.527	0.627	0.673	0.976	0.174	0.172	0.563	0.252	0.469	0.758	0.844	0.597	0.577	
	B₁₁	0.526	0.429	0.535	0.855	0.775	0.766	0.715	0.638	0.742	0.737	0.830	0.811	0.440	0.529	0.666	
城乡结构	B₁₂	0.634	0.817	0.750	0.636	0.876	0.750	0.569	0.496	0.825	0.948	0.749	0.551	0.647	0.788	0.717	0.717
均值		0.711	0.596	0.687	0.742	0.606	0.817	0.447	0.454	0.633	0.618	0.592	0.683	0.708	0.617	0.637	0.637
		0.654		0.678			0.573			0.614			0.669				

首都城市群人口与产业结构系统的整体关联值为 0.637，属于较高关联，表明产业结构和人口结构间相互作用关联性很强。

人口结构系统和产业结构子系统的耦合度值排名情况如下：产值比重为 0.678；结构偏离度为 0.669；经济发展为 0.654；投资比例为 0.614；就业比例为 0.573。产值比重与人口结构的关联值最高，说明第一、第二、第三产业产值比对人口结构的影响最大，产值占比表明地区产业发展导向，而产业发展是引导人口迁移的重要因素，地区间产业结构差异使得人口集聚和扩散。结构偏离度与人口结构的关联度排名第二，说明产值比和产业劳动人口比的均衡度高度影响地区人口发展情况。经济发展、投资比例与人口结构系统关联度值均高于 0.6，关联度水平较高。就业比例与人口结构关联度值为 0.573，关联水平中等偏高，说明劳动就业人口是人口迁移的主要因素，具有影响和扩散效应。

产业结构和人口结构各个子系统的关联度分别如下：人口来源是 0.757；城乡结构是 0.717；人口数量是 0.624；文化水平是 0.598；性别比例是 0.595；年龄结构是 0.591。人口来源和产业结构的耦合关联度值高达 0.757，排名第一。作为人口来源的重要因素，迁入人口对人口来源子系统和产业结构系统高度关联的边际贡献率最大，说明产业结构高度影响人口迁移。城乡结构与产业结构关联度排名第二，说明产业结构高度影响人口结构，对城市人口占比具有很大的影响；进行产业转移的过程中，要关注人口结构和数量的变化。除此之外，人口数量和产业结构关联值高达 0.624，利用产业转移和产业政策引导人口发展和控制人口规模具有可行性。文化水平、性别比例、年龄结构与产业结构系统的关联度值均在 0.59 以上，说明产业结构不仅对人口迁入迁出具有动态影响，更会影响人口质量和人口结构，如文化结构、性别结构和年龄结构。因此在进行产业结构调整带动人口迁移规划方案时，要着重考虑人口结构的变化和发展，以防城市出现过度老龄化、性别比例失调和文化结构不平衡等问题。

产业结构的子系统中，产值比重和人口结构耦合关联值最高（0.678），说明产业经济政策与人口结构高度耦合，产业政策会对人口规模、质量产生影响。通过对比产值比重的各因素发现，第二产值占比与人口结构的关联值是 0.742，远远高于第一、第三产值占比和人口结构系统的耦合关联值，在所有产业结构要素与人口系统关联度值中排名第二，说明第二产业与人口结构高度关联，利用产业转移影响人口变化需要重点研究第二产业转移。

结构偏离度和人口结构的耦合关联性排名第二，说明产业与就业结构的平衡程度和人口结构高度关联。第二产业偏离度和人口结构的耦合性最高，说明产业生产率、资源配置效率会影响人口结构。因此在引导产业转移时，要注重劳动力的配置问题，考虑产业的生产率和附加值高低因素。此外，投资比例和人口结构的耦合值高达0.614，说明采用产业政策引导如改变产业投资结构可以对人口迁移和结构产生影响。

人口系统中，人口来源对产业结构的耦合关联度最高（0.757），其中迁入比和产业结构的耦合值高达0.865，在人口系统因子和产业结构系统耦合情况中排名第一，说明人口的迁入、迁出和产业结构高度关联。产值比重各要素和迁入比的耦合性都高于0.8，第二产值占比和迁入比的耦合值高达0.977，充分说明通过调整产业结构和合理实施第二产业转移政策，能够带动人口迁移，进行人口规模、结构控制和调整。就业比例子系统与人口迁入比高度耦合关联，第二、第三产业就业比重与人口迁入比耦合关联度值分别为0.941和0.922，说明人口迁移与各产业从业人口高度关联，通过产业转移政策实现劳动就业人口调整进而引导人口迁移来疏散大城市人口是可行的。

观察年龄结构、性别比例、文化水平与产业结构的耦合情况发现，人口质量和产业结构的耦合性高。15~64岁人口占比与产业结构耦合度值为0.661，说明产业结构调整影响具有劳动能力的人群，进而改变人口结构。大专及以上文化人口占比与产业结构耦合关联度值为0.666，说明产业结构改变极大地影响高文化水平人群的迁移行为。这些结果说明在通过实施产业政策引导人口迁移的同时要考虑对人口结构和人口质量的影响。

同样采用上述人口结构和产业结构耦合关联分析方法，利用2000年数据进行对比研究，模型结果见表9-3。产业与人口结构的整体关联度为0.652，属于高度关联。人口结构和产业结构的子系统的关联度水平为：结构偏离度是0.798；产值比重是0.638；经济发展是0.607；投资比例是0.602；就业比例是0.602。产业结构和人口结构子系统的关联度水平为：人口来源是0.769；文化水平是0.670；人口数量是0.636；城乡结构是0.616；年龄结构是0.605；性别比例是0.579。

结构偏离度子系统与人口结构系统耦合关联度值仍排名第一，产值结构排名第二，说明在此期间产业结构仍是影响人口的主要因素之一。同样，人口来源与产业结构的关联值最高，迁入比要素与第一、第二、第三产值占比要素的耦合关联度值分别为0.707、0.938、0.870，说明第二产业与人口迁移的关联性非常高。与2010年区别较大的是第三产值占比要素和人口结构系统的耦合性低至0.431，且与各年龄段要素关联度值低于0.2，这说明当期第三产业发展不成熟，对人口的影响不大，影响人口变化的主要是第二产业。

表 9 - 3　耦合关联 2000 年结果

项目	耦合值	经济发展			产值比重		就业比例				投资比例			结构偏离度		均值	
		A_1	A_2	A_3	A_4	A_5	A_6	A_7	A_8	A_9	A_{10}	A_{11}	A_{12}	A_{13}	A_{14}		
人口数量	B_1	0.531	0.621	0.842	0.626	0.680	0.708	0.858	0.518	0.708	0.858	0.518	0.813	0.675	0.727	0.692	0.636
	B_2	0.601	0.484	0.841	0.439	0.363	0.511	0.742	0.353	0.511	0.542	0.353	0.774	0.701	0.906	0.580	
人口来源	B_3	0.602	0.485	0.844	0.531	0.620	0.667	0.756	0.550	0.667	0.756	0.550	0.813	0.695	0.742	0.663	0.769
	B_4	0.842	0.885	0.707	0.938	0.870	0.898	0.972	0.916	0.898	0.972	0.916	0.838	0.715	0.881	0.875	
年龄结构	B_5	0.731	0.530	0.762	0.688	0.178	0.489	0.567	0.435	0.489	0.767	0.435	0.872	0.883	0.721	0.610	0.605
	B_6	0.747	0.748	0.793	0.872	0.160	0.467	0.756	0.225	0.467	0.856	0.225	0.899	0.776	0.737	0.623	
	B_7	0.677	0.546	0.762	0.752	0.192	0.519	0.689	0.209	0.519	0.689	0.209	0.877	0.771	0.717	0.581	
性别比例	B_8	0.763	0.388	0.775	0.788	0.342	0.473	0.642	0.247	0.473	0.542	0.247	0.897	0.793	0.742	0.579	0.579
文化水平	B_9	0.724	0.535	0.784	0.306	0.241	0.489	0.834	0.461	0.489	0.834	0.461	0.853	0.847	0.662	0.609	0.670
	B_{10}	0.718	0.334	0.781	0.883	0.171	0.523	0.886	0.205	0.523	0.886	0.205	0.895	0.766	0.780	0.611	
城乡结构	B_{11}	0.672	0.622	0.822	0.819	0.746	0.871	0.851	0.722	0.871	0.851	0.722	0.885	0.807	0.795	0.790	0.616
	B_{12}	0.495	0.277	0.801	0.630	0.611	0.638	0.670	0.361	0.638	0.670	0.361	0.954	0.811	0.708	0.616	
均值		0.675	0.538	0.793	0.689	0.431	0.604	0.769	0.433	0.604	0.769	0.433	0.864	0.770	0.760	0.652	0.652
		0.607			0.638		0.602				0.602			0.798		0.652	

　　表9-2、表9-3的分析结果充分验证了2010年人口数据测算结果的稳定性，进一步验证了产业结构系统与人口结构系统高度耦合关联，人口迁移受产值结构影响最大，2000~2010年第二产业对人口带动作用始终最大。

二、首都城市群人口迁移影响因素模型构建

（一）模型说明

　　人口迁移受到经济水平、产业发展、政策因素等各个方面的影响，在不同阶段和不同地区有不同的表现形式，各个因素的作用大小随着时间而变化。本书分析了首都城市群人口迁移的影响因素，进而进一步探讨了首都城市群的产业转移对人口迁移的影响大小和变迁情况。

　　根据李培（2007）、龙奋杰和刘明（2006）、王海宁和陈媛媛（2010）的研究方法，结合京津冀地区的具体情况，我们构建多元回归模型，收集1995~2013年首都城市群10个城市人口迁移相关数据，分析影响首都城市群人口迁移的因素及变化情况。以城市人口迁入量（M）作为因变量，自变量分为经济水平、基础设施、教育条件等因素，具体包含：产业结构（非农产业占比，D）、平均工资（W）、新增就业岗位（从业人员的增长量，J）、地区人均GDP（GG）、文教科卫事业费支出（P）、固定资产投资（F）、城市建成区面积（S）、前期迁移人口规模（M_{t-1}）、居民消费价格指数（CPI）。

　　根据人口迁移理论，结合学者研究成果，平均工资是研究人口迁移因素的重要控制变量，C-P模型指出工资是决定人口集聚的初始原因，进而形成产业集聚，人口迁移的重要动因是工资水平。城市的发展水平和福利状况影响人口迁移，人均GDP、城区面积、科教文卫水平、固定资产投资代表了迁移人口对经济和社会层面的享受和追求动因。此外，新增就业岗位代表迁移之后的未来发展空间；CPI表示迁移后的城市生活成本，是迁入的负面因子；由于外来人口多数是由亲人介绍，前期移民是人口迁移方程的重要控制变量。自变量产业结构是本书的重点研究变量，从产业层面动态影响人口迁移。为了深入研究产业结构对迁入人口的影响，我们构建三个模型，分别用非农产业占比、第二产业占比、第三产业占比三个衡量指标代表产业结构变量。

　　本节的数据参阅《全国分县市人口统计资料》《中国城市统计年鉴》《新中国六十年统计资料汇编》《全国各省市人口普查资料》《中国城市发展报告》《中国劳动和社会保障年鉴》等。由于数据所限，我们采用首都城市群10个城市1995~2013年人口迁入量数据和相关经济数据进行分析。

$$M_{it} = \alpha_i + \beta_1 D_{it} + \beta_2 W_{it} + \beta_3 J_{it} + \beta_4 GG_{it} + \beta_5 P_{it} + \beta_6 F_{it}$$
$$+ \beta_7 S_{it} + \beta_8 M_{it-1} + \beta_9 CPI_{it} + \varepsilon_{it} \qquad (9-8)$$

为了深入研究产业结构对人口迁移的影响，将模型中产业结构变量由非农产业占比依次改变为第二产业占比（DS）和第三产业占比（DT），构建下列两个模型回归研究。

$$M_{it} = \alpha_i + \beta_1 DS_{it} + \beta_2 W_{it} + \beta_3 J_{it} + \beta_4 GG_{it} + \beta_5 P_{it} + \beta_6 F_{it}$$
$$+ \beta_7 S_{it} + \beta_8 M_{it-1} + \beta_9 CPI_{it} + \varepsilon_{it} \qquad (9-9)$$
$$M_{it} = \alpha_i + \beta_1 DT_{it} + \beta_2 W_{it} + \beta_3 J_{it} + \beta_4 GG_{it} + \beta_5 P_{it} + \beta_6 F_{it}$$
$$+ \beta_7 S_{it} + \beta_8 M_{it-1} + \beta_9 CPI_{it} + \varepsilon_{it} \qquad (9-10)$$

（二）结果分析

根据模型（8）进行回归分析，人口迁移受到经济水平、产业结构、基础设施、教育条件等因素的影响，研究结果表明，影响首都城市群各城市人口迁移的显著因素为产业结构、平均工资、新增就业岗位、人均 GDP、城市建成面积、前期迁移人口、固定资产投资和价格指数。回归结果见表 9-4。

表 9-4　　　　　　　　　　　人口迁移因素方程回归结果

Variable	Coefficient	Std. Error	t - Statistic	Prob.
D（产业结构）	535874.1 ***	103410.5	5.182011	0.0000
W（平均工资）	1.780707 **	0.754632	2.359702	0.0228
J（新增就业岗位）	0.080692 **	0.038908	2.073926	0.0396
GG（人均生产总值）	0.324610 ***	0.053751	6.039157	0.0000
P（文教科卫支出）	2.78E-06	6.77E-06	0.411305	0.6814
F（固定资产投资）	1.56E-07 *	7.93E-08	1.967643	0.0584
S（城市建成面积）	0.685970 ***	0.111494	6.152526	0.0000
M_{t-1}（前期迁移人口）	0.747072 ***	0.044877	16.64694	0.0000
CPI（价格指数）	-2761.638 *	1664.054	-1.659584	0.0975
R - squared	0.895267	Mean dependent var		449488.6
Log likelihood	-2373.640	F - statistic		161.4640
Durbin - Watson stat	2.208994	Prob（F - statistic）		0.000000

注：*、** 和 *** 分别代表回归系数在 10%、5% 和 1% 不同区间上显著。

表 9-4 的回归结果显示，产业结构系数在 0.01 水平显著为正，说明非农产

业占比对人口迁入具有显著正影响，提高非农产业占比能有效带动人口迁入。产业结构的调整对人口迁移的作用占据主导地位，并且随着时间推移其作用越来越重要和明显。平均工资和新增就业岗位回归系数在 0.05 水平显著为正，人均 GDP 系数在 0.01 水平显著为正，说明岗位、工资、收入这些经济因素和前景发展条件是迁移人口更关注的因素，高工资、新增就业岗位多、人均收入高会促进人口迁入。潜在迁移人口在迁移前会计算成本收益，城市的收入预期是其决策时需要考虑的机会成本。消费价格指数回归系数显著为负，说明高消费价格指数会抑制人口迁入，高消费价格指数意味着城市生活成本高，与具有吸引力的高工资和高收入相抵销，使得大城市的吸引力会显著降低。

通过对城市的基础条件进行分析发现，首都城市群文教科卫支出对人口迁入没有显著影响，这说明通过改变文教科卫支出引导首都城市群人口迁移效果有限，究其原因，首都城市群各城市之间相距较近，医疗教育文化条件基本上可以共享，交通成本相对较低，因此文教科卫支出不是人口迁入的显著因素。相比而言，固定资产投资和城市建成面积却是人口迁入的正向显著因素，一方面是因为投资和建设需要劳动力，具有集聚作用；另一方面是因为固定资产投资和城市基础设施对人口尤其是相对高素质的人口具有更大吸引力。同时，前期移民的影响明显，因为多数外来人口是由亲友介绍，因此具有时序和扩散特征。因此，在实施通过产业转移带动人口迁移的方案时，要注重对城市消费水平、工资、新增就业岗位、城市基础设施等因素的关注和监控，降低城市消费水平较高对人口迁入的负面影响，以防负面影响对产业转移带动人口迁入的正向影响抵消。

模型（9）和模型（10）的结果见表 9-5。表 9-5 显示，第二产业占比变量回归系数在 0.01 水平上为正，说明第二产业对人口迁入的影响显著为正，提高第二产业比重能够有效吸引人口迁入；第三产业占比在 0.1 水平上对人口迁入产生正影响。模型（9）的 R 值为 0.889，与模型（8）相近，而模型（10）的 R 值仅为 0.569。这说明第二产业占比是人口迁移的重要解释变量，带动人口迁移作用极其明显。本书需要重点分析第二产业转移带动人口迁移的规律机制。

表 9-5　　　　　　　　　　　人口迁移因素方程回归结果

第二产业			第三产业		
Variable	Coefficient	Prob.	Variable	Coefficient	Prob.
第二产业占比	392892.4 ***	0.0000	第三产业占比	170372.5 *	0.0671
平均工资	11.66485 ***	0.0024	平均工资	4.100671 ***	0.0000

续表

第二产业			第三产业		
Variable	Coefficient	Prob.	Variable	Coefficient	Prob.
新增就业岗位	0. 110251 **	0. 0367	新增就业岗位	0. 081750 *	0. 0601
人均生产总值	10. 60723 ***	0. 0000	人均生产总值	3. 227177 *	0. 0766
文教科卫支出	8. 33E – 06	0. 2393	文教科卫支出	2. 03E – 06	0. 8078
固定资产投资	4. 75E – 07 ***	0. 0000	固定资产投资	2. 83E – 08 **	0. 0353
城市建成面积	0. 524832 *	0. 0723	城市建成面积	0. 608864 ***	0. 0000
前期迁移人口	0. 795240 ***	0. 0000	前期迁移人口	0. 893472 ***	0. 0000
价格指数	− 1235. 461 ***	0. 0000	价格指数	− 2251. 739 ***	0. 0000
R – squared	0. 889127		R – squared	0. 569435	
F – statistic	151. 4757		F – statistic	137. 7802	
Prob （F – statistic）	0. 000000		Prob （F – statistic）	0. 000000	
Durbin – Watson stat	2. 239700		Durbin – Watson stat	2. 240241	

注：＊、＊＊和＊＊＊分别表示回归系数在10%、5%和1%不同区间上显著。

三、北京市制造业就业增长弹性分析

（一）研究方法

前面的部分已对首都城市群产业梯度进行了研究，通过测算得出了首都城市的比较优势产业和高梯度系数产业。我们根据研究结果，再结合相关论文对京津冀地区产业梯度研究成果，以及北京市产业发展的需要和相关政策导向，来选取并确定北京市典型制造业行业。典型制造业行业选取那些基于研究结果证明需要从首都北京转移出的行业，测算其在不同阶段的产业就业增长弹性，分析北京市产业转移对人口迁出的带动作用。

王军（2005）和刘伟（2013）的研究结果表明，北京需要转移的不具有比较优势的行业包括：金属冶炼及压延加工业、石油天然气、石油加工及炼焦业、热水供应业、化学制品、纺织业、造纸及纸制品业。生产效率较低的行业有：核燃料加工业、食品加工业、通用设备制造业、石油加工炼焦。基于北京的环境问题，需要考虑迁出的产业分别为：非金属矿物制品业、食品制造业、造纸业、化学原料制造业、金属制品业等。基于本书的测算结果，结合相关学者的研究成果，选取以下制造业行业测算其行业就业增长弹性系数：农副食品加工业、食品制造业、纺织业、纺织服装鞋帽制造业、造纸及纸制品业、非金属矿物制品业、石油和天然气、石油加工及炼焦业、化学原料及化学制品、黑色金属冶炼及压延加工业。

通过以下公式构建行业就业增长弹性公式：

$$\varepsilon_{it} = \frac{(L_{it} - L_{io})/L_{i0}}{(G_{it} - G_{io})/G_{i0}} \qquad (9-11)$$

其中，ε_{it}代表 i 行业 t 时间段行业就业弹性系数，L_{it}代表 i 行业 t 时期劳动力人口数量，L_{io}表示 i 行业 t 时期段初期的劳动力人口数量，G_{it}表示 i 行业 t 时期产值总量，G_{io}代表 i 行业 t 时期段初期的产值总量。

（二）结果分析

我们对北京市 1990～2014 年相关制造业行业的产业经济数据和就业人口数据进行收集并分析，计算各行业的产业就业增长弹性。数据取自《北京市产业统计年鉴》《城市统计年鉴》《人口统计年鉴》。计算结果见表 9-6。

表 9-6 制造业行业产业就业增长弹性系数

行业	1990～2000 年	2000～2005 年	2005～2010 年	2010～2014 年
农副食品加工业	0.371	0.230	0.098	0.115
食品制造业	0.507	0.107	0.128	0.087
纺织业	0.112	-0.358	-1.204	-1.101
纺织服装鞋帽制造业	0.101	-0.203	-1.194	-1.219
造纸及纸制品业	0.485	0.574	1.115	1.129
非金属矿物制品业	-0.603	0.393	1.077	1.317
石油和天然气	0.303	1.035	0.204	0.045
石油加工及炼焦业	0.233	0.558	-0.438	-0.673
化学原料及化学制品	0.175	0.715	1.023	1.004
黑色金属冶炼及压延加工业	1.319	2.026	1.998	2.486

在测算北京市制造业产业中相关行业就业增长弹性时，所选取的行业是结合相关研究结果，并且综合考虑了环境保护、产业聚集度、生产率、产业梯度等综合因素和北京市客观条件、产业政策等条件之后选取的。

从时间轴来对比观察行业就业增长弹性，从分类角度看，纺织业和食品加工等轻工业行业就业增长弹性整体呈现递减趋势，尤其是从 2000 年以来，纺织业和纺织服装鞋帽制造业行业就业增长弹性大幅下降为负值，说明北京市轻工业类行业吸引劳动力程度在不断下降，随着行业竞争和劳动力成本增加，纺织业和食品制造业在北京越来越向提高生产率减少劳动力的资本密集方向转型。化学制品和金属冶炼等重工业行业就业增长弹性整体趋向递增趋势，尤其是金属冶炼行业就业增长弹性在 2010~2014 年达到 2.486，说明重工业仍为吸引劳动力就业的主要行业，尽管随着技术改进，此类行业注重劳动力集约发展，但由于化学制品和金属冶炼产业链条复杂，高端技术控制需要高端人才，低端制品生产仍然需要大量劳动力。

横向对比分析各行业就业增长弹性，黑色金属冶炼及压延加工业的行业就业弹性系数一直处于高水平，1990~2000 年已经达到 1.319，2000 年以来不断增加，2000~2005 年增加至 2.026，在此期间北京市钢铁冶炼发展较快，仍为吸引劳动力的主要行业部门，2005~2010 年经历了金融危机，金属冶炼行业受到一定冲击，行业就业弹性出现一定程度递减。随着北京市钢铁行业产能过剩，同时由于环境治理的需要，黑色金融冶炼行业产业转移方案成为研究热点，研究发现，2000 年以来黑色金融冶炼产业就业弹性一直保持较高水平，2010~2014 年增加值 2.486，行业吸引劳动力处于第二产业较高水平，通过将北京市此行业相关产业链转移到首都城市群其他城市能够有效带动劳动力人口从首都向其他城市迁移和疏散。

和黑色金属冶炼及延压加工业一样具有高污染、高产业集中度特征的石油加工及炼焦业，其行业就业弹性从 2000 年以来却大幅递减，在 2005~2010 年和 2010~2014 年下降为 -0.438 和 -0.673，石油和天然气行业的产业就业弹性也同样大幅降低，分析其原因，石油天然气行业可能具有劳动力壁垒，劳动力专用性强，行业工程系统较为庞大和严密，作为垄断性行业，其用工机制严格，存在黏性。虽然相关研究和政策提出北京的石油天然气行业同样产能过剩、行业集中度高、高污染，需要进行产业转移和升级，但本书研究结果显示此行业的产业就业增长弹性很低，并且在逐年下降，这与石油行业的垄断特征、生产属性、制度因素密切相关，所以想要通过对北京石油天然气行业进行产业转移来带动人口迁移和疏散，在短期内难以出现明显的效果。

农副食品加工业和食品制造业的产业就业增长弹性比纺织业、纺织服装鞋帽制造业高，尽管这四类轻工业行业产业就业增长弹性随着时间在下降，尤其纺织业和纺织服装鞋帽制造业近年来下降到 -1.101 和 -1.219，其对劳动人口吸引力也大幅下降；但是农副食品加工和食品制造业近年来保持在 0.1 左右，2000 以来变化幅度并不大，对劳动力的吸引力相对仍然很强。通过转移食品制造业产业来进行优化升级并且缓解北京人口压力具有可行性，但是想通过转移纺织业来达到北京人口疏散的效果，可能不如预期的那样明显。

造纸及纸制品业、非金属矿物制品业产业就业增长弹性处于逐年小幅上涨趋势，可以通过逐步转移部分生产环节来达到北京人口迁移疏散，这样可以充分利用行业带动劳动力发展的规律来达到最佳效果，对于造纸业和矿物制品业这些较为稳定和必需品行业，在进行产业转移时需要考虑其生产和市场的客观条件和相关因素。化学原料及化学制品行业的产业就业增长弹性在 1990～2000 年较低，是 0.175；但是 2000 年以来基本上较为平稳，保持在 1 左右，对其进行产业转移可以实现人口迁移有效带动。但是需要考虑产业转移对人口质量的影响及所受人力资本的限制，化学原料及化学制品对于高校、科研机构等教育人才资源依赖性强，其迁移过程中要考虑高素质人才的能动性和需求。

四、小结

本章第一部分人口与产业结构耦合关联综合分析，深入研究产业结构系统中 5 个子系统如经济发展、就业比例、投资比例、产值比例、结构偏离度，与人口结构系统中人口数量、人口来源、性别比例、年龄结构、城乡结构和文化水平子系统的耦合关联情况，重点分析各产业产值占比和就业人口占比要素与人口迁移、高等教育人口占比、具有劳动力的人口占比要素等耦合关联规律。结果显示：

（1）人口和产业结构系统整体耦合关联度值高达 0.637，说明人口和产业相关性高。产值比例和人口的耦合值最高达 0.678，结构偏离度和人口系统的耦合性排名第二，这说明城市产值占比，产业政策对人口数量、质量有重大作用，转移政策带动人口改善具有可行性。同时，产业结构与就业比例的均衡程度作用于人口系统，对产业政策效果有正向或负向调节作用。

（2）人口子系统中，人口来源和产业系统的关联值高达 0.757，排名第一；城乡结构与产业系统的耦合度排名第二。这充分说明人口及其流动与产业结构高度耦合相关，通过产业转移政策实现劳动就业人口调整进而引导人口迁移来疏散大城市人口是可行的。同时，城镇化率、城乡结构与产业系统高度相关，产业转移势必影响城乡人口占比。城镇化率会作用于产业结构调整进而带动人口迁移方案的实施效果；要在调整产业结构的同时推进城镇化率，做好城镇化政策引导和产业政策推进双管齐下，协调发展，以此来有效地带动人口调整。此外，人口年龄、性别和文化结构与产业结构系统耦合关联度较高，产业政策调整会带动不同年龄人群、不同文化层次人群迁移和流动，改变人口质量和结构，所以在实施产业转移政策引导人口迁移和疏散的同时要注重对人口性别、文化、年龄结构的影响，促进人口迁移合理可持续地发展，防止不同城市人口性别、年龄、文化结构出现严重失调现象。

（3）对于产业结构系统和人口结构系统各要素指标进行分析和分解，重点关注人口迁入因素和各产业产值因素、各产业就业因素。发现第二产值比和人口结构耦合值是0.742，远远高于第一、第三产值比和人口结构系统耦合值，在所有产业因素和人口系统耦合值中排名第二。这说明第二产业和人口系统高度耦合，利用产业转移影响人口变化需要重点关注第二产业。迁入比和产业系统耦合值高达0.865，在所有人口因子和产业系统耦合值中排名第一，说明人口迁移和产业系统关联复杂。产值占比各要素和迁入比耦合性都高于0.8，第二产值比和迁入比耦合值高达0.977。充分说明通过调整产业结构和合理实施第二产业转移政策，能够带动人口迁移，进行人口规模和结构控制和调整。

本章第二部分人口迁移因素模型动态研究显示，产业结构、平均工资、新增就业岗位、人均生产总值、固定资产投资、城市建成面积、前期迁移人口和价格指数是影响首都城市群各城市人口迁移的显著因素。产业结构的调整对人口迁移的作用占据主导地位，非农产业占比对人口迁入具有显著正影响，提高非农产业占比能有效带动人口迁入，并且随着时间推移其作用越来越重要。第二、第三产业占比在0.1水平上对人口迁入产生正影响，且第二产业占比对拟合度的提高作用显著。这说明第二产业是带动人口迁移的显著因素。高消费价格指数负向作用于人口迁入，新增岗位、高工资、人均GDP等经济因素和固定资产投资、城市建成面积等城市基础设施因素是人口迁入的正向显著因素，前期迁移人口显著正向作用于人口迁入。因此，在实施相关方案时，要注重对城市消费水平、工资等因素的关注和监控，努力降低城市高消费水平对人口迁入的负面影响。

本章第三部分选取北京典型制造业行业，测算1990年以来其行业就业弹性。结果显示，黑色金属冶炼及压延加工业的行业就业弹性系数始终较大，是吸引劳动力的主要行业部门，通过将北京市此行业相关产业链转移到首都城市群其他城市能够有效带动劳动力人口从首都向其他城市迁移和疏散。石油加工炼焦业、天然气行业，其产业就业弹性从2000年以来却大幅递减，甚至下降为负值；这些行业的劳动力壁垒和专用性、行业的垄断性、用工制度黏性会影响到这些产业转移带动首都人口疏散的效果。造纸业、矿物制品业的行业就业增长弹性稳定上升，可以通过逐步转移部分生产环节来实现北京人口迁移疏散。化学制品业的行业就业增长弹性2000年以来基本上较为平稳，对其进行产业转移可以实现人口迁移有效带动，但是需要考虑产业转移对人口质量的影响及所受人力资本的限制。轻工业行业内，农副食品加工业和食品制造业的行业就业增长弹性比纺织业、纺织服装鞋帽制造业高；通过转移食品制造业产业来进行优化升级并且缓解北京人口压力具有可行性和稳定性，但是想通过转移处于夕阳阶段的纺织业来达到北京人口疏散的方案不会出现明显效果。

第四节　结论与对策建议

一、结论

本章的分析结果表明：第一，京津冀人口和产业系统具有高度耦合性，产值占比、结构偏离度与人口系统的耦合值很高，尤其第二产值比和就业比对人口结构的作用最大。此外，第二产值比与人口迁入比耦合关联性达到0.9以上。第二，产业结构是人口迁入的主要动态因素，非农产业占比尤其是第二产业占比增加会显著促进人口迁入，同时城市物价、基础设施等因素会影响人口迁入，会对产业转移带动人口迁移的实施效果产生正向或负向调节。第三，在产业转移带动人口迁移实施效果方面，重工业整体较轻工业更好，但是轻工业的带动效果更稳定和可预测。具体而言，黑色金属冶炼及压延加工业产业转移带动人口迁移效果最明显；造纸业、矿物制品业效果逐年增强；化学制品业效果较为明显且比较稳定。轻工业行业，农副食品加工业、食品制造业的行业就业增长弹性比纺织业、纺织服装鞋帽制造业高。石油加工炼焦业、天然气行业具有劳动力壁垒、专用性、行业垄断性、用工制度黏性等特征，使得通过对北京石油天然气行业进行产业转移来带动人口迁移和疏散效果可能不明显。

二、对策建议

（一）基于产业转移带动人口迁移，优化城市群人口布局

首都城市群产业与人口系统耦合度很高，因此通过调整产业结构带动人口调整的可行度高；通过调整首都城市群产业结构和合理实施第二产业转移政策，能够带动人口迁移，进行人口规模和结构的控制和调整。利用产业转移影响人口变化需要重点研究第二产业转移，可以通过产业转移引导人口迁移来疏散大城市人

口，但是在人口迁移过程中会改变人口结构，要注重防范人口结构失调问题，考虑对人口结构和人口质量的影响。

同时，首都城市群的城乡结构、城镇化率与产业系统高度相关，产业转移势必影响城乡人口占比，城镇化率会改变产业结构调整带动人口迁移方案的实施效果。要注重产业结构与城镇化率的协同推进，以有效带动人口规模调整。

另外，在实施首都城市群产业转移政策引导人口疏解时，要考虑人口年龄、性别和文化结构分别与产业结构系统的关联性，促进人口迁移合理可持续推进。

（二）注重产业与人口平衡配置，着力优化制度政策软环境

通过产业转移引导人口迁移流向和数量，要注重劳动力结构配置问题，考虑产业生产率高低不同因素的影响。需要将人口迁移和首都城市群的经济、产业发展联系起来，充分考虑转出地、承接地的城市功能定位与产业政策导向；采取措施使人口流动符合迁入地经济转型、产业结构调整的需要。

各城市应注重劳动力市场建设，综合利用政府和市场的双重调整机制，结合社会保障制度，创建高效、协调、竞争的就业市场。首都城市群要加快城镇户籍制度改善和城际流动人口户籍管理机制建立，为流动劳动力人口提供制度保障。政府应借助互联网，发布各自就业人口供求、薪资、空缺职位，降低信息交易成本，促进人口合理流动。要关注产业结构偏离度，建立产业导向和劳动力禀赋的双向动态耦合机制，实施产业转移和人口迁移的双导向互动协调方案，以降低产业人口结构失调对产业带动人口机制有效性的负面影响。首都城市群各地区要把握产业转移及其实施效果的时间、空间变迁规律，做到横向、纵向多维管控，建立动态预警机制来引导政策调整和有效实施。

（三）持续测算产业就业弹性，推动产业合理转移

促进第二产业各行业的合理产业转移，以此来带动人口迁移，实现人口从北京向其他城市疏散，实现首都城市群资源合理配置，人口合理分配。如黑色金属冶炼业行业就业增长弹性较大，能够有效带动劳动力人口从首都向其他城市迁移和疏散。而石油加工、天然气行业具有行业垄断性、劳动力壁垒、用工制度黏性等特征，该类产业转移带动人口迁移的效果不强。对于造纸业和矿物制品业等行业，在转移时需要考虑其生产和市场的客观条件和相关因素。而化学原料及化学制品等行业对于人才资源的依赖性强，需要考虑其就近高校和科研机构等需求。

（四）关注人口迁移时序黏性特征，优化城市基础设施

在实施通过产业转移带动人口迁移的方案时，注重考虑首都城市群城市建设和资源分配，认识到经济环境和基础设施对人口迁移的影响，要注重对城市消费水平、工资、新增就业岗位、城市基础设施等因素的关注和监控。要充分考虑高消费价格指数会抑制人口迁入这类相关因素，通过城市建设和经济调控降低城市消费水平较高对人口迁入的负面影响，以防负面影响抵消产业转移带动人口迁入的正向影响。

研究结果还显示，首都城市群科教文卫支出对人口迁移没有显著影响。因此，在进行城市建设承接产业转移和人口迁移过程中，应关注主要矛盾如固定资产投资和城市建成面积，注重投资和城市建设对劳动力的吸收和集聚作用。同时，要考虑上期迁入人口因素的重要作用，关注人口迁移黏性和时序特征。另外，还应将产业转移和城市基础设施建设、固定资产投资、经济指标控制等政策相结合，共同作用合理解决首都城市人口过度集聚问题。

第十章 基于就业弹性的非首都功能疏解重点产业分析

第一节 文献综述与分析框架

一、问题的提出

疏解非首都功能的主要原因在于目前北京市人口规模过于庞大、交通及环境压力过大，严重影响了北京市的可持续健康发展。在非首都功能疏解工作中，经济功能的疏解占据主要地位，经济功能的疏解是通过产业的对外转移实现的，而产业转移必然带来就业人口的迁移，进而带动人口的合理迁移，缓解人口规模压力。

首都人口规模膨胀是许多国家都面临的难题。以英国和日本为例，英国首都伦敦的人口经历了缓慢增长—快速增长—平稳增长的发展过程。针对首都人口规模过大的问题，这些国家在保障公民享有自由迁移权的基础上，综合运用了各种方法，合理引导人口迁出，从而达到首都人口调控的目的。具体措施包括通过税收和法律等手段来限制人口流入或过度聚集、加强城市功能定位、以产业结构升级和产业转移为导向优化人口结构和分布等。

长期以来，我们一直在试图"控制"北京市人口规模，却一直处于"控而难制"的状态。针对如何有效控制特大城市人口规模的难题，目前已经达成的共识是，产业功能疏解是人口疏解的重要前提，在非首都功能疏解的背景下进一步推进产业的合理疏解，是带动人口有序疏解进而实现北京市人口调控目标的有效手段。

本章通过北京市各产业就业弹性的比较分析，进而分析不同产业转移对人口迁移带动能力的不同，为非首都功能疏解中重点疏解产业的选择提供新思路，以期达到缓解北京市人口压力的目标。具体来说，我们利用就业弹性系数、投入产出法和面板数据模型分析按《国民经济行业分类》（GB/T4754－2011）划分的各产业对就业人口的吸纳能力，试图探讨产业转移究竟能够带来多少人口的迁出，哪些产业疏解可以带来更大程度上的人口疏解，为非首都功能疏解中疏解产业的选择提供一定参考。

二、文献综述

（一）非首都功能疏解的研究

在北京非首都功能疏解的特殊环境下，国内近两年来有关首都功能的研究大多围绕非首都功能疏解来进行。戴宏伟和宋晓东（2015）将世界各国首都城市的发展模式分为两种，即单功能和多功能城市发展模式，他们认为作为典型多功能首都城市的北京要想在短时间内向单功能首都城市转变存在很多困难，在此过程中北京应当充分挖掘自身特色，走符合自身规律的城市发展道路。张可云和董静媚（2015）指出韩国首都首尔为疏解首都功能指定的一系列战略措施对我国有很大的借鉴意义，如建立严格的法律法规来进行首都城市圈的整备，或利用国土开发战略打破功能过于集中的局面等。张可云和蔡之兵（2015）阐述了非首都功能的形成机理及其对北京自身和京津冀地区发展的影响，对目前几种疏解北京非首都功能的思路进行分析，指出这些思路存在的误区和疏解北京非首都功能应该坚持的基本原则，并强调了通过产业渠道疏解非首都功能的意义，他们认为北京市未来的产业发展重点应该放在教育产业、金融业、计算机软件服务业等高端产业上。崔向华（2014）针对如何疏解首都功能做出了粗略分析，他认为疏解方法主要分为"内控"和"外引"两种，其中"内控"是指严格按照非首都功能疏解的要求，禁止或限制与要求相悖的产业发展，并将影响首都城市健康发展的产业迁移出京；"外引"主要从需求方面分析，对于教育医疗功能，利用高校和医院的外迁限制最终需求，对于行政功能，利用户籍红利和工资补贴等方法吸引就业人员。

（二）人口迁移的研究

国外人口迁移的相关研究开始较早且内容丰富。拉文施泰因（G. E. Ravenstein，1880）按照人口迁移的特征总结出了几条迁移规律，主要包括性别律、经济律、距离律、双向律等。何勃拉（R. Herberle，1983）系统总结了人口迁移的"推拉"理论，认为人口迁移是由促进产业迁出的推力和吸引产业迁入的拉力共同作用的结果。托达罗（Todaro，1970）提出了人口流动模型，认为城乡预期收入的巨大差距是推动就业人口迁移的主要原因，该模型引入就业概率，修正了基于工业部门充分就业假设的传统人口流动模型。怀特（White，2008）对美国大平原地区人口分布与交通布局的关系进行了研究分析，分析结果说明该地区的人口分布与交通布局密切相关，人口迁移是随着铁路交通布局的变化进行的，说明铁路交通是影响人口迁移方向的重要因素之一。凯南（Kennan，2011）引入动态分离模型对多地区人口迁移的路径选择进行了模拟分析，这种数量模拟方法相较早期的理论来说更精确也更有现实意义。

从国内来看，蔡昉（1995）认为20世纪八九十年代的重工业先行战略造成了产业结构和人口分布格局的扭曲，人口结构转变跟不上产业结构转变的速度，造成滞后效应；他还指出城乡地区收入差距扩大是人口迁移的重要因素之一。张善余（1996）从性别角度分析了差别人口迁移的不同特点，重点分析了女性人口迁移的动因以及对迁出地的效应。他认为女性人口迁移除部分自发迁移外，大部分属于婚姻迁移；另外，女性人口的自发迁移会对迁出地造成巨大的影响，积极影响是有效缓解迁出地的人口压力，消极影响是劳动力和较高素质女性外流不利于较贫困迁出地的脱贫致富。杨云彦（2004）认为劳动力的迁移在一定程度上可以促进资源禀赋的合理配置，推动劳动要素合理定价，矫正地区间收入差距过高，因此人口的合理迁移是经济社会政策的主要内容。王桂新（2011）认为省际人口迁移区域模式的变化主要是受区域经济发展水平尤其是迁入地经济发展水平的影响，一个地区的经济崛起和收入提高会使该地区迅速发展为重要的人口迁入地。刘晏玲等（2015）基于第六次人口普查数据对我国人口迁移特征进行了分析，认为"务工经商"推动的人口迁移占了人口迁移总数的很大比例，且人口迁移的年龄段主要集中在20～44岁，男性多于女性。

（三）产业就业吸纳能力的研究

国外关于产业就业吸纳能力的研究开始较早，克拉克（Clark，1940）对三次产业的就业吸纳能力进行了比较分析，他认为随着经济社会的发展，就业人口会从第一产业向第二产业转移，再向第三产业转移，这就是著名的配第－克拉克（Petty－Clark）定理。钱纳里和塞尔昆（Chenery and Syrquin，1986）提出就业结构转换滞后理论，该理论认为在发达国家的工业化进程中，产业结构的变化速度和就业结构的变化速度是基本一致的，而发展中国家就业结构变化相较产业结构变化较慢，由于发展中国家发展基础较薄弱，原本劳动生产率低的部门在引入先进技术后快速发展，比发达国家更大程度上节约了劳动，推动了经济增长，进而导致产业的结构变化较快，就业吸纳能力相对不足。麦凯恩（McCain，2004）

通过研究直接投资对投资国就业的影响，分析得到产业转移不仅能够促进产业迁入地的就业增长，还可以提高劳动力的素质，因此，各国政府特别是劳动力资源禀赋丰富的国家会致力于吸收外国直接投资，通过产业转移对迁入地的就业促进效应，降低本国由于劳动力过剩导致的过高的失业率，进而促进本国的经济增长。

从国内来看，关于产业就业吸纳能力的研究主要集中在产业结构和产业转移对就业的影响方面。肖雁飞等（2012）以我国中部地区三次产业就业为例，利用 ARIMA 模型预测了中部地区在未来几年的就业人口承载规模，并且得出第二产业转移是带动就业人口数量变化的重要因素之一。张榉榉（2010）从比较优势和劳动力供求的角度分析了产业转移带动人口迁移的机制，他认为产业转移的目标地区是具有比较优势的一方，产业的转入必然会增加该产业在该地区的比重，进而增加劳动力需求，打破原来劳动要素市场的平衡。郭力（2012）基于 1999 ~ 2007 年省级面板数据研究了就业人口的影响因素并进行了区域间的对比。他认为由于我国西部地区就业的增长主要依靠政府驱动政策，由于政策原因，西部地区对外开放程度有所提高，投资环境得到改善，而相对于西部地区依靠制造业带动就业，作为产业重点转出地的东部地区则主要依靠第三产业带动就业。刘乃全（2015）认为按三次产业分类来比较，就业人口吸纳能力最强的是第二产业，因此选取第二产业增加值占 GDP 的比重作为变量来衡量上海市产业结构，并就此进行回归分析，分析得出就业人口迁移是随着第二产业布局的变化而变化的。郑明亮（2015）利用 2007 年的投入产出表分析了山东省各细分产业的就业人口吸纳能力，以就业效应绝对值作为指标，反映了山东省不同产业吸纳就业人口能力的不同。

（四）小结

综上所述，非首都职能疏解的相关研究主要集中于北京与国外首都功能的对比、非首都职能疏解的重要意义和路径探究等方面；产业转移的相关研究主要集中于产业转移的原因、产业转移的可行性、对迁入地产业结构升级和就业结构优化的作用等方面，但是在产业转移对迁出地人口规模影响的研究较少；人口迁移的相关研究主要集中于人口空间分布、人口迁移影响因素等方面，而以各产业就业吸纳能力为指标分析产业的人口迁移效应的研究并不多见。另外，现有的研究分析了京津冀产业转移与人口迁移存在一定的相关性，却对北京产业疏解对人口迁移的具体带动作用分析不多。因此本章以北京地区各产业为例，对北京市各产业拉动就业进而带动人口迁移的能力进行分析，并结合面板数据模型对各产业对就业人口的不同影响进行比较分析，为北京市人口有序疏解和非首都功能疏解提供参考。

第二节　基于非首都功能疏解的产业人口迁移效应

一、非首都功能疏解对北京市人口疏解的意义

作为首都和特大城市，北京面临严峻的人口调控任务，要想推进非首都功能疏解的顺利进行，实现北京可持续健康发展，就必须解决北京的人口规模与压力问题。为实现这个目标，必须加快疏解非首都功能，以产业疏解带动人口疏解，实现产业—人口的合理布局。

第一，从人口总数来看，北京市巨大的人口吸引力可以归因于北京市作为政治、经济、文化、金融中心等的超强综合性城市特征，其优质的公共资源和公共服务一直是吸引外来人员的重要因素。从教育方面尤其在高等教育方面来看，北京市拥有最好的教育资源，对全国的优秀学子都有巨大的吸引力；从医疗方面来看，北京市是全国公认医疗条件最好、医疗设施较为齐全的地方，大量外来人口进京看病加剧了北京的人口交通压力，数据表明河北每年都有近 700 万人进京看病，而距离北京非常近的燕郊三甲医院病床闲置率却高达 70%[①]。除教育和医疗资源外，其他优质的生活条件和服务也吸引着大批外来人口涌入北京。北京市人口资源环境矛盾日益严峻，大批外来人口的涌入是不可忽视的原因之一，从这个方面看，通过非首都功能疏解找到控制人口规模的有效手段意义重大。

第二，从就业人口来看，北京市作为京津冀地区的中心城市，一直以来都受益于其对劳动力的强大集聚能力，然而劳动力大量流入不仅会给北京市人口规模带来巨大压力，还可能会导致京津冀地区的产业结构失衡。一方面，由于北京市承载功能过多，产业扩张过快，大大小小的企业不计其数，就业机会远远多于周边的津冀地区，不断吸引着大批外来务工人员，就业人口因此而不断飙升；除此之外，《中国人口和就业统计年鉴》的数据显示，与其他直辖市和省份相比，北京市失业率最低，就业人口平均工资最高，居民消费支出却并不高，这种"两高一低"的特点吸引了大批劳动力尤其是农民工的流入。另一方面，随着北京产业

---

① 赵仁伟，方问禹. 沉重的"全国看病中心"[J]. 瞭望，2014（20）：17-18.

结构调整和信息技术、生物医药、文化创意产业等的发展，越来越多人才涌入北京也促使了人口规模增加。举例来说，由于政府权力机构集中在北京，大型央企和国企的总部大多设在北京；作为实际意义上的金融中心，国有四大银行、证监会、银保监会等金融机构的总部也设立在北京，这些都吸引了大量人才。因此以业控人，将吸纳了大量就业人口的产业疏解到北京周边地区乃至全国其他地区，进而对就业人口进行疏解，才能有效引导人口的迁移。而非首都职能疏解的重要工作之一就是北京地区部分产业的疏解，在疏解产业的选择上，除了将一些不适合北京首都功能发展的低端制造业考虑在内外，就业人口吸纳能力较强的产业也可以作为参考，本章会通过产业对就业人口吸纳能力的分析，探究北京市各产业的人口迁移效应，为疏解产业的选择提供新的思路。

二、分析框架

（一）人口迁移的经典理论

人口迁移是人口流动的一种形式，是人口变更居住地的空间流动行为。影响人口迁移的因素有很多，资源环境、经济发展、政治政策等都会在不同程度上带动人口迁移。针对人口迁移的动因和特征，许多学者从人口地理学、政治经济学、发展经济学等学科出发，提出了一系列经典理论。

1. 人口迁移推拉理论

人口迁移推拉模型由潘热（Bagne）在 1969 年提出，赫伯勒（Herberle）在 1983 年将其进行了系统总结。推拉理论认为，人口的迁移是由一系列力量引起的，这些力量包括促使人口迁出的"推力"和促使人口迁入的"拉力"，而人口迁移就是"推力"和"拉力"共同作用的结果。该理论将人口迁移高度概括为迁出地推力和迁入地拉力共同作用的结果，使复杂的过程高度简化，因而被广泛接受，然而也有学者认为这个过程过于简化，因此在实证研究中，推拉理论总是结合其他理论被广泛运用。

2. 托达罗理论模型

托达罗（Todaro）模型是从发展经济学角度出发的人口迁移理论代表，该理论主要从城乡劳动力迁移的角度分析人口迁移，认为人口流动是一种经济现象，影响农村人口大量涌入城市的重要原因之一是预期收入差距。在预期收入差距过大时，非农化迁移速度还可能超过城市就业岗位的增加速度，进而导致城市就业率下降。另外，该理论认为农村人口向城市的迁移量和迁移率与城市就业率之间正相关，就业率越高，农村人口向城市的迁移量和迁移率就越高，因此我们认为通过产业带动就业的能力来衡量产业的人口迁移能力是合理的。

（二）产业的人口迁移效应

基于一系列人口迁移的经典理论，我们认为劳动力的迁移是带动人口迁移的主要因素，并假设人口的迁移量与就业人口迁移量成正相关。结合某地区的产业发展来看，产业构成和就业结构会影响人口迁移的强度和方向，假设产业吸纳就业人口能力有限，那么该产业发生转移时，虽然会对区域内的就业人口产生"推力"，但力度并不大；相反，就业人口吸纳能力强的产业发生转移时，会对迁出地的人口产生强大的"推力"。因此，我们认为产业的人口迁移效应是通过产业转移带动就业人口迁移来实现的，是指产业发生转移时对迁出地和迁入地就业人口迁移产生的影响，即就业吸纳能力强的产业发生转移时可以带来更显著的人口迁移效应。产业的人口迁移效应分为对产业迁出地和产业迁入地的效应，由于本章的研究主要基于非首都功能疏解的视角来寻求解决北京地区人口规模问题的路径，因此重点对迁出地的人口迁移效应进行研究，研究通过对北京地区各产业就业吸纳能力的比较分析来实现，即分析哪种产业的迁出可以带来更多就业人口的迁出。

第三节　北京非首都功能疏解与产业、人口发展现状

一、北京非首都功能疏解及产业转移现状

北京市近些年来诸多大城市病的形成过程，就是非首都功能阻碍北京市可持续健康发展的过程，交通阻塞、人口膨胀、雾霾加剧，严重阻碍了首都功能的有效发挥，因此疏解北京的非首都功能成了治理大城市病的有效手段。而非首都职能疏解的主要工作就是产业疏解，在过去的一段时间里，北京市基于非首都功能疏解的产业取得了阶段性的成果。

在严控增量方面，为深入贯彻落实京津冀的区域协同发展，有序疏解北京市非首都功能，加快构建高精尖的产业结构，北京市发改委、市教委、市经济信息化委等部门联合对《北京市新增产业的禁止和限制目录（2018年版）》（以下简称《目录》）进行了多次修订，《目录》按照《国民经济行业分类》（GB/T 4754 - 2017）编制，其中的管理措施包括禁止性和限制性两类，禁止性是指不允许新增固定资产投资项目，不允许新设立或新迁入法人单位、产业活动单位、个体工商

户；限制性包括区域限制、规模限制和产业环节、工艺及产品限制①。根据《目录》，北京市将通过"禁、关、控、转、调"五种方式来疏解产业。

相比于严格控制产业发展，北京市在疏解产业存量方面面临着更大的阻力和更多的矛盾，对此北京市政府迎难而上，取得了初步成效。一些低端产业及市场的关停，为绿地建设腾退了空间，有利于改善空气质量和人民的生活环境。从这个方面看，非首都功能的疏解也有利于北京成为真正的"首善之都"。借助京津冀协同发展的趋势，北京市政府主动为非首都功能疏解工作创造条件，保障了产业疏解的顺利进行。北京市经信委主任张伯旭说："结合天津、河北不同区域资源禀赋特点，2014 年以来，我们累计组织 50 余次产业对接活动，促成了多个项目落户河北。"②

就三次产业来说，本节选取 2017 年京津冀三地三次产业的占比数据进行分析（见表 10 – 1）。根据表 10 – 1，北京市为较典型的"三二一"型产业结构；天津市第二产业略占上风，但与第三产业差距很小，说明其产业结构正在从"二三一"型向"三二一"型转变；河北省为典型的"二三一"型产业结构，工业产业仍占据其产业发展的主导地位。由此可见，三地间存在着"北京—天津—河北"的梯度差，产业转移的可行性和转移方向十分明朗。

表 10 – 1　　　　　　　　　2017 年京津冀地区三次产业占比　　　　　　　单位：%

地区	第一产业	第二产业	第三产业
北京	0.4	19.0	80.6
天津	0.9	40.9	58.2
河北	9.2	46.6	44.2

资料来源：2018 年《北京统计年鉴》、2018 年《河北统计年鉴》、2018 年《天津统计年鉴》。

尽管京津冀三地间具备了足够进行产业转移的梯度差，三地间产业转移也一直在进行中，但还不同程度地存在一些问题。从北京为产业迁出地的角度来看，首先，产业转移双方如京冀之间并没有完全按照比较优势分工，这就大大提高了产业转移的复杂性，因此对于北京市转移产业的选择就需要更加慎重；另外，从人口控制角度来看，虽然政府大力支持"以业控人"并取得了初步成效，但产业转移的"水土不服"问题仍然存在，转移产业不能迅速融入迁入地环境会直接导

①　北京市人民政府办公厅关于印发市发展改革委等部门制定的《北京市新增产业的禁止和限制目录（2018 年版）》的通知。

②　根据《北京青年报》相关数据整理所得。

致人口迁移的滞后性，因此打破行政区划界限，保障产业转移的顺利进行，也是实现产业转移带动人口迁移的重要前提。

二、北京市人口发展现状

根据表10-2的数据，2017年末北京市常住人口为2170.7万人，比上一年减少了2.2万人，其中常住外来人口794.3万人，占常住总人口的36.59%，比上一年减少了13.2万人；2016年末常住人口为2172.9万人，比上一年增加了2.4万人，其中常住外来人口为807.5万人，占比37.16%，比上一年减少了15.1万人；2015年末常住人口为2170.5万人，比上一年增加了18.9万人，其中常住外来人口为822.6万人，占比37.9%，比上一年增加了3.9万人。由此可见，北京市这一时期的常住人口净增长值逐渐减小甚至为负，总数的增长值由2015年的18.9万人降至2017年的-2.2万人，常住外来人口的净增长值由2015年的3.9万人降至2017年的-13.2万人。导致人口净增长值较大程度下降的原因有很多，除了随经济增长而提高的生活成本、地区间预期收入水平的缩小等收入支出因素外，还与非首都功能疏解大背景下产业结构的调整有关①。但净增长值较大幅度的减少并不能说明北京市人口规模问题得到了明显缓解，通过2014~2017年常住外来人口占比的动态比较来看，常住外来人口占常住人口总数的比例虽出现下降，但下降幅度缓慢，仍然能体现北京市对流动人口的强大"拉力"。

表10-2　　　　　北京市2014~2017年常住人口和常住外来人口统计　　　单位：万人

年份	常住人口	常住外来人口
2014	2151.6	818.7
2015	2170.5	822.6
2016	2172.9	807.5
2017	2170.7	794.3

资料来源：根据北京市统计局官网相关数据整理所得。

由以上数据可知，北京市近几年基本上完成了人口调控的目标，取得了初步成果。但总体看来，北京市对人口增长的预计一直大大落后于实际人口的增长速度，表10-3中数据说明了这个问题，改革开放以后北京共进行了三次城市人口规划，预期人口的突破期均明显早于预期人口的规划期。

———————————

① 根据《2014年北京市人口发展变化情况及特点》相关数据整理所得。

表 10 – 3　　　　　　　　　北京城市总体规划预期人口

时间	规划期预期人口（万人）	突破年份
第一次 1982 ~ 2000 年	1000	1986
第二次 1991 ~ 2010 年	1250	1996
第三次 2004 ~ 2020 年	1800	2008

资料来源：谭日辉. 北京特大城市人口治理的现状、原因及其对策研究［J］. Urban Development Studies，2015（11）.

三、北京市三次产业就业人口分析

北京的就业人口自改革开放以来持续增加，根据《北京统计年鉴》，截至 2017 年底，北京市就业人口总数达到 1246.8 万人，与 1978 年的 444.1 万人相比增加了 802.7 万人，前者约为后者的 2.8 倍。

北京市就业人口的变化不仅仅体现在总数的持续增加上，还体现在就业结构的不断优化上。具体表现在就业人口不断从劳动生产率低的产业向劳动生产率高的产业流动。其中，第一产业的就业人口总数一直在下降，第二产业的就业人口总数变化不大，呈现平稳上升和下降的趋势，第三产业就业人口总数在 1992 年赶超第二产业的就业人口总数，并不断拉大差距，截至 2017 年底，第三产业的就业人口总数达到了 1005.2 万人，占就业人口总数的 80.6%，由此可见，北京市现阶段吸纳就业人口的主要产业是第三产业。三次产业的就业人口总数最初呈现 28.3：40.1：31.6 的比例，是典型的"二三一"型，到 2017 年底，这个比例已经变为 3.9：15.5：80.6，是典型的"三二一"型产业结构，发展趋势如图 10 – 1 所示。

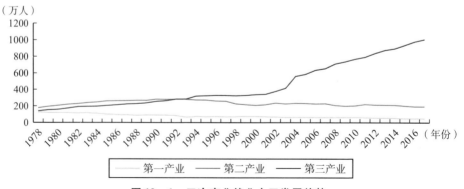

图 10 – 1　三次产业就业人口发展趋势

资料来源：作图数据来源于 2018 年《北京统计年鉴》。

四、北京市各细分行业就业人口分析

本章以 2016～2017 年行业就业情况作为研究对象，从以下几个角度展开分析（见图 10-2）。一是从时间维度看，从 2016 年到 2017 年，农林牧渔业，采矿业，制造业，交通运输、仓储和邮政业，房地产业就业人口发生了萎缩，其中制造业就业人口萎缩程度较大；二是从 2017 年各产业吸纳就业人口的情况来看，吸纳人口超过 10% 的行业有批发和零售业、租赁和商务服务业，说明在北京市各产业就业人口组成中，这些产业的就业人口总数位居前列，疏解此类产业或将实现更多的人口疏解；三是从三次产业的划分看，第一产业即农林牧渔业的就业人口占比最小，第三产业占比最大，这与前一节中的三次产业就业人口现状分析相一致；四是从第三产业内部各服务业类型看，新兴服务业就业人口的占比较高，如金融业约占 5.06%，科学研究和技术服务约占 9.53% 等，说明此类高端服务业是北京市目前重点发展的产业类型，其带动就业人口能力也十分可观。

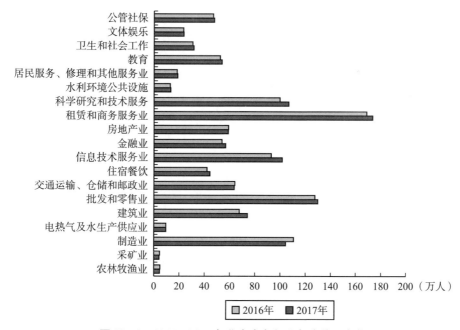

图 10-2　2016～2017 年北京市各行业年底就业人数

资料来源：2018 年《北京统计年鉴》。

第四节　北京市各产业就业弹性的实证分析

本节包括以就业弹性衡量的就业吸纳能力分析、基于投入产出法的就业吸纳能力分析和各产业对就业人口影响因素的面板数据模型分析。

一、北京市各产业就业弹性分析

就业弹性是就业增长率和经济增长率的比值，即通过计算产值每增长 1 个百分点所引起的就业人口变化百分比来衡量一个产业的发展对就业的带动作用，一般用就业弹性系数来作为指标。就业弹性系数主要反映的是各产业的直接就业吸纳能力，就业弹性系数越大，产业的发展越能吸纳更多的就业人口，进而带来显著的人口迁移效应；若某产业弹性系数为负值，则说明该产业吸纳就业人口的能力在减弱，人口迁移能力也相对较弱。就业弹性系数的公式如下：

$$E_i = \frac{\Delta L / L_i}{\Delta Y / Y_i} \qquad (10-1)$$

式（10-1）中，E_i 代表就业弹性；L_i 代表产业就业人口；ΔL 代表产业就业人口增长量；Y_i 代表产值；ΔY 代表产值增长量。

（一）北京市三次产业就业弹性分析

根据《北京统计年鉴》1978～2017 年三次产业产值数据和就业数据，我们计算了改革开放以来北京市三次产业的就业弹性并做折线图，结果如图 10-3、图 10-4、图 10-5 所示。

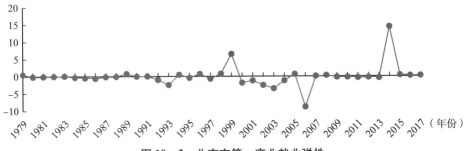

图 10-3　北京市第一产业就业弹性

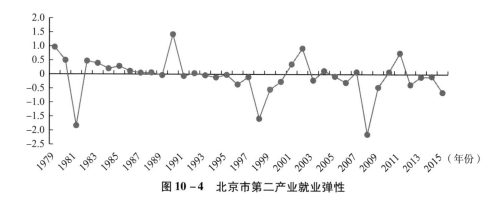

图 10 - 4　北京市第二产业就业弹性

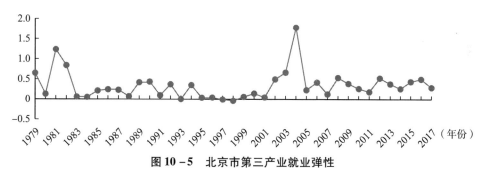

图 10 - 5　北京市第三产业就业弹性

就业弹性是衡量经济增长对产业就业的敏感程度，三次产业的就业弹性反映的是三次产业产值变化引起的对就业人员的吸纳能力。经计算可得北京市三次产业的就业弹性的平均值分别为 - 0.0355、- 0.0655①、0.3394，可以看出北京市就业直接吸纳能力最强的是第三产业，第二产业其次，第一产业最弱。因此我们认为第三产业的发展能够更加有效地带动就业人口的迁移，具体情况如下：

第一产业就业弹性系数的平均值为 - 0.0355，没有明显的就业吸纳效应，但在 1999 年和 2014 年有较明显的增加。1999 年，在十五届三中全会和中央经济工作会议精神的指导下，我国农村经济工作以提高农民收入为目标，全面贯彻落实深化农业改革，调整农业经济结构，惠农政策带来了农业就业弹性的较大提高；2014 年中央一号文件首次强调"完善国家粮食安全保障体系"，加大力度落实"米袋子"省长负责制。农业较大幅度的变化从侧面反映出第一产业劳动力的储水池作用和剩余劳动力情况，这样的变化也可能与一产就业人员呈现出流动性、兼业化和不稳定的特点有关。另外，第一产业的就业弹性近年来稳定在较低水

---

① 2015 年就业弹性为 72.21，远大于其他年份，故剔除并计算平均值，以合理反映多年平均。

平，可见其就业吸纳能力较弱，人口迁移效应不显著。

第二产业平均值为 -0.0655。从数据上看北京第二产业受经济波动影响比较大，呈现周期性变化的特点。在 20 世纪 80 年代末 90 年代初，第二产业的就业弹性系数保持在较高水平并在 1990 年达到一个最高值，说明在这段时间里，以制造业等产业为主的第二产业是北京市吸纳就业人口的重点产业，之后随着第三产业的发展，第二产业带动就业人口增长的能力逐渐减弱，并保持在较低水平上，因此北京市第二产业对就业人口的吸纳能力已经较弱，产业疏解的人口迁移效应并不显著。

第三产业就业弹性平均值为 0.3394，对就业人口吸纳能力相对较强。由图 10 - 5 可知，20 世纪 90 年代，第三产业的就业弹性一直温和波动，保持在较稳定的水平上，至 2002 年开始了较大幅度的增长，2004 年达到了最高值，此后一直维持在较高水平上平稳波动。由此可见第三产业对就业的吸纳能力超过了第一、第二产业，成为北京市直接就业人口吸纳能力最强的产业类别，这与北京市近年来以发展金融和信息服务等高端服务业为主，同时基于区域优势垄断了大量教育和医疗资源进而带动了人口增加有关。因此，目前来看北京市第三产业是吸纳就业人口的主要产业，其产业疏解的人口迁移效应也相对更加显著。

（二）北京市各细分行业就业弹性分析

根据《北京统计年鉴》计算 19 个行业的就业弹性数据（见表 10 - 4），时间跨度为 2016 年、2017 年两年。从两年的动态比较来看，2016 年就业弹性处在第一梯队的产业有租赁商务服务业、科研技术产业、电热燃气及水生产和供应业、金融业等，这些产业大多属于北京市鼓励发展的新兴第三产业，较高的就业弹性说明其经济增长变化对就业人口的影响较大。至 2017 年，以上产业大多仍保持较高的就业吸纳能力，发生较大幅度下降的是租赁商务服务业和电热燃气及水生产和供应业，由于这两个行业属于配套服务产业，其就业弹性的下降或与北京市部分生活人口外迁有关；信息传输、软件和信息技术服务业有较大幅度上涨，与北京进一步加快产业结构升级有关；伴随着高端服务业的快速发展，住宿餐饮业的就业弹性也有明显增长趋势。

表 10 - 4　　　　　　　　　2016 年、2017 年 19 个行业的就业弹性

行业	2016 年	2017 年	平均弹性
租赁商服	4.7621	0.5266	2.6444
科研技术	0.9946	0.5075	0.7510

续表

行业	2016 年	2017 年	平均弹性
农林牧渔	0.5283	0.8611	0.6947
水电力	1.3057	0.0000	0.6529
金融业	0.6495	0.5986	0.6241
建筑业	0.2961	0.8539	0.5750
卫生社会	0.6223	0.3152	0.4688
采矿业	0.2582	0.5881	0.4232
信息软件	0.0509	0.6209	0.3359
居民服务	0.2881	0.3782	0.3331
水利环境	0.2647	0.2957	0.2802
房地产业	0.6059	− 0.0606	0.2726
教育	0.2743	0.1940	0.2341
文体娱	0.2469	0.1473	0.1971
公共管理	0.0610	0.1643	0.1127
交通运输	− 0.5194	− 0.0561	− 0.2878
批发零售	− 1.7635	0.3758	− 0.6939
住宿餐饮	− 3.1111	1.5189	− 0.7961
制造业	− 0.9554	− 1.0197	− 0.9876

　　就平均弹性来看，租赁商务服务业的就业弹性最大，就业吸纳效应最为明显，可以看出，如果将部分过剩的租赁商务服务业转移到天津和河北等地，能够使得更多的人口迁出北京，有效疏解北京的人口压力；作为特殊需求的教育卫生产业的就业吸纳效应也非常明显，平均就业弹性分别达到 0.2341 和 0.4688，其原因主要是北京市优质的教育医疗资源导致了大量就业人口和学习、看病人口入京，因此教育医疗资源均等化或将有助于带动北京市人口的迁出，缓解人口压力；另外，由表 10 - 4 可以看出，制造业、住宿餐饮、批发零售和交通运输等行业的就业弹性为负值，说明其近几年的就业吸纳能力在减弱，这与北京市的产业发展现状及趋势是一致的。

二、基于投入产出法的北京市各产业就业吸纳能力分析

本部分基于里昂惕夫的投入产出分析法，来分析北京市各产业的综合就业效应和间接就业效应，用产业发展拉动就业人口能力来反映北京市各产业的人口迁移效应。

数据来源是根据 2012 年 42 部门投入产出表合并得到的 19 部门投入产出表（测算时可以得到的最新数据仍是国家 2012 年编制的投入产出表），部门划分依据国家统计局的《国民经济行业分类》（GB/T 4754 – 2011）部门分类法。

王继源和陈璋等（2015）编制了 19 部门"劳动表"，通过"劳动表"计算了各产业的劳动感应力系数（结果见表 10 – 5），并根据感应力大小提出了不同产业的疏解思路，他们认为可贸易产业应该采取直接疏解的方式；不可贸易产业中劳动感应力大的产业应该疏解其上游部门，劳动感应力小的产业应限制其最终需求；符合首都功能"四个中心"原则的部分产业仍然需要通过转移部分缓解优化就业结构。劳动感应力系数越高，产业的劳动消耗受其他产业的影响越大，但该系数只能反映某产业受其他产业的影响程度，不能反映该产业对其他产业的影响程度，因此，我们计算得到各产业综合就业系数和间接就业系数，更加全面地分析各产业就业吸纳能力。

表 10 – 5　　　　　　　　　　北京市 19 部门劳动感应力系数

位序	类别	劳动感应力系数
1	租赁商服	0.654
2	居民服务	0.645
3	金融业	0.422
4	住宿餐饮	0.372
5	制造业	0.291
6	房地产业	0.285
7	农业	0.280
8	交通运输	0.254
9	批发零售	0.248
10	文体娱乐	0.184

位序	类别	劳动感应力系数
11	水电气	0.139
12	信息软件	0.129
13	科研技术	0.099
14	采矿业	0.089
15	教育	0.087
16	公共设施	0.075
17	建筑业	0.071
18	公共管理	0.044
19	卫生社会	0.004

注：王继源，陈璋，胡国良. 京津冀协同发展下北京市人口调控：产业疏解带动人口疏解 [J]. 中国人口·资源与环境，2015（10）：111–117.

（一）指标计算

本章的指标计算参考夏明（2013）《投入产出分析理论、方法与数据》和况媛（2014）《浙江省制造业升级的就业效应》中的方法。

1. 直接消耗系数

投入产出表中直接消耗系数可表示为

$$a_{ij} = x_{ij}/X_j(i, j = 1, 2, \cdots, n) \qquad (10-2)$$

其中，x_{ij} 表示第 j 部门总产出为 X_j 时所消耗的第 i 部门产品的数量，直接消耗系数矩阵即为全部直接消耗系数组成的矩阵，此处表示为 A。

2. 产品自给率

投入产出表中不仅包括本地产出，还包括进口和省外调入，因为本章仅从北京市本地的就业视角出发，因此在做投入产出分析时需将进口和省外调入部分扣除，这部分对北京市内部就业没有产生贡献。为此，必须以各产业自给率对直接消耗系数做出调整。由于总产出 + 行业调入额 + 行业进口额 = 行业中间使用 + 行业最终使用，以 g 表示自产率，则第 i 部门的产品自产率为 G_i = 总产出/（总产出 + 行业调入额 + 行业进口额）= 总产出/（行业中间使用 + 行业最终使用），即：

$$G_i = X_i \div (TIU_i + Y_i) \qquad (10-3)$$

3. 完全消耗系数

完全消耗系数反映某产业部门每提供一个单位的最终使用时，对另一部门或服务的直接消耗和间接消耗之和，该系数的计算需要用到经自给率矩阵调整后的直接消耗系数矩阵，此处设调整后的直接消耗系数矩阵为 A^*，则 $A^* = G \times A$ 相应的里昂锡夫逆矩阵为 $(I - A^*)^{-1}$，完全消耗系数矩阵即为：

$$B = (I - A^*)^{-1} - I \qquad (10-4)$$

4. 综合就业系数

在一个经济系统中，若 j 部门增加了一个单位最终使用的产出，会引致其他部门的产出增加 b_{1j}，b_{2j}，…，$1 + b_{jj}$，…，b_{nj}，相应各部门的劳动力也会增加，因此，各部门劳动力的增量之和即为增加一个单位的 j 部门产出作为最终使用所引致的所有部门的劳动力增量，在此我们引入综合就业系数 e_j 对其进行衡量，综合就业系数反映的是产业的整体就业吸纳能力，其矩阵表示为 E。我们用 l_1，l_2，…，l_n 表示各部门的就业人数，相应的综合就业系数矩阵可以表示为：

$$E = L + LB = L(L + B) = L(I - A^*)^{-1} \qquad (10-5)$$

其中，$L = (l_1, l_2, …, l_n)$。

5. 劳动力投入系数

将投入产出表中第Ⅲ象限被省略的工资行向量改用实物量表示，则为各个行业就业人口数的行向量 $L_j = (L_1, L_2, …, L_n)$，L_j 的含义是第 j 行业投入的劳动力人数，所以我们可以定义劳动力投入系数公式为：

$$l_j = L_j \div X_j \qquad (10-6)$$

假定它为一个常数，则 $l_j = \Delta L_j \div \Delta X_j$ 表示 j 行业增加一单位产出所直接增加的劳动力数量，反映了 j 行业直接吸纳就业的能力，综合就业系数和劳动力投入系数两者之差可以反映间接就业效应，进而反映产业对间接就业人口迁移的带动能力。

6. 就业总产值弹性

选取 2011 ~ 2012 年《北京统计年鉴》中就业人口和分行业产值的数据，通过公式就业总产值弹性 = 就业增长率/产值增长率进行计算。

（二）结果分析

根据前一部分的计算公式进行计算，得到北京市 19 部门的劳动力投入系数和综合就业系数，并按照调整后的综合就业效应排序整理得到表 10 - 6。值得一提的是，就业总产值弹性数值较大的产业大都属于第三产业中的生产性服务业，是北京市目前大力发展的产业种类，也是未来产业结构调整的方向和目标。其中信息软件服务业是大数据时代不可缺少的，数字农业和数字工业都依托于该产业的发展；金融业作为新兴服务业，是产业发展的润滑剂。这些产业在政府的大力支持下，就业吸纳能力逐渐增强；另外，大多数产业综合就业效应经就业总产值弹性调整后呈下降趋势，其原因可能是行业内存在大量冗员，产值的增加主要是通过劳动生产率的提高实现的，为促进产业发展，很多企业采取裁减就业人员的方式来提高劳动生产率，因此调整后综合就业系数会有所下降，但也更具有实际意义。本节主要运用北京市各产业调整后综合就业系数和间接就业系数进行比较分析。

表 10 - 6 　　　　　　　 北京市 19 部门劳动力投入系数和综合就业系数

位序	行业	劳动力投入系数	综合就业系数	就业总产值弹性	调整后的劳动力投入系数	调整后的综合就业系数	间接就业系数
1	批发零售	0.0174	0.0249	1.8936	0.0329	0.0472	0.0143
2	住宿餐饮	0.0268	0.0329	1.3207	0.0354	0.0435	0.0081
3	交通运输	0.0182	0.0263	1.3618	0.0248	0.0358	0.0110
4	公共设施	0.0310	0.0375	0.6574	0.0204	0.0247	0.0043
5	信息软件	0.0166	0.0228	0.8582	0.0143	0.0196	0.0053
6	居民服务	0.0296	0.0350	0.5428	0.0161	0.0190	0.0029
7	租赁商服	0.0254	0.0319	0.5347	0.0136	0.0170	0.0035
8	金融业	0.0094	0.0162	0.9832	0.0092	0.0159	0.0067
9	科研技术	0.0149	0.0221	0.7037	0.0105	0.0155	0.0050
10	教育业	0.0386	0.0425	0.3340	0.0129	0.0142	0.0013
11	公共管理	0.0302	0.0414	0.2889	0.0087	0.0120	0.0032
12	房地产	0.0177	0.0237	0.3489	0.0062	0.0083	0.0021
13	文体娱	0.0157	0.0242	0.2117	0.0033	0.0051	0.0018
14	卫生社会	0.0212	0.0251	0.1485	0.0031	0.0037	0.0006
15	建筑业	0.0103	0.0147	0.0567	0.0006	0.0008	0.0003
16	制造业	0.0079	0.0121	0.0441	0.0003	0.0005	0.0002
17	采矿业	0.0047	0.0069	0.0722	0.0003	0.0005	0.0002
18	农林牧渔	0.0064	0.0105	- 0.0890	- 0.0006	- 0.0009	- 0.0004
19	水电力	0.0024	0.0069	- 0.6359	- 0.0015	- 0.0044	- 0.0029

本章分析北京市各产业的就业吸纳能力，主要就是为了研究产业的转移带动人口迁移的能力。结合表 10 - 5、表 10 - 6，分析北京市各产业的就业吸纳能力，

进而分析产业的转移对人口迁移的带动作用,为京津冀产业转移和非首都功能疏解提供新思路。

从整体来看,批发零售业、住宿餐饮业、交通运输业的综合就业系数较高,均超过了 0.03,说明其就业吸纳能力较强;根据表 10-6 的最后一列,批发零售业的间接就业系数也位居前列,说明其间接就业吸纳能力较强,如果将这些产业迁出北京,不仅会带来本部门就业人口的减少,还会带来关联部门就业人口的较多减少,侧面反映了其人口迁移能力更强。另外,租赁商务服务业、信息软件服务业、金融业、居民服务业、科研技术产业等的综合就业系数也较高,超过了 0.015,说明这些产业带动就业人口增长从而带动人口迁移的能力也较强,因此在非首都功能疏解中可以将这些产业列入重点选择范围。

我们还可以从综合就业吸纳能力和间接就业吸纳能力两方面来对具体产业进行分析。

根据表 10-6,批发零售业的综合就业吸纳系数和间接就业系数都位居第一,说明其对本部门和关联部门的就业人口吸纳能力较强,发生转移时可以带来较显著的人口迁移效应。在过去的一段时间里,北京市的首都特征给批发零售业提供了得天独厚的发展条件,如低额物流成本、首都人群的高购买力以及北京市重要的交通枢纽地位等。在快速发展的过程中,批发零售业除了带动本部门就业人口增长,还带动了交通运输和物流业等关联产业就业人口的增长,成为造成北京市人口膨胀的重要原因之一,因此批发零售业迁出北京必然会带来显著的人口迁移效应,带动大量人口迁出北京。另外,由于批发零售产品和服务通常是区域间可贸易的,因此可以通过增加进口和省外流入两个项目的数量加强其他地区对北京市批发零售产品的供应,并以此来满足本地需求、限制本地生产,同时直接疏解该产业的相关企业,以期达到有效缓解北京人口压力的目的。

结合表 10-5,在综合就业系数较高的产业中,住宿餐饮业、交通运输业、居民服务业、租赁商务服务业等具有较高的劳动感应力系数,说明这类产业的就业人口数量受关联产业的影响较大。结合现实来看,这类产业主要为其他产业提供一系列配套服务,其就业人口的增加主要是由相关产业的发展带动的,关联产业一旦转移,必将带来这类产业就业人口的迁出。举例来说,租赁商务服务业主要为批发零售业、金融业等产业提供配套服务,这些产业的转移可以有效疏解租赁商务服务业的最终就业人口;交通运输业为批发零售业产品的物流做出了巨大贡献,批发零售业的逐渐转移必然会带来交通运输业就业人口的减少。另外,根据表 10-6 最后一列数据可知,交通运输业和住宿餐饮业的间接就业系数也较高，说明这两种产业不仅受关联企业的影响较大，也对其自身配套产业的就业人口有较强的带动作用。

金融业、信息软件服务业和科学技术等产业是北京市目前正在大力扶持的产业，符合北京市发展要求的高端服务产业。但是根据表10-6，这些产业的综合就业系数较高，超过了0.015，说明这类产业的就业吸纳能力较强，其转移可以带来较显著的人口迁移效应。原因之一可能是这类产业在北京存在大量非核心业务，消耗了大量低端劳动力，如银行的数据中心、信用卡中心等部门和信息软件服务业的非核心技术部门等；另外，这些产业间接就业系数较高，超过了0.005，说明其发展带动了关联产业就业人口的增长。因此，疏解这类产业的非核心业务，或将有效带动人口的迁移，疏解北京市人口压力。

不容忽视的是，教育产业的综合就业系数也较高，其转移也会带来显著的人口迁移效应。我们通常将教育和卫生产业两种特殊产业结合起来分析，由表10-5和表10-6可知，教育卫生部门的劳动感应力系数和间接就业系数都较低，说明这两个产业部门与其他产业关联性不强，就业人口受其他产业的影响较小，联系现实来看，教育卫生产业提供的产品或服务一般是直接面向消费者，没有明显的关联产业。除带动就业外，北京的教育和医疗优势也吸引了大量人口进京学习和看病，因此教育医疗产业除了通过学校、医院的转移来带动就业人口迁移，还可以通过教育医疗均等化的方法来控制人口。

长期以来，教育、医疗需求的不断膨胀带动了北京市教育、卫生部门就业人口的不断增加，京津冀地区间存在严重的公共服务条件不均等现象。北方最优质的教育资源高度集中在北京；另外，从表10-7可以看出，北京学生考取清华大学的概率是河北学生的16.39倍，在这种具有地区差异性高考制度的存在下，2018年北京市一本大学录取率为34.13%，河北省为10.43%，这种差异性是一种吸引大量人才来京就学的"户籍红利"。

表10-7　　　　　　　　　2017年清华大学京津冀地区录取人数

项目	北京	天津	河北
录取人数（人）	296	82	130
高考报名人数（万人）	6.06	5.70	43.62
每万人录取比（人/万人）	48.84	14.39	2.98

资料来源：清华大学网站及高考网。

北方优质的医疗资源也集中在北京，从数量来看，由表 10 - 8，北京每千人卫生技术人员的数量远超过天津、河北；从质量来看，北京市三级医院共有 50 家，占市医院总数的 20.3%，河北省三级医院共有 55 家，占省医院总数的 7%，因此北京成为"看病中心"有其客观必然性。北京大学医学院、北京协和医学院和许多知名军区医院等为北京市医疗科研提供了人才和知识储备的同时，也吸引大量人口赴京就业。另外，北京大量的教育医疗需求导致教育卫生就业人口的膨胀，因此，在继续积极推动高校和医院迁移的前提下，推进京津冀基本公共服务均等化如加强三地学校合作、实行"医疗一卡通"政策等，可以带来显著的人口迁移效应，有效缓解北京市人口压力。

表 10 - 8   2017 年各地区城乡每千人口卫生人员数量   单位：人

地区	卫生技术人员		执业（助理医师）		其中：执业医师		注册护士	
	城市	农村	城市	农村	城市	农村	城市	农村
北京	17.6	—	6.8	—	6.4	—	7.4	—
天津	9.5	7.7	3.8	4.2	3.6	3.1	3.7	1.7
河北	9.5	4.0	3.9	1.9	3.5	1.3	4.2	1.3
全国	10.9	4.3	4.0	1.7	3.7	1.2	5.0	1.6

资料来源：中华人民共和国国家卫生健康委员会 2018 年《中国卫生统计年鉴》。

最后，北京公共设施管理业综合就业系数较高，这或与政府近年来不断健全公共设施建设法律法规、加大公共设施建设维护费用、鼓励建设高素质公共设施管理队伍的发展策略有关。另外，在非首都功能疏解的工作过程中，部分产业转移后腾置的空间和资源经常会被用来建设绿地园林、环卫设施、公交设施等公共设施，公共设施管理业的发展是非首都功能疏解善后工作顺利进行的保障。因此虽然数据结果中显示水利环境和公共设施管理业的就业吸纳能力较强，我们不把其列入需要疏解的范围内。值得注意的是，制造业也可以通过外地供应满足本地需求，因此可以选择直接迁出，根据表 10 - 6，制造业的综合就业系数并不高，但这并不代表制造业的迁出意义不大。结合现实分析，制造业一度是北京市支柱产业，但近年来丧失了原先的比较优势，比重逐年下降。具体来看，大多数一般性制造业属于高能耗产业，同时会消耗大量低端劳动力，从人口、资源和环境角度看，其发展与通过非首都功能疏解促进北京市健康可持续发展的要求都是相悖的，因此部分一般性制造业已逐渐迁出北京并带走了大量就业人口；另外，北京的一些高端制造业保留的大多是掌握核心技术的高科技人才，消耗低端劳动力过多的非核心环节大多也已迁出北京，因此北京地区的就业人口数据并不代表这部分制造业的全部就业人口。反映到结果中，制造业的综合就业系数较低并不代表对其进行转移的意义不大，相反，一般性制造业仍然是非首都功能疏解工作中重点关注的对象。

三、北京市各产业就业人口影响因素的面板数据模型分析

（一）变量选取和数据来源

本节数据均来源于 2008～2017 年《北京统计年鉴》。

1. 被解释变量的选取

本节分析的是北京市各产业就业人口的影响因素，因此选取了 2008～2017 年按照《国民经济行业分类》（GB/T 4754－2017）划分的 19① 个具体行业的年末就业人口数作为被解释变量。

2. 解释变量的选取

本节衡量各产业的人口迁移效应，而人口的迁移是通过产业的转移带动的，产业转移最直接的表现就是固定资产投资的增减，因此，本书选择了 2008～2017 年北京市 19 个细分产业的固定资产投资作为解释变量。

由柯布—道格拉斯生产函数可知，资本和产出是影响就业的主要因素，通常情况下我们认为产业的发展会带来就业的增加，但在现实中，劳动生产率的提高带来的产值增加反而会带来就业人口的减少。因此我们认为产值对就业人口影响程度取决于正效应和负效应的综合效应。本书选取北京市 2008～2017 年按行业分地区生产总值作为解释变量。

就业的增长与经济的增长息息相关，而能源消费与经济增长又密不可分，因此能源消费与就业增长之间存在一定关联，就业在本质上是资本、劳动力、能源、技术及其他自然资源在生产中的投入。就我国整体来看，能源消费比较大的部门仍然是吸纳就业的主要部门。因此，本节选取各行业能源消费总量作为就业人口的解释变量。

根据供求理论，生产要素的供给和需求取决于要素的价格，反映到劳动力市场上，该价格即为就业人员的工资。一方面，工资的提高会增加劳动力的供给；另一方面，工资的提高也会减少劳动力的需求。在产业发生转移的过程中，产业

---

① 因国际组织行业资料缺失，故排除该行业，以剩余 19 个行业作为研究对象。

承接地对劳动力需求的增加必然会引起工资水平升高，进一步推动就业人口跟随产业向承接地迁移。因此，本节选取北京市细分产业就业人员平均工资资作为衡量各产业工资水平的指标，同时作为影响就业人口的解释变量。

（二）实证分析

1. 数据处理

本节用 Y 表示各行业的就业人数，用 X1 表示各行业固定资产投资，用 X2 表示各产业的产值，用 X3 表示能源消费、用 X4 表示各行业的平均工资。由于以上数据单位不一致，数据偏差较大，所以对其进行取对数处理，取对数之后表示如下：LNY、LNX1、LNX2、LNX3、LNX4。所以建立面板数据模型如下：

$$LNY_{it} = \alpha + \beta_1 LNX1_{it} + \beta_2 LNX2_{it} + \beta_3 LNX3_{it} + \beta_4 LNX4_{it} + \varepsilon_{it} \qquad (10-7)$$

以上模型中，i 表示产业，t 表示时间，本节一共选取了 19 个行业、10 年的数据。β 为回归系数即弹性，ε 表示残差。

2. 描述性统计分析

运用 EViews 6.0 对数据进行描述性统计，结果如表 10 - 9 所示。

表 10 - 9 描述性统计分析

变量	均值	中位数	最大值	最小值	标准差
LNY	3.5246	3.8122	5.1562	1.0986	1.0136
LNX1	13.6438	13.5866	17.6879	6.5338	1.6964
LNX2	6.4389	6.5643	8.4458	4.0792	1.0617
LNX3	5.0573	5.0457	7.6527	2.5014	1.0553
LNX4	11.1497	11.1721	12.4270	9.9632	0.5000

从以上的描述性统计结果来看，就业人数（LNY）的均值为 3.5246，中位数为 3.8122，最大值为 5.1562，最小值为 1.0986，其标准差为 1.0136，说明就业人数整体波动较小；固定资产投资（LNX1）的均值为 13.6438，中位数为 13.5866，最大值为 17.6879，最小值为 6.5338，标准差为 1.6964，数据的标准差较大，说明固定资产投资在不同行业中差距较大。产值（LNX2）的均值为 6.4389，中位数为 6.5643，最大值为 8.4458，最小值为 4.0792，标准差为 1.0617，数据的标准差相对较小，说明产值数据的离散程度较小。能源消耗（LNX3）的均值为 5.0573，中位数为 5.0457，最大值为 7.6527，最小值为

2.5014，其标准差为 1.0553，数据的标准差较小，说明能源消耗数据的离散程度相对较小。平均工资（LNX4）的均值为 11.1497，中位数为 11.1721，最大值为 12.427，最小值为 9.9632，标准差为 0.5000，其数据的标准差最小，说明数据的分布较为集中。

3. 模型估计与检验

（1）单位根检验。

为了避免非平稳的时间序列出现"伪回归"的问题。应该对数据进行平稳性检验。本节使用面板单位根检验方法对面板数据进行单位根检验。面板单位根检验是在时间序列单位根的理论上发展出来的，面板数据结合的截面数据和时间序列的特征，所以使用面板单位根检验能够推断出面板数据是否存在单位根。检验结果如表 10-10。从表 10-10 的单位根检验结果来看，变量就业人数（LNY）使用 IMP 单位根检验的统计量为 2.1108，其 P 值为 0.9826，所以使用 IMP 检验结果，LNY 存在单位根是非平稳的时间序列，继续对其一阶差分后的序列进行单位根检验，可以知道其统计量为 -5.7687，其 P 值为 0，所以在 5% 的显著性水平下可以通过 t 检验，认为 LNY 一阶差分后的序列是平稳的时间序列；使用 ADF 检验方法对 LNY 进行检验，其原始序列检验的统计量为 23.2821，其 P 值为 0.9710，所以其原始序列 LNY 使用 ADF 检验不能通过 t 检验，其一阶差分后的序列，统计量为 107.673，P 值为 0，所以在这种方法下 LNY 的原始序列是非平稳的，其一阶差分后的数据是平稳的；继续使用 PP 检验，其原始序列检验的统计量为 36.3093，P 值为 0.5478，同样得到 LNY 的原始序列是非平稳的序列，继续对其一阶差分后的序列进行检验，统计量为 110.756，P 值为 0，是平稳序列。综合以上可知，LNY 的原始序列不平稳，一阶差分后的序列平稳。同理对 LNX1、LNX2、LNX3、LNX4 进行检验，其原始序列大多不平稳，一阶差分后的序列均平稳。

表 10-10　　　　　　　　　　　单位根检验

变量	检验方法	原始序列		一阶差分序列	
		统计量	P 值	统计量	P 值
LNY	IMP	2.1108	0.9826	-5.7687	0.0000
	ADF	23.2821	0.9710	107.673	0.0000
	PP	36.3093	0.5478	110.756	0.0000

变量	检验方法	原始序列		一阶差分序列	
		统计量	P 值	统计量	P 值
LNX1	IMP	-0.0890	0.4645	-2.7636	0.0029
	ADF	51.3296	0.0729	71.4418	0.0008
	PP	59.4803	0.0145	103.165	0.0000
LNX2	IMP	0.5575	0.7114	-4.8984	0.0000
	ADF	39.3387	0.4098	97.4618	0.0000
	PP	59.0485	0.0159	104.225	0.0000
LNX3	IMP	-0.5333	0.2969	-3.8029	0.0001
	ADF	44.8538	0.2064	81.9375	0.0000
	PP	62.6420	0.0072	103.464	0.0000
LNX4	IMP	1.5692	0.9417	-2.9071	0.0018
	ADF	32.2806	0.7306	69.1220	0.0015
	PP	31.3288	0.7696	68.8264	0.0016

（2）协整检验。

通过以上的单位根检验，可以知道本节所选取的解释变量 LNY 与被解释变量 LNX1、LNX2、LNX3、LNX4 的差分序列均是平稳序列。为了进一步分析解释变量与被解释变量之间是否存在长期的均衡关系，必须对以上变量进行协整检验判断线性组合的平稳性。

协整关系表达的是两个或者多个线性组合之间相互影响以及自身演化的稳定的动态均衡关系。使用 EViews 6.0 软件进行协整检验，结果如表 10 - 11 所示。

表 10 - 11　　　　　　　　　面板协整检验结果

变量	t 统计量	P 值
ADF	-2.1423	0.0161
Residual variance	0.0330	
HAC variance	0.0218	

从表 10 - 11 的检验结果来看，ADF 统计量为 - 2.1423，P 值为 0.0161，因

此在 5% 的显著性水平下，变量 LNY、LNX1、LNX2、LNX3、LNX4 之间存在协整关系。

（3）模型设定检验。

①协方差检验。面板数据主要有不变系数模型、变截距模型和变系数模型，一般采用协方差检验进行判断。

建立假设：

H_0：模型中各个个体截距相同（混合效应模型）；

H_1：模型中各个个体截距不同（变截距模型）。

构造 F 统计量如下：

$$F = \frac{SSE_r - SSE_u \div (N-1)}{SSE_u \div (NT - N - K)} - F(N-1, \ NT - N - K) \qquad (10-8)$$

式（10 - 8）中，SSE 表示残差平方和，SSE_r 表示混合模型中对的残差平方和，SSE_u 表示个体固定效应模型中的残差平方和。N 表示界面个数，T 表示时间长度，K 表示不含截距的变量个数。

②LR 检验理论。建立假设：

H_0：模型中各个个体截距相同（混合效应模型）；

H_1：模型中各个个体截距不同（变截距模型）。

LR 检验的统计量的表达式为：

$$LR = -2\left[\log L(\tilde{\beta}, \ \tilde{\sigma}^2) - \log L(\hat{\beta}, \ \hat{\sigma}^2)\right] - \chi_\alpha^2(k) \qquad (10-9)$$

其中，$\log L(\tilde{\beta}, \ \tilde{\sigma}^2)$ 表示约束模型即混合回归模型的对数似然函数极大值，$\log L(\hat{\beta}, \ \hat{\sigma}^2)$ 表示非约束模型即个体固定效应模型回归模型的对数似然函数极大值，k 表示面板模型中约束条件个数。如果 $LR > \chi_\alpha^2(k)$，则拒绝原假设，应该建立个体固定效应模型，否则建立混合效应模型。

如果 F 统计量大于临界值水平下的统计量，应该拒绝原假设，建立个体固定效应模型；反之，建立混合效应模型。使用 EViews 6.0 软件可以得到协方差检验结果如表 10 - 12 所示。

表 10 - 12　　　　　　　　　　协方差检验和 LR 检验结果

变量	统计量	自由度	P 值
Cross - section F	250.4155	(18, 167)	0.0000
Cross - section Chi - square	633.0570	18	0.0000

根据表 10－12 的检验，可以知道 F 统计量等于 250.4155，其自由度为（18，167）对应的 P 值 0，所以在 1% 的显著性水平下应该拒绝原假设，建立变截距模型。根据软件计算可以知道 LR 统计量为 633.0570，其 P 值为 0，所以应该拒绝原假设，建立变截距模型。

③Hausman 检验。豪斯曼（Hausman）检验是一种检验方法，其构造的统计量如下：

$$W = (\hat{b}_{cv} - \hat{b}_{GLS})[\,Var(\hat{b}_{CV}) - Var(\hat{b}_{GLS})\,]^{-1}(\hat{b}_{CV} - \hat{b}_{GLS}) \qquad (10-10)$$

其中，$\hat{b}_{cv}$ 表示固定效应模型估计的参数，$\hat{b}_{GLS}$ 表示随机效应模型的估计参数。W 统计量服从自由度为 k 的 χ^2 分布，K 解释变量的个数，如果 $W > \chi^2_\alpha(k)$，应该选择随机效应模型，否则应该选择固定效应模型。可以得到如表 10－13 所示统计量。

表 10－13　　　　　　　　　　面板数据 Hausman 检验

Hausman 检验	统计量	自由度	P 值
结果	17.7080	4	0.0014

从表 10－13 可以看到，Hausman 检验的统计量为 17.7080，其自由度为 4，P 值为 0.0014，所以在 1% 的显著性水平下，应该拒绝原假设，建立固定效应模型。

4. 面板数据模型回归分析

使用 EViews 6.0 软件，进行回归分析估计，估计结果如表 10－14 所示。

表 10－14　　　　　　　　　　面板模型回归结果

变量	系数	标准差	t 值	P 值
C	1.5777 ***	0.4535	3.4790	0.0006
LNX1	0.0288 **	0.0131	2.1925	0.0297
LNX2	0.4253 ***	0.0582	7.3094	0.0000
LNX3	－0.0476	0.0330	－1.4431	0.1509
LNX4	－0.0847	0.0584	－1.4492	0.1492
R^2		0.9917		
Adjusted R－squared		0.9906		
F－statistic		903.533 ***		
Prob（F－statistic）		0.0000		

注：**、***分别表示在 5%、1% 水平下显著。

从以上模型的回归结果来看，模型的调整拟合优度 $R^2 = 0.9917 > 0.9$ 接近于 1，说明模型拟合得较好，LNY 的变动的 99.17% 可以由 LNX1、LNX2、LNX3、LNX4 解释。其模型 F 统计量为 903.533，其 P 值为 0，说明模型在 1% 的显著性水平下通过 F 检验，即整个模型是显著的。所以可以得到如下模型：

$$LNY_{it} = 1.578 + IFE_i + 0.029LNX1_{it} + 0.425LNX2_{it}$$
$$(3.48) \qquad (2.19) \qquad (7.31)$$
$$- 0.048LNX3_{it} - 0.085LNX4_{it} \qquad\qquad (10-11)$$
$$(-1.44) \qquad (-1.45)$$
$$Adj. R^2 = 0.9917 \qquad F = 903.533$$

变量固定资产投资、产值均通过了显著性检验，但能源消耗与工资关系不显著。固定资产投资（LNX1）的系数为 0.0288，说明固定资产投入（LNX1）1%，将导致就业人数增加 0.0288%，呈现正相关但系数较小；产值（LNX2）的系数为 0.4253，P 值为 0，通过显著性检验，说明经济的增长会带来就业人口的增长，产值每增加 1%，就业人数会增加 0.4253%。但能源消费与工资都因产值的加入而不再显著。

个体固定效应模型中不同个体都有各自的截距即固体效应，它是模型中解释变量不能解释的，一般是由个体自身及其周边宏微观环境所决定。本节的固定效应模型是研究北京市各产业就业人口的影响因素，通过模型得到的个体固定效应只随行业的不同而发生变化，如行业发展水平、工作性质、一般地理分布和本行业扶植政策等。通过对 19 个行业个体固定效应的排序得到表 10-15。

表 10-15　　　　　　　　　　　　面板数据个体截距

行业	IFE	排名
租赁商服	0.9588	1
制造业	0.7932	2
批发零售	0.7334	3
交通运输	0.5554	4
住宿餐饮	0.5152	5
建筑业	0.5110	6
科研技术	0.4520	7
信息软件	0.3175	8

行业	IFE	排名
教育	0.3060	9
公共管理	0.2966	10
房地产业	− 0.0112	11
卫生社会	− 0.0695	12
居民服务	− 0.0801	13
文体娱	− 0.2947	14
金融业	− 0.4818	15
水利环境	− 0.5090	16
采矿业	− 1.1715	17
水电力	− 1.3011	18
农林牧渔	− 1.5204	19

由表 10 – 15 可知，租赁商务服务业的个体固定效应最大，接近 1，制造业、批发零售、交通运输、住宿餐饮、建筑业、科研技术的个体固定截距均超过了 0.4，这与前面的分析和现实情况比较吻合，租赁商务服务业、制造业、批发零售业、建筑业自身的发展会吸纳较多的低端劳动力。因此我们认为，个体固定效应较高的产业在发展的同时可以带来更多就业人口的增长，发生转移时可以带来更显著的人口迁移效应，其全部或者部分环节迁出北京可以带来更多人口的迁出，有效缓解北京市人口压力。

（三）实证分析的基本结论

（1）北京市各行业固定资产投资对就业人口存在正效应。

固定资产投资可以被视为产业转移的指标，因为在产业转移的过程中，一般伴随着固定资产的转移。从回归结果中可以看出，在各产业就业人口影响因素模型中，固定资产投资越多，越能够促进各行业的就业人口的增加，因此我们可以认为伴随着固定资产投资减少的产业迁出，会带来北京市就业人口的迁出。但是，系数的估计值较小，说明在产业转移过程中，固定资产投资对就业的促进效应没有达到预期的水准，出现这种情况的原因有可能是固定资产的投资利用率不高或者固定资产投资的作用有一定的时滞性，需要在一段时间以后才能完全显示出来。结合京冀地区的现实情况来说，北京市部分产业向河北地区迁移，必然会带来河北地区固定资产投资的增加，但由于京冀地区在生产率水平和技术水平上都有一定差距，再加上产业转移并不是一个短期的过程，固定资产从投资初期到产生效益需要一定的时间，这就会产生"滞后效应"。但总体来说，北京市产业迁出可以带来人口的迁出，利用产业疏解带动人口疏解的方法是可行的。

（2）北京市各行业产值对就业人口存在正效应。

经济增长与就业增长一直存在一定的关联，从结果中可以看出，在各产业就业人口影响因素模型中，产值对就业人口存在正效应，但系数估计值较小说明产值对就业人口的影响程度并不高。首先，产业的发展一般情况下都伴随着就业的增加，产业规模的扩大会带来劳动力需求的增长和就业岗位供给的增长；然而，产值增长的原因有很多，例如，就业人员合理配置、劳动力素质提高和企业文化建设增强等都会带来劳动生产率的提高，进而带来产值的增长，在这种情况下，就业人口的数量可能会不增反降。综合来看，正效应仍然略大于负效应，产值的减少仍然可以带来就业人口的减少，这也从另一个角度说明了产业疏解带动人口疏解的可行性。

（3）北京市各行业能源消费、平均工资与就业人口关系不显著。

北京市近年来经济发展显著受第三产业主导，第三产业占比高达80%，且随北京产业向高端发展，能源消费带来的影响逐步减弱，因此能源因子已经不能再对就业人口变动做出解释。由于北京受政策性影响显著，尤其2015年后非首都功能迁移政策使得北京产业发展中政府力量增强，市场解释因子变弱。在北京市行业平均工资未曾减少的情况下，部分产业就业人数因产业迁出而出现大幅下降，因此就业人口与平均工资关系不再显著。

而在2014年以前的数据分析中，平均工资对就业人口存在正效应，即北京市各行业就业人口平均工资的增加会带来就业人口的增加，但系数较小说明其影响程度并不大。以京冀地区产业转移为例，一方面，北京市产业的转出可能会带来北京对劳动力需求的减少，河北地区产业的转入会带来劳动力需求的增加。根据劳动力市场需求理论，劳动力需求增加时，平均工资也会增加，进而会吸引更多的就业人口到河北地区；另一方面，北京市近年来一直注重发展科技和培养高素质人才，平均工资的增加有可能部分基于劳动生产率的提高或产业结构调整后劳动力整体素质的提高，这样就会导致就业机会的减少。

同样地，在2014年之前的数据分析中也可看出，产业的能源消费量对就业人口存在正效应，且影响程度较大，说明高能耗的产业部门对于就业人口的带动能力更强。以制造业为例，制造业产业链条较长、产业上下游关联性强，拉动关联就业很大，因此制造业的转移能够带动更多就业人口的迁移。从现实意义来说，高能耗产业的转移，除了能够疏解更多的人口，还能够减少北京市高能源的消耗和污染排放，具有缓解人口压力、环境压力和资源压力的多重意义，完全符合非首都功能疏解促进北京健康可持续发展的要求，这类产业也应当作为非首都功能疏解的重点产业。

第五节　结论与对策建议

一、研究结论

本章通过就业弹性分析法、投入产出分析法、产业转移对就业人口的面板数据模型分析，对北京市产业转移对就业人口的影响进行探究，进而探讨产业疏解对人口疏解的带动作用，以期给北京市非首都功能疏解带来新思路。

在以上实证分析基础上，本章主要得出以下结论：

（1）第三产业对就业人口吸引能力较强，可以带动更多的人口迁移。本章分别分析了三次产业的就业弹性和按19部门分各产业的就业弹性。研究发现，第三产业对就业人口的吸纳能力较强，北京市近几年来以发展金融业和信息服务业等高端产业为主，同时依托自身区域优势，垄断了大量教育和医疗资源，吸引大量人口入京，这些行业在自身经济发展的同时，也能够带来就业的增加，因此对于这类产业的合理转移可以带来更显著的人口迁移效应，有效缓解北京市的人口压力。

（2）批发零售业、租赁商务服务业、住宿餐饮业、金融业、教育等综合就业系数或间接就业系数较高的产业具有显著的人口迁移效应。首先，经计算后按照各产业调整后的综合就业系数进行降序排序，具有较高综合就业系数的产业转移具有更加显著的人口迁移效应，其疏解可以带来更多人口的疏解，从而有效缓解北京市人口规模的压力；然后结合劳动感应力系数、间接就业系数和综合就业系数，分析了各产业理论上的合理疏解方法，其中，批发零售业的综合就业系数和间接就业系数都很高，将其迁移出京可以带来较多人口的迁出，人口迁移效应显著；租赁商务服务业、住宿餐饮业等综合就业系数和劳动力感应系数高的产业发生转移时，可以带来较显著的人口迁移效应，但这些产业就业人口与其关联产业的发展息息相关，可利用关联产业的转移带动本产业就业人口的迁移；部分高端服务业的快速发展导致其就业吸纳能力较强，但其发展符合北京市可持续健康发展的要求，因此可以对其消耗大量低端劳动力的业务进行合理转移，以期实现其人口迁移效应最大化；对教育卫生产业这类有特殊需求的产业，可以通过京津冀三地教育医疗条件均等化来有效疏解就业人口、就学人口和看病人口。

（3）固定资产投资、产值、平均工资和能源消费较高的产业具有较显著的人口迁移效应，产业自身发展基础也影响其带动人口迁移能力的大小。通过分析可以看出：以固定资产投资作为衡量指标的产业转移会带来就业人口的增加，固定资产投资越多，越能够促进各行业的就业人口的增加；以产值衡量的各产业发展情况对就业人口存在正效应，但影响程度较小。就业人口的平均工资对就业人口的影响分两个阶段，2014 年之前存在正效应，说明产业转移过程中，就业人口平均工资的增加也会带来就业人口的增加；2015 年之后其影响不再显著。产业的能源消费量对就业人口的影响也是如此：2014 年前存在正效应，且影响程度较大，说明高能耗的产业部门对于就业人口的带动能力更强，因此高能耗产业的转移，除了能够疏解更多的人口，还能够减少当地高能源的消耗和污染排放，完全符合非首都功能疏解促进北京健康可持续发展的要求，这类产业也应当作为非首都功能疏解的重点产业；而 2015 年之后其影响则不再显著，这也表明了近年来北京市产业快速高级化以及非首都功能迁移政策的效果。就产业自身发展状况来看，租赁商务服务业、批发零售业、建筑业、科学技术产业和制造业等产业具有较强的就业吸纳能力，进而可以带来更显著的人口迁移效应。

二、对策建议

（一）合理选择产业转移次序，加快缓解北京人口压力

北京市人口规模压力过大，"以业控人"箭在弦上，这就要求在进行产业疏解的时候不能盲目无序疏解。第一，要通过分析找出能够带来显著人口迁移效应的产业有哪些，并将其作为非首都功能疏解中产业疏解的重点，例如，批发零售业、租赁商务服务业等就业弹性高、综合就业系数高的产业的转移能够带来大量人口迁移，应列入重点考虑范围中；第二，对于间接就业系数较高的产业也应当重点关注，其合理转移不仅可以带来本产业人口迁移，还会带来关联产业人口迁移；第三，合理选择产业疏解的行业次序，也要注意产业疏解的难易程度，例如，在制造业的疏解过程中，遵循先易后难原则，优先外迁一批科技含量低、规模效应相对较差的低端制造业。

（二）合理选择产业转移方式，实现人口迁移效应最大化

对于劳动生产率低又可贸易的产业如批发零售业，可以采取直接转移，压缩

北京市该类产业的生产规模，加大该类商品的外地供应来源比重；对于与其他产业关联性较强的配套服务类产业，除了对本产业的疏解外，还可以对其就业拉动较大的相关部门进行疏解，如批发零售业的疏解必然带来租赁商务服务业就业人口的大量下降；需要注意的是，高新技术行业和新型服务业等产业也并不是完全不需要疏解，根据实证结果可知，这些产业的就业人口拉动力并不弱，甚至还相对较高，其原因可能是其某些非核心业务拉动了低端劳动力的增长，因此这类产业的部分疏解也有利于北京市人口的疏解；对于教育、卫生等公共服务行业，除了学校、医院外迁等转移手段，还可以推进京津冀地区的教育、医疗水平均等化，有效缓解北京地区的人口问题。

（三）推进非首都功能疏解，促进京津冀协调发展

产业转移要基于非首都功能疏解的视角，聚焦"四个中心"建设。一方面，北京要加快不再具有优势产业的转移，将优势资源合理配置到信息、科技、文化等产业中，改善就业结构，促进自身的可持续健康发展。另一方面，转移出的产业也要考虑如何更好地融入承接地，减少产业转移带动人口迁移效应的滞后性。采取措施推动产业加快融入承接地区的发展中，以带动就业人口迁移和京津冀协调发展。

第十一章 基于C-P扩展模型的环京津后发区分析

由于区位条件、要素禀赋、历史因素等影响，在过去一定时期内在京津周边河北省的部分市县存在着个别经济不发达区域。本章将扩展克鲁格曼的中心–外围模型（C-P模型）作为理论分析工具，分析环京津部分地区经济滞后的根本原因并提出相关建议，以实现京津中心地带动环京津经济和谐、协同发展。

第一节 问题的提出

为进一步促进京津冀区域协调发展，我们对制约环京津后发区的因素进行分析。考虑到数据可得性和可比性，我们参考脱贫前的环京津后发区即"环京津贫困带"的范围进行测算，[①] 其主要指环绕北京、天津的河北省的一些欠发达地区，该区域主要分布于张家口和承德的燕山与坝上、京广铁路以西保定范围内的太行山区、沧州的黑龙港流域。这一区域分布于保定、承德、沧州和张家口，总面积为8.3万平方公里[②]。其中位于张家口市的有：尚义县、康保县、沽源县、张北县、赤城县、崇礼县、怀安县、万全县、阳泉县、蔚县以及涿鹿县；位于承德市的有：丰宁满族自治县、围场满族蒙古族自治县、宽城满族自治县、平泉县、滦平县、隆化县、承德县；北京西南部位于保定市的有：涞源县、阜平县、顺平县、唐县、易县、涞水县、曲阳县；天津南部位于沧州市的有：献县、海兴县、盐山县、东光县、南皮县、孟村回族自治县、肃宁县。[③]

从地区平均工资水平、人均地区生产总值和农民人均收入这三个衡量地区经

---

① 鉴于我国已完成消除绝对贫困这一艰巨任务，本书使用"环京津后发区"这一称谓替代"环京津贫困带"。

② 亚洲开发银行课题组. 第三只眼睛看河北：河北省经济发展战略研究 [M]. 北京：中国财政经济出版社，2005.

③ 保留亚洲开发银行课题组2005年研究时"环京津贫困带"的区域单位。

济发展水平的指标来分析：这一区域 2012 年地区生产总值为 2446.5 亿元，其中第一产业实现产值 464.8 亿元，第二产业实现产值 1076.4 亿元，三大产业生产总值之比为 19∶44∶37，与全省 11∶50∶39 相比，工业发展仍然相对滞后。2012年该区域平均工资水平为 31894.6 元，相当于全省平均工资的 69.2%，人均地区生产总值和农民人均收入分别为 20297 元和 4358 元，相当于全省水平的 68.3%和 70.1%，① 由此可以看出环京津后发区的经济发展水平在河北省处于非常落后的状态，相比起北京、天津地区更是天壤之别，2012 年北京和天津的工资水平为 85306 元和 65398 元，人均国内生产总值分别为 133798 元和 129821 元。而根据张贵军在其论文中的统计数据表明②：改革开放初期多年前，环京津后发区与京津二市的远郊县基本处于同一发展水平，而在 20 多年后，环京津后发区与近邻的京津发展差距越来越大。

总结相关文献分析，环京津后发区除了上述描述的经济水平方面的特征外，还具有以下特点：

（1）环京津后发区生态十分脆弱。该区域在生态方面面临三大问题：一是土壤风蚀沙化严重，二是水土流失情况十分严重，三是干旱缺水严重。近些年来该地区资源长期存在超强开发和垦殖现象，从而造成该地区影响着国计民生的水资源全部动用，且竟然呈现持续退化状态。该区域内水资源主要是永定河、潮白河、滦河、拒马河 4 条河流的地表水，近年来由于缺水这些地表水基本都开发利用完了，目前已经到了无水可采，上下游严重争水的局面。

（2）环京津后发区区域内人口密度过高。该区域的土地面积虽然有 8 万多平方公里，但是适应人类合理开发利用的土地面积不足 30%；人口方面，该区域人口数量已经达到千万以上级别。目前，这一区域内能进行开发利用的土地已基本得到开发利用，所以现在环京津后发区面临着人口密度过大的问题，在这种问题的压力下，区域内的土地资源开发已呈现出严重超强垦殖的状态。

（3）环京津后发区矿产资源短缺矛盾加剧。这一区域内的产业对能源、冶金、纺织、食品和烟草的依赖程度非常高，但这些资源在不断超强开发利用之后已面临短缺问题，因此该地区产业对区外的资源依赖程度日益增高，但是又由于环京津与距其最近的京津存在着严重的行政区划壁垒，资源进入环京津面临很大

① 《河北经济统计年鉴 2013》。

② 张贵军，张蓬涛，张慧. 环京津贫困地区退耕与贫困、反贫困问题研究 [J]. 中国农学通报，2012，28（23）：133 - 138.

局限①。

环京津后发区所处位置很重要，距京津两大城市不到 100 公里，它是京津冀平原地区的生态屏障，处于京津冀地区众多城市的上风上水位置，城市供水水源地、风沙源重点治理区，它本应该是绝佳的产业承接和经济辐射地带，但是现在却沦落为与"三西"地区同等发展水平的后发区。但是，环绕京津的地理位置也是环京津后发区区别于其他后发区的最主要特征，该地区与京津发达地区的巨大反差使得国内不同地区经济发展差异和贫富差距的问题在这一地区呈现在世人面前，以更强烈的声音呼唤着人们对该区域的关注。环京津后发区的自然环境和发展水平在一定程度上影响了京津的用水安全、生态环境、社会安定以及国际形象，同时也必然会制约京津的长期协调发展。

我们重点从三个方面探讨环京津后发区形成的原因：

1. 要素资源禀赋

对于京津冀地区来说，京津作为中心地区的要素禀赋优势明显，主要表现在要素的供给相对充足，价格相对较低；而环京津后发区作为外围地区，要素禀赋水平低，具体表现在自然条件、人力资本和基础配套等方面。自然条件方面，环京津后发区自然资源相对匮乏，自然条件恶劣，土壤风蚀沙化和流失情况严重。人力资本方面，其教育资源贫乏，教育设施相对落后，人均受教育程度低，接受再教育能力有限，加上信息失灵，群众思想比较保守，对新事物和新技术接受能力差。基础配套方面，环京津后发区软硬设施均落后，招商引资的配套设施和优惠政策没有到位，没有形成完善的产业链和企业间横向、纵向的合作模式。这些因素都在一定程度上加大了当地企业生产成本，难以形成区域规模效应和比较优势，从而限制了区域内企业的合作和发展。

2. 行政区划壁垒

自改革开放以来，我国经济发展突飞猛进，但是在距离京津几十里的河北一些县市区却尚未全面体会到这些经济发达地区的快速发展。环京津后发区也被认为是目前全国省级行政区划体制性障碍最突出的地区。这种行政壁垒的存在对京津与环京津区间的资本和技术、企业流动形成很强的抑制作用，也即行政壁垒增加了两区域间进行贸易的交易成本，从而使当地的经济发展受到影响。

3. 政策限制及公共服务差异

长期以来，京津冀地区限制环京津地区开办污染性企业以保护京津生态。河

---

① 钟茂初，潘丽青. 京津冀生态——经济合作机制与环京津贫困带问题研究 [J]. 林业经济，2007 (10)：44 – 47.

北省在京津冀地区中的话语权本来就相对较少，所处地位偏弱势，这也在一定程度上造成了河北各地区在京津冀的发展中处于弱势地位。环京津后发区地处京津的上风上水，担负着减少风沙、提供清洁水源的责任，因此政府对这一地区资源开发和工农业生产有一些限制。如在承德潮白河流域，截至 2007 年先后禁止的工业项目达 800 多项，在赤城县，为保护水资源不受污染，关停、压缩了 59 家企业。① 这个政策限制了环京津后发区重要产业的发展，除了直接导致该地区产值减少，还会间接造成政府税收收入减少，那么政府在当地基础设施建设和环境建设的投入会相应减少，借助引进企业来发展当地经济的计划也会落空，当地经济也间接地受到影响。

第二节　相关研究综述

一、关于地区差异成因的研究

综合现有文献，造成地区差距的原因可总结为四大类：要素投入差异、制度和政策因素、地理差异、空间因素。

在要素投入因素方面，胡鞍钢和熊义志（2000）探讨了知识水平这一因子在地区间差距形成中占据的位置，最后得出知识水平是造成地区差异形成的一个重要因素；蔡昉、王德文和都阳（2001）讨论了劳动力禀赋对当地地区经济发展的影响，并研究了地区差异形成中劳动力扮演的角色；王小鲁和樊纲（2004）分析了劳动力、资金和人力资本等要素在地区间的分布和流动情况，认为这些因素在地区间经济发展相对变动过程中起着主导作用。徐现祥和舒元（2005）通过对沿海和内地经济差距的研究发现，从 20 世纪 90 年代以来，物质资本积累的差异在沿海和内地间逐渐扩大，而这一现象也拉大了沿海和内地收入差距，但是沿海、内地两大地区组内收入差距却在逐渐变小。

政策和制度因素方面，林毅夫（2002）深入探究了中华人民共和国成立初期优先发展重工业跃进战略对地区经济发展差异的影响，这一战略主要是先通过内在机制促进各个地区的技术进步以及提高各地的技术使用效率和资本积累，但是这些进步和提高的程度在不同的地区是不同的，所以间接导致了各个地区经济发

① 钟茂初，潘丽青. 京津冀生态—经济合作机制与环京津贫困带问题研究［J］. 林业经济，2007（10）：44－47.

展不同步，使得地区经济发展分异发展。除此之外，一些文献也研究了地区的贸易开放程度对地区经济发展差异也会造成影响，他们认为对外开放政策对于缩小城乡之间的差距会起到重要的作用，而一部分研究 FDI 的文献认为外商直接投资分布不均匀会导致地区分异发展，如魏后凯（2002）也指出外商投资差异在很大程度上导致了我国发达与落后地区间经济总量增长速度的差异；有学者研究论证了地区间的外商直接投资量差异造成了地区差异问题（Dayal-ulati and Husain）。

在地理因素的研究上，相关文献大都认为地理因素对于地区差异的形成至关重要，这些文献有些是通过地域分解理论，也有的是通过地域收敛假说理论。像德穆格（Demurger）等基于前人的地区虚拟变量研究，提取出地理因素和交通运输因素等多个因素，并研究这些因素地区间增长差异是否有影响，其结果发现这些因素确实与 20 世纪 80 年代以后的地区差异间存在着非常显著的关系。

随着空间因素引入主流经济学，学者们也开始基于新经济地理学这一新的视角来研究地区差距问题。胡（Hu）通过建立一个新经济地理学模型来具体分析中国对外贸易、产业集聚与区域差距之间的关系。李国平和范红忠（2003）也利用新经济地理学研究方法来研究生产集中和人口分布对中国地区差距的影响机理。林理升和王晔倩借助空间经济学的两大重要分析因素：运输成本和劳动力流动，探究了中国产业集聚这一经济现象的形成机制，基于此进一步分析研究产业集聚导致的地区差距困境。

二、关于环京津后发区的研究

对于环京津后发区问题的成因和对策建议，我国也有很多学者做过相应的分析，总体来说，学术界主要是从生态、制度、金融、京津冀合作等方面进行阐述分析。

从生态角度分析，张伯瑞（2007）试图借助经典的反贫困理论对"环京津贫困带"[①] 进行分析，但在研究中却发现其形成原因过于复杂，包含了各个方面的因素，最后选择从生态角度研究得出"环京津贫困带"是生态型贫困，这个地带贫乏的自然资源和恶劣的生态地理环境造成了该地区域经济发展的落后。焦君红和王登龙（2008）提出，按照当前京津冀三地之间的生态环境与经济发展关系分析来看，河北省为了支持北京和天津的经济大力发展而承担了过多的环境保护义务，却没有得到对等的经济利益或补偿，从而产生了环境权利与义务的失衡，

---

① 尊重原研究表述，本处使用研究中"环京津贫困带"一词。

这是造成该区域经济发展滞后的一个重要原因。焦跃辉和李婕（2009）分析的角度和焦君红等的类似，他们认为，"环京津贫困带"为了服务京津的重要地位，不得不暂缓自己地区的生态环境建设，因此导致了"环京津贫困带"的形成。王玫和李文廷（2008）也是从生态建设方面来着手分析"环京津贫困带"原因，他们认为该区域的生态建设滞后是因为行政区划限制了京津冀三地合作共建生态环境，从而导致"环京津贫困带"生态环境治理与当地发展矛盾突出，抑制了经济的增长。

在制度等其他角度研究方面，孟元新（2007）认为"环京津贫困带"产生的根源在于中央政府与地方政府间决策、管理和政策协调不一致。左停（2008）在分析"环京津贫困带"成因时，提到了地理区位、体制以及历史变迁三个因素，认为这三个因素的共同作用孵化了"环京津贫困带"。安秀明和王海兰等（2009）认为造成河北省环京津乃至整个中国地区贫富差距逐渐扩大的关键性原因是当前我国制度调整和改革明显滞后于市场经济的发展，治理"环京津贫困带"很重要的一个发力点在于实现京津冀三地政府通力合作。

就京津冀合作角度而言，钟茂初和潘丽青（2007）认为生态与经济之间的脱节是限制京津冀地区协调发展的重要原因，因此需要通过建立三地的生态—经济合作机制来促进京津冀地区经济共同发展。王玫和李文廷（2008）提出将市场化机制引入京津冀地区的环境生态建设，同时实施生态补偿机制，这样一来就能帮助"环京津贫困带"脱离现在的生态—经济困境，找到新的经济增长点。安秀明、刘素杰和李玉清（2008）深入分析了"环京津贫困带"的形成原因，发现这些原因非常复杂且特殊，因此不可能仅仅依靠传统的"输血""造血"模式来改变该地区的困境，而必须要借助于京津的力量。

此外，人民银行张家口市中心支行课题组（2008）从金融的角度，研究分析了"环京津贫困带"的现状和形成原因，从而依据分析结果有针对性地提出了一些政策建议来帮助"环京津贫困带"的发展。

综合来看，已有的文献对导致环京津后发区形成的原因研究可以归结为：环京津带自然资源的匮乏、相关政策对环京津的限制以及行政壁垒共同导致环京津带经济的相对落后。而如何将一些可能性原因影响环京津后发区产生的过程进行"可视化"和"可量化"处理是一个有待研究的问题，因此我们拟通过从产业集聚角度建立"中心－外围模型"对环京津后发区的成因进行分析。本章基于前人的研究和目前京津冀地区的一些具体政策和实况，利用扩展的 CP 模型通过分析造成环京津后发区与京津产业发展和工资水平严重分异的原因来解释环京津带产业的低发展水平。

三、"中心–外围模型"（C‑P 模型）研究综述

（一）国外对 C‑P 模型扩展应用

克鲁格曼（1991）通过建立 C‑P 模型，分析二元城市空间产业集聚问题。藤田等（Fujita et al.，1999）将 C‑P 模型扩展到多元城市框架中。马丁和罗杰斯（Martin and Rogers，1995）在 C‑P 模型的一个要素 L（即劳动力）的基础上，引入了资本因素 K，讨论资本报酬的差异引起资本流动从而带动企业经济活动的空间变化。藤田等（1999）建立了中间产品模型，对 C‑P 模型进行扩展。鲍德温（Baldwin，1999）引入内生性的资本要素和预期因素，将内生增长理论和 C‑P 模型相结合，解释了积聚和增长的关系。福斯利得和奥塔维亚诺（Forslid and Ottaviano，2003）则加大人力资本企业家的因素，重点分析了企业家的移动与企业活动空间分布问题。

（二）国内对 C‑P 模型扩展应用

何青松、臧旭恒和赵宝廷（2008）将区位因素引入中心外围模型，得出产业集聚是区位因素与集聚因素共同作用的结果。李娅和伏润民（2010）结合中心–外围理论和中间产品模型，通过构建资源禀赋优势系数来研究东西部间的产业转移问题。李映照等（2005）利用中心–外围模型探究了在垄断竞争、报酬递增及交易成本条件下，资本要素的移动与企业集聚形成的关系。林丹（2010）借用了中心–外围模型来分析城市化与城乡级差地租之间的关系。窦文章和孙盟等（2012）通过引入区位因子和级差地租对"中心–外围"模型进行扩展，研究产业空间转型的路径与模式，对佛山高新区进行研究和提出建议。刘友金和王冰（2013）在中心–外围模型基础上引入要素禀赋系数，指出要素资源禀赋、运输成本以及劳动力价格仍是影响产业转移的重要因素分析了我国东部产业没有向西部转移的原因。

第三节　理论分析框架

一、C‑P 理论分析框架

C‑P 模型由克鲁格曼于 1991 年建立，此模型成功地将空间维度纳入经济学

分析框架，奠定了空间经济学的基础。C－P模型的内在动力是厂商和消费者的区位选择行为。厂商都有选择较大市场区作为生产区位的动因：因为市场规模大，可以充分利用生产中的规模经济；因为接近市场区，可以节省大量的运输成本。每个人也有迁入大市场区的动因，因为规模很大的市场可以提供较高的实际工资；因为大市场区集中了大量的厂商，可以提供品种繁多的商品。

C－P模型是一个两地区模型，当产业在两地区出现分异发展，即一个地区产业发展优势明显，所占份额较大，对周围地区产生"虹吸效应"；另一个地区对产业吸引力不足，份额占据小，则这两个地区将形成中心－外围结构；而当产业在两地区趋同发展，两地区将形成产业均衡分布。在C－P模型中，离心力和向心力两种作用力以及三种基本效应组成了该模型的基本机制：

第一个效应是"本地市场效应"，在企业内部报酬递增和跨地区贸易存在运输成本条件下，生产者倾向于集中在具有较大市场的地方生产，从而获得各种供给，又由于生产者集中的地方对劳动力的需求很大，往往会形成大市场，由此又进一步扩大了该地区的市场规模和供给能力。[①]

第二个效应是"价格指数效应"，由于区域内集聚了各种投入品的供给，本地市场中生产的产品种类和数量增多，从外地进口的产品因为运输成本而减少，这意味着本地区市场上的用工需求较大，实际工资水平较高，进一步吸引劳动力的聚集。

第三个效应是"市场竞争效应"，市场过度拥挤将会造成交易成本过高，促使不完全竞争性企业趋向于选择竞争者较少的区位，从而使产业由集聚走向分散。当本地市场效应与价格指数效应的总和即向心力大于市场竞争效应即离心力，会出现产业集聚，两地区形成中心－外围结构；而当向心力小于离心力，会出现产业扩散，则形成对称结构。模型中描述的集聚或分散过程就是通过两地区的实际工资差异和产业的企业份额变化来体现，而影响这一过程的主要因素是C－P模型中的三个重要参数：工业占比 μ、冰山成本 ζ、产品替代弹性 σ[②]。

二、分析框架

考虑到京津冀地区的实际情况，克鲁格曼（1991）建立的中心－外围模型不能直接应用到这个地区。原模型中假设地区1和地区2在要素禀赋等方面是对称

①　李娅，伏润民. 为什么东部地区产业不向西部转移：基于空间经济理论的解释 [J]. 世界经济，2010，33（8）：59－71.

②　Krugman P. Increasing returns and economic geography. Journal of Political Economy，1991a，99.

的，而前面的分析表明现实中环京津后发区和京津的要素禀赋存在很大的差距；其次，原模型的冰山成本仅包括可甄别的运输成本，而在京津和环京津后发区间还存在着行政区划产生的贸易壁垒成本；另外，政策对环京津后发区地区企业的限制也改变了原模型中假定的不变替代弹性系数 σ 的大小。因此本书将延续 C－P 模型的基本理论分析框架，但根据环京津后发区的实际情况对其进行一些扩展：

C－P 模型的理论分析框架中提到了两个地区的产业分布结构和经济发展水平主要受工业占比 μ、冰山成本 ζ、产品替代弹性 σ 这三个参数的影响，但京津冀地区的产业分布结构和经济发展水平除了受上述三个参数影响外，自然、历史特征，生产要素，制度以及政府政策也可能产生影响，如要素资源禀赋差异、行政区划壁垒和政府当前为保护京津生态而限制环京津带企业的政策等，具体如下：

（1）由于环京津后发区的要素禀赋水平低，这必然会增加企业的生产成本，从而影响当地厂商的生产价格指数，也即要素禀赋的差异会导致价格的差异。为了能量化要素禀赋水平对生产价格指数的影响，笔者引入一个新的参数要素禀赋系数 θ_i，定义为某地区自然资源、人力资本和配套设施等要素充裕程度的评价指标，当地区要素禀赋水平越高，则 θ_i 越大。

（2）环京津后发区与京津间存在着行政壁垒，从而增加了两地间的贸易成本。需指出的是，本书所涉及的冰山成本是广义的，它包括运费和税费等可甄别的贸易成本，也包括其他无形的贸易阻碍因素[1]。为了将行政壁垒产生的无形贸易成本体现在模型中，我们参照 C－P 模型中引进冰山成本 τ 的方式引入一个新的参数 $t(0 < t < 1)$ 来代表这部分在区域间进行贸易时增加的冰山成本。原 C－P 模型中假定在地区 1 和地区 2 区内无行政壁垒贸易的冰山成本为 τ，那么在本文中引进行政壁垒后的贸易冰山成本变为 $(\tau + t)$，这就意味着要使得一单位商品从一个地区到达到另一地区，必须有大于 1 的 $(\tau + t)$ 单位从产地"起运"，其中 "$\tau + t - 1$" 部分商品在运输途中"融化"掉了。

（3）限制环京津后发区产业发展的政策除了直接和间接影响当地经济发展之外，也会促使环京津带地区寻求发展新型低污染产业，如休闲旅游产业和生态产业，如此一来京津和环京津带的产业方向将分异发展，两地区间产业产品间的替代性都将逐渐减弱。因此，根据 C－P 模型中关于不变弹性 σ 的定义和解释[2]，

---

① 黄玖立. 对外贸易、地理优势与中国的地区差异 ［M］. 2 版. 北京：中国经济出版社，2009：30－35.

② 安虎森. 新经济地理学 ［M］. 北京：经济科学出版社，2009：56－59.

两个地区的 σ 将变小。

因此本书通过引入两个新的参数 θ，t，并改变 σ 的大小来扩展原中心 – 外围模型，分析两个新参数 θ，t 和变化后的参数 σ 将如何影响环京津带和京津的产业集聚或分散状态。

第四节　环京津后发区扩展 C – P 模型

克鲁格曼通过把运输成本和消费者的转移纳入垄断竞争模型建立最初的 C – P 模型，该模型假设：

（1）存在两个部门，一是农业部门，二是工业部门。农业部门生产的产品为同质产品且以规模收益不变的生产方式进行生产；工业部门生产的产品为异质产品，生产的工业品种类很多。

（2）存在两个均衡的地区，两个地区的资源禀赋、生产技术和消费者偏好都是相同的。

（3）区域之间可以相互出口商品，农产品贸易无成本，然而工业品贸易遵循冰山运输成本。

京津与周边后发区的关系与 C – P 模型中的关系极为接近，因此本书采用 C – P 模型进行分析，但因京津和周边后发区在初始条件，如资源禀赋、生产技术和享受的政策待遇是不一样的，另外两地进出口贸易受到行政壁垒的干扰，从而交易成本也与原有 C – P 模型中的交易成本构成不一样，因此本书在原有的 C – P 模型基础上对假设中的地区均衡和冰山成本构成进行改进，得出以下扩展的 C – P 模型（其他假设保持不变）：

一、模型假设

（1）京津中心地与环京津带为一个经济系统，京津中心地为地区 1，环京津带为地区 2；

（2）地区 1 和地区 2 均只有一个要素（劳动 L）和两个产业（农业 A 和制造业 M）；

（3）两个区域的要素禀赋系数为 θ_i（$i = 1, 2$）。当某地区要素禀赋差时，其生产产品要花费更多的成本，θ_i 值越小，$1/\theta_i$ 值就越大。

二、模型分析

京津中心地的要素禀赋占有绝对优势，此地区产业生产成本要低于环京津带，所以京津中心地的要素禀赋系数相对较大，而环京津带的要素禀赋系数就相对较小，因此，两个地区制造业生产产品 j 边际成本表达式应为：

$$MC_j = w_i a_m / \theta_i \qquad (11-1)$$

其中，w 指支付给工人的名义工资，a_m 为生产单位产品所需的劳动量。这里为了简化做一个处理，设定环京津带的要素禀赋为 1，京津的要素禀赋为 θ。

即定 $\theta_2 = 1$，$\theta_1 = \theta$，那么 θ 刻画了京津中心地与环京津带的要素禀赋差异；两种产品在地区间是可以进行交换的，农产品交易无成本，而制造业产品遵循了增加贸易阻碍成本的冰山交易成本（τ + t）；其他的假定都与克鲁格曼（1990）中原模型相同。

（1）消费者行为。要素禀赋系数 θ 的引入只是改变了工业产品价格 p 与工人名义工资 w 间的关系，贸易阻碍成本 t 的引入只是改变了贸易自由度，参数 σ 大小改变也不对模型本身造成影响，所以这新参数的引入和原参数大小的改变并不影响原模型中消费者的行为分析过程，根据克鲁格曼（1990）中的消费者行为分析结果，可以得到：

工业产品的价格指数为：

$$P_M = \left[\int_0^{n_1+n_2} p_i^{1-\sigma} di \right]^{1/(1-\sigma)} = (\Delta n^w)^{1/(1-\sigma)} \qquad (11-2)$$

其中，n_1 为地区 1 的工业品种类数，n_2 为地区 2 的工业品种类数，n^w 为该经济系统的工业品种总和。

地区 i 的完全价格指数 P_i 为：

$$P_i = P_{Mi}^\mu (p_A)^{1-\mu} = (\Delta_i n^w)^{\mu/(1-\sigma)} (p_A)^{1-\mu} \qquad (11-3)$$

i 地区的消费者对工业品 j 的消费量为：

$$c_j = \mu E_i \frac{p_j^{-\sigma}}{P_{Mi}^{1-\sigma}} = \mu E_i \frac{p_j^{-\sigma}}{\Delta_i n^w} \qquad (11-4)$$

E_i 为地区 i 的总支出，这里假设总支出等于总收入，经济系统内的总支出为 E^w。

（2）生产者行为。据前面的分析，厂商生产工业产品的可变成本表示为式（11-1），那么生产第 j 种产品的企业利润函数为：

$$\Pi_j = p_j x_j - w(F + a_M x_j)/\theta_i^{①} \qquad (11-5)$$

---

① F 为用劳动力表示的固定成本。

根据利润最大化求解得到:

$$p_j = w_i a_m / (1 - 1/\sigma)\theta_i \tag{11-6}$$

可以看出产品价格与产品种类无关,只与所处地区有关,同一地区内的产品价格是相同的,所以地区 i 的产品价格可表示为:

$$p_i = w_i a_m / (1 - 1/\sigma)\theta_i \tag{11-7}$$

考虑产品冰山交易成本,产品出口到外地的定价即为 $\bar{p}_i = (\tau + t)p_i$,根据前面的简化,地区 1 企业在地区 1 市场和地区 2 市场的出售价格分别为:

$$p_1 = \sigma a_m w_1 / \theta(\sigma - 1), \quad \bar{p}_1 = \sigma(\tau + t)a_m w_1 / \theta(\sigma - 1) \tag{11-8}$$

同理,地区 2 企业在地区 1 市场和地区 2 市场的出售价格分别为:

$$\bar{p}_2 = \sigma(\tau + t)a_m w_2 / (\sigma - 1), \quad \bar{p}_2 = \sigma a_m w_2 / (\sigma - 1) \tag{11-9}$$

相同地,式(11-3)表示的消费者对工业产品的需求量也与产品种类无关,只与产品生产地区和销售地区有关,则地区 1 的产品在地区 1 和地区 2 的需求量分别为:

$$c_1 = \mu E_1 \frac{p_1^{-\sigma}}{\Delta_1 n^w} \bar{c}_1 = \mu E_2 \frac{\bar{p}_1^{-\sigma}}{\Delta_2 n^w} \tag{11-10}$$

地区 2 的产品在地区 1 和地区 2 的需求量分别为:

$$\bar{c}_2 = \mu E_1 \frac{\bar{p}_2^{-\sigma}}{\Delta_1 n^w}, \quad c_2 = \mu E_2 \frac{p_2^{-\sigma}}{\Delta_2 n^w} \tag{11-11}$$

(3)市场均衡。假设市场出清,那么地区 1、地区 2 代表性企业的总收入分别为:

$$R_1 = p_1 c_1 + \bar{p}_1 \bar{c}_1 = \mu E_1 \frac{p_1^{1-\sigma}}{\Delta_1 n^w} + \mu E_2 \frac{(T+t)p_1^{1-\sigma}}{\Delta_2 n^w} \tag{11-12}$$

$$R_2 = p_2 c_2 + \bar{p}_2 \bar{c}_2 = \mu E_2 \frac{p_2^{1-\sigma}}{\Delta_2 n^w} + \mu E_1 \frac{(T+t)p_2^{1-\sigma}}{\Delta_1 n^w} \tag{11-13}$$

在市场达到长期均衡时,地区 1 市场的规模也相应变为:

$$s_E = \frac{E_1}{E^w} = (1 - \mu)\left(s_L + \frac{w_1 H^w}{\theta w_L L^w} s_H\right) \tag{11-14}$$

则地区 2 市场的规模即为 $1 - s_E$;

根据产品价格 p 与工资 w 的关系式(11-7)、式(11-8),代入式(11-11)、式(11-12),并进行处理,以使用企业空间分布形式来表示企业的收益水平。

$$R_1 = \mu(w_1/\theta)^{1-\sigma}\frac{E^w}{n^w}\left[\frac{s_E}{s_n(w_1/\theta)^{1-\sigma} + \phi(1-s_n)w_2^{1-\sigma}} + \frac{\phi(1-s_E)}{\phi s_n(w_1/\theta)^{1-\sigma} + (1-s_n)w_2^{1-\sigma}}\right]$$

$$\tag{11-15}$$

$$R_2 = \mu w_2^{1-\sigma} \frac{E^w}{n^w} \left[\frac{1 - s_E}{(1 - s_n) w_2^{1-\sigma} + \phi s_n (w_1/\theta)^{1-\sigma}} + \frac{\phi s_E}{\phi(1 - s_n) w_2^{1-\sigma} + s_n (w_1/\theta)^{1-\sigma}} \right]$$

$$(11 - 16)$$

其中，$\phi = (T + t)^{1-\sigma}$ 表示新的贸易自由度，s_n 为地区 1 企业数量占经济系统内总企业数量的份额，s_E 为地区 1 支出占经济系统内总支出的份额。对于 R_1 和 R_2 的化简方法与克鲁格曼（1990）中的原 C - P 模型一致，得到：

$$R_1 = \mu (w_1/\theta)^{1-\sigma} \frac{E^w}{n^w} B_1 \qquad (11 - 17)$$

$$R_2 = \mu (w_2)^{1-\sigma} \frac{E^w}{n^w} B_2 \qquad (11 - 18)$$

定义

$$\Delta_1 = s_n (w_1/\theta)^{1-\sigma} + \phi(1 - s_n) w_2^{1-\sigma}; \quad \Delta_2 = \phi s_n (w_1/\theta)^{1-\sigma} + (1 - s_n) w_2^{1-\sigma}$$

$$(11 - 19)$$

再定义

$$B_1 = \frac{s_E}{\Delta_1} + \phi \frac{1 - s_E}{\Delta_2}; \quad B_2 = \phi \frac{s_E}{\Delta_1} + \frac{1 - s_E}{\Delta_2} \qquad (11 - 20)$$

根据均衡时代表性企业实现零利润以及其雇用的工业劳动力总量为 σF，企业的收益全部用于支付工人的工资（资源禀赋差异导致的生产成本变化也可以看成是支付给工人的工资额的变化），所以在零利润条件下，可以得出长期均衡时两地区的工资：

$$w_1 = \theta \left(\frac{\mu E^w}{\sigma F n^w} B_1 \right)^{1/\sigma} \quad w_2 = \left(\frac{\mu E^w}{\sigma F n^w} B_2 \right)^{1/\sigma} \qquad (11 - 21)$$

所以，地区 1 和地区 2 的实际工资差为：

$$\omega_1 - \omega_2 = \left(\frac{w_1}{P_1} \right) - \left(\frac{w_2}{P_2} \right) \qquad (11 - 22)$$

第五节　环京津后发区扩展 C - P 模型的数值模拟分析

本书使用 Matlab 10.0 软件进行数值模拟。克鲁格曼在建立 C - P 模型中取参数值分别为 $\mu = 0.4$，$\sigma = 5$，$T = 1.75$，目前京津冀地区工业产值在工农业总产值中的比例逐渐提升，远远超过了农业，根据京津冀地区的工业占比数据搜集取平均值，本书设定 $\mu = 0.6$，代表工业比例大于农业比例，对于不变弹性系数 σ 和不包括行政壁垒的冰山成本 T 参照原 C – P 模型中的取值，即定 $\sigma = 5$，$T = 1.75$。

　　本书考察的是环京津后发区产生的原因，也即分析引进的参数对环京津带实际工资差异和制造业的布局会造成什么影响，下面将根据数值模拟结果来分析前面提到的三个原因对实际工资差异和制造业布局的影响机理。

一、要素资源禀赋的影响分析

　　在模拟中，我们分别取 $\theta = 1.05$，$\theta = 1.5$，$\theta = 2$ 对应着京津中心地和环京津带要素资源禀赋差距很小，差距显著，差距非常显著三种情形，结果如图 11 – 1 所示。

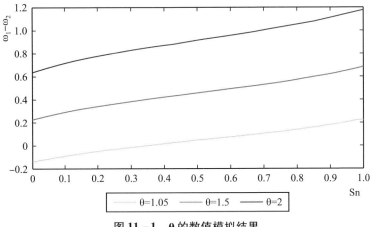

图 11 – 1　θ 的数值模拟结果

　　本书的参数取值使得向心力超过离心力，由于初始产业在京津集中，所以这些初始企业带来的本地市场效应和价格指数效应大于市场拥挤效应，所以必然会形成以京津为中心、环京津带为外围的 C – P 结构。随着京津和环京津地区要素资源禀赋差异的增大，两地形成均衡结构时的工资差异逐渐拉大，当京津相对环京津地区要素禀赋明显有优势时，企业都愿意迁移至京津发展，享受要素禀赋优势带来的低成本，众多企业的集中使得当地对劳动力的需求激增，从而促使京津工资相对环京津地区上涨。相反，环京津地区要素资源相对贫乏，企业由于生产成本太高不得不往京津中心地搬迁，造成当地劳动力严重剩余，工资下降。当京津的要素优势越显著，对成本的节约也更多，所以企业宁肯支付高工资也选择在京津中心地发展，进一步加剧了两个地区工资的分异。要素资源禀赋系数影响了两地区的均衡工资差异，即要素资源禀赋差异造成了京津和环京津后发地区工资的差异也即生活水平的差异。因此，要素禀赋差异能在一定程度上解释环京津后发区的产生。

二、行政壁垒的影响分析

我们分别取 t=0.2，t=0.5，t=0.8 来反映不同严重程度的行政壁垒，首先我们讨论在没有地理要素禀赋差异的情况下行政壁垒如何影响两地区的产业布局和工资差异，得到的模拟结果如图 11-2 所示。

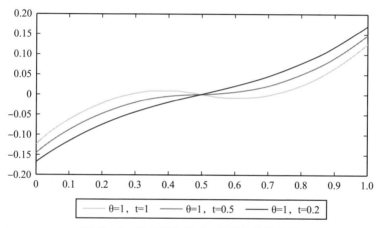

图 11-2　无地理差异时 t 的数值模拟结果

可以得出，在没有地理差异的前提下，两地区间的行政壁垒越大时，两地区越可能形成均衡布局。而当行政壁垒逐渐减小，贸易自由化的出现将加强两地之间的资本、产品流动，产生的向心力大于离心力，更易推动中心-外围格局的形成。而在京津和环京津间存在要素资源禀赋差异的背景下，这种中心-外围的格局愈加明显。具体来说，京津要素资源禀赋丰富，高等教育和研究机构云集，提供的劳动力都是高素质型人才，提供的技术知识都是最创新、最前沿的，这些要素在很大程度上提高了产业的生产效率，节约了生产成本，而且京津繁荣的金融业发展为该地区的产业发展提供了充裕的资金支持。在行政壁垒存在的情况下，这些要素资源都很难向环京津地区自由流动，根据前面的分析，这样的壁垒存在加剧了京津与环京津产业发展间的分异，环京津的产业将由于高成本发展滞缓，而京津产业将得益于优良的禀赋迅速发展，中心-外围格局非常明显。图 11-3 是存在地理差异的前提下模拟得到的结果（根据现实

情况估计假定 θ = 1.5）。

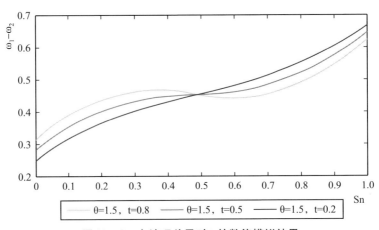

图 11 - 3　有地理差异时 t 的数值模拟结果

　　即使初始产业空间分布在环京津，天然的地理要素资源优势的差异也会使得产业向京津集聚，从而在累积循环的作用下使京津成为全国产业的"中心"。相反，由于相对地理要素资源劣势，即使在初始时环京津拥有全国大部分就业和产业，其初始优势也将随着产业发展的萎缩迅速消失并"外围化"。因此，行政壁垒能作为一个原因来解释环京津后发区的产生。

　　从模拟图中还可以看出，在逐渐形成中心 - 外围结构的过程中，两地的实际工资差异先随行政壁垒程度的减小而减小，而在产业分布均衡点之后却是随着行政壁垒的减小而增大的。那么工资差异随着行政壁垒的增大而减小，是否意味着随着行政壁垒的减小，环京津带越来越落后？这是否与我们前面得到的行政壁垒是导致环京津后发区产生的一个重要原因的结论相违背？

　　实质上这种工资差异是一种相对的差异。现实中尽管行政壁垒依然强有力地存在，政府推动的区域经济一体化政策却会使行政壁垒弱化，京津丰富的要素能自由地流向环京津，带动环京津带的经济发展，从而促进京津冀一体化。这样一来京津的集聚效应能通过经济一体化覆盖到更广阔的区域，如整个环渤海地区，那么集聚效应的增强能为京津的经济带来更快、更高质量的发展。而环京津的发展虽然被带动了，但发展加速度明显不如京津，所以行政壁垒的弱化可能在一定程度上会导致实际工资差异的扩大。但是环京津工资水平相对于其本身以前的工资水平得到了很大的提升，当地生活水平也随之改善，而且京津集聚达到一定程度后，扩散效应的出现势在必行，并且在环京津带经济得到一定发展的背景下，实际工资的差异增大恰好能为产业的转移提供低成本的条件，推进产业顺利完成转移，为环京津的产业发展带来新一轮的生命力。因此，行政壁垒的破除能在一定程度上解决环京津带的贫困问题。

三、限制环京津带污染企业发展政策的影响分析

分别取 σ＝4，5，6 来表示这个两地区系统中的产品替代弹性不同大小时的取值，在存在地理要素资源禀赋差异和行政壁垒的前提下，模拟不同的替代弹性值下对产业布局和工资差异的影响（按照实际估计，假定 θ＝1.5，t＝0.2），得到图 11－4。

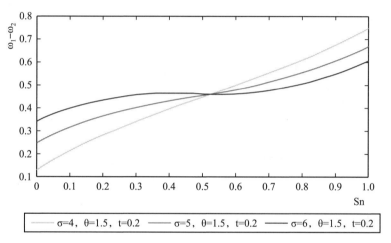

图 11－4　σ 的数值模拟结果

政策实行后，环京津区域必然会另辟蹊径，发展新型无污染产业，如前面的分析，京津和环京津区域间的产品不变替代弹性 σ 将变小。限制政策初期，新型产业处于不成熟阶段，为保护京津生态环境而限定、关停环京津的产业这一政策将会导致两地区产业的不公平发展。从以上模拟结果可以看出，当不变替代弹性系数 σ 逐渐变小时，两地区产业均衡时工资差异将逐渐增大。σ 越小，规模收益递增规律发挥作用越大，这对于本来就处于优势方的京津更有利，他将通过不可替代的多样性产品对环京津区域的产业进行进一步挤压，而使自身的产业占据更多的市场份额，从而加剧了两地区产业分异的状态。因此，政策的限制可能在初期造成环京津区域产业的衰弱，从而导致了该地区的发展滞后。

而当新型产业发展到一定程度，其将帮助环京津区域经济转型发展。政府关

停的主要是污染性企业，而这一政策激励产生的新型产业能在一定程度上改善环京津的产业结构，因此，如果这些新型企业在将来能为环京津区域带来更大的经济贡献，就不能认为这一政策将持续造成环京津区域的经济滞后。

四、小结

本节引入两个新的参数资源禀赋系数 θ_i，行政边界壁垒系数 t，对空间经济学中心–外围基本模型进行扩展，通过数值模拟方法分析造成环京津后发区的产生原因。分析表明：自然资源禀赋劣势、京津冀行政区划壁垒确实在一定程度上造成了环京津后发区的产生，然而，牺牲环京津带产业发展以保护京津生态的政策在前期可能造成环京津一时的滞后，但在后期却可能发挥出促进环京津经济转型增长的作用，主要结论为：

（1）环京津后发区的自然资源禀赋劣势通过提高企业的生产成本导致企业向自然资源禀赋优越的京津集中，从而造成环京津产业发展的落后，同时影响了两地区的均衡工资差异，使得环京津工资相对京津工资极低，从而导致环京津区域的贫困。

（2）政策限制在初期通过减少环京津带产业值，促使京津产业对环京津的产业进行挤压占据更多市场份额，造成环京津经济落后；但从另一个角度来看，新型无污染产业的发展将可能成为经济新增长点，帮助环京津带经济发展。所以，只要通过合理规划，积极寻找新的发展路径，环京津后发区的状况会得到好转。

（3）行政区划壁垒限制了充裕的要素从京津流向环京津，同时也限制了产业转移，从而加剧了京津与环京津产业发展间的分异，环京津带的产业将由于得不到充足的资源要素导致发展滞缓。

第六节　扩展 C–P 模型结论的实证检验分析

利用 C–P 模型和数值模拟方法，我们初步分析了前面提出的三个可能造成环京津后发区成因的影响，接下来我们将利用环京津后发区 32 个县和京津的数据利用面板数据回归方法从实证方面检验前面得到的结论，并得到各个参数对于产业分布结构的影响程度，之后我们才能从效率角度考虑应改变哪些参数值大小以及如何改变参数大小，以最有效改善当前环京津后发区产业发展水平。

根据前面的现状描述，环京津后发区最大的问题是经济型贫困，所以本节也主要从经济指标来判断这一区域和京津经济发展水平和居民生活水平。衡量经济发展水平和居民生活水平状况的指标有很多，其中国内学者主要采用国内生产总值和居民收入、工资水平几个主要指标。为了更突出当地居民的生活水平状况以及更好地为解决环京津后发区贫困问题提出建议，结合前文 C-P 模型分析中的工资差异路径，本文选取工资水平作为衡量当地的经济发展水平和居民生活水平的指标。毋庸置疑，一个地区的工资水平必然是与当地经济发展水平和居民生活水平呈正相关的。经济发展水平高的地方越容易吸引产业集聚，产业的集聚加大了对劳动力的需求，一定程度上导致劳动力需大于供，从而促进工资上升，工资越高，人们的生活水平越高；反之，经济发展水平低的地方由于经济不景气导致企业都不愿入驻，必然对劳动力的需求不足，从而由于劳动力供需拉锯作用，导致工资下跌。前面的 C-P 理论模型中也采用了工资状况来体现环京津带与京津的分异，所以为了更好地检验上面的理论，我们也采用工资水平衡量两个地区的经济发展水平。

一、影响因素的确定

参照 C-P 模型中的两地区假设，我们将环京津后发区作为地区 1，京津作为地区 2，以分析两个地区经济状况差异的因素就能得到环京津后发区形成的成因。本节的实证分析主要为了检验资源禀赋、行政边界壁垒和政策倾斜三个因素对于两个地区经济状况差异的影响。

（一）资源禀赋影响工资水平路径

资源禀赋主要包括土地资源、水资源、劳动资源和原料资源等，由于这些资源都关乎企业的生产原料、劳动力和环境，所以其充足与否在一定程度上决定着当地企业的生产成本高低。如果当地资源禀赋高，那么企业购买这些资源的价格就相对较低，从而企业的生产成本也低，如此一来，企业更愿意在此地驻扎，从而形成对劳动力的大量需求，工资也就可能随之上升了。反之，资源禀赋低，企业入驻少，当地工资水平也会相应较低。

（二）行政边界壁垒影响工资水平路径

行政边界壁垒的存在主要是对区域之间的资本和技术、企业流动形成很强的抑制作用，也即行政壁垒增加了两区域间进行贸易的交易成本。环京津后发区作为目前全国省级行政区划壁垒最突出的地区，难以得到京津的技术支持和资本协助，企业很难实现良好发展，这一方面会使企业的经济利润下降，导致职工工资较低；另一方面，企业不能大规模扩展，对劳动力的需求也就不足，从而也导致工资一直处于低迷。从而，行政边界壁垒也可以影响工资水平。

另外，在市场的作用下，由于产品和劳动力是可移动的，一个区域的工资水平很大程度上会受到相邻地区工资水平的影响。例如，当一个地区的工资水平高于他相邻地区时，劳动力就会向这一地区移动，使这一地区的劳动力供给增长，从而抑制了这一地区的工资增长速度；而相邻地区由于劳动力向外流失，劳动力供给减少，从而使这一地区的工资水平上升。

（三）政策倾斜影响工资水平路径

为了保护京津生态政府限制环京津带开办污染性企业的政策也明显限制了环京津重要产业的发展，导致环京津地区的企业减少，工人就业机会降低，也会影响两地的工资水平差距进一步加大。另外，限制企业同时会减少当地财政税收收入，相应地当地的财政支出会减少，基础设施建设投入和环境建设投入必然也会随之减少，对于当地的企业引进和经济发展会造成抑制作用，如此一来，当地的工资水平必然也会受到影响。

除了这三个因素之外，根据各种贫困理论和文献中提出的各种可能影响地区工资水平的因素，结合环京津后发区的经济社会发展实际情况和特点，本书认为影响工资水平的主要影响因素还有：

（1）地区生产总值。地区人均生产总值越高，代表经济发展水平越高，因此工资也会越高。

（2）资本投入。主要是指两个地区的资本储备量，资本的投入有助于劳动生产率的提高，随着劳动生产率的提高工资也会增加。

（3）人力资本。高素质的人力资本对一个地方经济社会的发展起着非常重要的作用。而教育水平较高意味着劳动力成本高，高劳动力成本也会导致高工资水平。

（4）产业结构。近年来，第三产业的发展导致对劳动力的需求逐步增加，使劳动力就业的选择面更广，洽谈工资的主动权更大，也就能争取到更多的工资。同时，第三产业由于需要劳动力拥有更专业、更前沿的知识和技能，从事第三产业的劳动力一般都是高学历、高技能型人才，因此这部分劳动力得到的工资相对第二产业会更丰厚。从一定意义上说，一个地区的第三产业占比越高，当地的工资水平也会越高。

二、变量的选取与定义

影响一个地方经济发展状况和居民生活水平的因素有很多，考虑到本书研究的可行性和数据的可得性，以及环京津地区劳动力水平的实际情况，本书将地区工资水平作为被解释变量，将人均生产总值、年末从业人员占比、在校中学学生占比、资源禀赋指标、行政壁垒指标和政策倾斜指标作为影响工资水平的解释变量，并建立模型进行实证分析。其中，资源禀赋指标和行政壁垒指标、政策倾斜指标没有直接的数据来衡量，本书将寻找替代指标，将这些替代指标进行加工处理后得到资源禀赋指标和行政壁垒指标以及政策倾斜指标。以上这些变量的定义如下：

（1）被解释变量（wage）为地区平均工资水平。本书选取 2007～2012 年环京津后发区 32 个贫困县和北京市、天津市的平均工资水平作为被解释变量来衡量地区经济发展水平和居民生活水平。

（2）解释变量（pgdp）为人均地区生产总值。本书利用 2007～2012 年 34 个县或市的地区生产总值除以年末总人口得到人均地区生产总值，从而利用这个变量来将当地经济发展水平与工资联系起来。由于 34 个地区的人口总数不一样，为了使 34 个地区在同等条件下进行比较，本书对于经济总量指标都采取人均形式。

（3）解释变量（zxzb）为在校中学学生占比。本书选取 2007～2012 年 34 个地区的在校中学学生总人数占总人口的比例作为在校中学学生占比来衡量人力资本对当地工资水平的影响程度。

（4）解释变量（cyjg）为产业结构系数。如前面分析，一个地区的第三产业占比越高，也会对当地工资整体水平造成影响，因此本书选取 6 个年份、34 个地区第三产业与第二产业的产值比例作为产业结构系数来分别反映当地各产业分布。

（5）解释变量（tdxs/ldlxs）都代表资源禀赋指标。对资源禀赋系数的分析范围应该包括以下几个方面：土地面积、降水资源、劳动力资源等。考虑到相关指标的数据可得性，我们将北京市、天津市和环京津后发区 32 个县的资源禀赋系数拆成两个不同的系数。其中解释变量（tdxs）为土地资源禀赋指标，本书选取 2007～2012 年 34 个地区的各自行政土地面积占 34 个地区总行政土地面积的比重作为各自的土地资源禀赋指标；解释变量（ldlxs）为劳动力资源禀赋指标，本书选取 6 年、34 个地区年末从业人员比重作为各自的劳动力资源禀赋指标。

（6）解释变量（ckbl/wzbl）都反映流通的行政壁垒。我们主要从出口和外资利用两个角度考虑：从出口角度来看，当一个地区存在行政壁垒时，商品进入该地区会受到行政限制，环京津后发区产出的商品由于距离北京、天津较近，但是由于行政壁垒他们难以无成本进入京津，这对于他们通过京津的交通出口货物也非常困难；从外资利用角度来看，京津的外资企业非常多，拥有充裕的外资资金和技术，但是由于京津和环京津带地区之间存在行政壁垒，外资产业转移和外资资金由京津输入环京津地区也存在较大困难。ckbl 即出口总额指标，本书以北京的出口额为基准，其他地区与北京的出口额之间的差距比上北京出口额得出的系数为出口总额系数，定义为出口行政壁垒指标；wzbl 是利用外资总额指标，以北京的利用外资总额作为基准，其他地区与北京的利用外资额之间的差距比上北京利用外资额得出的系数为人均利用外资额系数，反映利用外资壁垒指标。

（7）解释变量（zcqx）为政策限制及公共服务指标。本书选取一个相对能体现这种政策倾斜的指标——人均公共财政支出。一个地区的人均公共财政支出越大，说明政府对于当地的经济发展扶持越大，也即政策越倾斜于当地。本书以北京的人均公共财政支出为基准，其他 33 个地区人均公共财政支出比上北京人均公共财政支出的系数作为各自的政策倾斜指标。

实证分析当中，所有变量都已经剔除了价格变动的影响，由于搜集的原始数据在量级和单位上都存在较大的差异，为了增加数据的平稳性和同时避免其他因素的干扰，在模型分析中采用取对数的方法进行处理，在校中学生占比由于以百分数的形式存在，不必取对数，数值保持不变。表 11 - 1 为变量的重新定义。

表 11 - 1　　　　　　　　　　变量命名及定义

变量名称	变量定义
地区工资水平	lgwage = log（wage）
人均地区生产总值	lgpgdp = log（pgdp）
在校中学生占比	zxzb
产业结构系数	cyjg
土地资源禀赋指标	tdzb
劳动力资源禀赋指标	ldlzb
出口行政壁垒指标	ckblzb
利用外资行政壁垒指标	wzblzb
政策倾斜指标	zcqxzb

三、实证模型的设定

本书实证研究分析的目的是分析影响地区工资水平也即经济发展状况水平的影响因素，我们基于面板数据作分析，时间跨度是 2007~2012 年 6 年，地区跨度是北京、天津和环京津 32 个县。根据我们的研究目的，本书以地区工资水平作为被解释变量，以土地资源禀赋指标、劳动力资源禀赋指标、出口行政壁垒指标、利用外资行政壁垒指标、政策倾斜指标为主要解释变量，人均地区生产总值、在校学生占比、产业结构系数为辅助解释变量，建立如下回归模型：

$$\text{lgwage}_{it} = \beta_1 \times \text{lgpgdp}_{it} + \beta_2 \times \text{zxzb}_{it} + \beta_3 \times \text{cyjg}_{it} + \beta_4 \times \text{tdzb}_{it} + \beta_5 \times \text{ldlzb}_{it}$$
$$+ \beta_6 \times \text{ckblzb}_{it} + \beta_7 \times \text{wzblzb}_{it} + \beta_8 \times \text{zcqxzb} + \alpha_i + \lambda_t + \mu_{it} \qquad (11-23)$$

式（11-23）中的 i 表示县，t 表示年份，lgwage_{it}，lgpgdp_{it}，zxzb_{it}，cyjg_{it}，tdzb_{it}，ldlzb_{it}，ckblzb_{it}，wzblzb_{it}，zcqxzb_{it} 分别表示 t 县第 i 年的平均工资水平、人均地区生产总值、普通中学学生在校人数比重、产业结构系数、土地资源禀赋指标、劳动力禀赋指标、出口行政壁垒指标、利用外资行政壁垒指标、政策倾斜指标。α_i 表示影响地区工资水平的县级固定效应，λ_t 表示不随县级变化的年份固定效应，μ_{it} 表示随机扰动项。本书将通过 5 个回归模型分别考察资源禀赋、行政边界、政策倾斜三个因素对于地区工资水平状况的影响。

本书采用 Stata 软件，运用固定效应与随机效应模型进行估计，根据 Hausman 检验的概率值决定最终是选用固定效应或者随机效应，当 Hausman > 0.05，则选择随机效应模型；当 Hausman < 0.05，则选择固定效应模型。

四、变量统计描述

在本书的面板数据中，包含 34 个截面，6 个时间序列。由于 Overall 表示面板数据中各个变量所有年份和截面层次上的数据统计信息；between 表示数据在不同截面上的数据统计信息，也就是各个县分别按照年份平均后进行变量数据统计；within 表示各个县各类数据的平均数在不同年份上的统计分析。

从表 11-2 中可以看出，34 个县从 2007 年到 2012 年的工资水平上涨非常大，翻了 3 倍多，另外，34 个县之间工资水平差异也很大。6 年平均下来，工资水平最高的北京与工资水平最低的崇礼县相差 3 倍多。从总体来看，工资水平取对数之后的最大值是 11.354，最小值是 9.411，而平均值是 10.134，平均值与最小值之间的差距远小于平均值与最大值之间的差距很接近，这说明工资水平高的地区占少数，工资水平低的地区占多数，这是符合本书研究地区的实际情况的。

即环京津后发区 32 个县的工资水平都相对偏低，仅有北京和天津的工资水平偏高，而且差异很大。

表 11 - 2　　　　　　　　　　　　变量的统计描述

变量		均值	标准差	最小值	最大值	观察值
wage	overall	10.134	0.323	9.411	11.354	N = 204
	between		0.226	9.898	11.058	n = 34
	within		0.233	9.603	10.562	T = 6
lgpgdp	overall	9.578	0.662	6.318	11.834	N = 204
	between		0.550	8.701	11.084	n = 34
	within		0.378	7.051	10.562	T = 6
zxzb	overall	0.045	0.010	0.003	0.073	N = 204
	between		0.007	0.032	0.063	n = 34
	within		0.007	0.012	0.063	T = 6
cyjg	overall	1.008	0.639	0.169	3.369	N = 204
	between		0.611	0.255	2.986	n = 34
	within		0.212	0.068	1.728	T = 6
tdzb	overall	0.029	0.030	0.003	0.146	N = 204
	between		0.031	0.003	0.145	n = 34
	within		0.000	0.029	0.031	T = 6
ldlzb	overall	0.039	0.131	0.001	0.799	N = 204
	between		0.127	0.002	0.732	n = 34
	within		0.039	- 0.140	0.408	T = 6
ckbjzb	overall	0.920	0.239	- 0.142	1.000	N = 204
	between		0.241	- 0.041	1.000	n = 34
	within		0.020	0.818	1.074	T = 6
wzbjzb	overall	0.873	0.413	- 1.737	1.000	N = 204
	between		0.394	- 1.095	1.000	n = 34
	within		0.139	- 0.508	1.442	T = 6
zcqxzb	overall	0.211	0.176	0.024	1.000	N = 204
	between		0.174	0.088	1.000	n = 34
	within		0.041	- 0.063	0.316	T = 6

资料来源：2008～2013 年《河北经济统计年鉴》、2008～2013 年《河北农村统计年鉴》、2008～2013 年《北京经济统计年鉴》和 2008～2013 年《天津经济统计年鉴》。

人均国内生产总值和普通在校学生人数比重、产业结构的平均值、最大和最小值与工资水平存在类似的特点，说明北京、天津两地与环京津后发区 32 个县的人均国内生产总值、在校中学生占比和产业比重上都存在很大的差异，符合实际情况。

资源禀赋方面，土地资源禀赋指标从时间维度上来看没什么变化，从地区维度上看相差很大，行政面积最大的北京和行政面积最小的南皮县相差 5 倍。北京由于自身的发展，近年来逐渐将河北周边的一些县划入管辖区域，比如密云、怀柔、门头沟和延庆等区县，使得北京的行政土地面积越来越大。劳动力资源禀赋方面，地区之间的差异更加明显，相差有 300 倍多，这是符合环京津后发区和京津的实际水平的，北京和天津作为全国的政治、经济中心，各类人才聚集，环京津带中的农民工也很多跑到北京、天津就业，这样一来环京津区域和京津之间的差距就可想而知了。

行政壁垒方面，行政壁垒越大，其衡量系数就越大。时间维度上，行政壁垒随着年度增长没有很大变化。县级维度上，有些贫困县不存在出口和外资利用，因此出口额和外资利用额为 0，所以行政边界系数就为 1；北京地区根本不存在行政边界，因此边界系数为 0。从表中地区截面层次可以看出，出口行政壁垒指标和利用外资行政壁垒指标的方差都较大，说明地区间的行政边界状况差异明显。

财政支出方面，政策给予的支持越多，公共服务水平就越高。政策倾斜在时间层面上，方差较小，没有很大的变化；但从截面上来看，北京地区得到的中央的支持是最多的，以北京地区的政策倾斜系数作为标准，定义其值为 1。可以看到政策倾斜系数的最小值为 0.024，说明环京津后发区中确实存在非常严重的政策倾斜问题。

第七节 结论与对策建议

一、三个核心因素的实证检验分析

表 11-3 中报告了 5 个不同模型下各因素对于地区工资水平的影响回归结果。在模型（1）中，没有对影响地区工资水平的辅助因素加以控制，根据 Hausman 检验结果运用随机效应模型仅估计了资源禀赋指标、行政壁垒指标、公

共服务指标与地区工资水平之间的关系，结果显示三个因素都对工资水平有显著影响，劳动资源禀赋、利用外资行政壁垒指标和政策倾斜指标对工资的影响是正的，而出口行政壁垒指标对工资的影响是负的，土地资源禀赋对工资的影响不显著。这样的估计结果表明资源禀赋、行政壁垒和政策倾斜确实在一定程度上造成了环京津后发区和京津的工资差异，但关于这三种因素是直接还是通过影响地区生产总值、产业结构和知识型人才或其他因素从而间接影响工资差异则需要进一步分析。

表 11 – 3　　　　　　　　各因素影响地区工资水平回归结果

变量	模型（1）	模型（2）	模型（3）	模型（4）	模型（5）
	re	fe	re	fe	fe
tdzb	− 0. 0181 （− 0. 02）	20. 16 （0. 50）			32. 01 （0. 79）
ldlzb	1. 336 *** （3. 92）	0. 582 * （2. 11）			0. 895 ** （3. 05）
ckblzb	1. 565 *** （3. 57）		− 0. 404 （− 1. 87）		0. 0210 （− 3. 02）
wzblzb	− 0. 527 ** （− 3. 09）		0. 0173 （0. 13）		− 0. 754 ** （3. 74）
zcqxzb	1. 328 *** （4. 79）			0. 749 ** （2. 81）	0. 736 ** （2. 55）
lgpgdp		0. 334 *** （11. 56）	0. 287 *** （10. 35）	0. 312 *** （10. 24）	0. 280 *** （8. 76）
zxzb		− 16. 22 *** （− 11. 46）	− 10. 34 *** （− 7. 42）	− 16. 65 *** （− 11. 97）	− 16. 33 *** （− 11. 83）
cyjg		0. 0463 （0. 92）	0. 00598 （0. 20）	0. 0453 （0. 93）	0. 0496 （1. 01）
_cons	8. 805 *** （24. 28）	6. 998 *** （5. 77）	8. 212 *** （22. 30）	7. 684 *** （24. 78）	6. 780 *** （4. 23）
R^2	0. 8013	0. 7458	0. 6914	0. 643	0. 7289

续表

变量	模型（1）re	模型（2）fe	模型（3）re	模型（4）fe	模型（5）fe
F 值或 Wald chi2（P 值）	170.51 (0.000)	74.41 (0.000)	338.39 (0.000)	96.3 (0.000)	50.94 (0.000)
Hausman 值（P 值）	8.98 (0.109)	284.06 (0.000)	9.88 (0.1289)	-93.2	322.69 (0.000)
N	204	204	204	204	204

注：标准误标注在括号中，*、**、*** 分别表示在 10%、5%、1% 水平下显著。

模型（2）中，在控制地区生产总值、在校中学生数占比和产业结构后，只引入资源禀赋系数，运用固定效应进行估计，得出的结果中劳动力资源禀赋显著影响工资水平，而行政土地面积对工资影响不显著。结合数据统计描述中的分析，行政土地面积随着时间推移没有变化，因此在随机效应模型中，工资和其他解释变量都随时间变化，那么土地资源的影响就显现不出来，同时也可能说明行政土地的面积并不能决定一个地区的经济发展水平和工资水平，关键是可利用土地面积大小以及对土地利用的规划。劳动力资源禀赋系数是显著的，说明了资源禀赋对于北京和天津地区的经济发展确实起到了很大的促进作用，环京津欠发达区域劳动力流失也确实是其落后的一个重大原因。

模型（3）在控制了地区生产总值、在校中学生数占比和产业结构的前提下，只引进了行政壁垒指标，运用随机效应进行估计，根据结果可以得到出口行政壁垒的参数和利用外资行政壁垒指标的估计结果不显著。结合 32 个地区的数据特点，北京、天津地区的出口额和外资利用额相与 32 个县的差距非常大，以致可以忽略 32 个县的出口和外资利用，那么对回归中行政壁垒指标的参数估计起作用的主要是北京和天津，针对这两个地区来说，出口额数据和外资利用额数据上，两者不相上下，有些年份天津作为港口城市甚至超越了北京。因此在回归中，在没有控制其他核心影响因素的情况下，出口额和外资利用额对于工资水平的影响就由于数据的问题被掩盖了。

模型（4）也控制地区生产总值、在校中学生数占比和产业结构，只引进政策倾斜因素，运用固定效应进行估计，根据回归结果可以看出得到政策倾斜系数是显著的，而且是正向关系，说明政策的扶持对于地区的经济发展水平有促进作用。在 C-P 模型理论分析阶段得出的结论为：限制环京津部分产业的相关政策可能在初期造成环京津带产业的衰弱，从而导致了该地区的贫穷落后；而当新型产业发展到一定程度，其将帮助环京津区域经济转型发展。为了检验这个结论，我们后续将分年段对模型进行回归。

模型（5）将书中提到的所有影响因素都加入进来，得出的结果中劳动力资源禀赋系数和利用外资行政壁垒指标、政策倾斜指标是显著的，跟模型（1）的结果相同；而且模型（5）中得出的资源禀赋估计结果与模型（2）是一致的，得出的利用外资行政壁垒指标的影响程度是负向的，与模型（1）一致，与模型（3）相比利用外资行政壁垒的影响凸显出来了，这说明在三种因素的共同作用之下，行政壁垒因素的影响又突显出来了。现实情况中，环京津后发区与中心经济区的资源禀赋差异、行政边界以及政策倾斜确实是同时存在的，因此，我们需要关注三种因素共同影响下，各因素对经济发展状况的影响程度是多少。从实证分析的估计结果来看，资源禀赋的影响最大，行政边界的影响其次，而政策倾斜在其中的作用需要进一步进行分年度段分析。

二、政策倾斜对工资水平影响的进一步分析

关停环京津后发区中污染性企业这一政策是从 2005 年开始实施的，根据 C - P 理论中的数值模拟结果，这一政策倾斜在前期会造成环京津的贫困，但是在后期会激励环京津寻找新的产业模式、新的经济增长点。因此本书将研究的 6 个年度分为两个时期：一段是政策实行前期（2007 ~ 2008 年），另一段是政策实行中后期（2009 ~ 2012 年）。表 11 - 4 就分别报告了两段时期政策倾斜对于 34 个地区工资水平的影响。两段时期的回归都用固定效应进行估计，得出的结果显示：政策倾斜实行前期，工资水平与政策倾斜程度之间存在显著关系，而且政策越倾向于某地，某地的工资水平会越高，并且这个相关关系是很高的，估计参数值达到 3.435，因此推测在关停污染性企业政策实施前期可能会严重造成环京津后发区的经济落后；而政策倾斜中后期对政策倾斜程度与工资水平的相关关系就变得不显著了，甚至政策倾斜与工资之间的关系变成了负向，说明后期关停工厂政策一定程度上可能使得工资反而上升了。这个估计结果与扩展 C - P 模型中的分析结果是一致的，即政策倾斜在关停产业政策刚出来时可能会造成当地的经济变弱，但是这也促使环京津后发区寻找新的产业方向以及新的经济增长点，长期来看，它对环京津后发区的影响并不一定是消极的。

表 11 - 4   分年度分析政策倾斜对工资水平的影响

变量	2007 ~ 2008 年	2009 ~ 2012 年
	fe	fe
lgpgdp	0. 239 ** (3. 61)	0. 169 *** (4. 63)
zxzb	- 14. 27 ** (- 3. 31)	- 8. 584 *** (- 4. 46)
cyjg	- 0. 0343 (- 0. 19)	- 0. 0917 (- 1. 48)
tdzb	- 3158. 9 (- 0. 17)	26. 70 (0. 33)
ldlzb	1. 589 (0. 42)	0. 539 (1. 93)
ckblzb	- 58. 37 (- 0. 49)	0. 660 (0. 16)
wzblzb	- 14. 48 (- 0. 47)	- 0. 671 (- 0. 41)
zcqxzb	3. 435 * (2. 27)	- 0. 0394 (- 0. 13)
_cons	169. 5 (0. 27)	8. 270 * (2. 39)
R^2	0. 5193	0. 6942
F 值或 Wald chi2 值 （P 值）	6. 92 (0. 000)	8. 8 (0. 000)
Hausman 值 （P 值）	9. 57 (0. 05)	18. 81 (0. 008)

注：标准误标注在括号中，*、**、***分别表示在 10%、5%、1% 水平下显著。

三、研究结论

本章在开头的分析中先总结出最可能造成环京津后发区的主要成因有三个，即资源禀赋、行政壁垒和政策倾斜。为了探讨这三个因素是否导致贫困带的形成以及它们对贫困带的影响程度有多大，本章先通过引入两个新的参数资源禀赋系

数 θ_i，行政边界壁垒系数 t，运用空间经济学中心－外围基本模型的扩展形式，通过数值模拟方法检验新引入的系数如何影响着京津和环京津的产业分布差异和工资差异，由此得到三个因素对于环京津欠发达区域的影响机理。

接着本章利用面板回归模型通过分别引入三个核心解释变量逐步对环京津后发区三个可能成因作了实证检验分析，选取 2007～2012 年北京、天津和环京津后发区 32 个县的地区工资水平作为被解释变量来衡量 34 个地区的经济发展状况水平，选取 2012 年 34 个地区的行政土地面积、年末从业人口占总人口比重、出口总额、利用外资总额和人均财政支出 6 个指标构建资源禀赋指标、行政壁垒指标和政策倾斜指标作为核心解释变量，选取 2007～2012 年 34 个地区的人均地区生产总值、在校中学生占比和第三产业与第二产业产值比作为辅助解释变量，利用面板回归模型通过分别引入三个核心解释变量逐步对第三章中分析的环京津后发区三个可能成因作了实证检验，得出结论：资源禀赋和行政壁垒是造成环京津后发区的重要影响，而政策倾斜在关停产业政策刚出来时会造成当地的经济变弱，但是它也促使环京津带寻找新的产业方向以及新的经济增长点，长期来看其对环京津后发区的影响并不一定是消极的。除此之外，资源禀赋的影响程度大于行政边界的影响程度，因此，在解决贫困问题时，政府可以依据各因素的影响程度来决定应从哪些角度着手解决问题。

这与中心－外围模型分析的结果相一致：

（1）资源禀赋不足对于环京津后发区形成的影响最明显。自然禀赋不足在很大程度上提高了该区域企业的生产成本，导致企业向京津集中，从而造成环京津产业发展的落后；

（2）行政边界壁垒对于环京津后发区形成的影响力居于资源禀赋之后。行政边界壁垒主要是通过限制充裕的要素从京津流向环京津，同时也限制了产业转移，从而加剧了京津与环京津带产业发展间的分异，环京津带的产业将由于得不到充足的资源要素导致发展滞缓；

（3）政策限制对于环京津后发区的影响不明显。结果显示政策限制在实施初期会在一定程度上导致环京津贫困，但只要寻找到新的发展路径，环京津后发区的状况会好转甚至比以前发展更好。

四、相关对策建议

（一）资源禀赋角度

本章分析结论得出要素资源是影响环京津后发区形成的重要原因，而该地区的生产要素资源相对于京津和河北其他地区都比较缺乏，那么应从两个角度来解决其资源贫乏的问题：一是充分利用好现有的自然资源，实现其价值最大化，同时大力培养人力、技术等非自然的要素资源；二是用后天优势弥补先天不足，通过优化自身条件从其他地方引进优良要素，具体政策建议如下：

（1）整合贫困带内的土地资源，实现规模经济。环京津后发区可以打破县域区划，整合土地，共同发展适合的产业。比如共同建立生态经济示范区，实行同样的特殊区域政策，有利于从整体上协调土地资源和水资源的利用，从而能够建立结构布局合理的生态经济体系。

（2）完善基础设施建设，优化投资环境。构建现代综合立体交通支撑体系，加大环境绿化建设，为引进优良产业和人才打造良好的投资和就业环境。通过从其他地方引进资金、技术和人才弥补先天资源禀赋的劣势，从而应该为引进这些资源做好前提工作；充分发挥环京津的优良区位优势，主动引入京津的资金、技术等生产要素，同时积极承接由京津转移出的产业。要引进生产要素，就需要京津冀地区共同培养健全的生产要素市场，实现生产要素跨京津冀三地区自由流动。政府也应为资金、技术等要素的引进制定一些吸引力大的鼓励性措施，从而利用京津先进充裕的要素实现当地产业的优化以及经济的快速发展。

（二）行政边界壁垒角度

行政边界壁垒也是环京津后发区形成的一个重要原因，京津与环京津带间的地方保护、市场分割非常严重，区域间生产要素流动不足，经济合作也处于低层次，不利于区域的协调发展。因此环京津后发区首先要从自身着手，积极主动地寻求与京津的合作发展。另外，中央政府也应从行政上打破边界壁垒的局面。具体政策建议如下：

（1）环京津后发区应进一步解放思想，通过财税减免、金融贷款支持和加大环保建设等有吸引力的政策引进资金、技术、人才，做到低门槛、轻税赋，最大限度地减少行政边界壁垒；该区域还应该在生态上和经济上与其他地区多互动，加大开放力度。立足于自身的区位优势和资源优势，借助对国内地区和国外地区的开放政策，实现"外引内联"来带动贫困带内产业和经济的迅速崛起。①

（2）主动与京津协商构建区域一体化发展经济体系，以更好享受京津的经济辐射效应，争取能最大范围内纳入到京津主体功能区划格局。在快速交通和通信网络方面加快与京津的对接建设进度，减少行政边界壁垒，从而加强两个地区之

① 于刃刚，戴宏伟. 京津冀区域经济协作与发展——基于河北视角的研究［M］. 北京：中国市场出版社，2006.

间人流、物流和信息流的流动以缩短两地区之间的心理距离，为实现京津和环京津后发区的经济一体化发展创造良好的设施环境和心理环境。

（三）政策倾斜角度

环京津地区应立足各地实际情况，在产业定位与产业协作中都应坚持突出自身特色，大力发展特色经济、特色产业，如特色农业、生态业和观光旅游产业等，并在农副产品上积极争取与大型超市或批发市场建立长久合作机制。

同时，要立足本地丰富的旅游资源和环京津、环渤海的区位优势，加快提高旅游业发展水平，同时搞好旅游环境建设和旅游宣传工作，带动环京津地区经济快速发展。

第十二章 突破与展望：雄安新区创新发展研究

为有序疏解北京非首都功能，实现京津冀协同发展，党中央于 2017 年提出建设雄安新区。设立雄安新区，对于集中疏解北京非首都功能，探索人口经济密集地区优化开发新模式，调整优化京津冀城市布局和空间结构，培育创新驱动发展新引擎，具有重大现实意义和深远历史意义。雄安新区的建设也是京津冀协同发展的重大突破口。因此，对雄安新区在京津冀协同发展及首都城市群中的定位进行探讨，聚焦雄安新区如何以创新驱动引领发展，具有很强的现实意义。

第一节 创新驱动发展引领区的内涵特征

从国家层面来看，实施创新驱动发展战略，是立足全局、面向未来的重大战略，是加快转变经济发展方式、破解经济发展深层次矛盾和问题、增强经济发展内生动力和活力的根本措施。从雄安新区的定位来看，雄安新区致力于打造"绿色生态宜居新城区、创新驱动发展引领区、协调发展示范区、开放发展先行区"，培育创新驱动发展新引擎是雄安新区的重要定位之一。这就首先要全面理解并实施创新驱动发展战略，理清创新发展以及创新驱动发展引领区的内涵、特征与标志，并设计好创新发展的衡量指标等问题。

一、创新驱动发展的主要内涵

创新发展的主要内涵可以从三方面理解：

（1）基于创新概念的理解。创新是一个民族进步的灵魂，是国家兴旺发达的不竭动力。奥地利经济学家熊彼特在 1912 年出版的《经济发展理论》著作中提出了创新的概念，并将其解释为：创新是指把一种新的生产要素和生产条件的"新结合"引入生产体系。它包括 5 个方面：一是研制或引进新产品；二是运用新技术；三是开辟新市场；四是采用新原料或原材料的新供给；五是建立新组织形式。俞可平（2000）把创新界定为，将新的观念和方法诉诸实践，创造出与现存事物不同的新东西，从而改善现状①。经济合作与发展组织（OECD）将创新定义为："一种新的或显著改进的产品（货物和服务）、工艺过程、商业模式、组织方式等的实现。"可见，创新的内涵要丰富得多，既包括技术创新，还包括管理创新、商业模式创新、工艺创新等，而且创新的落脚点是要实现商业价值。②因此，创新发展就是在创新驱动下的一种经济发展模式。

（2）基于创新理论的理解。创新驱动最早由美国管理学家迈克尔·波特提出，认为一国经济发展的四个阶段的概念：生产要素驱动阶段、投资驱动阶段、创新驱动阶段和财富驱动阶段。王昌林等（2014）提出，创新驱动经济发展，一般是指经济发展主要通过技术进步、研发成果产业化以及管理创新、制度创新等因素推动，而不是主要靠资本、低成本劳动力等生产要素投入推动。因此，创新发展是社会经济发展的高级阶段、是国家发展到一定程度，生产要素重新组合并提高利用效率的结果。

（3）基于国家发展战略的理解。经济发展进入新常态，创新驱动是目前经济增长的新动力，是实现全面建成小康社会和"两个一百年"的奋斗目标、实现中国梦、从大国走向强国的必然选择。③创新发展是一种复杂性的活动，它不仅涉及一个企业或者一个产业层面的活动，而且涉及国家的资源禀赋、基础设施以及科技、经济、文化等各个方面，因此是一个复杂的系统工程。一般来说，创新体制机制的改革包括政府管理体制、货币金融制度、财税制度、土地制度、干部考核制度、产权保护制度、文化体制等各个方面的整个社会经济体制改革（黄群慧，2016）。正因为如此，创新发展已成为国家当前的主要战略之一。十八届五中全会提出："坚持创新发展，必须把创新摆在国家发展全局的核心位置，不断推进理论创新、制度创新、科技创新、文化创新等各方面创新，让创新贯穿党和国家一切工作，让创新在全社会蔚然成风"。④

总之，创新驱动发展，就是要把发展的基点放在创新上，以科技创新为核心，以产业创新为根本，以文化创新为前提，以制度创新为保障，创造新知识、新技术、新产业、新业态、新模式、新生产组织方式，形成大众创业万众创新的社会氛围，塑造更多依靠创新驱动、更多发挥先发优势的引领型发展，从而推动

①　俞可平．创新：社会进步的动力源 ［J］．马克思主义与现实，2000（4）：30－34．
②　王昌林．进一步理清实施创新驱动发展战略的思路 ［J］．全球化，2014（11）：29－36．
③④　黄群慧，李晓华．创新发展理念：发展观的重大突破 ［J］．经济管理，2016（11）：1－10．

经济发展方式的转变和产业结构的优化。

二、创新驱动发展引领区的特征与标志

随着创新导向的高技术研发的快速发展，世界技术创新的中心正在向亚洲、向中国转移，中国已经进入追求卓越和自主创新的时代。面对第六次技术革命即将来临的重大抉择，我国政府提出了建设创新驱动发展引领区，它是在特定的时空背景下，结合区域发展特征条件提出的。因此，所谓创新驱动发展引领区，就是在国家战略目标引导下，建设一个创新为核心驱动力的区域、创业高地和科技新城。它的组成系统由创新主体以及创新环境（包括软环境和硬环境）等组成。创新主体包括大学等科研院所、企业及中介机构；创新软环境包括市场环境、法律、文化、区域互动及国际交流、宏观经济条件等；硬环境包括科技、通信、交通等基础设施等。创新主体、内部系统和外部环境共同作用，形成了引领区的创新能力。并在发展过程中实现高技术水平的外溢效应，补齐与周边及其他区域科技和产业领域的发展短板，形成创新发展示范区（见图 12 – 1）。

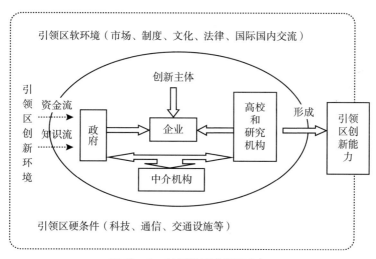

图 12 – 1　创新发展引领区内涵

随着高技术产业发展和创新创业在经济发展中作用的提升，国家提出的创新驱动发展引领区作为一种新的发展引领区类型，既区别于传统产业园区，也区别于一般高新区，创新发展引领区的特征和标志主要体现在以下几个方面：

（1）创新驱动引领区发展模式的内生性。创新驱动发展模式的内生性特征体

现在经济增长模式和经济运行系统两个方面。从经济增长模式上看，创新驱动是区别于投资和要素驱动的基本标志。投资驱动通过加大资本和劳动力的投入带动经济增长，要素驱动通过生产要素的重新组合提高生产效率进而推动经济增长，这种增长都是短期的、规模报酬递减的，而单纯的引进技术也无法从根本上改变生产函数中的规模报酬递减效应。只有创新驱动型经济增长方式才是长期的、规模报酬递增的，因为知识、人力资本、制度及文化等内生性创新驱动要素，是蕴藏在经济增长机制中的动力源；具有自我积累、自我强化、自我变革功能，以及强大的扩散和溢出作用，能够对资本和劳动力等要素进行有效改造，实现经济增长机制由内而外的全面蜕变。

（2）创新发展引领区具有空间溢出效应。引领区是创新的高地，能带动相关区域创新发展，并且创新的重要特征之一是具有外溢性，因此创新发展引领区具有双重的溢出效应，它通过创新资源的聚集、创新活动的增强、创新主体的壮大，科技成果的转化和产业化，辐射带动周边区域发展，进而促进整个经济社会发展。创新驱动发展引领区，在建设全国科技创新中心的同时，能够辐射带动整个区域的发展，在消除地区发展差距、促进经济转型升级方面有着重大意义。

（3）创新发展引领区具有示范性。自党中央提出实施创新驱动发展战略、建设创新型国家以来，全国各地积极探索创新驱动发展的路径与模式，积累了一定的经验。深圳经济特区、上海浦东新区，以及各地的高新区，在全国及地区的发展中具有很强的示范效应。规划建设创新发展引领区，探索区域创新发展的路径与模式，对推进新型城镇化、创新型城市建设，探索人口与经济密集地区的优化开发空间布局，以及其他区域如何实现创新驱动发展具有重要意义，而且可以为其他地区提供示范、标杆、引领作用。

（4）创新发展引领区具有创新性。创新驱动的创新性特征体现在科技创新、管理创新、制度创新、体制机制创新、文化创新等一系列创新活动的开展。其中，科技创新是核心和源头，科技创新为管理创新、制度创新、文化创新提供科学的工具方法，而管理、制度及文化创新又为科技创新的开展提供动力和保障机制，并在相互促进和协同下形成社会综合创新体系。在这种综合创新体系作用下，技术更新换代速度不断缩短，商业运营模式不断革新，全社会创新意识不断增强，鼓励创新、宽容失败的文化环境逐渐形成。涌现出更多的创新型企业，高新技术产业及知识密集型服务业的比重不断提升，自主创新能力成为企业的核心竞争力。

（5）创新发展引领区具有可持续性。第一，创新驱动带来的经济增长，资源消耗较低，环境污染小，改变了传统的以破坏环境和消耗不可再生资源为代价的经济增长模式，呈现出资源节约型和环境友好型的绿色可持续发展形态。第二，创新驱动带来企业综合能力的提升，创新驱动模式下，企业更加关注技术创新，注重以先进技术实施差异化竞争而不是依靠成本优势，形成一批具有国际影响力的创新型大企业，从而使创新发展引领区竞争力和产业集群的国际影响力提升。第三，创新发展引领区产业结构优化，由此导致产业垂直一体化向纵深发展，上下游企业形成良性互动并逐渐延伸至全球范围；产业横向示范带动效应显现，更多同行乃至竞争对手进入，形成公平有效的竞争环境，刺激更多创新。第四，形成创新的良性循环，创新经济中知识技术密集型产业占较大比重，知识创造更多的社会财富，带动社会教育和培训体系的进一步完善，又反过来促进知识的交流、学习和共享，形成一种长期的可持续发展态势。

三、引领创新发展的主要衡量指标

引领创新发展的指标包括区域创新能力指标和区域引领指标。

（一）区域创新能力指标

区域创新能力体现了区域技术创新的总体水平。建立一套全面、客观、准确的区域创新能力评估指标体系，一方面要参考国内外的指标体系与模式，吸收先进经验；另一方面也要考虑我国的实际国情和各区域间统计指标的差异。中国科技发展战略研究小组在历年的中国区域创新能力评价报告中，提出了包括创新环境、创新资源、企业创新、创新产出和创新效率五个子系统的监测指标体系，共124 个监测指标方面来构建。[①] 但是在具体指标选择过程中，应遵循科学性、不重复性与可操作性原则。因此很多学者将指标简化，根据研究的区域和重点不同，指标的选取中存在差异。由甄峰和黄朝永（2005）等提出的四层次的综合评价体系，共包括47 个指标（具体指标见表12 – 1）。

表 12 – 1　　　　　　　　　　　　区域创新能力指标

目标层	领域层	指标层	具体指标	单位
区域创新能力评价指标	知识创新能力	知识投入及生产能力	R&D 投入占 GDP 比重	%
			教育科技经费占 GDP 比重	%
			万人拥有大学生数	人/万人

---

① 中国科技发展战略研究小组. 中国区域创新能力评价报告 2015［M］. 北京：科学技术文献出版社，2015，9.

目标层	领域层	指标层	具体指标	单位
区域创新能力评价指标	知识创新能力	知识投入及生产能力	在校研究生数	千人
			专职科研人员占总人口比重	%
			知识产业专业化指数	%
		知识传播及分配能力	科技期刊发行量	万册
			图书、报纸发行量	万册
			年国际、国内学术会议次数	次
			电视普及率	%
			千人拥有知识分配与传播人员数	人/千人
			九年制义务教育普及率	%
			平均受教育年限	年
		知识应用及产出能力	每年毕业大学生及研究生数	千人
			高新技术产业产值增长率	%
			信息产业产值增长率	%
			知识产业产值占 GDP 比重	%
			产、学、研一体化程度	类
	技术创新能力	技术开发能力	各类专业技术人员数	人
			大中型企业技术开发投入	万元
			大中型企业更新改造项目个数	个
			重大科学技术成果数	个
			获国家科技进步奖数目	个
		技术转化、应用能力	技术成交额	万元
			科技成果转化率	%
			科技进步贡献率	%
			专利申请受理量	件
		技术引进与交流	民间科技交流次数	次
			大中型企业新增生产能力	万元/年
			企业间技术合作状况	类
			技术转让额	万元

续表

目标层	领域层	指标层	具体指标	单位
区域创新能力评价指标	管理与制度创新	管理创新能力	知识园区的管理状况	类
			高层管理人员数	人
		制度创新	政府政策（产业、教育、文化等）	类
			社会福利状况	类
	宏观经济、社会环境	宏观经济指标	GDP 密度	万元/km²
			城市化水平	%
			城镇密度	个/km²
			城镇就业率	%
			人均实际利用外资额	美元/人
		知识基础设施指标	知识类机构数（高校、研究机构等）	个
			电脑普及率	%
			人均拥有公共图书馆与文化馆（站）数	个/人
		自然和人文环境指标	自然条件状况（气候、景观等）	类
			社会文明进步程度	类
			人均公共绿地面积	m²/人
			城镇社区服务设施数	个

（二）区域引领指标

主要采用首位度指数、空间基尼系数来衡量。

1. 首位度指数

首位度在一定程度上代表了区域发展要素的集中程度。为了突出引领区域与其他区域的科技差距，研究城市规模与科技资源布局的关系，提出科技首位度概念，用科技首位度来衡量区域之间的科技差距与区域位序 – 科技规模关系。科技首位度即为引领区域与排名第二区域之间的科技规模之比，计算公式：

$$S = S_1 / S_2 \qquad (12-1)$$

其中，S 指市的科技规模，可用 R&D 人员当时量和 R&D 经费支出等指标表示。

2. 空间基尼系数

空间基尼系数是衡量产业空间集聚程度的指标的一种，由克鲁格曼（1991）年提出，当时用于测算美国制造业行业的集聚程度。

公式表达：

$$G = \sum_i (s_i - x_i)^2 \qquad\qquad (12-2)$$

其中，G 为行业空间基尼系数，s_i 为 i 地区某行业就业人数占全国该行业就业人数的比重，x_i 为该地区就业人数占全国总就业人数的比重，对所有地区进行加总，就可得出某行业的空间基尼系数。系数越高，表明集聚值越高。

第二节　国内外新区创新发展的经验

一、美国硅谷、日本筑波、以色列海法等城市经验

为了引领地区经济科技发展，创新城市发展模式，世界上许多国家都设立了高科技新区。而在这些高科技园区中尤以美国的硅谷、日本的筑波以及以色列的海法最为典型，其独具特色的发展模式和成功的经验对我国新区的建设具有较大的借鉴意义。

（一）美国硅谷的经验

从 20 世纪 50 年代以来，硅谷依赖其自由的市场环境，通过集聚整合各种优势资源，逐步发展成为世界上科技最发达的地区之一。在硅谷的形成过程中，高校资源、风险投资和地区文化起到了至关重要的作用，正是这些因素相辅相成、综合作用才得以成功孵化出创造力强大的硅谷科技园。具体来说，硅谷模式具有以下几个特点：

1. 市场化的产业集聚模式

研究产业集群的权威机构美国米尔肯研究所（Milken Institute）的报告指出：研究中心和机构，是培育高科技产业最重要的原因。大学等研究机构与硅谷领袖企业的强强联合，促进了技术的发展突破。许多技术被迅速商业化、市场化，成为一些企业和产业集聚的核心技术，奠定了产业集聚的基础。

硅谷产业集聚的另一个重要因素是研究机构、创业者、风险投资以及专业机构之间密切协作的工作网络。在这个工作网络中，政府、研究机构、企业等各自高效地运转，并且彼此之间有着广泛的人才与技术交流，在互相合作中各尽所能取得了整体大于局部之和的协同效果。

2. 活跃的风险投资

风险投资在硅谷的发展过程中有重要作用，硅谷 80% 的高科技企业受到过

风投企业投资的支持。风险投资企业通常采取联合投资的形式，在这种形式下，资本家可以发挥各自的优势，分散风险，提高决策质量。此外，硅谷的风险投资还具有开放性、弱联系为主、规模更大的特点，这些特点使得硅谷的风险投资网络更加多元化，有助于技术的创新和产业的发展。

3. 教育、人才资源集聚

硅谷有著名的斯坦福大学、加州大学伯克利分校等四所大学和其他几十所专业院校，知识和技术的密集度居美国之首。这些高校注重创新与研发，为当地企业培养了大量的高科技人才。同时，硅谷以其开放式的环境积极吸纳了40多位诺贝尔奖获得者、上千名科学院和工程院院士、20多万名来自世界各地的优秀工程师和7000多名博士，这些高校和世界各地的人才为硅谷创造出源源不断的创新产品，使其始终保有蓬勃的创新能力，支撑着高科技的发展。

4. 独特的区域文化

硅谷是高科技产业化的典范，从根本上说其模式的成功来源于其独特的区域文化，其文化主要体现在以下几个方面：一是敢于冒险、开拓进取的创业精神。这种精神的存在使得创业资本家能够放下创业包袱，大胆地把想法付诸实践。二是开放的创新文化。硅谷积极吸纳来自各方的人才，管理灵活，在交流中人人可以各抒己见，企业员工也具有高流动性，这些都推动了硅谷开放式竞争的创新。三是注重团队合作。依靠企业和企业之间，企业和大学等研究机构之间的协同互动，硅谷促进了信息的交流与合作，提高了企业研发经营成功的概率。

（二）日本筑波的经验

筑波位于日本东京都的东北部，距离东京都中心约60公里。筑波研究学园城市是由日本政府扶植而建立起来的科技新城市。其建城目的主要有两个：一是疏散东京过剩的人口，缓解东京的人口压力，同时转移一些东京的大学和研究机构；二是以高水平的研究和教育为基础，通过科技园区的建设满足日本对科技的需求。从这方面来看，筑波科技城和雄安新区的建立目的相似。筑波发展的特点主要体现在以下几个方面：

1. 政府主导

通过规划与引导，日本政府将9个部的40多个研究机构迁到筑波，增强了筑波的科研实力，以此来促进大型科技项目的研究。在园区开始建设时日本政府投入了13000亿日元，其余大部分的城市建设费用也都是由政府承担。此外，政府为基础研究提供了巨额的财政拨款，对创新进行了充分的财政支持。

在政策优惠和法律法规方面，日本政府制定有专门针对高新技术产业地区制定的法律，如"技术城促进税则""增加试验研究费税额扣除制度"等，还有与高新技术产业区相关的国家科技经济乃至社会方面的法律法规。同时，政府还对参与筑波"脑力立减"计划的企业进行减免税，并给予企业一定的经费来吸引企业的入驻。此外，政府还向企业发补助金、低息长期贷款等，这些都极大地促进了科学城区的发展。

2. 明确发展定位

由于筑波是政府规划形成的，所以有明确的定位。具体包括：一是把筑波打造成全日本的科研中心，成为一个完善自成体系的中心城市。二是与周围自然环境和谐共生的生态模范城市，把筑波建设成融科技、生态、经济为一体的区域中心。正是由于这种明确的发展定位，才使得各项配套措施得以恰当的配置，筑波可持续的项目也可以顺利展开。

3. 注重环境保护

环境生态问题关系到民众的健康问题，也直接影响到地区的吸引力。良好的生态环境能为企业发展提供适宜的外部条件，也能吸引更多优秀的人才。筑波以建立人与自然和谐共处的生态城市为目标，其人工林等绿化面积占其总面积的65%以上。为了减少生活垃圾对环境的破坏，政府还在市中心建设了可容纳废弃物的运输管道设施"共同沟"。"共同沟"的建立具有便利性和卫生性，保护了当地的生态环境，促进了当地经济的可持续发展。

（三）海法的城市经验

海法是以色列第三大城市，集聚了在全球创新格局中颇具影响力的高科技园区，产生了三个诺贝尔奖获得者，全球顶级科技公司大多在此设研究中心，素有全球"第二硅谷"之称。该地取得的显著成就主要依赖于以下几个方面的推动：

1. 政府支持创新

海法政府在体制创新、激励高科技研发上处于世界前列。政府为了促进创新项目的发展主动承担创新的风险，形成由首席科学家办公室统筹的研发经费资助和科技项目孵化的完整支持体系，在这种体系下首席科学家办公室为企业的商业化研究提供资金。该办公室下设多个部门其中既有科学家也有风投人员，每年对外资助的金额多达数亿美元。项目成功后，办公室只收取利润的 3% ~5% 以支持其他项目的投资。此外海法政府还创立了风投基金，与企业共担创业风险。海法政府提供的资金落实很快，强调成果转化，从而促进了产学研的转化。

2. 军工驱动创新

以色列由于其特殊的地理位置和历史原因，对军事工业比较重视，而且其在航空、精密电子元件等领域都处于世界先进水平。以色列实行全民服兵役政策，在军人服兵役期间，军队里的尖端科技部门就会把聪慧者汇聚到一起让他们互相交流，大胆创新。大部分情况下都是军事工业领先于民用工业。如近两年兴起的VR技术其实早就应用到军事领域中。在兵役结束后那些接触到先进军事技术的人就会把相应的技术应用到民事工业上。而国家安全研发中心正坐落于海法，海法的企业依靠国家安全研发中心将军事技术转化成民用技术来推进自身发展。

3. 注重教育

海法早在20世纪70年代，就开始了向高科技为导向的城市转型。这主要归功于海法的大学和研究机构，海法市市长尤纳·亚哈维表示：海法的诀窍就在于重视教育、科研以及学校、企业的合作。海法有两所大学和7个学院，包括两所有很大影响力的大学：海法大学与以色列理工学院，有3万名学生；以及艺术、法律学院等7个不同专业的学院，每年授予8000多个学士以上学位。在海法，15岁以上的居民中1/3拥有大学以上学位。[①] 这些大学将基础研究与应用研究结合起来，积极鼓励科研成果的商业化以及技术转移。

同时，政府的义务教育制度提高了整个民族的教育水平。而较高的教育普及程度，为高科技产业的发展提供了良好的基础。

4. 注重群众的参与

汇聚社会智慧，关注居民切身利益，有利于新区的和谐健康发展。海法新区建设的过程中有群众的广泛参与。海法设有公众诉求办公室，每一个项目开始前，政府都会进行入户调查，听取群众的意见，这样既可以收集到实用的建议，也可以增强政府与群众间的互动，减少社会摩擦。中国雄安新区建设的过程中，也要多征询社会的意见，发挥群众的主人翁精神，把全社会的智慧汇聚到创新发展上来。

二、深圳经济特区、上海浦东新区等的创新发展经验

我国经济特区和国家级新区的战略实行30多年来，在制度改革、产业创新等方面做出了积极的探索和巨大的贡献，尤以深圳经济特区和上海浦东新区的快速发展最为瞩目。深圳经济特区和上海浦东新区迄今已维持了20余年的高速增长和可持续发展，并且在创新型城市建设方面取得了巨大成功，其创新发展的经验，值得借鉴和推广。

---

① 海法：在这里发掘"创新之城"的奥秘 [N]. 深圳特区报，2012 – 6 – 18：A06.

（一）上海浦东新区的创新发展经验

1. 国家相关政策的倾斜

国家级新区的创新发展，与之配套的支持倾斜相关政策至关重要。上海浦东新区的快速增长和创新发展，配套支持的政策体系的日益完善发挥了极大的作用。具体来说，上海浦东新区的支持政策体系可以划分为三个层级：国务院、上海市、浦东新区。三个层级的政策体系分别为浦东新区的建设提供了方向统领、具体保障和操作细节等方面的指导。以规范功能为标准，浦东新区政策体系又可划分为新区定位与机构设置、发展开放、先行试点、科技创新、人才战略、政务规范、社会管理服务、环境保护等方面。

在国家相关政策的倾斜方面，浦东新区有以下经验值得借鉴：一是充分发挥当地人大和政府的立法、立规功能，不断完善相关政策，为新区的发展保驾护航。二是在建立健全相关政策的过程中，坚持法治与效率并存的原则。

2. 建设以张江高科技园为中心的创新产业链

浦东新区的产业建设离不开市场化改革和政府的引导规划。浦东新区的产业建设首先以政府的产业政策为指导，并且以张江高科技园为中心，打造从基础研究、源头创新、技术转移转化到高新技术产业的完整创新产业链。因此，国家级新区的建设应以产业建设为重心，着重建设以龙头企业为中心的产业链。

3. 促进产学研紧密结合

在上海浦东新区的成功经验中，可以看到由政府推动建立的产学研一体化体系对新区的创新发展起到了巨大的作用。上海拥有 146 家国家级研发机构，包括上海光源、转化医学中心、蛋白质中心等综合性国家科学中心等重大项目，以及一批高质量的研究型大学。浦东也聚集了大量的高水平科研机构，同时健全科研院所技术转移机制，促进技术转化，为浦东的创新产业发展提供了有力的支持。

4. 大力发展科技中介服务

上海浦东新区的建设中，中介服务的完善极大地推进了新区的发展。以张江高科技园区为例，其创立了全面而专业的中介服务体系，包含资产评估、专利代理、法律顾问、产权交易、会计服务等方面，并且建设了包含投资、保险、信贷等方面的投融资服务体系，采取线上线下并行的方式，建立了金融服务平台、金融服务网、国际科技投融资洽谈会等。

在上海浦东新区的科技中介服务方面，有以下经验值得借鉴：第一，政府应提供相应的政策支持，创建良好的管理环境。第二，在发展科技中介服务中明确重点，着力推进科技投融资服务、科技创新孵化服务、成果转让服务等中介机构的发展。第三，在市场化营利性的中介机构之外，政府应提供公共性质的中介服务，引导和发展非营利机构，将营利性与非营利性的中介服务融为一体，共同为区内企业提供专业的创业辅导并搭建国际性合作平台。

（二）深圳特区的创新发展经验

在深圳特区的快速发展中，在相关政策倾斜、产业链建设、产学研结合、科技中介等方面与浦东新区有共同点，又在以下三个方面有独特之处：

1. 健全创新金融服务体系

一个健全和完善的金融服务体系可为新区的建设和产业的形成提供强有力的资金保障。深圳特区政府以创新为导向，建立健全多层次金融服务体系，同时对小微企业进行适当的政策倾斜。在深圳特区的发展中，政府发展了一体化的政策性金融服务体系，包含投资、补贴、担保、贷款、信息公开、知识产权保护等多方面内容。同时深圳特区加强与银行等金融机构的互动，对小微企业提供贷款扶持，先后推出了"微笑工程""微笑指数"以及"微笑网"等小微企业项目。

2. 加强创新型人才队伍建设

深圳特区在人才培养和人才引进两个方面做了大量的工作，一方面积极引进国内外多所著名高校建立分支机构，进行科研成果的产业化，目前已引进北京大学深圳校区、清华大学深圳校区、中国科学院大学深圳校区、香港中文大学深圳校区等一大批重点科研院校；另一方面，积极推动人才引进，为外来人才进行政策倾斜，提供现金补贴、启动人才安居工程、实施"孔雀计划"等。

3. 提供相关配套公共服务

在土地供应、人才公寓、办公用房等方面，深圳特区政府提供了相应的公共服务，为企业的发展提供便利。深圳特区的人才租房补贴、人才公寓等政策为企业吸引人才提供了助力，并且在土地供应方面采用差别化土地供应新模式，向战略性新兴产业倾斜。

三、国外创新发展区集聚高端创新要素的主要路径

创新要素的集聚是促进现代区域经济发展的重要力量。随着经济全球化和区域经济一体化的进展，全球创新网络不断扩张，加速了创新要素的国际流动，增强了全球各大科技创新中心的吸引力，推动其实现进一步的创新发展。不仅如此，世界各国创新发展新区集聚创新要素的路径也有所不同。发达国家一般具有原始创新的高端优势，创新要素集聚地一般会成为带动全国发展的创新高地。而一般性、转移性集聚则主要发生在发展中国家，较难形成真正意义上的创新发展

中心。

单从国外情况来看，几乎每个国家都有成功的创新发展区，这些典型新区在转型发展的过程中，实现高端创新要素集聚的方式或路径，对于我国国内城市新区的建设和发展有很大的借鉴、参考价值。所以，有必要对这些路径进行梳理总结，以形成系统的实践经验。

（一）营造适合创新发展的大环境

1. 增加交通通信、医疗卫生、文化教育等基础设施建设投入，提升区域竞争硬实力

素有"欧洲的硅谷"之称的法国东南部城市——格勒诺布尔，较早地制定了城市基础设施建设规划，通过四通八达的公路网和安全快速的有轨电车把市内30多个办公区、商业区、工业区、居民区、高校区、科技区、旅游区连接在一起，促进了旅游、货运、工业和贸易的发展。再加上幽静美丽的自然风光及优先发展科研的政策，吸引着世界各国大批高精尖专业技术人才汇集于此，使该城成为法国和西欧著名的科技城。

2. 建立良好的投资、创业环境，鼓励投资，激发创新和创业活力，提升区域竞争软实力

从美国的硅谷、英国的剑桥科学园、以色列的特拉维夫等城市的创新实践来看，这些地区都具有务实高效的行政环境和鼓励投资、宽容失败、崇尚冒险的创新、创业氛围。还有严明的法制环境和公平的市场竞争环境，吸纳了来自全球不同文化背景的多样化人才与精英，促进了初创公司的发展壮大和高水平创新成果的产生。

（二）聚焦重点领域，打造产业竞争优势

1. 着重发展优势产业

在20世纪60年代，印度中央政府把重点国防和通信研究机构设在南部城市班加罗尔，使该地的信息技术产业得到迅速发展。班加罗尔从20世纪80年代开始兴建电子城，并逐渐发展成为全球第五大信息科技中心，该地也由此成为"印度的硅谷"。1999年，印度成立信息技术产业部，成为当时世界上少有的专门设立IT部门的国家之一。2000年10月17日，印度信息技术法案生效，为该地电子商务的稳步发展提供了法律保障。这一切成果得益于对优势产业的重点发展。

2. 推动重点产业的转型升级

新加坡裕廊工业园的发展在这方面具有一定启示意义。在20世纪60年代，裕廊工业园针对劳动力技能低下、失业率高的现状，鼓励发展劳动密集型产业，

注重创造就业机会和发展出口型行业；70 年代，抓住电子产业快速增长的机遇，发展技能密集型产业，同时发展本地配套企业以吸引国外跨国公司到当地投资；80 年代，以技术与资本密集型产业为主导，吸引高附加值的资本与技术密集型产业入驻园区。经过几十年的转型升级，裕廊工业园已经成为新加坡最大的现代化工业基地以及全球最有影响力的工业园区之一。

（三）发挥创新要素集聚优势，充分利用区域科研、教育资源

1. 利用已有的创新要素集聚优势吸引人才

硅谷是美国高科技人才的集中地，更是美国信息产业人才的集中地，这种已有的人才集聚优势能够吸引更多的人才流入。所以，硅谷是美国创新、创业青年心中向往的圣地，也是世界各国留学生的竞技场和淘金场。这些来自世界各地的佼佼者，使硅谷实现了可持续的创新发展。

2. 充分利用本地高校的科研、人才优势，鼓励校企合作，大力发展高新技术产业

在以色列第二大城市特拉维夫市，有特拉维夫大学、巴伊兰大学等高等院校，都具有实力雄厚的科研技术和人才优势，许多研究领域都不弱于发达国家，这为该市高新技术的发展奠定了十分重要的基础。英国剑桥科学园提倡将科学研究与工业生产相结合，剑桥大学则实行独特的鼓励政策，鼓励教师创办自己的公司，或教师在校外兼职，教师科学技术的知识产权属于教师个人等。美国硅谷的大部分企业，不仅与顶尖大学合作共建研究机构，自身也实行科学研究、技术开发和生产营销"三位一体"的经营机制。

（四）充分发挥政府的引导与规划作用

1. 政府制定科学的新区规划和合理的产业规划

新加坡政府牵头进行新加坡裕廊工业园区的开发运营，将裕廊工业园定位为全面发展的综合型工业园，并对其进行了合理而妥善的规划。在整个过程中，裕廊工业园区的资金筹集、土地运用、招商引资等均采用一级政府统一规划，专业化分工建设、管理和服务协调相配合的发展模式。政府根据法律制度来安排土地的开发利用，由裕廊集团统一控制全国工业用地和各类园区的供给，园区由经济发展局的专业招商队伍统一负责招商，并根据区位特征的不同，因地制宜，发展各类产业。

2. 政府出台创新激励政策，支持企业创新和成果转化

德国的技术转移中心以中小企业作为服务重点，提供技术咨询、国内外专利信息查询以及申请专利的咨询；还对中小企业的技术创新活动提供财政补助，帮

助企业从欧盟申请科技创新补助、寻找欧盟范围内的合作伙伴；组织学术报告会、技术洽谈会，推动企业、研究机构和高校的新技术、新产品顺利进入市场。海法有以色列最大、建设时间最早的科技工业园区，吸引了众多国际知名的高科技企业落户，其主要原因之一就是海法政府能为各个进入园区的企业提供优质的政务服务。面对企业提出的问题，海法政府都积极回应，采取各种政策措施尽可能为企业提供方便。

四、国内外典型经验对雄安新区创新发展的若干启示

（一）高度重视城市规划与建设，为新区建设提供良好的硬件支持

做好城市规划，完善交通物流网。合理布局城市功能区，增加功能区之间的协同互动。提高土地的利用效率，发展集群优势。注重生态保护，建立绿色健康生态之城。建立城市绿色循环利用系统，合理利用资源。借鉴发达国家先进的城建经验，开展城市间的交流与合作。科学评估城市承受能力，实现城市可持续发展。完善城市的基础设施，扩大公共交通的覆盖率。提高城市的管理服务水平，避免若干年后"城市病"的出现。

（二）要推动新型产业集聚，促进支柱产业的形成

产业集聚通常会产生竞争效应与规模效应，促进区域内优势产业的形成，并逐渐发展成为支柱产业。雄安新区作为北京非首都核心功能的集中承载地，绝非传统工业和房地产主导的集聚区，所以，要重点推动高新技术产业和高端服务业等新型产业向雄安新区集聚，及早形成新区的支柱产业，培育我国创新驱动发展新引擎。在招商引资过程中，各级政府要依据市场规律，引导更多新型产业向新区集聚，促进创新要素向新区内的企业集中，建设集研发、制造、销售等完整产业链的新型产业集聚区。

（三）要完善相关法律法规建设，为新区建设提供良好的法制环境

完善与知识产权保护相关的法律法规，提高知识产权保护力度，从而鼓励创新。通过立法给予企业相应的保护，建立特别法给予新区企业以优惠从而吸引企业投资。完善与人才引进相关的法律法规，鼓励人才流入。为企业打造公平的竞争环境，做到有法可依、有法必依。可以借鉴筑波建立只适用于新区的地区法，对鼓励发展的产业给予特别的照顾，通过合理地引导使新区朝着预定的方向发展。

（四）要注重产学研相结合，促进创新成果的转化

雄安新区在承接北京疏解出的总部企业、高等院校和科研院所等机构的同时，要以市场需求为导向，大力推动产学研相结合。提倡高校、科研机构和企

业，大学教师、研究员与企业家加强联系，进行协同创新，促进产业发展、人才培养与科学研究的多方合作，促进新知识转化为新技术、新产品。在这个过程中，大学和科研机构主要投入知识资本和人力资本，企业则要提供物质资本。要破除束缚创新及其成果转化的障碍，完善科技成果转化的收益分配和风险承担机制，促进创新成果高效转化和创新收益合理分配。

（五）建设创新金融服务体系

新区的建设和产业的发展离不开金融体系的供血，因此一个健全和完善的创新金融服务体系也就成为了题中应有之义。第一，政府应推动建设多层次多形式的金融服务体系，包含投资、补贴、担保、贷款、信息公开、知识产权保护等多个方面。第二，关注创新型小微企业，对其进行贷款扶持，发展壮大天使投资人队伍。发挥资本市场服务创新企业的功能，鼓励企业进入资本市场直接融资。第三，在线下举措之外，积极利用线上形式完善发展金融服务。以浦东新区为例，采取线上线下并行的方式，建设并完善了金融服务平台、金融服务网、国际科技投融资洽谈会等。

（六）加强创新型人才队伍建设

创新发展的最大源泉和支撑是创新型人才，因此政府应把创新型人才队伍的建设视为重中之重。创新型人才队伍建设应着力于以下两个方面：第一，加大人才培养力度，积极引入国内外一流高校，建设国家级重点实验室、重点科研基地，着力于青年创新型人才的培养。第二，建立完善的用人制度和有效的创新激励制度，激发创新人员的创新活力，使创新要素得以充分涌流。第三，在加大人才培养之外，还应注重外来人才引进。雄安新区不仅应采取各种优惠措施吸引外来人才，同时也要做好人才引入的后期跟踪服务，促使人才扎根当地。

第三节　雄安建设创新驱动发展引领区
需着重处理好的几个关系

雄安新区的发展目标是致力于打造"绿色生态宜居新城区、创新驱动发展引领区、协调发展示范区、开放发展先行区"。具体来说，雄安新区的建设重点与北京建设全国科技创新中心、疏解北京非首都核心功能、发展高端高新产业、承载北京创新资源和吸纳全球创新资源等紧密相连、相辅相成。对于缓解北京"大城市病"，聚集各种创新要素，形成创新发展的增长极、形成大都市的反磁力中心，促进京津冀协同发展，具有重要意义。具体如图 12 - 2 所示。

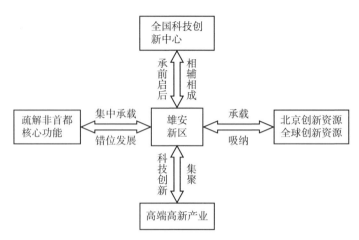

图 12 - 2　雄安新区需面对的几个关系

由图 12 - 2 可知，雄安建设创新驱动发展引领区，就必须要正确处理好几个关系，即雄安新区建设创新驱动引领区与北京作为全国科技创新中心的关系、雄安新区建设与北京疏解非首都核心功能之间的关系、雄安推动科技创新与发展高端高新产业之间的关系、雄安承载北京创新资源转移与吸纳全球创新资源的关系。

一、与北京建设全国科技创新中心之间的关系

2015 年 4 月 30 日，中央政治局会议审议通过的《京津冀协同发展规划纲要》中明确了北京的"四个中心"的定位：全国政治中心、文化中心、国际交往中心、科技创新中心。国务院印发的《北京加强全国科技创新中心建设总体方案》中提到，加强北京全国科技创新中心建设，使北京成为全球科技创新引领者、高端经济增长极、创新人才首选地、文化创新先行区和生态建设示范城。

（1）从战略意义来看，雄安新区的创新驱动发展引领与北京建设全国科技创新中心是我国不同时期的国家战略需求，具有承前启后的关系。雄安新区是以习近平同志为核心的党中央做出的一项重大的历史性战略选择，是继深圳经济特区和上海浦东新区之后又一具有全国意义的新区，是以新发展理念引领的现代新型城区。北京建设全国科技创新中心是北京"四个中心"定位之一，是党中央根据国家在新发展阶段转型成为创新型国家的需要，在京津冀一体化发展战略中提出

来的，是立足北京的当前发展态势，解决北京的"大城市病"，站在全面建成小康社会的13亿人口大国首都高度做出的战略部署。二者是不同时期但又相互衔接、承前启后的两个国家战略，既一脉相承又互为补充。

（2）雄安新区承接北京部分创新功能。雄安新区位于京津冀核心位置，与通州副中心形成了未来北京发展的东西两翼。根据中央对雄安新区的定位，雄安新区未来应该是中国成为创新型现代化国家的心脏区域（张燕生，2017），成为全球创新中心。从这点来看，雄安新区与北京建设全国科技创新中心有异曲同工之妙。全国创新中心具有集聚功能、原创功能、驱动功能、辐射功能、主导功能，雄安新区可以承接北京全国创新中心的集聚功能、驱动功能、辐射功能，但北京建设全国科技创新中心强调的是原始创新，需要保留一些原始创新型技术和一些高精尖技术，并且要体现国家的首都地位，体现首都特色、服务首都功能，与北京其他"三个中心"相配套的功能。

（3）雄安新区与北京建设全国创新中心相辅相成、相得益彰。北京集聚了大量的高校、科研院所、高端人才、创新型企业、科技创新基地等，拥有中关村科技城、怀柔科技城、未来科技城三大科技城，科技基础雄厚，但缺少科研成果转化的空间，雄安新区的设立恰好弥补了这一缺陷。虽然目前雄安新区各项基础均比较薄弱，但随着国家的后续建设和各项投资的落实，数据、物联网、云计算、无人技术、航空航天、机器人等新一代信息技术、现代国际前沿的高新技术将会落户雄安，未来的雄安新区将是以创造和输出知识和技术为支撑的创新中心。因此，雄安新区与北京建设全国科技创新中心并不矛盾，而是相辅相成、相得益彰，共同带动京津冀协同发展，打造全国经济新的增长极和世界城市群。

二、与北京疏解非首都核心功能之间的关系

随着北京的城市发展，导致了交通拥堵、人口过多、房价高涨、生态环境问题十分突出等"大城市病"，同时北京对周边地区的"虹吸效应"导致了京津冀的发展失衡，因此，必须把北京过去吃进去但又消化不了的"非首都功能"疏解出去。从这一点来看，雄安新区与北京疏解非首都核心功能之间既是承接地与疏解地的关系，又是与北京、天津等地功能融合发展、错位发展、梯度发展的关系。

（一）承接地与疏解地的关系

雄安新区的定位首当其冲的就是集中疏解北京非首都核心功能，因此二者之

间是承接与疏解的关系。雄安新区地处北京、天津、保定腹地，地热等各种资源、能源丰富，并计划于三年内建成 6 条铁路、4 座高铁站、1 个机场，具有人口密度低、开发程度低、发展空间充裕的优势。因此雄安新区是非首都功能集中承载地的首选，重点承接北京疏解出的行政事业单位、总部企业、国企、金融机构、高等院校、科研院所等。雄安新区未来几年还要在交通设施、公共服务、生态环境、制度环境、产业环境等方面加大规划和投资力度，新区的硬件和软件等功能的配套会在很大程度上影响到北京非首都功能相关产业是否愿意疏解到承接地，决定了能否吸引产业和人才长久留在承接地，甚至会直接影响到疏解的成败。

（二）从地理位置上看，雄安新区与北京、天津形成稳定的三角关系

雄安新区在疏解北京非首都核心功能的同时，由点及面带动京津冀区域经济的协同发展，为全国经济发展创造新的增长极，建成一座以新发展理念引领的现代新型城区，建成国际一流、绿色、现代、智慧城市。这个绿色智慧新城不单单是"首都副中心"，也并不是与北京、天津各功能分割开来，而是你中有我、我中有你，相互融合发展。

（三）从功能上看，雄安新区与北京疏解非首都核心功能之间要合理分工、错位发展，体现出梯度发展与转移的关系

雄安新区是北京疏解非首都核心功能的集中承载地，并不意味着北京非首都核心功能一定都让雄安新区来承载，可能需要根据京津冀一体化的角度、考虑各个城市的资源禀赋和功能定位，有所选择、有所侧重。《北京市城市总体规划（2016～2030 年）（送审稿）》中提到北京将构建"一核一主一副、两轴多点一区"的城市空间结构，其中"一副"即通州城市副中心。雄安新区与通州形成东西两翼，通州作为北京的城市副中心，主要集中疏解北京市行政职能，实现首都功能和北京功能的适当分离。可见，两翼虽同为北京疏解承接地，但承接功能不同，二者在承接北京非首都核心功能时要合理分工，错位发展，与北京首都核心功能形成梯度关系，共同带动区域协调发展，促进京津冀地区的可持续发展。

三、推动科技创新与发展高端高新产业之间的关系

习近平总书记指出，规划建设雄安新区要突出 7 个方面的重点任务，其中之一就是要发展高端高新产业，也是未来雄安新区产业发展的重要内容。高端高新产业具有产品附加值高、科技含量高、经济社会效益好、资源消耗低、环境污染小等特点。高端高新产业主要包括以电子信息产业、软件产业、装备制造产业、通用航空产业等为主的现代制造业；以金融业、信息服务业等为主的现代服务

业；以物联网、云计算、大数据等为主的现代前沿产业等。雄安新区要建成一座
"绿色生态宜居新城区、创新驱动发展引领区、协调发展示范区、开放发展先行
区"的新城，因此新区不能搞成工业集聚区，也不是传统工业和房地产主导的集
聚区，严格禁止高污染、高能耗、高成本产业的进入，也不是承接北京低端和落
后的产能，而是要通过科研、技术等创新要素的集聚，通过以科技创新为桥梁，
不断进行新区内制度创新、科技创新，完善创新创业环境，发展高端高新产业。
发展高端高新产业、培育新动能，必须坚持绿色发展，生态宜居。它们之间的相
关关系如图 12 - 3 所示。

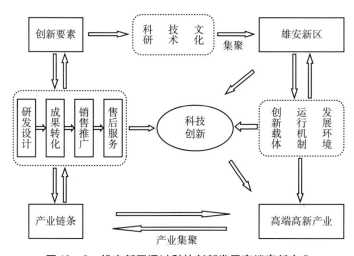

图 12 - 3　雄安新区通过科技创新发展高端高新产业

　　雄安新区作为创新驱动引领区，创新驱动是发展的根本动力。根据图 12 - 3
所示，科研、技术、文化等创新要素均集聚在此，这些创新要素的集聚为雄安新
区创造了良好的创新载体、运行机制和发展环境等；同时，创新要素也会渗入研
发设计、成果转化、销售推广、售后服务等产业链条的各个环节中去，并形成综
合动力促进雄安新区高端高新产业发展。随着时间推移，科技创新反过来又会促
进创新要素向雄安新区的进一步集聚，吸引更多的高端创新人才和团队，形成更
高水平的创业载体、高新技术企业集聚，促使高端高新产业的产业链条各环节更
好地进行技术研发和转移交易、成果孵化转化，促进产业及其产业内部的进一步
升级，提高高新产业的集聚度，从而形成良性循环。图 12 - 3 也体现出了科技创
新在雄安新区发展高端高新产业过程中的主导地位。由此可见，科技创新作为桥
梁和媒介，把雄安新区和高端高新产业融合起来，雄安新区通过科技创新发展高

端高新产业，高端高新产业的进一步集聚又促进了雄安新区的科技创新，从而有利于雄安新区的创新驱动引领区、京津冀体制机制高地和协同创新重要平台的实现。

四、承载北京创新资源转移与吸纳全球创新资源的关系

雄安新区设立的意义不仅仅是服务京津冀，更长远意义是在新时期起到改革开放创新引领的示范作用。国家发改委学术委员会秘书长、中国国际经济交流中心首席研究员张燕生认为，雄安新区承载的使命就是创新，今后将成为中国的"硅谷"，使中国成为创新型现代化国家的心脏区域。雄安新区要建设创新驱动发展引领区，集中承载北京非首都核心功能，发展高端高新产业，培育发展新动能，都需要有良好的资源环境和高水平的公共服务与之相配套。雄安新区的建设不仅仅要通过行政力量，更需要发挥市场的作用，通过市场配置资源，带动创新等要素的流动，这样才能更好地承载北京创新资源转移，吸纳全球创新资源。雄安新区与承载北京创新资源转移及吸纳全球创新资源的关系如图 12 – 4 所示。

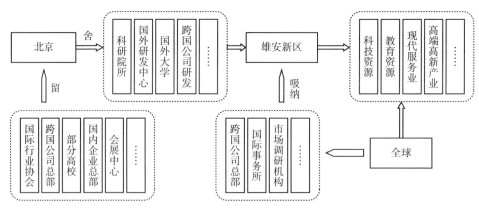

图 12 – 4　雄安新区与承载北京创新资源转移及吸纳全球创新资源的关系

《京津冀协同发展规划纲要》中对北京的定位是"四个中心"，为了缓解北京的"大城市病"，降低人口密度，凡不属于这"四个中心"定位的都要疏解出去。根据图 12 – 4，我们可以看出，一些创新资源可从北京疏解出去，由雄安新区承接，这些创新资源主要包括：理工类的高校和科研院所；外国在中国设立的研发总部或研发中心，如微软、IBM 等在中国设立的研发中心；中外合作办学的国外大学；跨国公司的研发部门等。还有一些创新资源则必须要留在北京，履行北京的首都功能，主要包括：对外交流紧密的高校，如北京语言大学、北京外国

语大学等外语类高校、国际政治关系学院等高校；国家智库类科研院所，如社科院等；还有一些国际行业协会、跨国公司总部、国际会展交流中心等。

　　雄安新区的设立不仅承载着北京创新资源的转移，还要能吸纳全球的创新资源。雄安新区成立之初主要靠行政力量疏解北京的非首都核心功能，但高端科技的兴起在于市场的活力和各种要素的集合，北京创新资源和全球创新资源如何吸纳到雄安，是雄安能否崛起的关键，因此势必要发挥市场机制的作用。根据图12-4，雄安新区依靠国家力量大力发展科技教育资源、现代服务业、高端高新产业、基础设施等，有了良好的创新环境和高端产业基础，必然会吸引全球创新资源的目光，一些跨国公司总部、国际性会计师事务所、律师事务所等会慢慢被吸纳到雄安新区去。随着全球创新资源的汇聚，会进一步强化雄安新区的创新环境与高端产业基础。

　　由此可见，雄安新区是承载北京创新资源转移与吸纳全球创新资源的关键节点。雄安新区不仅决定着北京创新资源的转移，还决定着全球创新资源是否会被吸纳进来。

五、与天津、河北发展经济的关系

　　中共中央政治局审议通过的《京津冀协同发展规划纲要》中提出京津冀整体定位是"以首都为核心的世界级城市群、区域整体协同发展改革引领区、全国创新驱动经济增长新引擎、生态修复环境改善示范区"；三省市定位分别为，北京市"全国政治中心、文化中心、国际交往中心、科技创新中心"；天津市"全国先进制造研发基地、北方国际航运核心区、金融创新运营示范区、改革开放先行区"；河北省"全国现代商贸物流重要基地、产业转型升级试验区、新型城镇化与城乡统筹示范区、京津冀生态环境支撑区"。

　　雄安新区地处北京、天津、保定腹地，其发展势必会影响到天津和河北经济定位与发展，因此要正确对待雄安新区与天津、河北的关系。

　　河北省与北京、天津经济发展落差大，甚至在某些方面呈现出"断崖式"差距。雄安新区的成立为河北省经济发展带来了重大契机。雄安新区的成立有利于河北省提升产业层次、创新能力、公共服务水平，有利于河北省提高整体发展水平，走出一条加快转型、绿色发展、跨越提升的新路。承接非首都功能疏解是设立新区的首要任务，同时兼顾河北经济发展。因此，河北省在新区建设过程中，一定要找准定位，正确处理与中央的关系，做好规划，把解决北京大城市病与促进河北省发展结合起来，在疏解北京非首都核心功能、着力发展高端高新产业、吸纳和集聚各种创新要素资源的同时，以此为契机，带动河北产业提质增效升级，补齐区域发展短板，缩小与北京、天津的差距。

天津作为北方的经济中心，与雄安新区的定位并不冲突。天津较之河北具有较合理的产业结构，第二产业主要以高端制造业为主，可以和雄安新区的高端高新产业更好地展开合作，而雄安新区的创新资源也为天津未来发展提供了巨大的空间。由此可见，天津的发展与雄安新区的成立是相辅相成、相得益彰的。天津也可将部分高校和产业疏解至雄安，更好地对接雄安新区的建设。未来京津冀地区将改变目前产业趋同、相互竞争的状况，变竞争为合作，真正实现京津冀一体化协同发展。

第四节　雄安新区创新驱动发展的总体思路与路径

一、指导思想

全面贯彻落实党的十八大、十八届三中全会和中共中央、国务院关于设立雄安新区的决议精神，坚持世界眼光、国际标准、中国特色、高点定位，坚持生态优先、绿色发展，坚持以人民为中心、注重保障和改善民生，坚持保护弘扬中华优秀传统文化、延续历史文脉，紧紧围绕京津冀协同发展和疏解北京非首都功能两大战略目标，充分发挥改革试点的先遣队作用，大胆探索、先行先试，寻找新型城镇化规律和路径，设计创新驱动发展新制度，为全面深化改革开放和实现两个"一百年"奋斗目标提供经验和参考模式。

二、基本原则

1. 制度创新、试点先行

努力构建雄安创新驱动发展引领区的体制机制，探索国家及区域治理的新方向、新方式和新方法，尽早跨越中等收入陷阱，真正使市场在资源配置中起到决定性作用。

2. 区域统筹、协调发展

坚持新区城乡一体化发展，促进社会公平正义，实现公共福利均等化和全面建成小康社会目标。坚持京津冀区域协同发展，积极承接北京非首都功能，促进京津冀区域产业结构调整和产业升级。

3. 生态优先、持续发展

坚持人类可持续发展观，切实打造人与自然和谐共处、城市与郊区协调发展的格局，积极承担京津冀环境改善的应尽责任。

4. 创新驱动、高起点发展

面向城市和区域转型发展需要，实施创新驱动发展战略，增强自主创新能力，打通从科技强到经济强、城市强、区域强的通道，探索城市创新驱动发展新模式，实现经济结构转型升级和经济发展提质增效。

三、雄安建设创新驱动发展引领区的战略定位与目标

1. 创新驱动发展制度试验区

积极设计和试验创新驱动发展新制度，将科技创新与制度创新、管理创新、商业模式创新、业态创新和文化创新相结合，推动发展方式向依靠持续的知识积累、技术进步和劳动力素质提升转变，促进经济向形态更高级、分工更精细、结构更合理的阶段演进。

2. 高端高新产业集聚区

实施积极的高端高新产业政策，集聚高端高新产业生产要素，培育创新驱动发展新引擎。

从阶段性目标来看，第一阶段，完成雄安创新驱动发展引领区的规划和制度设计，完善雄安创新驱动发展引领区的基础设施，承接北京非首都功能的转移，完成首都功能的新定位目标，搭建创新成果交易平台。

第二阶段，培育高端高新产业增长极，建设雄安创新驱动发展品牌，引导关联产业聚集，形成雄安高端高新产业集群。

第三阶段，形成智慧多元、蓝绿交织、水城共融、高效运行、空前卓越的现代化的新型大都市。

四、雄安新区创新能力建设总体思路与重点

（一）区域创新能力的内涵

笔者认为，所谓区域创新能力，就是指特定区域内的创新主体（个体、企业或政府组织机构等）作用于创新要素（各种用于创新的资源及环境），生成具有强竞争力的新成果（包括新发明、新工艺、新组织形式等），并将其转化成市场竞争优势的能力。从长期来看，区域竞争优势是区域创新能力的具体体现，区域创新能力是区域竞争优势的唯一可持续动力源泉。

（二）雄安新区创新能力建设的总体思路

以雄安创新驱动发展引领区的功能定位为导向，以高端高新产业为载体，积极引进、培育创新型人才；加大对创新主体的要素投入；促使从北京疏解进入的高端高新企事业组织机构成为科技创新的主体；探索风险资本进入创新研发领域，建立并积极实施创新研发风险分担制度和创新成果转化与产权保护制度；努力消除部门壁垒，实现区域内优势资源共享；打造创新成果交易与转化平台，提高成果交易与转化的效率；牢固树立服务型政府的理念，建设和谐的区域创新生态环境。

（三）雄安新区创新能力建设的重点

（1）区域创新环境建设。区域创新环境是一个系统，包括创新所需的各种要素及要素间的相互关系，以及创新主体日常所感受到的空间氛围，如人际关系、创新主体的社会身份地位等。区域创新环境包括区域创新软环境和区域创新硬环境。软环境主要是指区域创新文化、制度、行政服务理念及效率等；区域创新硬环境主要是指区域创新所需的各种投入物质要素，如资金、设备、科研平台等。硬环境形成对创新活动的硬约束，软环境产生软约束。各级政府特别是雄安新区政府是区域创新环境建设的主体，应该加大对教育、科研机构的投入，提供优质公共资源，构建公正、包容、和谐的软环境，积极维护创新主体的创新活动。对区域创新活动而言，软环境约束往往比硬环境约束的影响力更大。

（2）区域创新主体建设。创新是人的积极主动的、有目的的活动。区域创新主体的获得有三种方式：政府或企业的主动引进、区域优势要素对创新主体的吸引、区域内自主培育。建立高端人才引进的考查、考核评价机制，消除影响创新主体创新活动的各种行政管理因素，努力减少与创新无关的或非自愿的社会活动，营造自由、宽松、和谐的创新环境。

（3）区域创新活动激励制度建设。创新主体的创新欲望既受主体自身的影响，又受外部刺激因素的影响。正向的创新激励机制会助长主体的创新欲望，相反则会抑制主体的创新欲望。设计科学合理的创新激励制度，用制度指导政府的管理活动，通过具体的创新奖励和惩罚措施，给予创新主体明确的创新成果价值预期。

（4）区域创新成果的转化利用。创新成果主要是指通过创新主体运用一定的知识、技术管理对已有的物质、能量与信息进行重组与再现所产生的具有新价值与新效用的思想与方法。创新成果通常包含精神产品和物质产品两大类。创新成果的转化是创新价值的实现过程。创新成果有很强的时效性和可模仿性，要将成果保护与生产利用结合起来，疏通创新成果供给与转化利用市场的通道，通过市场机制决定创新成果的价值。

区域创新能力是区域创新系统有机运行的结果。区域创新能力建设就是对区域创新系统各要素的建设和培育。区域创新能力是区域竞争力的重要影响因素。区域创新能力决定了区域可持续发展的生命周期。

五、雄安新区高端高新产业选择思路与重点

1. 高端高新产业选择的原则

（1）研究前瞻性。

前瞻性研究是创新的理论基础，是实现高起点的前提。前瞻性研究往往体现了该领域未来的发展方向。研究活动是一项开创性工作，投入大、风险高。研究的前瞻性能保证研究的有效性和研究效益最大化。

（2）技术引领性。

技术引领是实现赶超发展的物质基础。技术革新是经济增长的永恒动力。技术水平决定了生产力水平和产业竞争力，产业竞争力是国家（区域）竞争力的基础。技术引领才能实现制造业引领。

（3）市场国际化。

市场国际化是研究和创新效益的实现手段，是改进国家福利的渠道，是国家竞争力的具体体现。市场国际化既是全球一体化的结果，也是全球一体化的推手。市场国际化的视野有利于深处推进改革开放，有利于利用全球资源。积极参与国际活动是中国实现复兴的现实要求。

（4）产业的区域协调性。

雄安新区位于北京、天津、石家庄三大城市的中间，雄安三县原属于保定市管辖。北京、天津、石家庄和保定都是京津冀区域发展成熟的特大型或大型城市，这些城市已经有发达的产业体系和产业集群，也有大量高端高新研发与制造产业。雄安新区作为一个全新的试验区，其发展战略定位及区位，决定了新区产业选择应该与周边区域形成优势互补，而不是同业竞争。

2. 雄安新区高端高新产业选择的战略目标

（1）积极承接北京疏解的高端高新科研、教育机构，营造创新主体互通、创新客体共享的有机信息网络。

（2）积极吸纳和集聚高端人才及高端技术，着眼于服务各行各业的业态创新和产业转型升级，直接与国际一流产业水准比肩。

（3）实现产业与城市共融发展，建成国际一流的中国高端高新产业大都市。

3. 雄安新区高端高新产业选择的重点

雄安建设创新驱动发展引领区的功能目标能否实现？问题的关键在于雄安新区对于产业发展的选择。雄安新区产业选择必须跳出传统的区域产业选择理念，要有大视野、大思路、大举措，要立足于京津冀协同发展和有效疏解北京非首都功能的历史使命。

（1）高标准承接北京疏解的产业及事业性组织机构。对于高水平的教育组织机构和科研机构直接接纳；对于高技术的装备制造业实现升级化承接，使这类产业在疏解中完成升级换代。坚决拒绝从首都转移出来的落后过时的产业。

（2）积极引进国内、国际的一流研发机构、高科技实验室和教育组织，构建高素质创新人才培育体系。

（3）大力引进和发展国家战略性新兴产业，着力于战略性新兴产业的前端技术研发。利用疏解进入的北京非首都功能的科技研发资源，建成一批具有国际一流水准和影响力的研发实验室，如国家信息网络研发中心，国家生命科学实验室，国家空天海洋装备研发中心等。

（4）发展环保节能型服务产业，如城市交通服务业、城市餐饮服务业、城市休闲服务业等。

第五节　支持雄安建设创新驱动发展引领区的政策建议

一、大力吸纳和集聚创新要素

深入实施创新驱动战略，围绕增加创新的源头供给，吸引创新企业、前沿技术落地雄安，壮大创新型科技人才队伍，搭建政策平台加速人才、技术、资金等创新要素聚集。

（1）依托新区政策优势，吸引国内外创新型企业落地雄安。通过财税、奖励基金等政策，支持企业落地与技术创新。支持大中型企业在新区设立研发中心，发挥民营科技企业、中小科技企业的生力军作用，造就一批具有核心技术、自主品牌和较强竞争力的创新型骨干企业。

（2）国家相关部委统筹规划，做好科研院所迁入安置工作，吸引创新型科技人才安家置业。完善区内高等教育体系建设，大力引进国内外著名高校与科研院所，强化人才培养政策，培养和引入人才来创新创业。通过住房、户籍、医疗卫生制度等的改革，打造吸引人才强磁场，发挥政府投入引导作用，鼓励企业、高等学校、科研院所、社会组织、个人等有序参与人才资源开发和人才引进，更大力度地引进急需紧缺人才，聚天下英才而用之。

（3）加强前沿技术研发引进力度，带动新区创新发展。鼓励开展前沿科学与技术研究，聚集世界级研究机构和创新团队，打造原始创新策源地。发挥科教资源集聚优势，释放高等学校和科研院所创新效能，整合国内外创新资源，深化企业主导的产学研合作，着力提升战略性新兴产业竞争力，发挥在创新发展中的引领示范和辐射带动作用。

（4）引导社会资本与各类创业基金入驻雄安，参与新区建设。成立政府专项创新基金，设立创新企业信息共享平台，引导社会资本与各类创业基金入驻雄安，汇聚资金优势，加快新区创新发展。

二、积极加强创新能力建设

以增强新区自主创新能力为目标，制定自主创新规划，整合区域科技资源，营造鼓励自主创新的政策环境，加快建设以企业为主体、市场为导向、产学研相结合的具有国际竞争力的技术创新体系，大力提高原始创新能力、集成创新能力和引进消化吸收再创新能力，着力构建区域创新网络，实现关键领域和核心技术的创新突破，率先建设成为创新型区域，在创新型国家建设中发挥带动和支撑作用。

（1）构建具有国际竞争力的区域创新体系。构建开放型创新体系，通过加快产业转型升级、积极推进供给侧结构性改革提升区域创新的市场驱动力；通过继续加大科技投入、改善创新服务、保护专利版权、营造公平的创新环境、鼓励全社会创新的文化氛围来提升企业创新的政策推动力；通过建立完善各种创新激励制度以推进科技快速发展，如技术股权制度、专利产权制度、科技经费使用制度、科技成果评价制度等，最大限度激发企业家及科技工作者创新的精神原动力。

（2）实现基础研究与关键领域技术的创新突破。面向我国经济社会发展中的关键科学问题、国际科学研究发展前沿领域以及未来可能产生变革性技术的科学基础，统筹优势科研队伍、国家科研基地平台和重大科技基础设施，超前投入、强化部署目标导向的基础研究和前沿技术研究。聚焦国家重大战略任务部署基础研究。面向国家重大需求、面向国民经济主战场，针对事关国计民生、产业核心竞争力的重大战略任务，重点突破现代农业、人口健康、资源环境和生态保护、产业转型升级、节能环保和新能源、新型城镇化等领域的关键科学问题，促进基础研究与经济社会发展需求紧密结合，为创新驱动发展提供源头供给。

（3）营造鼓励自主创新的政策环境。出台支持企业、创新发展、引进优秀人才等考评奖励的政策措施，设立创新创业扶持资金，重点向创新型中小企业倾斜，鼓励企业开展自主创新、节能减排和降耗等科技创新工作；增加科技奖励和专利申请奖励资金；设立科技创新专项资金，对建立企业技术中心、工程技术研究中心或重点实验室的企业，根据级别和规模给予奖励。对年内研究开发经费投入占销售收入总额超过一定比例的企业予以奖励。

（4）保护科技智力成果，加快创新转化。要加大科技成果保护力度，有效激励自主创新和技术跨越。完善专利科技成果保护体系，不断提高专利授权确权的质量和效率，积极鼓励发明创造；加强工业设计保护，激发设计人员的创作热情；营造公平有序的创新环境，促进创新资源的合理配置和高效利用；加大科技领域和商业领域的著作权保护力度，推进科技创新、文化创新和新兴产业发展。

三、加快发展高端高新产业

加强重点产业支持力度，加大重大科技创新项目研发进度，促进创新要素向新兴产业集聚，为雄安新区加快转变经济发展方式提供有力科技支撑。

（1）构建结构合理、先进管用、开放兼容、自主可控的高端产业支撑技术体系。把握世界科技革命和产业变革新趋势，围绕提升新区国际竞争力的紧迫需求，强化重点领域关键环节的重大技术开发，突破产业转型升级和新兴产业培育的技术瓶颈。重点支持现代农业、新一代信息技术、智能绿色服务、新材料、清洁能源、现代交通技术与装备产业等产业发展。

（2）对接国家发展战略，加快产业转型。重点在新能源、电子信息、生物医药、高端装备制造等战略性新兴产业领域，对接国家发展战略，争取更多项目列入国家各类科技计划、更多国家科技资源服务雄安新区，提升新区产业创新水平。围绕钢铁、石油化工、现代农业等传统产业，组织实施好自主创新重大项目，着力突破一批具有全局性影响、带动性强的产业发展核心关键技术，强化对产业升级的支撑。

（3）发展支撑商业模式创新的现代服务技术。面向"互联网＋"时代发展需求，以新一代信息和网络技术为支撑，加强现代服务业技术基础设施建设，加强技术集成和商业模式创新，提高现代服务业创新发展水平。围绕生产性服务业共性需求，重点推进电子商务、现代物流、系统外包等发展，增强服务能力，提升服务效率，提高服务附加值。加强网络化、个性化、虚拟化条件下服务技术研发与集成应用，加强关键技术研发，提升新区重点产业的创新设计能力。

四、大胆先行先试推进体制机制创新

深化体制机制改革，为新区发展提供制度保障。探索新区治理发展新模式，深化行政管理体制改革；深化科技、人才机制改革；深化住房、教育、户籍等民生领域改革；在行政管理、社会治理、土地开发和财税制度、现代企业制度建设、科技创新和教育体制改革等方面先行先试，形成可复制和推广的经验。

（1）深化行政管理体制改革。建构区域行政体系，厘清北京市、天津市、河北省、雄安新区的关系，科学设计政府、财政制度体系。科学设置管理机构，整合行政资源，建立精简、高效、统一的新区管理机构，转变政府职能，合理定位政府和市场功能，逐步形成权力清单、责任清单、负面清单管理新模式，推动简政放权、放管结合、优化服务改革，提高服务效率。运用市场化办法筹措建设资金，探索多元化融资渠道。在土地、财政、金融、投资等方面，强化政策创新和储备。

（2）深化科技、人才机制改革。完善科研项目和资金管理，建立符合科研规律、高效规范的管理制度，解决简单套用行政预算和财务管理方法管理科技资源等问题，让经费为人的创造性活动服务，促进形成充满活力的科研项目和资金管理机制，以深化改革更好地激发广大科研人员积极性。建立统一的国家科技管理信息系统，对科技计划实行全流程痕迹管理。完善科研信用管理制度，建立覆盖项目决策、管理、实施主体的逐级考核问责机制。推进高等学校和科研院所分类评价，实施绩效评价，把技术转移和科研成果对经济社会的影响纳入评价指标，将评价结果作为财政科技经费支持的重要依据。

（3）深化住房、教育、户籍等民生领域改革。深入推进民生保障相关改革，健全保基本、兜底线的体制机制。深化教育、医药卫生、文化以及收入分配、社会保障、住房等社会事业和民生保障领域改革。

第十三章　研究结论与对策建议

通过前面各章的分析，我们对京津冀协同发展的状况及相关因素做了进一步探究，对京津冀产业集聚的特征、产业转移的效果进行了评析，对首都城市群的协作及突破有了更清晰的认识，得出的相关结论归纳如下：

一、京津冀产业及人口空间分布仍不合理

通过第二章的分析可以看出，京津冀地区产业结构总体上仍不合理，且城镇化质量水平整体不高。研究结果显示，京津冀地区各产业呈较明显的梯度差异，京津在产业结构和城镇化水平上均优于河北。京津冀产业结构仍存在趋同，产业结构相似系数较高但总体呈下降趋势。京津冀地区城镇化水平总体有较大提升，但仍需进一步提高城镇化质量，尤其是河北省处于城镇化快速发展进程中潜力巨大。从京津冀城市群的联系强度来看，总体上京津冀城市群在经济联系和交通联系强度上有所增强，但在三省市内部还存在较大差异，需进一步发挥京津两座特大城市的辐射作用，带动河北经济、社会的深层次、高质量发展。

从京津冀地区产业和人口的空间集聚和时空格局的演变来看，可以看出：

（1）从产业空间分布来看，京津冀第二产业呈"东北—西南"方向的空间分布格局，空间重心沿西南方向移动；空间分布范围逐年扩大。从其各子行业的空间状况来看，雾霾污染行业、采掘业、资本密集型行业呈现为离散型空间集聚发展模式，劳动密集型行业和技术密集型行业呈现为集中化空间集聚发展模式。

（2）从人口时空分布来看，京津冀地区人口空间集聚度有一定程度下降，且在空间格局上呈现出扩散趋势，并与产业发展方向和分布一致。

二、京津冀协作的前期效应影响差异较大，京津冀协同发展仍需提速

第三章通过采用合成控制法对京津冀协作进行分析，发现 2000 年以来京津冀协作发展给京津冀地区带来了各自不等的增长效应。研究结果显示，京津冀协

作使得北京市和天津市的人均 GDP 的年均增长率分别提高了 3.14% 和 3.45%，且这种政策效应在统计上是显著的；京津冀协作的同时在一定程度上降低了河北的人均 GDP，但这种负向的政策效应并不十分显著。

由分析结果可以看出，北京市在京津冀协作实施过程中的受益最大。而天津也借助京津冀协作实现了经济的快速发展。对于河北省来说，其经济增长在京津冀协作政策实施过程中受到的拉动作用有限甚至表现出一定程度的负向走势，虽然这种走势在数据上不大，但也明显表明京津冀协作距离国家协同发展战略的要求还有较大差距，京津冀协同发展仍任重而道远。京津冀地区在下一步发展中应充分发挥京津特大城市的增长极作用，利用城市功能调整、产业升级的机遇，加快产业转移和产业链重塑，从推 - 拉两方面促进河北产业升级。

三、公共支出对京津冀城市效率具有不同的影响

第四章的实证分析表明了京津冀城市效率的增长存在"时空惯性"，即城市当期经济效率在很大程度上取决于自身历史效率水平，对京津冀而言，极化效应仍是目前影响区域发展的主导力量，假定其他条件不变，京津的"马太效应"作用将日加巩固。

公共支出具有增长效应，能够显著促进城市效率的提高。公共支出规模的增加有助于缩小河北与京津差距、增加京津冀全区域总产出。另外，市场及人口规模、工业专业化水平也对城市效率具有显著促进作用。

公共支出具有空间外溢性特征，京津冀在进行公共支出决策时也应考虑到对周边地区可能产生的影响。河北各市在公共支出上应因地制宜，根据本地情况推进产业政策、技术政策创新，同时注重与京津开展全方位的合作。

四、京津冀专业化产业集聚效应大于多样化集聚，北京多样化产业集聚更突出

通过第五章的分析可以看出，京津冀地区产业集聚演变过程体现了区域产业结构升级的趋势，三省市的产业集聚特征体现了明显的地域差异。18 个产业在各城市的分布情况都不相同，其中，第二产业分布最不均匀，采矿业的地域集中程度最强，金融业等高端服务业的地域分布比较集中，住宿餐饮、文化体育等传统服务业的分布相对较为分散。

北京、天津作为中心城市，其产业集聚程度较高，而中小城市的产业集聚特征并不明显。

中心城市对周边区域的辐射带动作用不突出，尚未彻底实现城市间的协同发展效应。

京津冀各产业专业化和多样化的集聚效应存在较大差异。由于采矿业、交通运输、制造业、房地产业等部分产业存在过度集聚的情况，其专业化的集聚效应为负。一些尚未达到最优集聚程度的产业，其专业化的集聚效应仍然为正。

针对这些问题和结论，我们建议：

一是以非首都功能疏解为抓手缓解北京的过度集聚现象，以加快实现京津冀协同发展。天津和河北应抓住北京产业转移和疏解的机遇促进自身发展。

二是对于不同的产业，应分类施策。对于某些过度集聚的相关产业应加快疏解。而金融业、信息传输等专业化集聚效应仍为正的相关产业，可以根据实际需要酌情决定。

三是进一步完善京津冀交通基础设施，促进多样化集聚效应的发挥以及各城市的协同发展。

四是基于制造业在京津冀吸纳人员就业方面的重要作用，在产业结构调整过程中仍需要对京津冀区域制造业给予一定关注。

五、京津冀生产性服务业集聚水平不高，区域分布失衡严重

第六章对京津冀地区生产性服务业集聚水平对经济发展的影响进行了实证分析，得出结论如下：

1. 京津冀地区生产性服务业的集聚水平整体偏低

行业层面上综合各项指标的计算结果来看，信息传输、计算机服务和软件业与科学研究、技术服务和地质勘查业表现出了明显的集聚倾向，其他细分行业在测算期间大都处于集聚的较低水平。

地区层面上综合各项指标的计算结果来看，京津冀地区除北京市以外的其他12个城市生产性服务业集聚水平都较低。天津市生产性服务业的专业化水平稍显不足、产业竞争力相对较弱。

综合以上两个维度来看，京津冀地区在这一期间生产性服务业集聚水平不高，且细分行业也均未出现明显的集聚现象。

2. 生产性服务业在京津冀的分布呈现单核心、差异大的特征

总体来看，京津冀之间在生产性服务业发展水平上存在较大差距，在集聚水平上也存在一定差距。

从整体维度来衡量，北京的集聚水平远高于天津和河北。天津作为传统的北

方经济重镇，在近 15 年的生产性服务业发展方面却稍显疲软。从河北省来看，全省整体集聚水平相对较低，同时省内 11 个城市间也差异较大。河北省内集聚水平较高的城市有石家庄市、秦皇岛市和廊坊市。

从细分行业的角度来衡量，各地的优势行业各不相同。三省市各自的优势产业分别为：北京是信息传输、计算机服务和软件业、金融业、租赁和商务服务业；天津市是金融业、批发与零售业；河北省是金融业、交通运输、仓储和邮政业、批发与零售业。

3. 京津冀地区生产性服务业的集聚对经济增长有正向促进作用

总体来看，京津冀地区生产性服务业的集聚水平尚处在一个较低的水平，因此生产性服务业集聚水平的提高对于经济发展仍主要起到推动的作用。

针对京津冀地区生产性服务业集聚及影响情况的分析，我们提出对策建议如下：

（1）三地协同打造有利于生产性服务业发展的政策环境。具体来说，京津冀地区要把生产性服务业作为政府重点支持行业，从法规、财政、土地等多方面进行资源的倾斜。出台各种政策鼓励生产性服务业企业创新，营造公平、高效的行业竞争环境，健全知识产权保护相关配套法律措施。

（2）优化生产性服务业与制造业的联动关系。京津冀地区的制造业发展与生产性服务业一样存在着不均衡的情况。京津冀三地也应对各自制造业发展方向进行合理评估，并因地制宜采取措施。同时三省市应促进和加强生产性服务业与制造业的联系，形成第二、第三产业互联互动的良性循环。

（3）因地制宜做好生产性服务业发展规划。从多样化指数的计算结果中可以看出，北京市的产业尤其是信息业、科技业与商务业三大行业集聚优势明显，北京市可以考虑将生产性服务业中不符合其首都定位的行业向天津、河北疏解。天津市应尽快采取措施扭转生产性服务业发展不力的局势，大力发展金融业中的融资租赁等具有一定优势的行业并扶持本地互联网企业，更好地利用与融入天津市制造业的优势，进一步提高其集聚水平。河北省生产性服务业的集聚水平相对较低，尤其是高技术含量的信息、科技、金融等行业更为薄弱，河北省应该抓住机遇，充分发挥其独特的区位优势，依托优势产业，做好京津生产性服务业的承接与错位发展。

六、京津冀制造业转移效果初显，但仍需进一步加大引导与协调

（1）从克鲁格曼专业化指数测度结果来看，京津冀仍在产业上存在一定程度

的趋同情况；其中差异化最明显的是制造业。

（2）从产业维度上来看，制造业产业转移最活跃的产业分别是饮料制造业，印刷和记录媒介复制业，非金属矿物制品业，通用设备制造业、计算机、通信和其他电子设备制造业，医药制造业，食品制造业，化学原料和化学制品制造业，纺织服装、服饰业等。

（3）产业转移最活跃的十大制造业的主要转移方向为京津冀以外的区域，说明整体上京津冀在向"区外"转移制造业。京津冀内部各市在产业转移中的表现各不相同，产业转移在空间分布上也不均衡。

（4）从产业转移的时间维度上来看，产业转移的程度分布不均衡。产业转移的高峰集中在2005年、2009年和2016年。不同年份之间产业转移程度的差异明显，说明产业转移具有一定的波动性。

（5）结果显示京津冀产业转移整体上尚处于初级阶段，产业转移的效率较低。

京津冀地区可以从以下几方面入手，进一步加快产业转移：

1. 充分发挥政府的调节机制

中央政府与三省市政府应充分发挥在产业转移中的引导协调的作用，把"有形的手"和"无形的手"结合起来。三地应通过合作与协调机制及时发现问题、解决问题，完善对接机制，为京津冀的产业转移创造更好的条件；政府应主动深入企业内部，了解各产业企业的诉求，帮助企业解决异地设厂的土地、资金等问题。

2. 加快部分地区共建园区的建设

京津冀各地区参与产业转移的程度不同，长此以往导致各地区经济发展进一步失衡，区域差距加大。因此要根据当地的产业与要素优势，适度引导相关产业向承德、邢台等地区转移。吸引产业转移的一个有效方法就是共建产业园。共建园区可减少要素流通壁垒，促进技术交流进步。推动落后地区共建园区的建设，完善承接产业转移所需要的各项配套设施，可以吸引产业的转入。

3. 提高河北省制造业产业承接能力

第七章的分析发现，京津冀地区的制造业在大规模向"区外"转移，河北省吸引京津相关产业的程度与预期仍有较大差距。河北省应进一步完善产业链体系，注重与京津产业的合理分工和产业链条协作，提升自身的产业承接能力。

七、中日首都城市群在城镇化水平、产业结构方面存在较大差距

通过第八章对我国首都城市群与东京城市群的比较分析，我们发现：

（1）人口规模上东京都明显高于北京市，同时东京都人口在城市群中的比重也明显地高于北京市。其部分原因在于京津冀城市群中还有另一个特大城市——天津市。天津市在很大程度上对京津冀人口起到了一定的分流作用，使京津冀城市群中的人口分布相对合理化。因此，我们应该进一步明确首都城市群中北京和天津的职能分工，使双核心城市在职能上形成互补，进一步推动京津冀协同发展。

（2）东京城市群第三产业产值明显高于京津冀城市群，同时东京都第三产业比重也明显高于北京市。这说明从产业结构来看东京城市群优于京津冀城市群，东京都也优于北京市。部分原因在于，东京都第三产业发展较快，通过发展金融业、高新科技产业、生产性服务业等来实现产业结构的升级。

（3）从城镇化水平来看东京城市群明显高于京津冀城市群，东京都也高于北京市。其原因之一在于东京城市群内部城镇化水平整体较高，城市之间差距较小。这也应当是京津冀城市群今后的发展重点。同时，首都城市群内部应不断完善区域市场机制，加强生产要素流动，促进产业合理分工协作。

八、关注首都城市群人口迁移的影响因素，推动京津冀产业与人口转移

第九章的分析结果显示：首都城市群人口和产业系统具有高度耦合性，尤其第二产值比重和就业比重对人口结构的作用最大；产业结构是人口迁移的主要影响因素；重工业比轻工业在产业转移带动人口迁移方面更有效。

基于前面的分析，我们提出以下对策建议：

1. 基于产业转移带动人口迁移，优化城市群人口布局

由于首都城市群产业与人口系统的耦合度很高，因此通过产业转移带动人口疏解具有很强的可行性。而产业结构与就业比例均衡程度会对产业政策带动人口迁移的效果产生影响。可以通过产业转移政策实现劳动就业人口调整进而引导人口迁移来疏散大城市人口，但要注意防范人口结构失调等问题的影响。

同时，首都城市群的城乡结构、城镇化率与产业系统高度相关，要在调整产业结构的同时推进城镇化率，做好城镇化政策引导和产业政策推进双管齐下、协调发展，以此有效带动人口调整。

2. 根据产业就业弹性，推动产业合理转移

在产业转移过程中，既要考虑转出地、承接地的城市功能定位与产业政策导向，也要考虑转移产业的就业弹性；既要使人口流动符合迁入地经济转型、产业

结构调整的需要，也要考虑劳动力迁移的数量和结构配置问题。具体来说，黑色金属冶炼业行业就业增长弹性始终较大，为吸引劳动力主要行业部门，应通过北京市此行业相关产业链转移到周边城市以带动劳动力人口疏解。石油加工、天然气行业具有行业垄断性、用工制度黏性等特征，对该行业进行产业转移带动人口迁移的效果有限。造纸业、矿物制品业行业就业增长弹性稳定上升，可以通过逐步转移部分生产环节来实现北京人口迁移疏散，这样可以充分利用行业带动劳动力发展的规律来达到最佳效果。如化学原料及化学制品行业的产业就业增长弹性自 2000 年以来基本上保持平稳，这类产业的转移可以实现人口迁移的有效带动。而农副食品加工业和食品制造业等轻工业就业增长弹性较高，通过这类产业的转移能缓解北京人口压力。

3. 关注人口迁移时序黏性特征，优化城市基础设施

在通过产业转移带动人口迁移时，要注重考虑首都城市群城市建设和资源分配，注重对城市消费水平、工资、新增就业岗位、城市基础设施等因素的关注和监控。要充分考虑高消费价格指数会抑制人口迁入等因素，通过城市建设和经济调控降低城市消费水平较高对人口迁入的负面影响，以防负面影响对产业转移带动人口迁入的正向影响抵消。

此外，科教文卫支出不是首都城市群文教人口迁移的显著影响因素，但固定资产投资和城市建设水平却对高素质人口具有较强吸引力。同时由于多数迁入人口是由亲友引荐，上期迁入人口是本期迁移的重要因素，具有时序和扩散特征。因此要考虑人口迁移黏性和时序特征等，促进解决首都城市人口过度集中的问题。

九、合理选择京津冀产业转移次序与方式，实现人口迁移效应最大化

第十章对北京市产业转移对就业人口的影响进行探究，进而探讨产业疏解对人口疏解的带动作用。在实证分析基础上，我们得出以下结论：

（1）第三产业带动人口迁移的效果更明显。通过对三次产业就业弹性进行分析可以看出，北京市近几年来大力发展金融业和信息服务业，加之教育和医疗资源优势使就业人口大量增加，因此对于这类产业的合理转移可以带来更显著的人口迁移效应。

（2）批发零售业、租赁商务服务业、住宿餐饮业、金融业、教育等产业具有显著的人口迁移效应。具有较高综合就业系数的产业转移具有更加显著的人口迁移效应，其疏解可以带来更多人口的迁移，从而有效缓解北京市人口规模的压

力。其中，批发零售业的综合就业系数和间接就业系数都很高，将其迁移出京可以带来较多人口的迁出，人口迁移效应显著；租赁商务服务业、住宿餐饮业等综合就业系数和劳动力感应系数高的产业发生转移时，可以带来较显著的人口迁移效应，但这些产业与当地生活服务息息相关，不能简单进行"一刀切"式的转移。部分高端服务业的快速发展导致其就业吸纳能力较强，但其发展符合北京市可持续健康发展的要求，因此可以对其消耗大量低端劳动力的部分业务进行合理转移，以期实现其人口迁移效应最大化。对教育卫生产业这类有特殊需求的产业，可以通过京津冀三地教育医疗条件均等化来有效疏解就业人口、学习人口和看病人口。

（3）其他固定资产投资、产值、平均工资和能源消费较高的产业具有较显著的人口迁移效应。固定资产投资较多的产业往往就业人口越多；以产值衡量的各产业发展情况对就业人口存在正效应，但影响程度较小。产业的能源消费量对就业人口的影响也是如此。分析表明近年来北京市产业快速高级化以及非首都功能迁移政策取得了明显的效果。

基于以上分析，我们提出以下对策建议：

1. 合理选择产业转移次序，加快缓解北京人口压力

在进行产业疏解时应分清主次，不能盲目无序。首先，要通过分析找出能够带来显著人口迁移效应的产业并将其作为重点；其次，对于间接就业系数较高的产业也应当重点关注；最后，既要合理选择产业疏解的行业次序，也要注意产业疏解的难易程度。

2. 合理选择产业转移方式，实现人口迁移效应最大化

对于劳动生产率低的贸易性产业如批发零售业，可以采取直接转移；对于与其他产业关联性较强的配套服务类产业，除了对本产业的疏解外，还可以对其就业拉动较大的相关部门进行疏解；而教育、卫生等公共服务行业可以推进京津冀地区的教育、医疗水平均等化，有效缓解北京地区的人口问题。

3. 注重京津冀协调发展，着力消除人口迁移滞后性

北京市产业转移的主要承接地就是天津和河北地区，如何更好地融入承接地，减少产业转移带动人口迁移效应的滞后性也是需要重点考虑的问题。以北京市重点疏解产业——批发零售业为例，大批服务于北京周边甚至全国业务范围的批发市场就近搬迁到河北等地，在搬迁过程中要充分考虑历史背景、商业文化和承接地区的实际情况，加快融入承接地区的发展中，以期真正带动就业人口的迁移和京津冀地区的协调发展。

4. 聚焦"四个中心"建设,保障非首都功能疏解顺利进行

产业转移带动人口迁移要基于非首都功能疏解的视角,聚焦"四个中心"建设。第一,对于具有高能耗、高就业拉动力等不符合北京市健康可持续发展要求的产业要重点疏解。通过回归分析得到能源消耗高的部门就业人口也多,且北京市雾霾频发、生态环境承载能力接近极限的现状也不允许过多高能耗产业的发展,因此在非首都功能疏解的过程中要进一步加快对这类产业的疏解工作。第二,非首都功能疏解要坚持"四个中心"功能定位不动摇,即政治中心、文化中心、科技创新中心和国际交往中心。重点发展高端服务业,将优势资源合理配置到信息、科技、文化等产业中,改善就业结构,促进自身的可持续健康发展。

十、从资源禀赋、行政壁垒和政策倾斜角度着手,加快环京津后发区发展

第十一章从资源禀赋、行政壁垒和政策倾斜三个因素分析了环京津后发区的形成及其影响程度,进行实证分析并得出结论:资源禀赋和行政壁垒是造成环京津后发区的重要影响,而政策倾斜在关停产业政策刚出来时会造成当地的经济变弱,但是它也促使环京津带寻找新的产业方向以及新的经济增长点,长期来看其对环京津后发区的影响并不一定是消极的。

这与中心–外围模型分析的结果是一致的:

一是资源禀赋不足对于环京津后发区形成的影响最明显。

二是行政边界壁垒次之。

三是政策限制对于环京津后发区的影响并不明显。

根据分析得到的结论,我们相应地从资源禀赋、行政壁垒和政策倾斜三个因素角度着手给出相关对策建议:

(1) 资源禀赋角度。

一是充分利用好现有的自然资源,整合该区域内的土地资源,实现规模经济。从整体上协调土地资源和水资源的利用,建立结构布局合理的生态经济体系。

二是用后天优势弥补先天不足,通过优化自身条件从其他地方引进优良要素,进一步完善基础设施建设,构建现代交通支撑体系。充分发挥拥抱京津的优良区位优势,主动引入京津的资金、技术等生产要素。

(2) 行政边界壁垒角度。

环京津后发区应进一步解放思想,立足于自身的区位优势和资源优势,实现

"外引内联"来带动区域内产业和经济的迅速崛起。① 主动与京津协商构建区域一体化发展经济体系，以更好享受京津的经济辐射效应，加强两个地区之间人流、物流和信息流的流动以缩短两地区之间的心理距离，最大限度地减少行政边界壁垒。

（3）政策倾斜角度。

首先，环京津后发区可以积极发展特色农业、生态业和观光旅游产业。通过生态和旅游这些新兴的产业带来新的经济增长点。另外，环京津区域紧邻京津，可以充分发挥自身特殊的气候和地域优势来发展特色农业，从而占领和扩张京津的农产品市场，并积极争取与大型超市或批发市场建立长久合作机制。

其次，依靠丰富的旅游资源和环京津、环渤海的区位优势，在现有条件下加大投资力度，提高旅游业发展水平，使当地成为京津人群工作之余的放松休闲之地首选。同时也应搞好经典自身建设、旅游环境建设、旅游的宣传工作，努力将河北旅游资源向旅游产品转化，带动本地经济高速发展。

十一、雄安新区应协调好与京津及河北其他城市的关系，以创新驱动引领发展

雄安建设创新驱动发展引领区，必须要科学定位，正确处理好以下几个关系：

1. 与北京建设全国科技创新中心之间的关系

雄安新区的创新驱动发展引领与北京建设全国科技创新中心是我国不同时期的国家战略需求，具有相辅相成的关系。北京建设全国科技创新中心是北京"四个中心"定位之一，笔者认为也是北京由过去的多功能首都城市向单功能首都城市转型的关键点；雄安新区是以新发展理念引领的现代新型城区建设，是推动京津冀协同发展的重大突破口。二者是不同时期但又相互衔接、承前启后的两个国家战略，既一脉相承又互为补充。

雄安新区可以承接北京部分创新功能。雄安新区可以承接北京全国创新中心的集聚功能、驱动功能、辐射功能，但北京要保留一些创新型技术和一些高精尖技术，并且要体现国家的首都地位，体现首都特色、服务首都功能，与北京其他"三个中心"相配套的功能。

北京科技基础雄厚，但缺少科研成果转化的空间，雄安新区的设立恰好弥补

---

① 于刃刚，戴宏伟. 京津冀区域经济协作与发展——基于河北视角的研究［M］. 北京：中国市场出版社，2006.

了这一缺陷。尤其是随着国家的后续建设和各项投资的落实，一些国际前沿的高新技术将会落户雄安，未来的雄安新区将是以生产性研发与制造为主、知识和技术为支撑的创新中心。二者在建设创新中心的分工上，北京可以更侧重基础性研究，而雄安更侧重于应用性研究；并且在研发的产业上形成不同侧重点，以避免重复建设与竞争。因此，雄安新区与北京建设全国科技创新中心并不矛盾，应合理定位、做好分工，做到相辅相成、相得益彰，共同打造全国经济创新驱动增长极和世界城市群。

2. 与北京疏解非首都核心功能之间的关系

雄安新区的定位是集中疏解北京非首都核心功能，雄安新区要在交通设施、公共服务、生态环境、制度环境、产业环境等方面加大规划和投资力度。

雄安新区在疏解北京非首都核心功能的同时，由点及面带动京津冀区域经济的协同发展。雄安新区与北京疏解非首都核心功能之间要合理分工、错位发展，体现出梯度发展与转移的关系，需要考虑各自的资源禀赋和功能定位，有所选择、有所侧重。

3. 推动科技创新与发展高端高新产业之间的关系

雄安新区作为创新驱动引领区，创新驱动是发展的根本动力。习近平总书记指出，规划建设雄安新区的重点任务中之一就是要发展高端高新产业。包括现代制造业、现代服务业、信息产业等。雄安新区要通过科研、技术等创新要素的集聚，发展高端高新产业，打造"绿色生态宜居新城区、创新驱动发展引领区、协调发展示范区、开放发展先行区"的新城。

4. 承载北京创新资源转移与吸纳全球创新资源的关系

从创新的角度看，雄安新区应立足京津冀，引领全中国，创新融世界。雄安新区今后将成为中国的"硅谷"，是中国成为创新型现代化国家的心脏。同时还要吸纳全球的创新资源，是承载北京创新资源转移与吸纳全球创新资源的关键节点。

5. 与天津、河北经济发展的关系

天津作为"全国先进制造研发基地、北方国际航运核心区、金融创新运营示范区、改革开放先行区"，其第二产业主要以高端制造业为主，可以和雄安新区的高端高新产业更好地展开合作。因此天津的发展与雄安新区的成立是相辅相成、相得益彰的关系，可以以此为突破逐步改变之前京津冀产业趋同、相互竞争的状况，变竞争为合作，起到更加积极的作用。

雄安新区的成立为河北省经济发展带来了重大契机。雄安新区的成立与张北地区形成河北经济发展的"两翼",有利于带动河北省走出一条加快转型、绿色发展、跨越提升的新路。因此,河北省应以此为契机,带动河北补齐区域发展短板,缩小与北京、天津的差距。

根据以上分析,我们针对雄安新区的发展提出以下建议:

1. 大力吸纳和集聚创新要素

依托新区政策优势,深入实施创新驱动战略,大力吸引创新企业、前沿技术落地雄安,并大力吸引人才、技术、资金等创新要素聚集。加强前沿技术研发引进力度,带动新区创新发展。聚集世界级研究机构和创新团队,打造原始创新策源地。发挥科教资源集聚优势,深化企业主导的产学研合作,发挥在创新发展中的引领示范和辐射带动作用。

2. 积极加强创新能力建设

以增强新区自主创新能力为目标,构建具有国际竞争力的区域创新体系。整合区域科技资源,加快建设以企业为主体、市场为导向、产学研相结合的具有国际竞争力的技术创新体系,着力构建区域创新网络,在创新型国家建设中发挥带动和支撑作用。

3. 加快发展高端高新产业

加强重点产业支持力度,促进创新要素向新兴产业集聚。构建结构合理、先进适用、开放兼容、自主可控高端产业支撑技术体系,促进京津冀产业转型。重点在新能源、电子信息、生物医药、高端装备制造等战略性新兴产业领域,发展支撑商业模式创新的现代服务技术。以新一代信息和网络技术为支撑,加强技术集成和商业模式创新,提高产业创新发展水平。

4. 大胆先行先试推进体制机制创新

深化体制机制改革,为新区发展提供制度保障。充分利用新区的政策优势,大胆探索新区治理模式、科技体制、人才机制、企业模型等的改革;深化住房、教育、户籍等民生领域改革;探索新业态、新产业、新模式企业的运营和发展;在社会治理、土地开发和财税制度等方面先行先试,形成可复制和推广的经验,供其他城市和地区参考借鉴。

参 考 文 献

[1] 阿瑟，刘易斯．国际经济秩序的演变 [M]．北京：商务印书馆，1984．

[2] 安虎森．新产业区理论与区域经济发展 [J]．北方论丛，1998 (2)．

[3] 安琥森．新经济地理学原理 [M]．北京：经济科学出版社．

[4] 安秀明，刘素杰，李玉清．以"借地造血"解决"环京津贫困带"问题 [J]．林业经济，2007 (10)．

[5] 安秀明，王海兰，刘素杰．河北省环京津地区贫富差距的政治分析 [J]．特区经济，2009 (1)．

[6] 白素霞，蒋同明．如何处理好科技体制改革中政府与市场的关系——来自天津和上海浦东新区的经验与启示 [J]．中国经贸导刊，2015 (21)．

[7] 薄文广．京津冀协同发展：挑战与困境 [J]．南开学报 (哲学社会科学版)，2015 (1)．

[8] 保定市统计局编．保定年鉴 2013 [M]．北京：中国统计出版社，2014．

[9] 鲍曙光．我国财政转移支付财政均等化效应研究 [J]．中央财经大学学报，2016 (3)．

[10] 鲍曙明，时安卿，侯维忠．中国人口迁移的空间形态变化分析．中国人口科学，2005 (5)．

[11] 蔡建明，王国霞，杨振山．我国人口迁移趋势及空间格局演变 [J]．人口研究，2007，31 (5)．

[12] 沧州市统计局．2013 沧州经济统计年鉴 [M]．北京：中国统计出版社，2014．

[13] 曹荣庆．浅谈区域产业转移和结构优化的模式 [J]．中州学刊，2001 (6)．

[14] 曹山河．论创新主体与客体 [J]．湖南社会科学，2007 (1)．

[15] 曾浩，杨天池，高苇．区域经济空间格局演化的实证分析 [J]．统计与决策，2016 (1)．

[16] 曾鹏，李洪涛. 中国十大城市群产业结构及分工比较研究 [J]. 科技进步与对策，2017，34 (6).

[17] 曾珍香，傅惠敏. 发展系统的持续性研究 [J]. 河北工业大学学报，1999，28 (3).

[18] 曾忠禄. 产业集聚与区域经济发展 [J]. 南开经济研究，1997 (1).

[19] 常进雄. 中国就业弹性的决定因素及就业影响 [J]. 财经研究，2005 (5).

[20] 常延聚，张蕾. 京津冀都市圈服务业集聚特征与空间格局 [J]. 城市发展研究，2015，22 (9).

[21] 陈红霞，贾舒雯. 中国三大城市群生产性服务业的集聚特征比较 [J]. 城市发展研究，2017，24 (10).

[22] 陈美玲. 城市群相关概念的研究探讨 [J]. 城市发展研究，2011，18 (3).

[23] 陈建军，胡晨光. 产业集聚的集聚效应——以长江三角洲次区域为例的理论和实证分析 [J]. 管理世界，2008 (6).

[24] 陈建军，叶炜宇. 关于向浙江省内经济欠发达地区进行产业转移的研究 [J]. 商业经济与管理，2002 (4).

[25] 陈建军. "东扩西进" 与浙江产业区域转移的战略选择 [J]. 浙江社会科学，2002 (1).

[26] 陈建军. 论我国沿海发达地区的产业结构调整及其目标特征 [J]. 经济地理，2002，22 (6).

[27] 陈建军. 中国现阶段产业区域转移的实证研究——结合浙江 105 家企业的问卷调查报告的分析 [J]. 管理世界，2002 (6).

[28] 陈柯，张晓嘉，韩清. 中国工业产业空间集聚的测量及特征研究 [J]. 上海经济研究，2018 (7).

[29] 陈祥. 下大决心疏解北京非首都功能 [J]. 前线，2015 (4).

[30] 陈晓峰. 长三角生产性服务业空间集聚与城市经济增长 [J]. 南通大学学报（社会科学版），2015，31 (6).

[31] 陈旭，邱斌，刘修岩. 空间集聚与企业出口：基于中国工业企业数据的经验研究 [J]. 世界经济，2016，39 (8).

[32] 陈彦光，姜世国. 城市集聚体、城市群和城镇体系 [J]. 城市发展研究，2017 (12).

［33］陈甬军，张廷海．京津冀城市群"产城融合"及其协同策略评价［J］．河北学刊，2016，36（5）．

［34］陈玉光．城市群形成的条件、特点和动力机制［J］．城市问题，2009（1）．

［35］陈玉明，吴松强，郑垂勇．发达国家促进企业集聚创新要素的经验与借鉴［J］．现代经济探讨，2014（12）．

［36］承德市统计局编．承德年鉴（2013）［M］．北京：中国统计出版社，2013．

［37］程丽琳．山西产业结构与人口结构耦合关联研究［D］．太原：山西大学硕士学位论文，2013．

［38］仇向洋．硅谷成功的经验及其对我们的启示［J］．东南大学学报：哲学社会科学版，1999（4）．

［39］崔冬初，宋之杰．京津冀区域经济一体化中存在的问题及对策［J］．经济纵横，2012（5）．

［40］崔向华．首都经济圈规划视野中北京城市功能疏解［J］．城市规划，2015，29（5）．

［41］戴宾．城市群及其相关概念辨析［J］．财经科学，2004（6）．

［42］戴宏伟，宋晓东．首都城市发展模式的比较分析及启示［J］．城市发展研究，2013（6）．

［43］戴宏伟，田学斌，陈永国．区域产业转移研究：以"大北京"经济圈为例［M］．北京：中国物价出版社，2003．

［44］戴宏伟，刘敏．京津冀与长三角区域竞争力的比较分析［J］．财贸经济，2010（1）．

［45］戴宏伟，宋晓东．首都城市发展模式的比较分析及启示［J］．城市发展研究，2013（6）．

［46］戴宏伟．"大北京"经济圈产业梯度转移与结构优化［J］．经济理论与经济管理，2004（2）．

［47］戴宏伟．北京产业梯度转移和产业结构优化的几点思索［J］．首都经济，2003（6）．

［48］戴宏伟．产业梯度产业双向转移与中国制造业发展［J］．经济理论与经济管理，2006（12）．

［49］戴宏伟．国际产业转移的新趋势及对我国的启示［J］．国际贸易，

2007 (2).

[50] 戴宏伟. 国际产业转移与中国制造业发展 [M]. 人民出版社, 2006.

[51] 戴丽娜, 王青玉. 人口空间分布及迁移影响的实证分析——基于空间计量方法与河南省数据 [J]. 统计与信息论坛, 2013 (4).

[52] 戴卓, 李再跃. 地方政府公共支出的空间溢出分析 [J]. 商业时代, 2013 (5).

[53] 丁金宏, 刘振宇, 程丹明, 等. 中国人口迁移的区域差异与流场特征. 地理学报, 2005, 60 (1).

[54] 杜德斌, 何舜辉. 全球科技创新中心的内涵、功能与组织结构 [J]. 中国科技论坛, 2016 (2).

[55] 杜庆华. 产业集聚与国际竞争力的实证分析——基于中国制造业的面板数据研究 [J]. 国际贸易问题, 2010 (6).

[56] 段成荣. 省际人口迁移迁入地选择的影响因素分析. 人口研究, 2001, 25 (1).

[57] 段铸, 王雪祺. 京津冀经济圈财政合作的逻辑与路径研究 [J]. 财经论丛, 2014 (6).

[58] 樊福卓. 一种改进的产业结构相似度测度方法 [J]. 数量经济技术经济研究, 2013, 30 (7).

[59] 范柏乃, 陈玉龙, 段忠贤. 区域创新能力研究述评 [J]. 自然辩证法通讯, 2015 (5).

[60] 范剑勇. 产业集聚与地区间劳动生产率差异 [J]. 经济研究, 2006 (11).

[61] 范剑勇. 市场一体化、地区专业化与产业集聚趋势——兼谈对地区差距的影响 [J]. 中国社会科学, 2004 (6).

[62] 范子英, 张军. 中国如何在平衡中牺牲了效率: 转移支付的视角 [J]. 世界经济, 2010 (11).

[63] 方创琳. 京津冀城市群协同发展的理论基础与规律性分析 [J]. 地理科学进展, 2017, 36 (1).

[64] 方创琳. 京津冀城市群一体化发展的战略选择 [J]. 改革, 2017 (5).

[65] 方大春, 马为彪. 雄安新区建设对京津冀城市群空间结构影响研究——基于社会网络分析 [J]. 经济与管理, 2018, 32 (4).

[66] 冯智涛等. 县域经济评价指标的赋权方法研究——以京津冀城市群为

例［J］. 科技经济市场，2018 (9).

　　［67］傅兆君，陈振权. 知识流动与产业空间集聚现象分析［J］. 地域研究与开发，2003 (3).

　　［68］高洪深. 城市经济学［M］. 北京：中国人民大学出版社，2011.

　　［69］高丽娜，蒋伏心. 创新要素集聚与扩散的经济增长效应分析——以江苏宁镇扬地区为例［J］. 南京社会科学，2011 (10).

　　［70］高素英等. 京津冀城市群空间结构测度与优化路径选择［J］. 商业经济研究，2017 (9).

　　［71］高雪莲，金相郁，踪家峰. 上海市与天津市工业聚集经济效应的对比分析［J］. 青岛科技大学学报（社会科学版），2005 (3).

　　［72］高正平，高晓燕. 借鉴浦东经验，创新滨海新区科技投融资机制［J］. 华北金融，2007 (11).

　　［73］葛立成. 产业集聚与城市化的地域模式——以浙江省为例［J］. 中国工业经济，2004 (1).

　　［74］耿海清，李天威. 基于 SWOT 分析的京津冀城市群协同发展制度评价［J］. 环境影响评价，2017，39 (5).

　　［75］辜胜阻，杨嵋，庄芹芹. 创新驱动发展战略中建设创新型城市的战略思考——基于深圳创新发展模式的经验启示［J］. 中国科技论坛，2016 (9).

　　［76］顾朝林，蔡建明，张伟，等. 中国大中城市流动人口迁移规律研究［J］. 地理学报，1999，54 (3).

　　［77］广东省委政策研究室社会发展处. 区域自主创新的典型：深圳经验与启示［J］. 广东科技，2005 (10).

　　［78］郭晓杰. 环首都贫困带贫困治理路径分析：一个产业融合的视角［J］. 城市规划与管理，2013 (12).

　　［79］国务院发展研究中心"中长期增长"课题组，刘世锦，刘培林，陈昌盛. 优化创新要素布局促进区域经济增长［J］. 发展研究，2014 (8).

　　［80］何珊. 农村扶贫开发现状调查与对策建议——以河北省蔚县为例［J］. 中国经验研究，2013 (6).

　　［81］河北省统计局. 河北经济统计年鉴 (2013)［M］. 北京：中国统计出版社，2013.

　　［82］贺灿飞，潘峰华. 产业地理集中、产业集聚与产业集群：测量与辨识［J］. 地理科学进展，2007 (2).

[83] 贺炎林，袁敏华. 产业转移与产业结构调整的关系浅析 [J]. 特区经济，2010（8）.

[84] 胡安俊，孙久文. 京津冀世界级城市群的发展现状与实施方略研究 [J]. 城市，2018（6）.

[85] 胡汉辉，倪卫红. 集成创新的宏观意义：产业集聚层面的分析 [J]. 中国软科学，2002（12）.

[86] 胡双梅. 人口、产业和城市集聚在区域经济中的关系 [J]. 西南交通大学学报（社会科学版），2005（4）.

[87] 胡兴华. 新一轮国际产业转移与中国发展机遇 [J]. 价格月刊，2004（3）.

[88] 黄洁等. 中国三大城市群城市化动态特征对比 [J]. 中国人口·资源与环境，2014，24（7）.

[89] 黄玖立. 对外贸易、地理优势与中国的地区差异 [M]. 北京：中国经济出版社，2009.

[90] 黄利春. 产业集聚、产业转移与产业升级 [J]. 江苏商坛，2011（1）.

[91] 黄征学. 城市群：理论与实践 [M]. 北京：经济科学出版社，2014.

[92] 吉亚辉，甘丽娟. 生产性服务业集聚与经济增长的空间计量分析 [J]. 工业技术经济，2015（7）.

[93] 纪良纲，晓国. 京津冀产业梯度转移与错位发展 [J]. 河北学刊，2004（6）.

[94] 纪韶，朱志胜. 中国城市群人口流动与区域经济发展平衡性研究 [J]. 经济理论与经济管理，2014（2）.

[95] 贾俊雪，郭庆旺. 政府间财政收支责任安排的地区经济增长效应 [J]. 经济研究，2008（6）.

[96] 贾若祥. 京津冀城市群发展的思路与对策 [J]. 中国发展观察，2014（7）.

[97] 江曼琦. 对城市群及其相关概念的重新认识 [J]. 城市发展研究，2013（5）.

[98] 姜玲，杨开忠. 日本都市圈经济区划及对中国的启示 [J]. 亚太城市研究，2007（2）.

[99] 焦君红，王登龙. 环京津贫困带的环境权利与义务问题研究 [J]. 改革与战略，2008，24（1）.

[100] 焦跃辉，李婕. 略论环京津区域生态补偿机制的创新 [J]. 商业现代化，2009（2）.

[101] 金相郁，高雪莲. 中国城市聚集经济实证研究——以天津为例 [J]. 城市发展研究，2004（1）.

[102] 克鲁格曼. 地理与贸易 [M]. 张兆杰，译. 北京：北京大学出版社，2000.

[103] 梁琦. 产业集聚论 [M]. 北京：商务印书馆，2004.

[104] 况媛. 浙江省制造业升级的就业效应 [D]. 杭州：浙江工商大学硕士学位论文，2014.

[105] 兰相洁. 公共卫生支出与经济增长——理论阐释与空间计量经济分析 [J]. 经济与管理研究，2013（3）.

[106] 李丹. 环首都贫困带的脱贫问题——基于生态性贫困视角 [J]. 开放导报，2013（12）.

[107] 李国平，范红忠. 生产集中、人口分布与地区经济差异 [J]. 经济研究，2003（11）.

[108] 李国平，张杰斐. 京津冀制造业空间格局变化特征及其影响因素 [J]. 南开学报（哲学社会科学版），2015（1）.

[109] 李凯，李世杰. 装备制造业集群网络结构研究与实证 [J]. 管理世界，2004（12）.

[110] 李兰冰，郭琪，吕程. 雄安新区与京津冀世界级城市群建设 [J]. 南开学报（哲学社会科学版），2017（4）.

[111] 李岚，高智，罗静，王月霄. 消除环京津贫困带促进京津冀区域协调发展研究 [J]. 中国环境保护优秀论文集，2005.

[112] 李磊，张贵祥. 京津冀城市群内城市发展质量 [J]. 经济地理，2015（5）.

[113] 李玲. 改革开放以来中国国内人口迁移及其研究. 地理研究，2001，20（4）.

[114] 李美琦. 中国三大城市群空间结构演变研究 [D]. 长春：吉林大学，2018.

[115] 李培，邓慧慧. 京津冀地区人口迁移特征及其影响因素分析 [J]. 人口与经济，2007（6）.

[116] 李强. 影响中国城乡流动人口的推力与拉力因素分析 [J]. 中国社会

科学, 2003 (1).

[117] 李瑞. 托达罗人口流动模型与中国农村剩余劳动力的转移 [J]. 商业经济, 2009 (4).

[118] 李树茁. 性别歧视的人口后果——基于公共政策视角的模拟分析 [J]. 公共管理学报, 2006, 3 (2).

[119] 李铁立, 徐建华. "泛珠三角"产业、人口分布空间变动的趋势分析 [J]. 地理科学, 2006, 26 (4).

[120] 李王鸣, 陈秋晓, 戴企成. 杭州都市区经济集聚与扩散机制研究 [J]. 经济地理, 1998 (1).

[121] 李亚联. 法国小城格勒诺布尔的启示 [J]. 特区经济, 1992 (4).

[122] 李娅, 伏润民. 为什么东部产业不向西部转移：基于空间经济理论的解释 [J]. 世界经济, 2010 (8).

[123] 李延军, 李海月, 史笑迎. 京津冀区域金融集聚的空间溢出效应及影响路径 [J]. 金融论坛, 2016, 21 (11).

[124] 李彦斌. 美国硅谷成功经验的分析和借鉴 [J]. 科技管理研究, 2001 (6).

[125] 李扬, 刘慧. 人口迁移空间格局模拟研究进展与展望. 地理科学进展, 2010, 29 (10).

[126] 李子叶, 韩先锋, 冯根福. 我国生产性服务业集聚对经济增长方式转变的影响——异质门槛效应视角 [J]. 经济管理, 2015, 37 (12).

[127] 梁晓林, 谢俊英. 京津冀区域经济一体化的演变、现状及发展对策 [J]. 河北经贸大学学报, 2009, 30 (6).

[128] 林坚. 首都功能定位需要处理好十大关系 [J]. 中国流通经济, 2015 (4).

[129] 林筱文, 陈静. 工业聚集经济效果的计量与分析 [J]. 福州大学学报 (社会科学版), 1995 (6).

[130] 刘安国等. 京津冀制造业产业转移与产业结构调整优化重点领域研究——不完全竞争视角 [J]. 重庆大学学报 (社会科学版), 2013, 19 (5).

[131] 刘宾. 非首都功能疏解背景下京津冀产业协同发展研究 [J]. 宏观经济管理, 2018 (8).

[132] 刘秉镰. 雄安新区与京津冀协同开放战略 [J]. 经济学动态, 2017 (7).

［133］刘法，苏杨，段正．京津冀城市群一体化发展应成为国家战略［J］.中国发展观察，2014（2）.

［134］刘华军，杨骞．金融深化、空间溢出与经济增长——基于空间回归模型偏微分效应分解方法及中国的实证［J］.金融经济学研究，2014（3）.

［135］刘辉等．基于交通可达性的京津冀城市网络集中性及空间结构研究［J］.经济地理，2013，33（8）.

［136］刘会政，王立娜．劳动力流动对京津冀区域经济发展差距的影响［J］.人口与经济，2016（2）.

［137］刘金丹．劳动密集型制造业发展与劳动力就业问题分析［J］.广西大学学报，2009.

［138］刘静玉，王发曾．城市群形成发展的动力机制研究［J］.开发研究，2004（6）.

［139］刘满平．"泛珠江"区域产业梯度分析及产业转移机制构建［J］.经济理论与经济管理，2004（11）.

［140］刘乃全，吴友．长三角扩容能促进区域经济共同增长吗［J］.中国工业经济，2017（6）.

［141］刘妮娜，刘诚．合理、有序推进中国人口城镇化的路径分析［J］.经济学家，2014（2）.

［142］刘芹，张永庆，樊重俊．中日韩高科技园区发展的比较研究——以中国上海张江、日本筑波和韩国大德为例［J］.科技管理研究，2008，28（8）.

［143］刘庆林，白洁．日本都市圈理论及对我国的启示［J］.山东社会科学，2005（12）.

［144］刘书瀚，于化龙．生产性服务业集聚与区域经济增长的空间相关性分析——基于中国285个地级城市的实证研究［J］.现代财经（天津财经大学学报），2018，38（3）.

［145］刘涛，齐元静，曹广忠．中国流动人口空间格局演变机制及城镇化效应——基于2000和2010年人口普查分县数据的分析［J］.地理学报，2015，70（4）.

［146］刘雪芹，张贵．京津冀区域产业协同创新能力评价与战略选择［J］.河北师范大学学报（哲学社会科学版），2015（1）.

［147］刘晏伶，冯健．中国人口迁移特征及其影响因素——基于第六次人口普查数据的分析［J］.人文地理，2014（2）.

[148] 刘友金, 王冰. 基于中心－外围模型的产业转移滞缓成因及对策研究 [J]. 湖南科技大学学报, 2013 (4).

[149] 刘玉亭, 王勇, 吴丽娟. 城市群概念、形成机制及其未来研究方向评述 [J]. 人文地理, 2013 (1).

[150] 刘长明. 硅谷之路 [J]. 学术界, 2001 (5).

[151] 刘子利. 京津冀城市群经济重心转移趋势与主要因素探析 [J]. 天津社会科学, 2013 (2).

[152] 卢根鑫. 国际产业转移论 [M]. 上海: 上海人民出版社, 1997.

[153] 卢明华, 李国平, 孙铁山. 东京大都市圈内各核心城市的职能分工及启示研究 [J]. 地理科学, 2003 (4).

[154] 陆大道. 京津冀城市群功能定位及协同发展 [J]. 地理科学进展, 2015, 34 (3).

[155] 罗浩. 中国劳动力无限供给与产业区域粘性 [J]. 中国工业经济, 2003 (4).

[156] 罗勇, 曹丽莉. 中国制造业集聚程度变动趋势实证研究 [J]. 经济研究, 2005 (8).

[157] 吕晨, 樊杰, 孙威. 基于 ESDA 的中国人口空间格局及影响因素研究 [J]. 经济地理, 2009, 29 (11).

[158] 吕晨, 孙威. 人口集聚区吸纳人口迁入的影响因素——以东莞市为例 [J]. 地理科学进展, 2014 (5).

[159] 马国霞, 田玉军, 王志强. 京津冀都市圈经济增长区域差异及其动力机制量化分析 [J]. 中国科学院研究生院学报, 2007 (4).

[160] 马海涛, 黄晓东, 罗奎. 京津冀城市群区域产业协同的政策格局及评价 [J]. 生态学报, 2018, 38 (12).

[161] 毛汉英. 京津冀协同发展的机制创新与区域政策研究 [J]. 地理科学进展, 2017 (1).

[162] 毛捷, 汪德华, 白重恩. 民族地区转移支付、公共支出差异与经济发展差距 [J]. 经济研究, 2011 (2).

[163] 毛雁冰, 薛文骏. 中国能源强度变动的就业效应研究 [J]. 中国人口·资源与环境, 2012, 22 (9).

[164] 孟庆民, 杨开忠. 一体化条件下的空间经济集聚 [J]. 人文地理, 2001 (6).

　　[165] 孟祥林."环首都贫困带"与"环首都城市带":"三Q+三C"模式的区域发展政策分析 [J]. 区域经济评论, 2013 (4).

　　[166] 孟祥林. 京津冀一体化背景下京承城市走廊发展对策的区域经济学分析 [J]. 城市, 2004 (11).

　　[167] 苗洪亮. 我国城市群空间结构、内部联系对其经济效率的影响研究 [D]. 北京: 中央财经大学博士论文, 2017.

　　[168] 倪进峰, 李华. 产业集聚、人力资本与区域创新——基于异质产业集聚与协同集聚视角的实证研究 [J]. 经济问题探索, 2017 (12).

　　[169] 聂华林, 赵超. 我国区际产业转移对西部产业发展的影响 [J]. 兰州大学学报 (社会科学版), 2000 (5).

　　[170] 牛方曲, 刘卫东, 宋涛, 胡志丁. 城市群多层次空间结构分析算法及其应用——以京津冀城市群为例 [J]. 地理研究, 2015, 34 (8).

　　[171] 牛桂敏. 健全京津冀城市群协同绿色发展保障机制 [J]. 经济与管理, 2017, 31 (4).

　　[172] 潘世明, 胡冬梅. 论产业集聚的经济效应及其政策含义 [J]. 上海经济研究, 2008 (8).

　　[173] 潘小宇, 王圣元, 陆康. 江苏省第三产业各行业产值对就业的影响 [J]. 内蒙古科技与经济, 2012 (22).

　　[174] 庞晶. 城市群形成与发展机制研究 [M]. 北京: 中国财政经济出版社, 2009.

　　[175] 彭永芳, 谷立霞, 朱红伟. 京津冀区域合作与区域经济一体化问题分析 [J]. 湖北农业科学, 2011, 50 (15).

　　[176] 阮加, 李欣. 从产业转移与人才转移的互动机制看京津冀区域一体化 [J]. 中国行政管理, 2011 (2).

　　[177] 邵汉青, 钟契夫. 投入产出法概论 [M]. 北京: 中国人民大学出版社, 1983.

　　[178] 沈鸿, 顾乃华. 地方财政分权、产业集聚与企业出口行为 [J]. 国际贸易问题, 2017 (9).

　　[179] 沈映春, 闫佳琪. 京津冀都市圈产业结构与城镇空间模式协同状况研究——基于区位熵灰色关联度和城镇空间引力模型 [J]. 产业经济评论, 2015 (11).

　　[180] 石敏俊. 京津冀建设世界级城市群的现状、问题和方向 [J]. 中共中

央党校学报，2017，21（4）.

［181］石奇，孔群喜.动态效率、生产性公共支出与结构效应［J］.经济研究，2012（1）.

［182］宋文新.打造京津冀世界级城市群若干重大问题的思考［J］.经济与管理，2015，29（5）.

［183］苏东水.产业经济学［M］.北京：高等教育出版社，2006.

［184］苏雪串.城市化进程中的要素集聚、产业集群和城市群发展［J］.中央财经大学学报，2004（1）.

［185］苏雪串.城市群：形成机理、发展态势及中国特点分析［J］.经济与管理评论，2012，28（2）.

［186］苏依依，周长辉.企业创新的集群驱动［J］.管理世界，2008（3）.

［187］孙锦.海法：在这里发掘"创新之城"的奥秘［N］.深圳特区报，2012 – 06 – 18（A06）.

［188］孙久文，罗标强.基于修正引力模型的京津冀城市经济联系研究［J］.经济问题探索，2016（8）.

［189］孙久文，姚鹏.京津冀产业空间转移、地区专业化与协同发展——基于新经济地理学的分析框架［J］.南开学报（哲学社会科学版），2015（1）.

［190］孙久文，罗标强.京津冀地区城市结构及经济联系研究［J］.中国物价，2016（9）.

［191］孙久文，原倩.京津冀协同发展战略的比较和演进重点［J］.经济社会体制比较，2014（5）.

［192］孙铁山，李国平，卢明华.京津冀都市圈人口集聚与扩散及其影响因素——基于区域密度函数的实证研究［J］.地理学报，2009，64（8）.

［193］谭真勇，谢里，罗能生.地方保护与产业集聚：基于空间经济模型的分析［J］.南京师大学报（社会科学版），2009（1）.

［194］汤继强.世界科技园的成功密码（上）［J］.中国高新区，2008（11）.

［195］汤继强.世界科技园的成功密码（下）［J］.中国高新区，2008（12）.

［196］陶纪明，徐珺，张云伟，崔园园，朱达明，任会明.深圳制造业创新能力建设经验借鉴与启示［J］.科学发展，2016（7）.

［197］田明.中国东部地区流动人口城市间横向迁移规律.地理研究，2013，32（8）.

［198］田喜洲.制造业对生产性服务业就业的影响空间与机制［J］.华中科

技大学学报，2011，25（3）.

［199］汪彬，陈耀．京津冀城市群发展差距测算及协同发展研究［J］．上海经济研究，2015（8）.

［200］汪江龙．首都城市功能定位与产业发展互动关系研究［J］．首都经济论坛，2011，21（4）.

［201］王春元．我国政府财政支出结构与经济增长关系实证分析［J］．财经研究，2009（6）.

［202］王德利．北京非首都功能疏解面临的问题及疏解方向［J］．经济研究导刊，2018（22）.

［203］王德利等．中国城市群城镇规模分布演变特征及规律分析［J］．生态经济，2019，35（2）.

［204］王飞．非首都功能疏解下的区域协同发展研究［J］．中国战略新兴产业，2018（28）.

［205］王桂新．改革开放以来中国人口迁移发展的几个特征．人口与经济，2004（4）.

［206］王国平．发达国家与发展中国家的科技创新差异［J］．党政视野，2015（3）.

［207］王海臣．持续加大非首都功能疏解程度携手有序推进京津冀协同发展［J］．前线，2017（5）.

［208］王昊．北京就业弹性系数的分析与启示［J］．北京行政学院学报，2011（5）.

［209］王继源，陈璋，胡国良．京津冀协同发展下北京市人口调控：产业疏解带动人口疏解［J］．中国人口·资源与环境，2015，25（10）.

［210］王建峰，母爱英，罗义．基于河北视角的京津冀产业转移互动分析［J］．生产力研究，2011（11）.

［211］王建峰．区域产业转移的综合协同效应研究——基于京津冀产业转移的实证分析［D］．北京：北京交通大学博士学位论文，2012.

［212］王金杰，王庆芳，刘建国，李博．协同视角下京津冀制造业转移及区域间合作［J］．经济地理，2018，38（7）.

［213］王珏，陈雯，袁丰．基于社会网络分析的长三角地区人口迁移及演化［J］．地理研究，2014，32（2）.

［214］王丽．中国城市群的理论、模型与实证［M］．北京：科学出版社，

2016.

[215] 王良举，王永培．基础设施、经济密度与生产率差异——来自中国地级以上城市数据的证据 [J]．软科学，2011 (12)．

[216] 王琴梅，陈靖．行政壁垒、市场分割对区域协调发展的影响分析 [J]．甘肃理论学刊，2014 (12)．

[217] 王树春．河北省承接北京产业转移的研究——基于可持续发展背景下的分析 [D]．天津商业大学硕士学位论文，2010．

[218] 王贤彬．行政区划调整与经济增长 [J]．管理世界，2010 (4)．

[219] 王晓海，王晓霞．"环首都贫困"及其根源解析 [J]．调研世界，2013 (9)．

[220] 王秀芬．河南省城市体系规模等级结构研究 [D]．郑州：河南大学硕士论文，2010．

[221] 王振坡等．京津冀城市群人口空间结构演变及优化路径研究 [J]．西北人口，2016，37 (5)．

[222] 王琢卓，韩峰，赵玉奇．生产性服务业对经济增长的集聚效应研究——基于中国地级城市面板 VAR 分析 [J]．经济经纬，2012 (4)．

[223] 魏后凯．现代区域经济学 [M]．北京：经济管理出版社，2011．

[224] 魏后凯．市场竞争、经济绩效与产业集中——对中国制造业集中与市场结构的实证研究 [M]．北京：经济管理出版社，2003．

[225] 魏守华．企业集聚的竞争优势探究 [J]．财经问题研究，2002 (5)．

[226] 文丰安．生产性服务业集聚、空间溢出与质量型经济增长——基于中国 285 个城市的实证研究 [J]．产业经济研究，2018 (6)．

[227] 文宗瑜．疏解非首都功能与京津冀协同发展的同步推进 [J]．北京人大，2018 (3)．

[228] 乌兰图雅．日本筑波研究学园城市模式的构建及启示 [J]．天津大学学报（社会科学版），2007，9 (5)．

[229] 邬红华，金荣学．中国转型时期人口因素对省际经济增长差异的实证分析 [J]．当代经济研究，2007 (8)．

[230] 吴爱芝，李国平，张杰斐．京津冀地区产业分工合作机理与模式研究 [J]．人口与发展，2015，21 (6)．

[231] 吴学花，杨蕙馨．中国制造业产业集聚的实证研究 [J]．中国工业经济，2004 (10)．

[232] 吴颖，王旭，苏洪．区域经济协调发展中的区域公共支出政策失灵及矫正——基于空间经济学理论背景 [J]．软科学，2009，23 (5)．

[233] 武汉市经济研究所课题组．武汉"两型社会"综合配套改革试验区的总体思路研究 [J]．学习与实践，2008 (7)．

[234] 武义青，柳天恩，窦丽琛．建设雄安创新驱动发展引领区的思考 [J]．经济与管理，2017 (3)．

[235] 夏永祥．区域创新要素集聚与区域经济发展 [J]．区域经济评论，2016 (2)．

[236] 肖金成，李娟，马燕坤．京津冀城市群的功能定位与合作 [J]．经济研究参考，2015 (2)．

[237] 肖金成等．中国十大城市群 [M]．北京：经济科学出版社，2009．

[238] 肖沛余，葛幼松．长江经济带生产性服务业集聚的空间溢出效应——基于行业和地区分异的空间杜宾模型研究 [J]．生态经济，2019，35 (2)．

[239] 小岛清．对外贸易论 [M]．天津：南开大学出版社，1987．

[240] 谢专，张佳梁，张晓波．京津冀的产业结构现状、变迁与空间资本流动——来自工商注册数据的证据 [J]．人口与发展，2015，21 (5)．

[241] 邢子政，马云泽．京津冀区域产业结构趋同倾向与协同调整之策 [J]．现代财经（天津财经大学学报），2009，29 (9)．

[242] 徐康宁．开放经济中的产业集聚与竞争力 [J]．中国工业经济，2001 (11)．

[243] 徐现祥，梁剑雄．经济增长目标的策略性调整 [J]．经济研究，2014 (1)．

[244] 薛刚，陈思霞，蔡璐．城镇化与全要素生产率差异：公共支出的作用 [J]．中国人口·资源与环境，2015，25 (3)．

[245] 闫奕荣，姚芳，黄梓衍．生产性服务业集聚与地方经济发展——基于中国省级数据的实证研究 [J]．西南民族大学学报（人文社科版），2018，39 (7)．

[246] 颜廷标．区域特质、产业分工定位与实现机理——以京津冀产业协同为例 [J]．河北学刊，2018，38 (3)．

[247] 杨宝良，朱钟棣．地方政府两种寻租动机不一致性的假说及检验——我国区域比较优势与产业集聚的非协整发展与成因 [J]．财经研究，2003 (10)．

[248] 杨宝良．外部经济与产业地理集聚一个基本理论逻辑及对我国工业经济的实证研究 [J]．世界经济文汇，2003 (6)．

[249] 杨树旺，易明，肖建忠. 产业集群治理：结构、机制与模式 [J]. 宏观经济研究，2008（1）.

[250] 杨天宇，荣雨菲. 区域发展战略能促进经济增长吗——以振兴东北老工业基地战略为例 [J]. 经济理论与经济管理，2017（10）.

[251] 杨志勇. 基于创新链模型的创新链管理研究——硅谷经验及对中国企业的启示 [J]. 商场现代化，2006（31）.

[252] 姚士谋，等. 中国城市群新论 [M]. 北京：科学出版社，2016.

[253] 叶裕明，李彦军，倪稞. 京津冀都市圈人口流动与跨区域统筹城乡发展 [J]. 中国人口科学，2008（2）.

[254] 易永胜. 深圳自主创新领先成功的经验探索 [J]. 特区经济，2012（10）.

[255] 尹德挺，张子谏. 首都人口问题的国际比较及其启示 [J]. 学术天地，2013（9）.

[256] 尹征，卢明华. 京津冀地区城市间产业分工变化研究 [J]. 经济地理，2015，35（10）.

[257] 于洪俊，宁越敏. 城市地理概论 [M]. 合肥：安徽科学技术出版社，1983.

[258] 于化龙，臧学英. 非首都功能疏解与京津产业对接研究 [J]. 理论导刊，2015（12）.

[259] 于刃刚，戴宏伟等. 京津冀区域经济协作与发展——基于河北视角的研究 [M]. 北京：中国市场出版社，2006.

[260] 于树江，戴大双，王云峰. 集群式产业创新的空间集聚效应分析 [J]. 科技进步与对策，2004（12）.

[261] 俞路，张善余. 近年来北京市人口分布变动的空间特征分析 [J]. 北京社会科学，2006（1）.

[262] 俞万源. 基于产业协调的"双转移"战略背景下广东欠发达山区劳动力转移分析 [J]. 2011（5）.

[263] 袁富华. 中国劳动密集型制造业出口和就业状况分析 [J]. 经济理论与经济管理，2007（4）.

[264] 袁晓玲，杨万平. 中国西部城市产业集聚经济效应实证分析——以西安市和成都市为例 [J]. 中国地质大学学报（社会科学版），2008（9）.

[265] 苑德宇，李德刚，宋小宁. 产业集聚、企业年龄与政府补贴 [J]. 财贸经济，2018，39（9）.

[266] 臧元峰，孙久文.日本集聚经济与都市发展研究 [J].城市研究，2010 (12).

[267] 张柏瑞.我国生态性贫困的双重抑制效应研究——基于环京津贫困带的分析 [J].前沿论坛，2007 (1).

[268] 张丹，孙铁山，李国平.中国首都圈区域空间结构特征——基于分行业就业人口分布的实证研究 [J].地理研究，2012 (5).

[269] 张广威，漆晗东.京津都市圈经济一体化发展思考 [J].区域经济，2003 (10).

[270] 张贵，王树强，刘沙，贾尚键.基于产业对接与转移的京津冀协同发展研究 [J].经济与管理，2014 (4).

[271] 张贵.基于产业对接与转移的京津冀协同发展研究 [J].经济与管理，2014 (4).

[272] 张贵军，张蓬涛，张慧，崔海宁.环京津贫困地区退耕与贫困、反贫困问题研究 [J].中国农学通报，2012 (28).

[273] 张贵军，张蓬涛.环京津贫困地区基于退耕的土地利用变化及其与经济发展关系研究 [J].林业经济问题，2010 (4).

[274] 张海涛，侯奇华，蒋翠侠.基于安徽省各地市面板数据的产业转移对承接地自主创新能力影响分析 [J].阜阳师范学院学报（自然科学版），2018，35 (3).

[275] 张辉，李巧莎.日本首都圈的建设及其对京津冀都市圈建设的启示 [J].日本问题研究，2007 (4).

[276] 张稷锋.国家级新区配套法律规范体系建构的进路梳理及启示——以"浦东新区"为例 [J].行政与法，2013 (7).

[277] 张家口市统计局.张家口统计年鉴（2013）[M].北京：中国统计出版社，2013.

[278] 张杰斐，席强敏，孙铁山，李国平.京津冀区域制造业分工与转移 [J].人文地理，2016 (4).

[279] 张杰斐，等.京津冀区域制造业分工与转移 [J].人文地理，2016，31 (4).

[280] 张凯.京津冀地区产业协调发展研究 [D].武汉：华中科技大学博士论文，2007.

[281] 张可云.京津冀协同发展历程、制约因素及未来方向 [J].河北学

刊, 2014 (11).

［282］张可云, 蔡之兵. 北京非首都功能的内涵、影响机理及其疏解思路 [J]. 河北学刊, 2015 (5).

［283］张琨. 产业转移对能源强度的影响 [J]. 合作经济与科技, 2018 (12).

［284］张明艳, 孙晓飞, 贾巳梦. 京津冀经济圈产业结构与分工测度研究 [J]. 经济研究参考, 2015 (8).

［285］张琪. 中国人口迁移与区域经济发展差异研究——区域、都市与都市圈视角 [D]. 上海: 复旦大学博士学位论文, 2008.

［286］张启春, 汤学兵. 人口迁移、就业机会与基本公共服务的实证研究——以湖北迁出人口为例 [J]. 统计与决策, 2008 (16).

［287］张倩宇. 都市圈城市体系发展及演化机制研究——以兰州都市圈为例 [D]. 长沙: 中南大学硕士论文, 2010.

［288］张少宁, 蒋平. 加强区域创新主体能力建设 [N]. 广西日报, 2007 - 6 - 24 (006).

［289］张苏北, 朱宇, 晋秀龙, 等. 安徽省内人口迁移的空间特征及其影响因素 [J]. 经济地理, 2013, 33 (5).

［290］张旺, 申玉铭. 京津冀都市圈生产性服务业空间集聚特征 [J]. 地理科学进展, 2012, 31 (6).

［291］张伟, 张建春. 国外旅游与消除贫困问题研究评述 [J]. 旅游学刊, 2005 (1).

［292］张晓红, 王皓, 朱明侠. 产业集聚、技术溢出与经济增长 [J]. 管理现代化, 2018, 38 (4).

［293］张学文, 叶元煦. 黑龙江省区域可持续发展评价研究 [J]. 中国软科学, 2002 (5).

［294］张志彬, 朱晴艳. 生产性服务业集聚对城市经济增长的影响——基于长江经济带三大城市群的经验分析 [J]. 经济视角, 2018 (1).

［295］张志彬. 生产性服务业集聚、城市体系演变与区域经济增长——基于京津冀、长三角和珠三角城市群的经验分析 [J]. 湖南科技大学学报 (社会科学版), 2019, 22 (1).

［296］张治栋, 秦淑悦. 产业集聚对城市绿色效率的影响——以长江经济带 108 个城市为例 [J]. 城市问题, 2018 (7).

［297］张子霄, 吕晨. 京津冀城市群与波士华城市群空间结构对比分析

[J]. 湖北社会科学, 2018 (11).

[298] 赵阿锋. 陕西省城市层级体系评价及发展对策研究 [D]. 西安: 西安建筑科技大学硕士论文, 2011.

[299] 赵国杰, 吴孟铎. 用 DEA 方法评价城市发展的可持续性 [J]. 洛阳师范学院学报, 2002 (2): 132-134.

[300] 赵弘. 区域一体化视角下的"首都经济圈"战略研究 [J]. 北京市经济管理干部学院学报, 2011, 26 (3).

[301] 赵璐, 赵作权. 中国制造业的大规模空间聚集与变化 [J]. 数量经济技术经济研究, 2014 (10).

[302] 赵渺希, 魏冀明, 吴康. 京津冀城市群的功能联系及其复杂网络演化 [J]. 城市规划学刊, 2014 (1).

[303] 赵儒煜, 冯建超, 邵昱晔. 日本首都圈城市功能分类与空间组织结构 [J]. 现代日本经济, 2009 (4).

[304] 赵勇, 白永秀. 城市群国内研究文献综述 [J]. 城市问题, 2007 (7).

[305] 赵玉. 对环京津贫困带的扶持补偿机制研究 [J]. 经济问题探索, 2008 (3).

[306] 赵峥, 刘芸, 李成龙. 北京建设全国科技创新中心的战略思路与评价体系中国发展观察, 2015 (6).

[307] 赵作权, 宋敦江. 中国经济空间演化趋势与驱动机制 [J]. 开发研究, 2011 (2).

[308] 郑江淮, 高彦彦, 胡小文. 企业"扎堆"、技术升级与经济绩效——开发区集聚效应的实证分析 [J]. 经济研究, 2008 (5).

[309] 郑明亮. 山东省产业结构调整与人口就业关系的互动分析 [M]. 北京: 人民出版社, 2015.

[310] 郑鑫. 产业转移识别与效率研究 [D]. 北京: 中国社会科学院博士论文, 2012.

[311] 钟坚. 美国硅谷模式成功的经济与制度分析 [J]. 学术界, 2002 (3).

[312] 钟茂初, 潘丽青. 京津冀生态——经济合作机制与环京津贫困带问题研究 [J]. 林业经济, 2007 (10).

[313] 周毕文, 陈庆平. 京津冀一体化中的产业转移 [J]. 经济与管理, 2016, 30 (3).

[314] 周兵, 蒲勇健. 一个基于产业集聚的西部经济增长实证分析 [J]. 数

量经济技术经济研究，2003（8）.

［315］周干峙. 高密集连绵网络状大都市地区的新形态——珠江三角洲地区城市化的结构［J］. 城市发展研究，2003，10（2）.

［316］周群艳. 区域竞争力的形成机理与测评研究［D］. 上海：上海交通大学博士论文，2005.

［317］周伟，马碧云. 京津冀产业分工与可持续发展的实证分析［J］. 商业经济研究，2017（3）.

［318］周文. 产业空间集聚机制理论的发展［J］. 经济科学，1999（6）.

［319］周学政. 区域创新要素聚集的理论基础及政策选择［J］. 科学管理研究，2013（2）.

［320］朱华晟，盖文启. 产业的柔性集聚及其区域竞争力实证分析——以浙江大唐袜业柔性集聚体为例［J］. 经济理论与经济管理，2001（11）.

［321］朱华友，孟云利，等. 集群视角下的产业转移的路径、动因及其区域效应［J］. 社会科学家，2008（7）.

［322］朱吉超. 江苏省城市化水平综合评价研究［D］. 南京：南京航空航天大学硕士论文，2009.

［323］朱杰. 长江三角洲人口迁移空间格局、模式及启示. 地理科学进展，2009，28（3）.

［324］朱耀人. 长江三角洲区域经济一体化发展思路［J］. 城市经济，2003（4）.

［325］朱云飞，朱海涛，王鑫鑫. 京津冀协同发展背景下河北承接产业转移的财政政策研究［J］. 河北工业大学学报（社会科学版），2014，6（3）.

［326］朱钟棣，杨宝良. 试论国际分工的多重均衡与产业地理集聚［J］. 世界经济研究，2003（10）.

［327］祝接金，胡永平. 地方政府支出、效率改进与区域经济增长——中国地区面板数据的经验分析［J］. 中国软科学，2006（11）.

［328］祝丽云，等. 产业结构调整对雾霾污染的影响——基于中国京津冀城市群的实证研究［J］. 生态经济，2018，34（10）.

［329］庄子银，邹薇. 政府财政支出能否促进经济增长：中国的经验分析［J］. 管理世界，2003（7）.

［330］卓勇良，孙裕增. 江浙沪联手打造长三角先进制造业基地［J］. 今日浙江，2003（3）.

［331］邹积亮. 产业转移理论及其发展趋向分析［J］. 中南财经政法大学学报, 2007（6）.

［332］邹樵, 陈建洪. 高新区科技中介发展的国内外比较与借鉴［J］. 现代商业, 2011（26）.

［333］左停, 刘晓敏等. 首都经济圈的贫困带成因与消除贫困的建议［J］. 乡镇经济, 2009（5）.

［334］Akamatus Kaname. Atheory of unbalanced growth in the world economy［J］. Weltwirts chaftliches archiv, 1961, 86（2）.

［335］Alberto Abadie, Alexis Diamond and Jens Hainmueller. Syntheti ccontrol methods for comparative case studies: Estimating the effect of california's tobacco control program［J］. Journal of the American Statistical Association, 2010, 105（490）.

［336］Alberto Abadie, Alexis Diamond and Jens Hainmueller. Comparative politics and the synthetic control method［J］. American journal of political science, 2015, 59（2）.

［337］Alberto Abadie, and Javier Gardeazabal. Theeconomic costs of conflict: Acase study of the basque country［J］. The American economic review, 2003, 93（1）.

［338］Beheshti A. Generalization of strain-gradient theory to finite elastic deformation for isotropic materials［J］. Continuum Mechanics & Thermodynamics, 2017, 29.

［339］A. E. Gillespie, A. E. Green. The changing geography of producer Seances employment in Britain［J］. Regional studies, 1987, 21（5）.

［340］Albouy D. Evaluating the efficiency and equity of federal fiscal equalization［J］. NBER Working Papers, 2010.

［341］Anselin L. Local indicators of spatial association – LISA［J］. Geographical analayalysis, 1995（2）.

［342］Arrow K J. The economic implications of learning by doing［J］. Review of economic studies, 1971, 29（3）.

［343］Arrow, Kenneth, Kurz M. Public investment, the rate of return and optimal fiscal policy［M］. Baltimore: Johns Hopkins University Press, 1970.

［344］Baldwin, Richard E. Agglomeration and endogenous capital［J］. European economic review, 1999, 43（2）.

［345］Baldwin, Richard E. The core-periphery model and endogenous growth: Stabilizing and destabilizing integration［J］. Economica, 2000, 67（267）.

[346] Bao S M, Shi A Q, Hou W Z. Analysis of the changing spatial patterns of migration in China [J]. Chinese journal of population science, 2005 (5).

[347] Barbieri A F, Domingues E, Queiroz B L, et al. Climate change and population migration in Brazil's Northeast scenarios for 2025 – 2050 [J]. Population and environment, 2010, 31 (5).

[348] Barro R J. Government spending in a simple model of engodenous growth [J]. Journal of political economy, 1990, 98.

[349] Bartik T J. Who benefits from state and local economic development policies? [M]. W. E. Upjohn Institute for Employment Research, 1991.

[350] Bent Dalum. The formation of knowledge-based clusters in North Jutland and Western Sweden [R]. Working paper to the DRUID conference on National Innovation Systems, 1999.

[351] Bergman J., P. Greenston, and R. Healy. The agglomeration process in Urban Growth [J]. Urban studies, 1972, 9.

[352] Bertoli S, Moraga J F, Ortega F. Immigration policies and the Ecuadorian exodus [J]. The World Bank economic review, 2011, 25 (1).

[353] Beyers W B. Producer services [J]. Progress in Human Geography, 1992, 16 (4).

[354] Black D, Henderson V. Spatial evolution of population and industry in the United States [J]. American economic review, 1999, 89 (2).

[355] Blacka R, Adgerb W N, Arnellc N W, et al. The effect of environmental change on human migration [J]. Global environmental change, 2011, 21 (1).

[356] Boadway R W, Shah A. Intergovernmental fiscal transfers: principles and practice [M]. World Bank Publications, 2007.

[357] Borjas G J. Native internal migration and the labor market impact of immigration [J]. Journal of human resources, 2006, 41 (2).

[358] Boubtane E, Coulibaly D, Rault C. Immigration, growth, and unemployment: Panel VAR evidence from OECD countries [J]. Labour, 2013, 27 (4).

[359] Browning H L, Singelmann J. The emergence of a service society: Demographic and sociological aspects of the sectoral transformation of the labor force in the U. S. A. [M]. Springfield: National Technical Information Service, 1975.

[360] Cai J M, Wang G X., Future trends and spatial patterns of migration in

China [J]. Population research, 2007, 31 (5).

[361] Carlton D W. The location and employment choices of new firms: An econometric model with discrete and continuous endogenous variables [J]. The review of economics and statistics, 1983, 65 (3).

[362] Case A C, Rosen H S, Hines J R Jr. Budget spillovers and social policy interdependence [J]. J public econ, 1993, 52 (3).

[363] Chu Jian, Zheng Xiao – Ping. China's fiscal decentralization and regional economic growth [J]. Japanese economic review, 2013, 64 (12).

[364] Coffey W J, McRae J, Polese M. Service industries in regional development [J]. Canadian public policy, 1990, 16 (4).

[365] Daniels P W. Service industries: A geographical appraisal [M]. Methuen, 1985.

[366] Dapeng Hu. Trade, rural – Urban migration, and regional income disparity in developing countries: Aspatial general equilibrium model inspired by the case of China [J]. Regional science and urban economics, 2002, 32.

[367] Dar A A, Amir Khalkhali S A. Government size, factor accumulation and economic growth: Evidence from OECD countries [J]. Journal of policy modeling, 2002, 24.

[368] Dixit A. K, J. E. Stigliz. Monopolistic competition and optimum product diversity [J]. American economic review, 1977 (67).

[369] Doytch N, Uctum M. Globalization and the environmental spillovers of sectored FDI [M]. Unpublished Manuscript, 2011.

[370] Duranton G, Puga D. Nursery cities: Urban diversity, process innovation, and the life cycle of products [J]. American economic review, 2001, 91 (5).

[371] Ellison G, Glaeser E L, Kerr W R. What causes industry agglomeration? evidence from coagglomeration patterns [J]. American economic review, 2010, 100 (3).

[372] Fagiolo G, Mastrorillo M. International migration network: Topology and modeling [J]. Physical review, 2013, 88 (1).

[373] Feng C J, Jiang L, Feng S X. Industrial transfer base wastewater treatment with carrousel oxidation ditch process [J]. China water & wastewater, 2017.

[374] Feng Z M, Li P. Review of population geography in the past century [J]. Progress in Geography. 2011, 30 (2).

［375］Francois Perroux. Economic Space: Theory and applications ［J］. Quar-
terlyjournal of economics, 1950.

［376］Fujita M, Krugman P. The new economic geography: Past, present and
the future ［J］. Papers in regional science, 2004, 83 (4).

［377］Fujita M, Krugman P and Venables A J. The spatial economy: Cities, re-
gions and international trade ［M］. Cambridge: MIT Press, 1999.

［378］Fujita M, Thisse J F. Economics of agglomeration ［M］. Cambridge:
Cambridge University Press, 2002.

［379］Furfey P. H. A note on Lefever's "standard deviational ellipse" ［J］. Ameri-
can journal of sociology, 1927 (33).

［380］Ge Ying. Regional inequality, industry agglomeration and foreign trade:
Case of China ［D］. Beijing University of International Business and Economics, 2003.

［381］Gibson J, McKenzie D. The microeconomic determinants of emigration and
return migration of the best and brightest: Evidence from the Pacific ［J］. Journal of
development economics, 2011, 95 (1).

［382］Glaeser E L, Kallal H D, Scheinkman, José A, et al. Growth in cities
［J］. Journal of political economy, 1992, 100 (6).

［383］Glaeser E L. Learning in cities ［J］. Journal of urban economics, 1999,
46 (2).

［384］Gottmann J. Megalopolis or the urbanization of the northeastern seaboard
［J］. Economic geography, 1957, 33.

［385］Greenstone M, Hornbeck R, Moretti E. Identifying agglomeration spillo-
vers: Evidence from winners and losers of large plant openings ［J］. Journal of political
economy, 2010, 118 (3).

［386］Grubel H G, Walker M A. Service industry growth: Causes and effects
［M］. Fraser Institute, 1989.

［387］Hajizadeh Mohammad, Connelly Luke Brian, Butler James Robert Ger-
ard. Health policy and equity of health care financing in Australia: 1973 – 2010 ［J］.
Review of income and wealth, 2014, 60 (6)

［388］Hall P, Pain K. The polycentric metropolis—Learning from mega-city re-
gions in Europe ［M］. Earthscan Publications, 2006.

［389］Hanlon W W, Miscio A. Agglomeration: A long-run panel data approach

[J]. Journal of urban economics, 2017, 99.

[390] Hansen N. Do producer services induce regional economic development [J]. Journal of regional science, 1990, 30 (4).

[391] Henderson J V. Efficiency of resource usage and city size [J]. Journal of urban economics, 1986, 19 (1).

[392] Henderson J V. Urban development: Theory, fact, and illusion [M]. Oxford University Press, 1988.

[393] Henderson V, Kuncoro A, Turner M. Industrial development in cities [J]. Journal of political economy, 1995, 103 (5).

[394] Hirschman, Albert O. The strategy of economic development [M]. Yale University Press, 1958.

[395] Hoover E M. The location of economic activity [M]. McGraw – Hill, 1948.

[396] Howells J, Green A E. Location, technology and industrial organization in U. K. services [J]. Progress in planning, 1986, 26.

[397] Ikeda, Kiyohiro, Takashi Akamatsu. Spatial period-doubling agglomeration of a core-periphery model with a system of cities [J]. Journal of economic dynamics and control, 2012, 36 (5).

[398] J. Vernon Henderson, Zmarak Shalizi. Geography and development [R]. NBER, working paper, 2001.

[399] Jacobs J. The economy of cities [M]. Random House, 1969.

[400] John O'Loughlin, Frank D. W. Witmer. The localized geographies of violence in the north caucasus of Russia, 1999 – 2007 [J]. Annals of the Association of American geographers, 2011, 101 (1).

[401] Ke Shanzi, Feser Edward. Count on the growth pole strategy for regional economic growth? [J]. Spread-backwash effects in greater central China regional studies, 2010 (11).

[402] Krugman P. Geography and trade [M]. MIT Press, 1991.

[403] Krugman, Paul. Increasing returns and economic geography [J]. Journal of political economy, 1991, 99 (3).

[404] Kulldorff M. Tests of spatial randomness adjusted for an inhomogeneity: A general framework [J]. Publications of the American statistical association, 2006, 101 (475).

[405] Lefever D W. Measuring geographic concentration by means of the standard deviational ellipse [J]. The American journal of sociology, 1926 (1).

[406] Liu M M. Migrant networks and international migration: Testing weak ties [J]. Demography, 2013, 50 (4).

[407] Lovemore Z, Richard M. Changing patterns of population distrubution in zimbabwe [J]. Geo Journal, 1986, 13 (4).

[408] Lucas Jr, Robert E. On the mechanics of economic development [J]. Journal of monetary economics, 1988, 22 (1).

[409] Luger and M. S. Shetty. Determinants of foreign plant start-ups in the United States: Lessons for policy makers in the southeast [J]. Vanderbilt journal of transtional law, 1985, Spring.

[410] Malecki E. J. Industrial location and corporate organization in high-tech industries [J]. Economic geography, 1985, 61.

[411] Marshall A. Principles of economics [M]. Macmillan and Co. , 1890.

[412] Mcgee T G. The emergence of desakota region in Asia: Expanding a hypothesis [J]. Extended metropolis settlement transition in Asia, 1991. (3).

[413] Moomaw. R. L. Is population scale a worthless surrogate for business agglomeration economies [J]. Regionalscience and urban economics, 1983 (13).

[414] Myrdal G. Economic theory and under-developed regions [M]. Duckworth, 1957.

[415] O'Donoghue D, Gleave B. A note on methods for measuring industrial agglomeration [J]. Regional studies, 2004, 38 (4).

[416] Porter M. E. Clusters and new economics of competition [J]. Harvard business review, 1998 (11).

[417] Redding S, Venables A J. Economic geography and international inequality [J]. Journal of international economics, 2004, 62 (1).

[418] Rodriguez – Clare, Andres. Multinationals, linkages and economic development [J]. American economic review, 1996, 88 (5).

[419] Romer, Paul M. Increasing returns and long-run growth [J]. Journal of political economy, 1986, 94 (5).

[420] Scott A J. Globalization and the rise of city-regions [J]. European planning studies, 2001, 9 (7).

［421］Sedighi H M, Ouakad H M, Khooran M. Instability characteristics of free-standing nanowires based on the strain gradient theory with the consideration of casimir-attraction and surface effects ［J］. Metrology & measurement systems, 2017, 24 (3).

［422］Simini F, González M C, Maritan A. A universal model for mobility and migration patterns ［J］. Nature, 2012, 484.

［423］Tabuch. T. Urban agglomeration, capital augmenting technology, and labor market equilibrium ［J］. Journal of urban economics, 1986 (20).

［424］Smith, D. F. Jr. and R. Florida. Agglomeration and industrial location: An econometric analysis of Japanese affiliated manufacturing establishments in automotive-related industries ［J］. Journal of urban economics, 1994 (36).

［425］Stuart S R, William C S. Geography, industrial organization, and agglomeration ［J］. The review of economics and statistics, 2003, 85 (2).

［426］Ullman E L. Amenities as a factor in regional growth ［J］. Geographical review, 1954, 44 (1).

［427］Walter I. , Ugelow J. L. Environmental policies in developing countries ［J］. Ambio, 1979, 8 (2/3).

［428］Wheeler D, Mody A. International investment location decisions: The case of U. S. firms ［J］. Journal of international economics, 1992, 33 (1 −2).

［429］Wheeler, D and A. Mody. International investment location decision: The case of U. S. fims ［J］. Journal of international economics. 1992 (33).

［430］White K J C. Sending or receiving stations the dual influence of railroads in early 20th-century great plains settlement ［J］. Population research and policy review, 2008, 27 (1).

［431］Williamson O E. The modern corporation: Origin, evolution, attributes ［J］. Journal of economic literature. 1981, 19.

［432］Ying, L. C. Measuring the spillover effects: Some Chinese evidence ［J］. Papers inregional science, 79 (1).

［433］Yuill R S. The standard deviational ellipse; an updated tool for spatial description ［J］. Geografiska annaler, 1971, 53 (1).

［434］Zheng X P. Economies of network, urban agglomeration, and regional development: A theoretical model and empirical evidence ［J］. Regional studies, 2007, 41 (5).

附　录

一、产业转移特征表

表1　　　　　　　　农副食品加工业产业转移特征表　　　　　单位：%

	转出区				转入区		
	地区	年均转移程度	总转移程度		地区	年均转移程度	总转移程度
	石家庄	−0.41	−5.74		唐山	0.35	4.90
★	秦皇岛	−2.20	−30.80	★	邯郸	0.73	10.22
	沧州	−0.19	−2.66		邢台	0.05	0.70
★	廊坊	−1.53	−21.42		保定	0.52	7.28
	衡水	−0.09	−1.26		张家口	0.19	2.66
	北京	−0.67	−9.38		承德	0.08	1.12
★	天津	−1.52	−21.28	★	区外	4.67	65.38

注：★表示主要转入或转出地。

表2　　　　　　　　食品制造业产业转移特征表　　　　　单位：%

	转出区				转入区		
	地区	年均转移程度	总转移程度		地区	年均转移程度	总转移程度
★	石家庄	−3.31	−46.34		秦皇岛	0.03	0.42
★	唐山	−0.75	−10.50	★	邯郸	0.87	12.18
	邢台	−0.69	−9.66	★	保定	1.07	14.98
	承德	−0.06	−0.84		张家口	0.27	3.78
★	廊坊	−1.03	−14.42		沧州	0.30	4.20
★	北京	−4.11	−57.54		衡水	0.28	3.92
				★	天津	5.25	73.50
				★	区外	1.88	26.32

注：★表示主要转入或转出地。

表3 　　　　　　　　　　　　　饮料制造业产业转移特征表 　　　　　　　　　单位：%

	转出区				转入区		
	地区	年均转移程度	总转移程度		地区	年均转移程度	总转移程度
★	秦皇岛	-0.88	-12.32		石家庄	0.35	4.90
	保定	-0.10	-1.40	★	邯郸	1.06	14.84
	张家口	-0.65	-9.10		邢台	0.64	8.96
★	承德	-1.79	-25.06		廊坊	0.22	3.08
	沧州	-0.17	-2.38	★	区外	12.08	169.12
	唐山	-0.21	-2.94				
	衡水	-0.32	-4.48				
★	北京	-5.56	-77.84				
★	天津	-4.67	-65.38				

注：★表示主要转入或转出地。

表4 　　　　　　　　　　　　　纺织业产业转移特征表 　　　　　　　　　　单位：%

	转出区				转入区		
	地区	年均转移程度	总转移程度		地区	年均转移程度	总转移程度
★	邢台	-0.76	-10.64	★	石家庄	1.46	20.44
	衡水	-0.10	-1.40		唐山	0.39	5.46
★	天津	-1.16	-16.24		秦皇岛	0.20	2.80
★	区外	-1.13	-15.82		邯郸	0.45	6.30
					保定	0.27	3.78
					张家口	0.12	1.68
					沧州	0.13	1.82
					廊坊	0.14	1.96
					承德	0.00	0.00
					北京	0.01	0.14

注：★表示主要转入或转出地。

表5　纺织服装、服饰业、皮革、毛皮、羽毛及其制品和制鞋业产业转移特征表

单位：%

	转出区				转入区		
	地区	年均转移程度	总转移程度		地区	年均转移程度	总转移程度
★	唐山	-1.23	-17.22	★	石家庄	3.93	55.02
	秦皇岛	-0.25	-3.50		保定	0.04	0.56
	邯郸	-0.28	-3.92		沧州	0.04	0.56
	邢台	-0.01	-0.14		衡水	0.24	3.36
	张家口	-0.27	-3.78	★	区外	5.23	73.22
	承德	-0.43	-6.02				
	廊坊	-0.40	-5.60				
★	北京	-5.21	-72.94				
★	天津	-1.40	-19.60				

注：★表示主要转入或转出地。

表6　　　　木材加工和木、竹、藤、棕、草制品业产业转移特征表　　　单位：%

	转出区				转入区		
	地区	年均转移程度	总转移程度		地区	年均转移程度	总转移程度
★	石家庄	-2.59	-36.26		唐山	0.48	6.72
	廊坊	-0.62	-8.68		秦皇岛	0.13	1.82
	衡水	-0.21	-2.94		邯郸	0.26	3.64
★	天津	-2.13	-29.82		邢台	0.31	4.34
					保定	0.20	2.80
					张家口	0.16	2.24
					承德	0.11	1.54
					沧州	0.17	2.38
					北京	0.27	3.78
				★	区外	3.45	48.30

注：★表示主要转入或转出地。

表 7　　　　　　　　　　**家具制造业产业转移特征表**　　　　　　单位：%

	转出区				转入区		
	地区	年均转移程度	总转移程度		地区	年均转移程度	总转移程度
	唐山	− 0.28	− 3.92		石家庄	0.64	8.96
	秦皇岛	− 0.10	− 1.40		沧州	0.17	2.38
	邢台	− 0.22	− 3.08	★	廊坊	3.49	48.86
	保定	− 0.41	− 5.74	★	区外	0.98	13.72
	张家口	− 0.18	− 2.52				
	承德	− 0.18	− 2.52				
	衡水	− 0.27	− 3.78				
	邯郸	− 0.01	− 0.14				
★	北京	− 2.64	− 36.96				
★	天津	− 0.99	− 13.72				

注：★表示主要转入或转出地。

表 8　　　　　　　　　　**造纸和纸制品业产业转移特征表**　　　　　　单位：%

	转出区				转入区		
	地区	年均转移程度	总转移程度		地区	年均转移程度	总转移程度
★	唐山	− 1.05	− 14.70		石家庄	0.46	6.44
	邢台	− 0.02	− 0.28		秦皇岛	0.00	0.00
	北京	− 0.25	− 3.50		邯郸	0.17	2.38
★	区外	− 1.28	− 17.92		保定	0.35	4.90
					张家口	0.17	2.38
					承德	0.07	0.98
					沧州	0.07	0.98
				★	廊坊	1.08	15.12
					衡水	0.19	2.66
					天津	0.04	0.56

注：★表示主要转入或转出地。

表9　　　　　　　　　印刷和记录媒介复制业产业转移特征表　　　　　　　单位：%

转出区				转入区		
	地区	年均转移程度	总转移程度		地区	年均转移程度	总转移程度
	唐山	-0.37	-5.18	★	石家庄	1.61	22.54
★	北京	-11.38	-159.32		秦皇岛	0.09	1.26
★	天津	-1.93	-27.02		邯郸	0.59	8.26
	承德	-0.04	-0.56	★	邢台	0.74	10.36
				★	保定	1.64	22.96
					张家口	0.00	0.00
					沧州	0.14	1.96
				★	廊坊	1.97	27.58
					衡水	0.36	5.04
				★	区外	6.60	92.40

注：★表示主要转入或转出地。

表10　　　　　　　石油加工、炼焦和核燃料加工业产业转移特征表　　　　　单位：%

转出区				转入区		
	地区	年均转移程度	总转移程度		地区	年均转移程度	总转移程度
★	石家庄	-0.92	-12.88	★	唐山	1.36	19.04
★	北京	-5.54	-77.56		秦皇岛	0.49	6.86
★	天津	-1.61	-22.54		邯郸	0.49	6.86
				★	邢台	1.14	15.96
					保定	0.59	8.26
					张家口	0.21	2.94
					承德	0.20	2.80
				★	沧州	0.85	11.90
					廊坊	0.20	2.80
					衡水	0.34	4.76
				★	区外	2.21	30.94

注：★表示主要转入或转出地。

表 11 化学原料和化学制品制造业产业转移特征表 单位：%

	转出区			转入区		
	地区	年均转移程度	总转移程度		地区	年均转移程度	总转移程度
	石家庄	− 0.33	− 4.62		唐山	0.41	5.74
	秦皇岛	− 0.02	− 0.28		邯郸	0.61	8.54
	张家口	− 0.04	− 0.56		保定	0.18	2.52
	沧州	− 0.30	− 4.20		承德	0.07	0.98
	衡水	− 0.64	− 8.96		廊坊	0.50	7.00
★	北京	− 3.85	− 53.90		邢台	0.43	6.02
★	天津	− 4.56	− 63.84	★	区外	7.53	105.42

注：★表示主要转入或转出地。

表 12 医药制造业产业转移特征表 单位：%

	转出区			转入区		
	地区	年均转移程度	总转移程度		地区	年均转移程度	总转移程度
	石家庄	− 0.55	− 7.70	★	区外	11.02	154.28
★	唐山	− 1.69	− 23.66				
	秦皇岛	− 0.11	− 1.54				
	邯郸	− 0.41	− 5.74				
	邢台	− 0.11	− 1.54				
	保定	− 0.12	− 1.68				
	张家口	− 0.51	− 7.14				
	承德	− 0.44	− 6.16				
	沧州	− 0.42	− 5.88				
	廊坊	− 0.59	− 8.26				
	衡水	− 0.20	− 2.80				
★	北京	− 2.83	− 39.62				
★	天津	− 3.03	− 42.42				

注：★表示主要转入或转出地。

表 13 化学纤维制造业产业转移特征表 单位：%

转出区				转入区		
地区	年均转移程度	总转移程度		地区	年均转移程度	总转移程度
秦皇岛	− 0.42	− 5.88		石家庄	0.51	7.14
保定	− 0.13	− 1.82		唐山	0.69	9.66
北京	− 0.10	− 1.40		邯郸	0.54	7.56

续表

	转出区				转入区		
	地区	年均转移程度	总转移程度		地区	年均转移程度	总转移程度
	天津	−0.61	−8.54		邢台	0.18	2.52
★	区外	−0.91	−12.74		张家口	0.05	0.70
					承德	0.00	0.00
					沧州	0.08	1.12
					廊坊	0.02	0.28
					衡水	0.11	1.54

注：★表示主要转入或转出地。

表 14　　　　　　　　非金属矿物制品业产业转移特征表　　　　　　　单位：%

	转出区				转入区		
	地区	年均转移程度	总转移程度		地区	年均转移程度	总转移程度
★	石家庄	−2.50	−35.00		邯郸	0.33	4.62
★	唐山	−3.89	−54.46		保定	0.63	8.82
★	秦皇岛	−1.85	−25.90		张家口	0.10	1.40
	邢台	−0.27	−3.78		沧州	0.40	5.60
	承德	−0.05	−0.70	★	区外	12.07	168.98
	廊坊	−0.42	−5.88				
	衡水	−0.13	−1.82				
★	北京	−2.73	−38.22				
★	天津	−1.69	−23.66				

注：★表示主要转入或转出地。

表 15　　　　　　　黑色金属冶炼和压延加工业产业转移特征表　　　　　单位：%

	转出区				转入区		
	地区	年均转移程度	总转移程度		地区	年均转移程度	总转移程度
★	唐山	−0.82	−11.48		石家庄	0.15	2.10
	邯郸	−0.10	−1.40		秦皇岛	0.11	1.54
	邢台	−0.26	−3.64		保定	0.12	1.68
	张家口	−0.10	−1.40		沧州	0.45	6.30
	承德	−0.06	−0.84		廊坊	0.30	4.20
	衡水	−0.03	−0.42		天津	0.44	6.16
★	北京	−1.49	−20.86	★	区外	1.30	18.20

注：★表示主要转入或转出地。

表 16　　　　　**有色金属冶炼和压延加工业产业转移特征表**　　　单位：%

	转出区				转入区		
	地区	年均转移程度	总转移程度		地区	年均转移程度	总转移程度
	石家庄	-0.02	-0.28		唐山	0.16	2.24
	秦皇岛	-0.23	-3.22	★	邯郸	1.05	14.70
★	保定	-0.86	-12.04		邢台	0.15	2.10
	承德	-0.07	-0.98		张家口	0.00	0.00
★	北京	-0.91	-12.74		沧州	0.15	2.10
					廊坊	0.12	1.68
					衡水	0.11	1.54
					天津	0.00	0.00
					区外	0.33	4.62

注：★表示主要转入或转出地。

表 17　　　　　**金属制品业产业转移特征表**　　　单位：%

	转出区				转入区		
	地区	年均转移程度	总转移程度		地区	年均转移程度	总转移程度
	秦皇岛	-0.07	-0.98		石家庄	0.35	4.90
	保定	-0.06	-0.84	★	唐山	2.13	29.82
	衡水	-0.35	-4.90		邯郸	0.69	9.66
★	北京	-1.85	-25.90		邢台	0.31	4.34
★	天津	-3.60	-50.40		张家口	0.13	1.82
					承德	0.04	0.56
				★	沧州	1.55	21.70
					廊坊	0.24	3.36
					区外	0.50	7.00

注：★表示主要转入或转出地。

表 18　　　　　　　　通用设备制造业产业转移特征表　　　　　　　单位：%

转出区				转入区		
	地区	年均转移程度	总转移程度		地区	年均转移程度	总转移程度
	石家庄	−0.02	−0.28	★	邯郸	1.16	16.24
	唐山	−0.94	−13.16	★	邢台	0.80	11.20
	秦皇岛	−0.22	−3.08		沧州	0.53	7.42
	保定	−0.13	−1.82	★	廊坊	0.87	12.18
	张家口	−0.23	−3.22		衡水	0.48	6.72
	承德	−0.39	−5.46	★	区外	7.60	106.4
★	天津	−1.96	−27.44				
★	北京	−7.56	−105.84				

注：★表示主要转入或转出地。

表 19　　　　　　　　专用设备制造业产业转移特征表　　　　　　　单位：%

转出区				转入区		
	地区	年均转移程度	总转移程度		地区	年均转移程度	总转移程度
	邯郸	−0.06	−0.84		石家庄	0.38	5.32
★	张家口	−0.80	−11.20		唐山	0.30	4.20
	承德	−0.09	−1.26		秦皇岛	0.05	0.70
★	北京	−5.46	−76.44		邢台	0.02	0.28
				★	沧州	2.51	35.14
					廊坊	0.02	0.28
					衡水	0.01	0.14
					保定	0.00	0.00
				★	天津	2.14	29.96
				★	区外	0.97	13.58

注：★表示主要转入或转出地。

表 20　　　　　　　交通运输设备制造业产业转移特征表　　　　　单位：%

	转出区				转入区		
	地区	年均转移程度	总转移程度		地区	年均转移程度	总转移程度
	石家庄	- 0.13	- 1.82		唐山	0.22	3.08
	承德	- 0.04	- 0.56		秦皇岛	0.23	3.22
★	北京	- 0.74	- 10.36		邯郸	0.18	2.52
	天津	- 0.60	- 8.40		邢台	0.34	4.76
★	区外	- 1.44	- 20.16	★	保定	1.08	15.12
					张家口	0.00	0.00
					沧州	0.46	6.44
					廊坊	0.21	2.94
					衡水	0.22	3.08

注：★表示主要转入或转出地。

表 21　　　　　　电气机械和器材制造业产业转移特征表　　　　　单位：%

	转出区				转入区		
	地区	年均转移程度	总转移程度		地区	年均转移程度	总转移程度
	秦皇岛	- 0.04	- 0.56	★	石家庄	1.47	20.58
	廊坊	- 0.20	- 2.80		唐山	0.12	1.68
★	北京	- 2.53	- 35.42	★	邯郸	0.81	11.34
★	天津	- 3.26	- 45.64	★	邢台	0.94	13.16
				★	保定	0.94	13.16
					张家口	0.09	1.26
					承德	0.03	0.42
					沧州	0.49	6.86
					衡水	0.01	0.14
				★	区外	1.14	15.96

注：★表示主要转入或转出地。

表 22　　　　　**计算机、通信和其他电子设备制造业产业转移特征表**　　　单位：%

	转出区				转入区		
	地区	年均转移程度	总转移程度		地区	年均转移程度	总转移程度
	石家庄	-0.55	-7.70		廊坊	0.07	0.98
★	唐山	-1.14	-15.96	★	区外	11.36	159.04
	秦皇岛	-0.03	-0.42				
	邯郸	-0.50	-7.00				
	邢台	-0.23	-3.22				
	保定	-0.45	-6.30				
	张家口	-0.24	-3.36				
	承德	-0.28	-3.92				
	沧州	-0.32	-4.48				
	衡水	-0.09	-1.26				
★	北京	-5.88	-82.32				
★	天津	-1.72	-24.08				

注：★表示主要转入或转出地。

表 23　　　　　**橡胶和塑料制品业产业转移特征表（2003～2016）**　　　单位：%

	转出区				转入区		
	地区	年均转移程度	总转移程度		地区	年均转移程度	总转移程度
	承德	-0.08	-1.12	★	石家庄	0.81	11.34
★	北京	-1.98	-27.72		唐山	0.13	1.82
★	天津	-2.18	-30.52		秦皇岛	0.12	1.68
	区外	-0.57	-7.98		邯郸	0.48	6.72
					邢台	0.42	5.88
					保定	0.41	5.74
					张家口	0.02	0.28
				★	沧州	1.33	18.62
					廊坊	0.25	3.50
				★	衡水	0.83	11.62

注：★表示主要转入或转出地。

二、耦合关联分析数据处理

表24　2000年人口普查指标原始数据

城市	X1	X2	X3	X4	X5	X6	X7	X8	X9	X10	X11	X12	X13	X14
北京	24787600	1.827	3.6	38.1	58.3	11.8	33.4	54.9	1.04	28.43	70.53	2.278	-0.123	-0.058
天津	16393600	1.665	4.5	50.0	45.5	0.6	52.4	47.1	3.95	25.98	70.07	-0.867	0.048	0.035
石家庄	10031119	1.085	14.6	46.5	38.9	0.6	44.0	55.4	5.16	43.69	51.15	-0.959	-0.054	0.424
唐山	9150473	1.300	18.9	50.5	30.6	5.7	54.5	39.8	5.02	60.87	34.11	-0.698	0.079	0.301
秦皇岛	2853937	1.036	13.7	36.4	49.9	0.9	41.0	58.1	3.05	48.68	48.27	-0.934	0.126	0.164
保定	7022238	0.671	20.5	44.6	35.0	0.7	38.3	61.0	2.67	63.50	33.83	-0.966	-0.141	0.743
张家口	2439319	0.582	14.3	42.3	43.4	2.4	45.0	52.6	7.58	53.17	39.25	-0.832	0.064	0.212
承德	1630258	0.490	16.3	44.7	38.9	3.2	37.6	59.2	8.13	52.58	39.29	-0.804	-0.159	0.522
沧州	4613449	0.695	17.6	50.1	32.3	2.6	34.5	62.9	2.97	55.62	41.41	-0.852	-0.311	0.947
廊坊	3688199	0.962	17.2	51.6	31.1	1.3	27.0	71.8	4.18	48.42	47.40	-0.924	-0.477	1.309

表25　2000年人口普查指标均一化处理数据

城市	X1	X2	X3	X4	X5	X6	X7	X8	X9	X10	X11	X12	X13	X14
北京	3.00	1.77	3.96	0.82	0.98	0.24	0.59	1.48	0.24	0.59	1.48	-4.10	1.30	-0.13
天津	1.98	1.61	0.20	1.29	0.84	0.90	0.54	1.47	0.90	0.54	1.47	1.56	-0.51	0.08
石家庄	1.21	1.05	0.20	1.08	0.98	1.18	0.91	1.08	1.18	0.91	1.08	1.72	0.57	0.92
唐山	1.11	1.26	1.91	1.34	0.71	1.15	1.27	0.72	1.15	1.27	0.72	1.26	-0.84	0.65

续表

城市	X1	X2	X3	X4	X5	X6	X7	X8	X9	X10	X11	X12	X13	X14
秦皇岛	0.35	1.00	0.30	1.01	1.03	0.70	1.01	1.02	0.70	1.01	1.02	1.68	-1.33	0.36
保定	0.85	0.65	0.23	0.94	1.08	0.61	1.32	0.71	0.61	1.32	0.71	1.74	1.49	1.62
张家口	0.30	0.56	0.81	1.10	0.93	1.73	1.11	0.83	1.73	1.11	0.83	1.50	-0.67	0.46
承德	0.20	0.48	1.07	0.92	1.05	1.86	1.09	0.83	1.86	1.09	0.83	1.45	1.68	1.13
沧州	0.56	0.67	0.87	0.85	1.12	0.68	1.16	0.87	0.68	1.16	0.87	1.53	3.28	2.06
廊坊	0.45	0.93	0.44	0.66	1.28	0.96	1.01	1.00	0.96	1.01	1.00	1.66	5.03	2.85

表26　　　　　　　　　**2010 年人口普查指标原始数据**

城市	X1	X2	X3	X4	X5	X6	X7	X8	X9	X10	X11	X12	X13	X14
北京	121530000	7.045	1.0	23.5	75.5	0.5	23.4	76.0	1.04	28.43	70.53	0.865	0.003	-0.007
天津	75218500	6.257	1.7	53.0	45.3	0.4	47.7	51.9	3.95	25.98	70.07	3.622	0.112	-0.128
石家庄	30012797	3.043	10.3	49.6	40.2	0.5	37.1	62.4	5.16	43.69	51.15	19.137	0.337	-0.357
唐山	38127192	5.118	9.5	57.8	32.8	4.1	52.2	43.7	5.02	60.87	34.11	1.328	0.106	-0.249
秦皇岛	8045421	2.711	12.7	38.7	48.5	0.5	37.0	62.5	3.05	48.68	48.27	24.959	0.047	-0.224
保定	17300023	1.577	15.4	50.4	34.3	0.6	41.7	57.7	2.67	63.5	33.83	25.017	0.208	-0.406
张家口	8003407	1.895	15.2	41.8	43.0	1.7	35.4	62.9	7.58	53.17	39.25	7.718	0.183	-0.316
承德	7601136	2.220	14.9	51.6	33.5	2.2	32.0	65.8	8.13	52.58	39.29	5.903	0.612	-0.491
沧州	18012287	2.572	12.0	48.2	39.8	2.2	34.9	62.9	2.97	55.62	41.41	4.405	0.383	-0.368
廊坊	11474791	2.790	12.1	53.4	34.5	0.5	35.4	64.1	4.18	48.42	47.40	23.120	0.510	-0.462

表 27

2010 年人口普查指标均一化处理数据

城市	X1	X2	X3	X4	X5	X6	X7	X8	X9	X10	X11	X12	X13	X14
北京	3.62	2.00	0.09	0.50	1.77	0.40	0.62	1.25	0.24	0.59	1.48	0.07	0.01	0.02
天津	2.24	1.78	0.16	1.13	1.06	0.28	1.27	0.85	0.90	0.54	1.47	0.31	0.45	0.43
石家庄	0.90	0.86	0.98	1.06	0.94	0.39	0.98	1.02	1.18	0.91	1.08	1.65	1.35	1.19
唐山	1.14	1.45	0.90	1.23	0.77	3.09	1.39	0.72	1.15	1.27	0.72	0.11	0.42	0.83
秦皇岛	0.24	0.77	1.22	0.83	1.14	0.37	0.98	1.02	0.70	1.01	1.02	2.15	0.19	0.74
保定	0.52	0.45	1.47	1.08	0.80	0.45	1.11	0.95	0.61	1.32	0.71	2.16	0.83	1.35
张家口	0.24	0.54	1.45	0.89	1.01	1.32	0.94	1.03	1.73	1.11	0.83	0.66	0.73	1.05
承德	0.23	0.63	1.43	1.10	0.78	1.64	0.85	1.08	1.86	1.09	0.83	0.51	2.45	1.63
沧州	0.54	0.73	1.15	1.03	0.93	1.69	0.93	1.03	0.68	1.16	0.87	0.38	1.53	1.22
廊坊	0.34	0.79	1.15	1.14	0.81	0.38	0.94	1.05	0.96	1.01	1.00	1.99	2.04	1.54

三、人口迁移因素模型数据处理

表 28

人口迁移影响因素数据描述性统计分析

变量	M	D	W	J	GG	P	F
平均值	449488.6	0.831085	5013.967	226383.0	9318.839	3.43E+09	5.36E+10
中位数	256928.9	0.897709	743.0000	149050.0	929.5000	3.19E+08	2.70E+09

续表

变量	M	D	W	J	GG	P	F
最大值	1676535	0.992440	56328.00	1748000	93213.00	3.77E+10	8.87E+11
最小值	66500.00	0.302200	318.0000	-448800.0	31.00000	4030000	4000000
标准差	399874.6	0.157865	9326.969	303085.3	12006.77	6.92E+09	1.22E+11
偏度	1.096259	1.438300	2.907308	1.999846	2.705866	2.762175	3.704864
峰度	3.277103	4.161331	12.13508	9.390513	10.26807	10.55598	19.95813
方差	2.86E+13	4.460941	1.56E+10	1.64E+13	2.58E+10	8.58E+21	2.65E+24